Betty Adamou

GAMIFICAÇÃO
em pesquisa de mercado

TRADUÇÃO
UBK Publishing House

ubook UBK Publishing House

Publicado mediante acordo com Kogan Page. Edição traduzida do livro *Games and Gamification in Market Research: Increasing consumer engagement in research for business success* publicado por Kogan Page.

COORDENAÇÃO Alessandra Brito
EDIÇÃO Ana Paula Pinho
COPIDESQUE Christian Danniel
REVISÃO Carol Maganhi e Vivian Sbravatti
CAPA Nathália de Morais
DIAGRAMAÇÃO Bruno Santos e Clarissa Duarte
IMAGEM DA CAPA bluesroad/ Shutterstock

Dados Internacionais de Catalogação na Publicação (CIP)
(Câmara Brasileira do Livro, SP, Brasil)

Adamou, Betty
Gamificação em pesquisa de mercado / Betty Adamou ; [tradução UBK Publishing House]. -- Rio de Janeiro : Ubook Editora, 2021.

Título original: Games and gamification in market research
ISBN 978-65-5875-625-5

1. Gamificação 2. Marketing - Pesquisa
3. Pesquisa - Metodologia 4. Teoria do jogo
I. Título.

21-66218 CDD-658.83

Ubook Editora S.A
Av. das Américas, 500, Bloco 12, Salas 303/304,
Barra da Tijuca, Rio de Janeiro/RJ.
Cep.: 22.640-100
Tel.: (21) 3570-8150

Para meu pai, a pessoa mais brincalhona que já conheci.
E para Paul, meu marido e melhor amigo nas aventuras da vida.

SUMÁRIO

Prefácio **09**
Prólogo **13**
Marcas registradas e utilização **17**
Introdução **19**

PARTE UM MUNDO DA COMPREENSÃO — VISÃO GERAL **26**

01 - O impacto do baixo engajamento dos participantes na pesquisa de mercado **30**

02 - As surpreendentes semelhanças entre jogos digitais e pesquisas on-line **38**

03 - Desmistificando equívocos comuns na pesquisa de mercado sobre jogos e gamificação **52**

04 - Jogos e gamificação **73**

05 - As diferenças e semelhanças entre jogos e gamificação **125**

06 - Uma ontologia de métodos de pesquisa baseada em jogos **146**

07 - A base científica para o uso dos métodos de pesquisa baseada em jogos **162**

08 - Cultura dos jogos **187**

09 - Como os jogos e a gamificação são usados para engajamento e coleta de dados fora da pesquisa e do entretenimento **226**

10 - O Efeito Triplo E **248**

11 - Estudos de caso e resultados de pesquisas baseadas em jogos **272**

12 - Cinco coisas a considerar antes de usar jogos e gamificação para pesquisa de mercado **308**

PARTE DOIS MUNDO DO DESIGN — VISÃO GERAL **314**

13 - Quinze diretrizes éticas para o desenvolvimento e a produção de pesquisas baseadas em jogos **316**

14 - Um vocabulário de jogo para pesquisa baseada em jogos **332**

15 - Design de pesquisa baseada em jogos **342**

16 - Apresentando a intuição inteligente e criatividade significativa (IICS) **354**

17 - Supere estas quatro preocupações sobre design de pesquisas baseadas em jogos **370**

18 - Desenvolva a sua pesquisa baseada em jogos **374**

PARTE TRÊS MUNDO DA CRIAÇÃO — VISÃO GERAL **394**

19 - Integração dos stakeholders e preparação para construir seu próprio design de pesquisa baseada em jogos **395**

20 - Pesquisas baseadas em jogos feitas sob medida e prontas para usar **403**

21 - Modo construção **411**

22 - Analisando a qualidade do design de pesquisas baseadas em jogos **417**

PARTE QUATRO UM NOVO MUNDO DA PESQUISA MERCADO — VISÃO GERAL **433**

23 - Construindo uma carreira em pesquisa baseada em jogos **435**

24 - O futuro da pesquisa baseada em jogos **452**

Considerações finais **475**

Agradecimentos **477**

PREFÁCIO

Passei 25 anos da minha vida construindo cuidadosa e mentalmente minhas habilidades de formular perguntas para a indústria de pesquisa de mercado. Sempre gostei de criar questionários e de me divertir com a análise e a elaboração de relatórios sobre os dados. Mas a indústria de pesquisa tem um grande problema e me causa dor ter que dizer isso: a maioria dos questionários que criamos são muito, muito entediantes.

Ao longo da minha graduação e pós-graduação, fiz aulas avançadas em métodos de pesquisa, elaboração de questionários, estatística e psicometria. Pensando nessas aulas agora, percebo que faltava um componente fundamental. Nenhuma delas, e nenhum dos livros técnicos associados, focava o tratamento dos participantes da pesquisa como seres humanos, como pessoas reais que gostam e precisam se divertir. Minha educação formal me ensinou como fazer perguntas simples e ambíguas, mas nunca me ensinou a criar uma experiência de pesquisa que fosse interessante e envolvente, que deixasse as pessoas ansiosas para participar e que as fizesse buscar por ela como uma forma de divertimento.

A consequência tem sido incontestável. Os pesquisadores ensinaram às pessoas que questionários e pesquisas em geral são chatos, e elas respondem de acordo. As taxas de resposta a pesquisas diminuíram drasticamente ao longo dos anos e, como resultado, o custo para recrutar participantes aumentou. Mesmo quando conseguimos convencer as pessoas a pelo menos começar a responder aos questionários, as taxas de conclusão são baixas, porque, como todos sabemos, a maioria dos questionários são entediantes, complicados e não respeitam o ser humano que voluntaria seu tempo para o benefício do pesquisador.

Há alguma solução? Felizmente, você a tem em mãos neste momento. *Gamificação em pesquisa de mercado* é uma solução única e oportuna para a base de conhecimento da pesquisa de mercado. Há mais de cinco anos, conheci Betty Adamou na Venezuela, um lugar peculiar para uma reunião, uma vez que uma pessoa vinha da Grã-Bretanha e a outra do Canadá. Fomos ambas convidadas como palestrantes especialistas para uma conferência do Best of Esomar. Depois de terminar a minha palestra, me acomodei na plateia ansiosa para descobrir quem era essa Betty. Nunca tinha ouvido falar de jogos e gamificação aplicados à pesquisa e, francamente, fiquei bastante intrigada com o conceito.

Para minha satisfação, ela também era apaixonada pela criação de uma experiência de pesquisa mais positiva e envolvente para os participantes, assim como estava insatisfeita com o status quo de continuar a elaborar questionários enfadonhos porque eles sempre foram feitos da mesma maneira. Ela tinha um plano para aumentar os índices de respostas e deixar os participantes ansiosos para participarem da pesquisa. Ela tinha uma solução e ia trazê-la para o mercado.

Com essa paixão compartilhada, vi Betty construir seu negócio e sua clientela com uma coisa em mente: tornar a experiência de pesquisa envolvente através da utilização de jogos. Como fundadora e presidente da Research Through Gaming, Betty tem partilhado livre e incansavelmente a sua sabedoria e paixão com estudantes e praticantes em centenas de webinars, workshops, palestras universitárias e apresentações em conferências em todo o mundo, incluindo a América do Norte, América do Sul, Ásia-Pacífico e Europa. Ela já trabalhou com várias empresas da *Fortune 500* para ensiná-las e ajudá-las a conduzir pesquisas mais envolventes com o uso de jogos, tornando-se mestre em pesquisa baseada em jogos.

Agora é a sua vez. Ao longo deste livro, você vai descobrir algo que não é encontrado em nenhum outro lugar. Um significado renovado de como deve ser a pesquisa e de como aplicar a descoberta e o jogo à experiência de pesquisa. Você vai aprender como os jogos podem ser uma parte importante do processo de pesquisa de mercado e que, na verdade, os jogos digitais não são tão diferentes das pesquisas on-line. Explicando da forma mais simples possível, um questionário é apenas um jogo que ainda não foi concretizado. E os questionários não são as únicas ferramentas de pesquisa que podem se beneficiar dos jogos e da gamificação. Este livro, sem dúvida, fornecerá ideias para tornar os grupos focais, comunidades on-line e outros projetos de pesquisa de qualidade mais atrativos para os participantes. Seu repertório de habilidades e ferramentas está prestes a crescer exponencialmente!

O mindset da pesquisa baseada em jogos tem impacto em você enquanto pesquisador também. Os psicólogos lhe dirão que motivadores intrínsecos, como a alegria pessoal e o engajamento, são muito mais eficazes do que motivadores extrínsecos, como o dinheiro. Sabemos como é caro incentivar financeiramente os participantes, por isso, se essa for sua única motivação, você se beneficiará da internalização dos conceitos deste livro. Da mesma forma, você também se beneficiará pessoalmente deste livro, pois ele o ajudará a aumentar sua empatia pelos participantes, construir relacionamentos melhores com eles e, consequentemente, ajudar a melhorar as percepções dos leigos sobre nossa indústria. É simplesmente uma relação de ganha-ganha-ganha.

Desejo-lhe muita diversão na sua nova jornada. Que você possa se alegrar e se apaixonar enquanto aprende uma nova abordagem para tornar a pesquisa mais envolvente através dos jogos.

Annie Pettit, PhD CMRP FMRIA
Consultora de métodos de pesquisa
Autora de *The Listen Lady: A novel and social media research guide baked into one; People Aren't Robots: A practical guide to the psychology and design of questionnaires;* e *7 Strategies and 10 Tactics to Become a Thought Leader*

PRÓLOGO

Aonde quer que eu vá, as pessoas estão envolvidas em alguma forma de jogo. Nos trens, pessoas de ternos, roupas esportivas e macacões passam o tempo entretidas com *Candy Crush*. Na rua, as pessoas entregam cartões de fidelidade aos caixas para ganhar pontos em troca de café e outros produtos, e os corredores utilizam equipamentos de monitoramento, como os da marca Fitbit, contando os seus passos para lhes dizer se alcançaram a meta do dia. Quando você entende mais sobre jogar, jogos e gamificação, percebe que isso está em todo lugar. Como um dos meus alunos disse: "Não consigo 'desver' a gamificação, ela está em todos os lugares!" De fato, a ação de jogar é tão central nas nossas vidas, que todos ficam absorvidos por jogos e gamificação de uma forma ou de outra, várias vezes por dia. Mas por quê?

Acadêmicos que estudam jogos e brincadeiras descobriram que sistemas de pontuação inocentes e recompensas virtuais tocam em nossas necessidades psicológicas de maestria, autonomia, afinidade e propósito. É a razão pela qual as marcas e startups da *Fortune 500* introduziram mais cultura lúdica e de jogos em seus ambientes diários de trabalho, e é por isso que a gamificação é tão pronunciada na educação, saúde, treinamento, engenharia e, sim, pesquisa. Jogar e brincar aumentam a criatividade, produtividade, resolução de problemas, motivação e ajudam a provocar ideias inovadoras; também aliviam o tédio, ajudam a passar o tempo, geram desejos de continuidade e de conclusão, entre muitos outros benefícios. O ato de jogar tem se equiparado ao sucesso em muitos setores da economia e pode tornar as pesquisas de mercado mais bem-sucedidas também. Pesquisas criadas com base em jogos foram até setenta por cento mais eficientes, tiveram taxas de conclusão maiores que noventa por cento, taxas de continuação de mais de oitenta por cento e mais de noventa por cento dos participantes declararam que se divertiram ao longo da participação. Elas também entregaram amostras mais representativas do público em âmbito nacional, uma visão mais rica para o marketing, comunicação e desenvolvimento de novos produtos — apenas alguns exemplos dos benefícios e resultados conseguidos no mundo real.

A pesquisa baseada em jogos (que inclui jogos e gamificação) é a técnica mais eficaz que já vi ou usei em doze anos de trabalho com pesquisa de mercado, e isso se deve, em parte, ao fato de que ela pode ser aplicada literalmente a qualquer outra metodologia de pesquisa, tornando-a amplamente acessível.

A filosofia deste livro, e no coração dos Métodos de Pesquisa Baseada em Jogos (GbRM, na sigla em inglês), é o "mindset *playspondent*". Este é um termo que engloba qualquer abordagem de pesquisa que utilize jogos e/ou técnicas de gamificação. A amálgama é a união entre *player* (jogador) e *respondent* (entrevistado); portanto, "*playspondent*". Este mindset é o ponto de partida de todos os pesquisadores em uma busca de criar um relacionamento mais próximo com os participantes da pesquisa como um designer de jogos faz com os jogadores. Onde esforços são feitos para fornecer experiências *intrinsecamente* envolventes e até mesmo emotivas para os envolvidos; o design é abordado com empatia; e o ato de jogar é estimulado. Esta abordagem cria um coquetel de benefícios que auxilia o sucesso comercial de fornecedores e compradores de pesquisa, não apenas na melhoria da riqueza de detalhes das respostas, mas também na obtenção de informações *inexploradas* que não se tornam conhecidas através de pesquisas on-line tradicionais. Ao adotar e aprender sobre as relações e processos inerentes aos jogos e à gamificação, os pesquisadores também vão desenvolver a confiança e construir relações de mão dupla com os participantes. Isso vai melhorar a reputação da indústria de pesquisa de mercado (ou o que a pesquisa de mercado possa vir a se tornar no futuro) e atrair novos e divergentes talentos com as muitas carreiras que a GbRM tem a oferecer.

Para alguns leitores, o mundo dos jogos pode ser desconhecido. Como pesquisador de mercado, não se espera que você seja um jogador ou um especialista em jogos. É por isso que *Gamificação em pesquisa de mercado* fornece uma visão geral dos principais progressos da indústria de jogos e gamificação, além de guias de como elaborar suas próprias pesquisas baseadas em jogos.

Com mais pessoas usando jogos-pesquisa e questionários gamificados, vamos ampliar a comunidade de "artistas de pesquisa": acadêmicos, designers e desenvolvedores que são especializados nesses métodos e podem moldar o que a pesquisa baseada em jogos pode *realmente* se tornar.

Estamos no limiar de grandes acontecimentos; ainda não sabemos tudo o que há para saber sobre GbRM, mas a jornada será emocionante, especialmente porque usamos jogos como simulações e aproveitamos tecnologias como realidade aumentada e realidade virtual. Por meio das atividades de "aprender fazendo" deste livro, você vai aprimorar a arte de desenvolver pesquisas baseadas em jogos, aprender como executá-las da maneira apropriada e se inspirar para criar questionários gamificados e jogos-pesquisa emotivos e empíricos.

Em muitos aspectos, escrevi este livro durante quase oito anos; estudando, esboçando, jogando, fazendo, pensando e experimentando jogos como um instrumento de pesquisa, e, ao longo deste processo, as ligações entre eles e a pesquisa de mercado foram descobertas contínuas. Este livro é a tradução desse estudo e desenvolvimento. Agora é a sua vez. Jogue, estude e crie jogos, e comece a ver a transformação de seus resultados de pesquisa e o impacto no relacionamento com os participantes. No espírito do domínio e da colaboração dos jogos, os leitores podem visitar o site e o grupo do LinkedIn para compartilhar suas experiências com a aplicação dos GbRM, suas ideias e, juntos, podemos fazer crescer uma comunidade de especialistas.

Junte-se à comunidade via **www.koganpage.com/gamesandgamification** (Conteúdo em inglês acessado mediante registro)

Agora, APERTE O PLAY!

Betty Adamou

MARCAS REGISTRADAS E UTILIZAÇÃO

Os termos "*ResearchGame*" e "*Playspondent*", e seus plurais, "*ResearchGames*" e "*Playspondents*" são marcas registradas pela Research Through Gaming Limited.

O termo "*ResearchGame*", estilizado com um R e G maiúsculo, sem espaço entre as palavras, não é permitido para uso comercial. Os leitores podem usá-lo em contextos educacionais onde os produtos da Research Through Gaming são descritos como casos ilustrativos. O termo "*Playspondents*" também é permitido para uso educacional, mas não para uso comercial.

Onde quer que o termo "*ResearchGame*" seja mencionado, se referirá especificamente aos produtos feitos pela Research Through Gaming Limited.

Os leitores podem usar os termos "jogo-pesquisa" ou "jogos-pesquisa", conforme indicado neste livro.

INTRODUÇÃO

Uma das razões pelas quais fui inspirada a usar jogos como instrumento para conduzir pesquisas (e desenvolver uma empresa a partir disso) foi graças à leitura de uma única linha do livro *A Realidade em Jogo* (2012) de Jane McGonigal: "[jogos] ...podem ensinar-lhe sobre o seu verdadeiro eu: quais são os seus principais pontos fortes, o que realmente motiva você e o que o faz mais feliz."[1] Além da pesquisa de mercado, onde mais queremos saber o que motiva as pessoas (a comprar coisas, desejar coisas) e o que as torna mais felizes?

Dividido em quatro partes, *Gamificação em pesquisa de mercado* explora teoria, conceitos e evidências para o uso de jogos, gamificação e abordagens lúdicas na pesquisa on-line, e incentiva a experimentação independente em design de pesquisa baseada em jogos. Diretrizes de design foram desenvolvidas para fornecer estrutura no que pode ser um processo abstrato. Nas considerações finais, vamos entender os requisitos técnicos para fazer com que os projetos de pesquisa baseada em jogos ganhem vida e prever como o futuro se desenrolará para Métodos de Pesquisa Baseada em Jogos (GbRM) com tecnologias como inteligência artificial (IA), realidade virtual (RV) e realidade aumentada (RA).

Em um momento em que o engajamento impera, jogos e gamificação se tornaram sinônimos de engajamento e coleta de dados. Quando as abordagens baseadas em jogos são aplicadas na pesquisa de mercado, os pesquisadores podem criar experiências mais envolventes, gerar insights valiosos e esforços de pesquisa comercial à prova do futuro. Isso é especialmente importante porque a pressão sobre os profissionais na área está maior do que nunca. Enquanto muitas pessoas usam jogos e gamificação para criar engajamento do usuário/cliente, os métodos de pesquisa baseada em jogos pedem que os pesquisadores façam isso *e* coletem dados de qualidade que podem ser traduzidos em percepções que possibilitarão às empresas tomar decisões que terão impacto no mundo real. Os pesquisadores que desenvolvem pesquisas baseadas em jogos têm uma das tarefas mais complexas e singulares de todas.

Atualmente, os dados dos clientes são necessários com uma frequência jamais vista na história e envolver intrinsecamente as pessoas para compartilhar informações é fundamental. Mas os dados necessários evoluíram; queremos compreender as pessoas em um nível emocional e empírico. Que melhor maneira de simular emoção e experiência ao coletar dados do que por meio de jogos? Também queremos saber não só o que as pessoas gostaram e não gostaram a respeito dos nossos produtos e serviços no passado; queremos saber o que é *provável que elas façam no futuro*. Os jogos são a plataforma perfeita para futuras simulações para compreender decisões e comportamentos em contexto. Como tal, este livro não fala apenas sobre o que foi e o que é agora, mas ajuda a moldar o que ainda está por vir.

Você pode se perguntar se um designer de jogos seria mais adequado para desenvolver jogos-pesquisa e questionários gamificados, mas esse não é necessariamente o caso. Suas experiências como pesquisador significam que você já está a meio caminho para se tornar um praticante de GbRM, porque você entende os princípios fundamentais de pesquisa que *conduzirão* o projeto de pesquisa baseada em jogos. Se você for um designer de jogos interessado em GbRM, considere aprender sobre pesquisa de mercado com os muitos webinars, workshops e conferências sobre o assunto. Entre em contato com os organismos profissionais de pesquisa de mercado em sua área e veja quais plataformas de aprendizagem estão disponíveis.

Usar o GbRM significa entender as conexões existentes entre jogos e pesquisa *e* desvendar as conexões que ainda não foram investigadas. Algumas das conexões são óbvias: o jogo é exploratório e a pesquisa também, ambos são meios interativos; tanto os pesquisadores quanto os designers de jogos querem envolver os participantes; tanto o participante da pesquisa quanto o jogador têm o objetivo de completar tarefas básicas e, por vezes, algumas mais exigentes ou criativas a nível cognitivo; tanto o jogo quanto a pesquisa devem ser plataformas para fazer as pessoas pensarem. Mas as pesquisas são entediantes porque não exploram nossas necessidades psicológicas, não nos envolvem intrinsecamente e não nos incentivam a agir como nos jogos, mas poderiam. As bases já estão lá.

Usar jogos como instrumento de pesquisa é uma ferramenta poderosa, que vai além da pesquisa quantitativa sobre o que é muitas vezes descrita como "qualitativa on-line", até mesmo a etnografia on-line. As técnicas projetivas podem ser usadas na pesquisa baseada em jogos, assim como fazer uso de observações em contexto de como os participantes se comportam. Nesse sentido, jogos-pesquisa e questionários gamificados são metodologias fluidas — podem ser usados para simplesmente criar engajamento intrínseco entre os participantes e/ou ir *além* disso, tornando-se ferramentas de pesquisas qualitativas on-line, nas quais começamos a explorar aspectos como heurística, associações implícitas, bem como observar comportamentos através de simulações em ambientes de realidade 2D, 3D ou mesmo virtual. É aqui que as oportunidades de GbRM se tornam mais interessantes em termos dos tipos de dados que os pesquisadores podem coletar e da percepção que pode ser capturada.

A interação com um jogo-pesquisa vai além da mera "participação" — os envolvidos *jogam* os jogos-pesquisa e isso tem uma função. Conforme exploramos neste livro, o jogo aumenta as nossas capacidades de resolução de problemas, criatividade e colaboração (entre outros benefícios); estes são comportamentos desejáveis que os pesquisadores devem aproveitar. Aprendemos por meio do jogo, mas pela *observação* do jogo, o observador também pode aproveitar a informação e aprender. **Neste livro, olho para a ação de jogar através de uma lente diferente: "jogar como geração de dados".**

Jogar tem sido descrito como o oposto da seriedade[2]; entretanto, jogar em um contexto de pesquisa traz resultados "sérios", como dados e insights para esforços comerciais. Como tal, por meio da pesquisa baseada em jogos, encorajamos os participantes a se engajarem ativamente com os games, e os jogos-pesquisa se tornam parte do gênero de Jogos Sérios.

Jogos Sérios consideram os stakeholders e os usuários finais, e têm sido usados em uma variedade de indústrias, com diferentes graus de sucesso. Eles têm sido utilizados para ajudar as pessoas a compreender melhor as suas condições médicas, para formação e recrutamento de trabalhadores, para superar distúrbios psíquicos ou mentais, para aumentar a sensibilização e explorar questões como o racismo, o machismo e a homofobia, e para obter ganhos comerciais para promover um produto ou serviço. Por que houve vários graus de sucesso? Muitas vezes por causa da qualidade do design, que é parte integrante de tudo, desde o processo de integração até as relações de longo prazo construídas com os usuários. É por isso que o design — e a compreensão do seu processo — é tão fundamental para pesquisas baseadas em jogos; elas também precisam de atenção ao design, para que os pesquisadores possam envolver o público de forma adequada e descobrir a verdade sobre o que as pessoas pensam e sentem e o que elas vão fazer.

- O poder da pesquisa baseada em jogos ainda não está no seu auge, e é por isso que precisamos do seguinte:
- Mais designers de jogos-pesquisa;
- Mais estudos sobre design de questionários baseados em jogos;
- Métodos de pesquisa baseada em jogos ensinados nos módulos de pesquisa em escolas e universidades como parte de estudos de pesquisa de mercado;
- Que a pesquisa baseada em jogos evolua.

Na parte final deste livro, discuto as possibilidades de pesquisa baseada em jogos com outras tecnologias. Espero que os estudantes e graduados de hoje usem estas técnicas e as façam evoluir em direções que ainda nem sequer previmos. Na verdade, só a nossa imaginação é que nos retém quando se trata de pesquisa baseada em jogos.

Nos últimos "mundos" deste livro, veremos também como os jogos e a gamificação não só nos ajudam a resolver os problemas das nossas pesquisas de hoje, como também nos ajudam a ir *além* da missão imediata de resgate para realmente melhorar a forma como nossa indústria funcionará amanhã. Veremos que, ao melhorarmos nossos designs de questionários por meio do uso de métodos baseados em jogos, abriremos nossas portas para novos talentos e evoluiremos como uma indústria com carreiras interessantes e novas oportunidades para os usuários de pesquisa.

Quem deve ler este livro?

Gamificação em pesquisa de mercado é para pessoas que trabalham na multiplicidade de campos que compõem as indústrias de pesquisa de mercado e insights, que estão interessadas em maior engajamento dos participantes, melhor qualidade de dados e inovação. Se você é um gerente de inovação e insights, gerente de projeto, gerente de sucesso do cliente, professor de pesquisa ou programador, então este livro também é para você, pois dentro destas páginas há ideias para inspirar novos projetos de pesquisa e abordagens tecnológicas.

Mas pode ser que você não ocupe nenhum desses cargos; pode ser que você seja um estudante, sentado em sua biblioteca na universidade, posicionado sobre este livro com um marca-texto em mãos. Ou pode ser que esteja trabalhando em seu primeiro emprego como pesquisador. Se assim for, eu quero que você veja a variedade de oportunidades ao seu alcance e transforme o futuro da pesquisa (sem rejeitar os experientes pesquisadores de mercado, é claro). VOCÊ vai ser um dos líderes formadores de opinião e vai mudar o jogo (trocadilho intencional) quando estivermos todos velhos e aposentados. Você vai evoluir a nossa indústria e eu estou intrigada para ver como você usará e amadurecerá os GbRM nos próximos anos. Não importa o seu leque de experiências: de um pesquisador veterano a um novo e brilhante estudante, ou se a sua base teórica é em psicologia ou linguística, economia comportamental, narratologia ou antropologia, você vai encontrar algo que repercuta em você e suas práticas de pesquisa nestas páginas, porque os GbRM estão na interseção de pelo menos uma dúzia de disciplinas.

Como ler este livro

Gamificação em pesquisa de mercado foi estruturado em quatro partes para refletir o processo de fluxo de trabalho do profissional de pesquisa: da compreensão à realização e lançamento. Há aspectos deste processo que são iguais ou semelhantes a trabalhar com outras metodologias. Apenas os aspectos dos processos de pesquisa que são diferentes ou particulares da pesquisa baseada em jogos serão discutidos neste livro. Por exemplo, o processo de encontrar insights nos resultados da pesquisa quando se utilizam métodos baseados em jogos é o mesmo do que em qualquer outra metodologia. Portanto, este livro não vai se aprofundar em como encontrar informações nos seus dados — a diferença estará na *qualidade* dos dados com que trabalhará quando utilizar métodos baseados em jogos. Há uma grande quantidade de livros e outras publicações que discutem como encontrar informações em dados de pesquisa — estes estão listados na seção "Leituras recomendadas" a seguir.

À primeira vista, o processo de compreensão, desenvolvimento e execução de pesquisas baseadas em jogos pode parecer linear:

Passo 1: compreender as metodologias dos GbRM.
Passo 2: aplicar esse conhecimento para desenvolver o projeto de sua pesquisa baseada em jogos.
Passo 3: desenvolver o projeto como uma pesquisa "ativa".
Passo 4: lançar o questionário baseado em jogos e coletar resultados de pesquisa.
Passo 5: analisar os resultados da pesquisa e encontrar insights sobre os dados.

Passo 6: apresentar os resultados da pesquisa e as informações coletadas para o comprador da pesquisa.

No entanto, quando se trata de pesquisa baseada em jogos, o processo deve ser considerado como algo que continua a dar resultados, no qual o conhecimento que você ganha em cada estudo de GbRM contribui para a teoria e conhecimento de design sobre essas técnicas, que então ajudará a melhorar o seu próximo estudo de pesquisa baseada em jogos. Portanto, o processo está se perpetuando; mesmo quando as coisas podem não dar certo, você pode aprender com os erros e isso tornará os futuros jogos-pesquisa ou pesquisas gamificadas mais eficazes.

Leitura recomendada

HARRISON, M. et al. *Market Research in Practice: An introduction to gaining greater market insight*. Londres: Kogan Page, 2016.

POYNTER, R. *The Handbook of Online and Social Media Research: Tools and techniques for market researchers*. Chichester: Wiley, 2010.

SCHINDLER, P. S. *Business Research Methods*. 13ª ed. Nova York: McGraw Hill Education, 2018.

Dê uma olhada no arquivo on-line do NewMR.org [conteúdo em língua inglesa], no qual muitos anos de webinars gravados por algumas das principais figuras da indústria discutem uma variedade de metodologias e tecnologias de pesquisa.

Notas

1 MCGONIGAL, J. *A Realidade em Jogo: Por que os games nos tornam melhores e como eles podem mudar o mundo*. Rio de Janeiro: Best Seller, 2012.

2 HUIZINGA, J. *Homo Ludens: O jogo como elemento da cultura*. 7ª ed. São Paulo: Perspectiva, 2010.

PARTE UM

MUNDO DA COMPREENSÃO — VISÃO GERAL

A pesquisa de mercado on-line, como ocorre na maioria das vezes, é insustentável. Mais do que isso, não funciona com todo o seu potencial. Ainda.

Passando por questões como o baixo engajamento dos participantes, o empobrecimento da qualidade dos dados e o aumento da concorrência por meio de outras formas de coleta de dados, muitos fornecedores de pesquisa se perguntam como sobreviverão utilizando as mesmas metodologias de pesquisa on-line tradicionais no futuro. Mas a mudança está a caminho.

Usar jogos e gamificação na pesquisa de mercado não é apenas uma missão de resgate, é uma chamada para reinventar completamente a forma como os pesquisadores trabalham, como os dados são coletados, os tipos de dados que podem ser coletados e como os participantes interagem com pesquisadores e sistemas de coleta de dados. Os métodos de pesquisa baseada em jogos (ou GbRM — um termo genérico que descreve os tipos de pesquisa que utilizam jogos e/ou gamificação) dizem respeito à sobrevivência e prosperidade da pesquisa de mercado.

Os GbRM ajudarão os pesquisadores a melhorar o engajamento e estimular os comportamentos desejados dos participantes, desviando o indicador de motivadores extrínsecos para motivação *intrínseca* e encorajando o jogar, o que — por meio do aumento da colaboração, criatividade e habilidades de resolução de problemas trazidas pelo jogar e pela motivação intrínseca — ajudará a melhorar a qualidade dos dados, aproveitar insights inexplorados e até mesmo engajar novamente fornecedores e compradores no processo de pesquisa. Os métodos de pesquisa baseada em jogos podem até moldar a forma como concebemos o software ou o hardware de coleta de dados no futuro.

Mas este processo de mudança deve começar no início: melhorando drasticamente o engajamento dos participantes. E que melhor meio para ser inspirado do que o mais envolvente de todos os tempos: o jogo.

Gamificar uma pesquisa, ou criá-la como se fosse um jogo completo, não é uma abordagem que serve apenas "de enfeite": longe disso. Enquanto os games podem parecer frívolos para alguns, e, por consequência, a pesquisa baseada em jogos pode ser vista da mesma forma, este mundo introduz jogos através de uma lente que você talvez não tenha considerado antes, mostrando como podemos aproveitar as capacidades e estruturas inerentes aos jogos para resolver problemas reais enfrentados pela indústria de pesquisa de mercado. Este mundo ilustra onde essas questões se encontram para apontar como e onde os métodos de pesquisa baseada em jogos podem fornecer soluções.

No nível mais básico, os GbRM envolverão intrinsecamente os participantes de uma forma nunca antes feita. Isso, por si só, tem muitos benefícios. Você ficará surpreso com a quantidade de pessoas que estão simplesmente gratas por alguém, *qualquer um*, estar fazendo um esforço para desenvolver pesquisas mais envolventes. De todos os termos frequentemente utilizados pelos participantes nos seus comentários sobre os ResearchGames da Research Through Gaming, "obrigado" é o mais frequente, seguido por termos como "divertido", "legal", "interessante" e outros sentimentos semelhantes. Quando olho os feedbacks e vejo os comentários... "Isso foi ótimo, muito obrigado!", "Obrigado por me deixar fazer parte disso!", "Eu amei essa ideia, OBRIGADO", eu penso: "Não, obrigada VOCÊ." Mas esses participantes agradecem à pessoa invisível por trás do design do ResearchGame, que eles não conhecem, porque estão muito satisfeitos por não ser mais um questionário chato de pesquisa de mercado.

Mas, nos níveis mais poderosos e avançados de uso dos GbRM, é neste ponto que a pesquisa quantitativa transcende para se tornar qualitativa on-line. Podemos colocar os participantes em situações e simulações para entender como o contexto direciona comportamentos e escolhas — tudo isso enquanto observamos em vez de fazer perguntas. Por meio dessa observação, utilizamos a pesquisa baseada em jogos para compreender o que as pessoas pensam e sentem, sim, mas também o que *farão*. Por sua vez, isso ajudará as empresas a desenvolver modelos preditivos para antecipar os comportamentos e resultados de milhares de abordagens de marketing, desenvolvimento de produtos, processos de serviços sociais e assim por diante.

Neste ponto, estamos tirando mais vantagem do implícito e começando a moldar experiências de pesquisa em torno das formas como a nossa memória realmente funciona e como as pessoas vivem as suas vidas. Através dos GbRM, usaremos a recordação dependente do estado, mas também o olhar para o futuro por meio do design de simulações induzidas pelo estado e contexto para entender comportamentos e escolhas. A pesquisa como jogo será finalmente reflexo (e compreensão) das muitas complexidades da emoção humana e identificará os principais motores para ajudar as empresas a tomar decisões.

A boa notícia é que tudo isso já está ao nosso alcance.

Este mundo destaca como as pesquisas on-line e os jogos têm muitas semelhanças, tornando os GbRM mais acessíveis do que se possa imaginar. Esta seção também nos mostra o quanto podemos aprender com a indústria de jogos para engajar intrinsecamente nossos próprios participantes e estimular sua criatividade, resolução de problemas e habilidades colaborativas. Vamos acabar com as concepções equivocadas existentes acerca dos jogos e da gamificação para criar espaço para a compreensão dos benefícios dessas metodologias e sobre o que torna os games tão envolventes. Vamos olhar para as múltiplas facetas inerentes aos jogos: um coquetel de narratologia, reforço positivo, heurística, semiótica, linguística, psicologia cognitiva e mais.

Vamos ver até mesmo como os jogos, os dados e as informações já funcionam em harmonia. Esta jornada é apenas o começo.

O IMPACTO DO BAIXO ENGAJAMENTO DOS PARTICIPANTES NA PESQUISA DE MERCADO 01

Este capítulo abordará:

- Os oito efeitos colaterais do baixo engajamento dos participantes;
- Como esses efeitos colaterais impactam negativamente a indústria de pesquisa de mercado em geral;
- Como o jogo, o meio mais envolvente de todos os tempos, é o antídoto perfeito para o baixo engajamento.

Se olharmos para os métodos de pesquisa baseada em jogos (GbRM) como ferramentas para a prevenção e solução do baixo engajamento dos participantes, então devemos primeiro entender o panorama completo dos problemas que estão ocorrendo.

De acordo com o relatório de 2017 do GreenBook Research Industry Trends (GRIT), setenta por cento da indústria de pesquisa de mercado depende de pesquisas tradicionais[1] para coletar dados de opinião[2] e outras formas de informação. Outros relatórios e especialistas de pesquisa de mercado preveem que o uso de questionários on-line tradicionais na pesquisa de mercado é na verdade maior, de oitenta a noventa por cento. O que estes números elevados não negam (mas talvez até exacerbem) é um problema universal: baixo engajamento dos participantes. E isso impacta negativamente *todos* os aspectos do processo de pesquisa e todas as pessoas envolvidas. As desvantagens foram verbalizadas na internet[3, 4] — destacando os problemas e espalhando a desconfiança da pesquisa de mercado. Considere estes oito problemas de efeito dominó.

Oito efeitos colaterais do baixo engajamento dos participantes

1. **Baixas taxas de resposta.** As taxas de resposta descrevem a quantidade de pessoas que respondem a uma pesquisa, isto é, quantas pessoas realmente iniciam uma pesquisa. As baixas taxas de resposta podem ser causadas por vários fatores: há outras distrações on-line ou os participantes têm tantos e-mails que perdem o convite para o questionário. Os participantes que já se sentiram entediados em pesquisas on-line podem estar relutantes em participar de novas, resultando em baixas taxas de resposta para *todos* os estudos on-line, não apenas para os seus. Isso mostra como a má experiência de pesquisa de um participante pode impactar outros projetos, dificultando o processo para todos os envolvidos. Baixas taxas de resposta levam a…

2. **Baixas taxas de conclusão.** Os participantes não podem completar as pesquisas que não iniciam. Só porque alguém começa a responder a uma pesquisa on-line, não significa que a pessoa vai terminar. Muitas vezes, as pesquisas podem ser longas e complicadas, de modo que as pessoas desistem durante a participação. As pessoas podem desistir de uma pesquisa por outras razões: elas podem estar passando por uma emergência ou simplesmente querem parar para comer. A indústria de jogos nos mostra uma imagem diferente: que

os jogadores podem estar tão intrinsecamente envolvidos que jogam durante horas a fio, ignorando até mesmo a fome.

3. **Decrescentes taxas de resposta e tamanhos de painel.** Um painel refere-se a um grupo de pessoas que se inscreveram para participar de pesquisas on-line de diferentes compradores de pesquisa. O baixo engajamento não impacta apenas as taxas de resposta e conclusão de projetos de pesquisa individuais, ele pode, ainda, reduzir as taxas coletivas de resposta e conclusão de painéis on-line. Isso afeta dezenas ou mesmo centenas de projetos de pesquisa. As pessoas que se inscreveram para receber pesquisas de empresas de painéis e as completaram com lealdade podem ter ficado entediadas com o passar do tempo e participado cada vez menos. Eventualmente, esses participantes são rotulados como "inativos". Então, os tamanhos do painel diminuem. Isso leva a...

4. **Durações de campo mais longas.** Quando as pesquisas são tão complicadas e/ou entediantes que as pessoas não querem começar ou completá-las, os "períodos de campo" (o tempo em que as pesquisas estão ativas on-line) são muitas vezes prolongados para acomodar baixas taxas de conclusão. Por exemplo, se os prestadores de serviços de pesquisa não conseguirem atingir uma meta de quinhentas pesquisas concluídas em duas semanas, eles podem (se o orçamento e o prazo lhes permitirem) aumentar o cronograma na esperança de conquistar os números necessários. Isso leva a...

5. **Mais dinheiro gasto — maiores custos por projeto.** A ampliação do período de campo requer mais recursos humanos e digitais, o que custa dinheiro. Mesmo que eles sejam prolongados por apenas alguns dias (embora os períodos de campo possam ser prolongados por semanas ou meses em alguns casos), isso pode aumentar os custos de um determinado projeto de algumas centenas para milhares de dólares. Para além destes tipos de custos a considerar, os prestadores

de serviços de pesquisa tentam aumentar as suas chances de obterem a quantidade de pesquisas concluídas necessárias gastando em outra coisa. Eles podem fazer um ou todos os três itens abaixo:

- **Premiar com incentivos mais elevados:** isso pode ser um aumento do dinheiro que os participantes recebem como recompensa pela conclusão das pesquisas ou oferecer vales de valor mais elevado e assim por diante. No entanto, mesmo um aumento do incentivo nem sempre funciona (se isso acontecesse, poderíamos não ver baixas taxas de resposta e de conclusão). Em contraste, as pessoas jogam games *sem* receber por isso. Embora existam recompensas no jogo que mantêm os jogadores envolvidos, eles gastam dinheiro para *jogar*; uma dinâmica completamente diferente comparada à interação do participante com a pesquisa de mercado.
- **Recrutar ainda *mais* painelistas:** nos esforços para aumentar a probabilidade de que os prestadores de serviços de pesquisa capturem as quantidades necessárias de pesquisas concluídas, eles podem gastar mais dinheiro em publicidade para tentar fazer com que mais pessoas se inscrevam no seu painel de empresas para participar das pesquisas.
- **Enviar mais convites por e-mail** aos participantes para que eles possam participar das pesquisas, mas isso geralmente faz com que eles sintam que estão recebendo spam e, novamente, não é necessariamente eficaz.

6. **Dados não confiáveis e/ou má qualidade dos dados.** Com as questões acima em mãos, a qualidade dos dados é questionada. De fato, imprecisões recorrentes nas conclusões dos dados comprovadamente conduzem a uma crise de confiança dos compradores de pesquisa.[5] Dois fatores podem nos levar a questionar a qualidade dos dados:

- **Respostas diretas:** ou respostas rápidas, quando um participante seleciona respostas apenas para completar o questionário mais rapidamente, muitas vezes sem pensar no que respondem. Este certamente não é o caso de todos os participantes, mas acontece. E se as pessoas estão acelerando no decorrer de sua pesquisa, o quanto você pode confiar que as respostas sobre opiniões e experiências foram bem pensadas e verdadeiramente reflexivas? Você poderia confiar nesses dados o suficiente para tomar decisões de negócios multimilionárias? Provavelmente não.
- **Confusão:** mesmo os participantes que *querem* responder às pesquisas de uma forma atenta podem nem sempre fornecer "dados corretos" por causa de perguntas mal escritas e/ou elaboração da pesquisa malfeita. Novamente, este não é o caso de todas as pesquisas, mas está comprovada a necessidade de um melhor desenvolvimento das perguntas (bem como melhorias no desenvolvimento geral do questionário e acessibilidade) na pesquisa de mercado.

7. **Homogeneidade entre as empresas do painel.** Quando muitas empresas de pesquisa de mercado elaboram os mesmos questionários chatos, muitas vezes adotando a mesma estética, nada as diferencia. Isso leva à homogeneidade entre os prestadores de serviços de pesquisa. Jonathan Clough, cofundador e diretor da ResearchBods, escrevendo na revista *VUE* da Marketing Research and Intelligence Association (MRIA) em 2014, captou bem esta questão: "o surgimento da tecnologia, em particular a internet, trouxe a comoditização dos painéis de pesquisa. Isso quase diminuiu os USPs [*Unique Selling Proposition*, proposta única de venda] de muitas das empresas do mercado, com a maioria tendo que reduzir significativamente os preços para permanecer competitiva e relevante."[6]

Isso provavelmente aconteceu porque muitas empresas de pesquisa usam o mesmo software dos mesmos oito ou mais fornecedores de software de pesquisa disponíveis. Muitos desses provedores oferecem capacidades de personalização, então os pesquisadores podem mudar o design e diferenciar seu "visual e apelo". A quantidade de pesquisadores que se beneficiam de tais capacidades é desconhecida. Por outro lado, há uma lista ilimitada de jogos feitos com o mesmo software (Unreal e Unity são dois dos muitos exemplos de motores de jogo), mas, por meio de diferenças no design, eles oferecem produtos de jogo *completamente* diferentes.

8. **Pessoal e clientes sem compromisso.** Seus clientes não obtêm os dados e insights de que precisam e questionam se podem confiar nas pesquisas. Os seus participantes não estão comprometidos. Quem quer ser a pessoa no meio disso? Quem quer escrever pesquisas chatas? Ter participantes, pesquisadores e compradores de pesquisa sem engajamento significa que todos perdem.

Esta lista dos oito efeitos do baixo engajamento dos participantes captura definitivamente o pior cenário. Pode ser que você esteja certo de que os participantes adoram suas pesquisas, ou de que tem clientes satisfeitos. Embora isso seja verdade para muitos pesquisadores, minha pergunta é a seguinte: à medida que a tecnologia avança, que evoluímos nossas expectativas de experiências digitais e que novos métodos de coleta de dados surgem todos os dias, você se sentirá tão confortável daqui a cinco anos? Ou dez? Os modos de desvinculação da pesquisa on-line são sustentáveis? Não.

Certamente, é melhor pegar o dinheiro que é gasto atualmente para corrigir os problemas e, em vez disso, investir esses fundos para melhorar o design da pesquisa e aumentar o engajamento dos participantes. A meu ver, prevenir e mudar é sempre melhor do que remediar.

E a mudança está acontecendo, para alguns. A pesquisa de mercado está se fortalecendo com empresas de tecnologia e novas startups inovadoras. As muitas conferências que compõem o agitado calendário social de um pesquisador são ótimas para dar ao público a oportunidade de ver os bastidores. Como indústria, estamos atualmente obcecados com o novo e com a tecnologia. Embora tal mudança seja bem-vinda, revigorante e empolgante, em que tipo de posição estará seu negócio se não for uma nova empresa de tecnologia de ponta?

O que esses tipos de empresas podem fazer para resolver os problemas comercialmente incapacitantes em nossa lista, melhorar o engajamento dos participantes e elevar a qualidade dos dados? A pesquisa baseada em jogos é a resposta.

A principal diferença entre jogos digitais e pesquisas on-line é que, embora as pesquisas on-line não tenham engajamento e confiem em motivadores extrínsecos, os jogos são o meio mais envolvente de todos os tempos. Os games em dispositivos móveis representaram mais receita do que qualquer outra forma de entretenimento em 2017, gerando 40,6 bilhões de dólares em todo o mundo[7], e as pessoas gastam mais dinheiro em jogos do que em filmes e música combinados (com uma receita estimada de 92 bilhões de dólares em 2017).[8] Não só inspiram o engajamento intrínseco, como também o ato de jogar. Ambas as saídas têm benefícios significativos na pesquisa de mercado e, como tal, os jogos são o antídoto perfeito para todas estas oito questões. Mas os jogos digitais e as pesquisas on-line têm muitas semelhanças, como exploramos no Capítulo 2.

Notas

1 As pesquisas tradicionais são consideradas pesquisas que, na sua maioria, têm uma pergunta por tela, utilizam grades, escalas de Likert, funções de arrastar e soltar, um fundo de cor em bloco e um layout e estética geral semelhantes a questionários impressos, mas estão on-line. As pesquisas on-line tradicionais também podem incluir imagens, vídeo e alguma interface

dinâmica básica, mas ainda assim seriam consideradas "tradicionais" em sua estética e interatividade.

2 *Dominant Data Collection Methods* em que 56 por cento dos métodos de coleta de dados dominantes são considerados pesquisas on-line e catorze por cento são considerados pesquisas para dispositivos móveis. Relatório GRIT Q3-Q4 de 2017 publicado pela GreenBook (disponível on-line e impresso).

3 Dooley, R. Why so much market research sucks. *Revista Forbes*, 2012 [On-line]. Disponível em: <www.forbes.com/sites/rogerdooley/2012/10/04/market-research/#31c994627394>. Acesso em: 9 mai. 2018.

4 Silva, P. Forget market research. Do your thing. *Revista Forbes*, 2017 [On-line]. Disponível em: <www.forbes.com/sites/piasilva/2017/10/04/forget-market-research-do-your-thing/#22c627834278>. Acesso em: 9 mai. 2018.

5 RFL Communications, Inc.. Inaccurate polls draining UK research revenues, RBDR. 2018 [Relatório em vídeo on-line]. Disponível em: <youtu.be/_PdDv6t0BdI>. Acesso em: 4 jun. 2018.

6 Clough, J. Community rewarded research: A new approach to respondent recruitment ad incentivization for children, young people and families. *Revista VUE*, 2014 [On-line]. Disponível em: <issuu.com/mria-arim/docs/vue-june-2014>. Acesso em: 20 mai. 2018.

7 Statista (data e autor desconhecidos) [On-line]. Disponível em: <www.statista.com/topics/1906/mobile-gaming/> Acesso em: 20 mai. 2018.

8 Taylor, G. Why is gaming more popular than music and film? *Huffington Post*, 2016 [On-line]. Disponível em: <www.huffingtonpost.co.uk/george--taylor/why-is-gaming-more-popular-than-music-and-film_b_10095376.html>. Acesso em: 28 mai. 2018.

AS SURPREENDENTES SEMELHANÇAS ENTRE JOGOS DIGITAIS E PESQUISAS ON-LINE 02

Este capítulo abordará:

- Semelhanças entre jogos digitais e pesquisas on-line, desde os desafios enfrentados até a interação com o usuário;
- Como repensar as pesquisas on-line como "aperitivos de entretenimento" produtivos.

As pessoas podem ser cautelosas em relação a coisas que são diferentes daquilo que conhecem. Não surpreende que alguns pesquisadores tenham reservas sobre jogos e gamificação como ferramentas para coleta de dados. Este capítulo demonstra que existem mais semelhanças entre os jogos digitais e as pesquisas on-line do que se possa imaginar. Entender essas semelhanças é útil, pois elas podem ajudar a promover a confiança em pesquisadores que estão pensando em usar métodos de pesquisa baseada em jogos, e podemos começar a evidenciar que existe uma base comum para uma fusão natural das duas áreas.

Se pensarmos em ambas as plataformas simplesmente como produtos digitais, os paralelos podem ser feitos facilmente:

1. **Linha de chegada:** tanto os jogos digitais quanto as pesquisas on-line são feitos para serem concluídos.

2. **Mensuração do engajamento:** as pessoas que trabalham em empresas de jogos e em empresas de pesquisa avaliam o engajamento de formas semelhantes. Por exemplo, medindo a duração da participação, as taxas de conclusão, as ações voluntárias adicionais etc.

3. **Paradados e metadados** são coletados a partir das interações dos jogadores com jogos e dos participantes com pesquisas.

4. **O engajamento do público** é crucial para a sobrevivência e o crescimento das indústrias de jogos e de pesquisas. Ambos são mercados saturados e competitivos e estão igualmente "superlotados". Por isso, como envolver o público de forma eficaz e inovadora está no topo da pauta para ambas as indústrias.

5. **Precificação e modelos gratuitos:** a saturação de ambos os mercados determina como os jogos e as pesquisas são precificados, se é que são precificados. Os modelos "Freemium" nos jogos são populares e, na pesquisa, muitas ferramentas autônomas e de análise de dados também podem ser usadas gratuitamente.

6. **Comunidades on-line:** os painéis de pesquisa on-line e as comunidades de jogos são confiáveis em ambos os setores para criar e perpetuar o engajamento dos usuários. Muitas organizações de pesquisa de mercado têm desenvolvido centenas de milhares de painéis de participantes prontos para participar de pesquisas. As comunidades on-line de pesquisa de mercado (MROCs, na sigla em inglês) podem ter números menores, mas são um dos tipos mais populares de pesquisa on-line atualmente.[1] Do mesmo modo, as empresas de jogos têm os seus próprios "painéis" — comunidades às quais recorrem para resolver problemas, obter informações e promover novos produtos junto de pessoas prontas para jogar. O que é a PlayStation Network (PSN) se não uma enorme comunidade on-line?

Nenhum outro meio é tão semelhante aos jogos digitais como a pesquisa on-line. Até mesmo os desafios que ambas as indústrias enfrentam são comparáveis.

Desafios tecnológicos

Tanto os jogos digitais quanto as pesquisas on-line dependem da tecnologia (bem como do design) para desenvolver produtos que maximizem a acessibilidade e o engajamento dos usuários. Os criadores de jogos e os de pesquisas devem considerar a quantidade e os tipos de dispositivos em que os seus produtos serão disponibilizados/jogados. Mas o processo de tomada de decisão não é apenas sobre "isso deveria funcionar no iPad mais recente?" As próprias linguagens de programação usadas para desenvolver o software também precisam ser levadas em consideração. Por exemplo, use o Flash e a pesquisa/jogo não funcionará na maioria dos dispositivos móveis.

Como é impossível testar uma pesquisa ou um jogo em cada configuração de dispositivo, cada tipo ou versão de navegador e se preparar para cada atualização de navegador, ou antecipar cada novo lançamento de telefone celular, é preciso fazer concessões reais. Para os desenvolvedores de jogos e pesquisas, a tomada de decisões sobre os dispositivos usados para jogabilidade/acessibilidade tem consequências econômicas diretas. Quanto mais dispositivos, mais testes e recursos humanos são necessários. Por outro lado, uma acessibilidade limitada pode ser igualmente desvantajosa do ponto de vista financeiro. Tanto para as pesquisas quanto para os jogos, deve ser encontrado um equilíbrio e considerada a análise de custo-benefício.

Desafios econômicos

Quanto custará implantar uma pesquisa on-line ou um jogo digital se estiver disponível em 15 dispositivos móveis versus 35 dispositivos móveis? Quanto dinheiro pode ser gasto em design para garantir o engajamento do usuário? Um melhor design ou uma maior acessibilidade proporcionarão um melhor retorno sobre o investimento? Estes são desafios econômicos que os desenvolvedores de jogos e de pesquisa precisam enfrentar.

Desafios criativos

Os desenvolvedores de jogos e de pesquisas devem satisfazer os stakeholders. Na indústria de jogos, as partes interessadas incluem pessoas que têm interesse financeiro no sucesso de um jogo. Na indústria de pesquisa, o stakeholder é o cliente da pesquisa. É um ato de equilíbrio tentar satisfazer tanto os jogadores e/ou participantes de pesquisa com uma plataforma criativa e envolvente quanto os stakeholders, que precisam de um retorno sobre o investimento. Esforços de desenvolvimento versus engajamento bem-sucedido é outro aspecto que precisa de equilíbrio.

Desafios temporais

A piada interna entre os pesquisadores é que os resultados da pesquisa são "para ontem", tamanhas são as restrições de tempo enfrentadas pela indústria. Embora o setor de jogos tenha, sem dúvida, períodos de desenvolvimento mais longos para criar e lançar os seus produtos, as suas restrições de tempo são igualmente reais, representando outros desafios em torno da criatividade. Tanto para pesquisas on-line quanto para jogos digitais, muitas vezes são feitos sacrifícios criativos para que as coisas sejam feitas a tempo.

Desafios da inovação (e obsessão)

Os pesquisadores de mercado falam *muito* de inovação. Embora muitas inovações na pesquisa de mercado sejam certamente um sopro de ar fresco, tais inovações estão muitas vezes "um dia atrasadas e um dólar gasto a mais" em comparação a inovações e invenções imediatas da indústria de jogos. Tanto os games digitais quanto as pesquisas on-line precisam de inovação para envolver as pessoas, ganhar vantagem competitiva e crescer como empresas.

Embora a aplicação da "inovação" seja diferente em pesquisas on-line e jogos digitais, não podemos negar que ambas as indústrias são obcecadas e desafiadas por ela; obcecadas porque a inovação é uma das maneiras de o jogo e a pesquisa ganharem o engajamento do público — não há como negar o poder da novidade. A inovação é também uma forma de se destacar dos concorrentes. Se o fornecedor da pesquisa X tiver uma visão inovadora em suas pesquisas, isso pode envolver tanto os participantes *quanto* os compradores da pesquisa. Na indústria de jogos, a inovação pode ajudar a obter financiamento e fazer vendas.

O desafio é que a inovação exige grandes investimentos de tempo e dinheiro. A indústria de jogos digitais investiu fortemente em muitas inovações: da realidade aumentada à realidade virtual e além. De fato, muitas das inovações que vemos hoje nasceram desta indústria. O Kinect, o dispositivo de entrada de detecção de movimento, foi uma das duas invenções para jogos criadas pelo engenheiro de software Alex Kipman para a Microsoft. O Kinect, usado para o console de jogos Xbox e computadores Windows, "revolucionou o entretenimento pessoal com sua capacidade de reconhecer e adaptar totalmente a forma e os gestos humanos em videogames e outras experiências de entretenimento".[2] Tais invenções têm beneficiado outras indústrias. A tecnologia Kinect tem sido usada em voo de drones, escaneamento 3D e até mesmo oferece a possibilidade de acariciar um gato remotamente.[3]

Mas mesmo quando ultrapassamos o obstáculo dos investimentos financeiros e temporais, a inovação representa outras dificuldades; por um lado, a inovação é fundamental, mas, por outro, os desenvolvimentos excessivos podem resultar em uma sobrecarga de "novidade", em que cada inovação é menos impressionante e mais rapidamente esquecida quando surge a "próxima grande novidade".

Olhando para essas semelhanças, vemos que jogos digitais e pesquisas on-line têm muito em comum.

Como os usuários controlam e manipulam mundos

Vamos agora explorar as semelhanças entre a interação entre jogadores e participantes de pesquisa, e o que os designers de jogos e os de questionários esperam que o público faça.

Quando jogamos, há um senso de propósito e controle no meio do caos, e é realmente caos. Os designers de jogos criaram uma miríade de formas imaginativas de obscurecer o caminho do jogador e causar problemas. Onde mais podemos enfrentar voluntariamente um turbilhão de tais problemas e obstáculos e chamar isso de "entretenimento"? Em que outra parte da nossa vida digital nos colocamos em situações em que até a mais ínfima ação tem repercussões (às vezes gigantescas)? A resposta é, na verdade, a pesquisa on-line, mas voltaremos a isso em um momento.

Em nenhum outro lugar nas nossas vidas nosso controle é mais imediato, e nossa ação (ou inação) tem um efeito direto em algo ou alguém, do que em jogos. Só nesse aspecto, os jogos são mais poderosos do que qualquer outro meio de comunicação. Experimentar como moldamos os nossos mundos nos jogos é emocionante. No mundo do jogo, você pode superar com sucesso os obstáculos e subir de nível. Você está no controle porque manipulou o mundo do jogo para abrir seu caminho e alcançar seu objetivo.

Pode parecer difícil fazer paralelos a partir desse senso de controle e mudança de mundos virtuais em jogos em comparação com a pesquisa on-line, mas, ao nos aprofundarmos um pouco mais, vemos que as semelhanças são inconfundíveis. Vamos pensar no nível de controle que damos aos participantes da pesquisa; perguntamos o que eles pensam, ou o que vão fazer, e observamos suas ações. Esses dados, essas informações, ajudam a moldar tudo ao nosso redor, desde os produtos à venda até nossos serviços sociais. O consumidor, como dizem, é rei. Dessa forma, o controle dado aos participantes tem consequências, assim como as decisões de um jogador têm consequências em seu mundo (virtual). As opiniões e sentimentos dos participantes — seus dados — têm controle e peso na formação do mundo *real.*

Algumas das formas em que o controle é exercido têm algumas construções conceituais. Em um blog da Mustard Research, eles listam dez técnicas projetivas para usar com participantes de pesquisas. Estas técnicas vão desde encarregar os participantes de imaginar e construir planetas inteiros, ou imaginar o futuro através de uma atividade de "máquina do tempo".[4] Nos games, aproveitar a imaginação humana destas maneiras tem sido parte integrante do jogar desde o início.

Damos aos participantes esse controle porque, tal como nos jogos, os obstáculos (embora comerciais, do mundo real) precisam ser ultrapassados. Seja um videogame ou uma pesquisa, há um problema a resolver; estamos buscando um resultado ideal, uma utopia diante das questões de negócios em várias camadas. E ultrapassar obstáculos significa que os pesquisadores pedem aos participantes que resolvam problemas, tal como os jogadores. Os jogos digitais pedem às pessoas que realizem tarefas repetitivas, rudimentares e às vezes mais avançadas. Assim como as pesquisas on-line. Quando os pesquisadores reformularem esses paralelos no controle, criando mundos e resolvendo problemas com um mindset de desenvolvedores de jogos, eles vão transmogrificar[1] suas pesquisas para gerar os tipos de engajamento intrínseco que os jogos criam. Os jogos-pesquisa podem tornar-se formas de expressão criativa.

---

1. Transmogrificar é transformar uma coisa em outra apenas esteticamente, mantendo seus atributos originais. Neste contexto, significa que as pesquisas terão aparência de jogos, porém ainda terão o mesmo objetivo de geração de dados e de insights para o pesquisador. [N.E.]

Técnicas projetivas, personagens e avatares

Através de técnicas projetivas, os pesquisadores também encorajam os participantes a se colocarem no lugar dos outros, para se tornarem efetivamente um personagem. Aqui reside outra semelhança com os jogos digitais: o uso de personagens e a interpretação de papéis é tão comum em jogos como em sistemas de pontos.

As técnicas projetivas podem incluir coisas como "qual produto você lançaria se fosse o presidente desta marca?" ou "se você fosse o chefe de marketing, que campanha você usaria?" — essas são técnicas de personificação em que os usuários "projetam" seus sentimentos, opiniões e desejos através da lente de outro papel.

Eu usei estas técnicas nos meus próprios ResearchGames, mas fui além e permiti que os participantes criassem os seus próprios avatares, construindo assim a ligação emocional entre o participante e o seu personagem. Encarreguei os participantes desde vestir seu avatar como se eles estivessem vivendo no ano de 2030 (com uma escolha de roupas e aparelhos futuristas) até fazer o avatar como se eles fossem o chefe do departamento de marketing de uma empresa de alimentos.

Alguns pesquisadores de mercado me perguntaram se os participantes fizeram avatares "realistas" ou "fantasiosos" para si mesmos. Esta pergunta é, na verdade, direcionada à validade da pesquisa. A resposta é: não importa se os avatares são criados à semelhança dos participantes ou não. O que importa é o *insight* e o nível de conexão que o participante tem com o conteúdo da pesquisa. O designer pode fazer com que o participante entenda o mindset de outra pessoa/personagem (ou algo mais conceitual) e então fazer escolhas baseadas em estar "naquele papel"?

O papel do designer aqui é crucial. Se o software para criação de avatares esteticamente antropomórficos é projetado com uma escolha do que seria visto como penteados, cores de cabelo, roupas, acessórios e outras coisas "usuais", então o designer limita o quão atípico um participante pode fazer seu avatar. Por outro lado, se o designer introduz uma série de itens fantasiosos, como um cabelo moicano de três metros de altura ou tranças do tamanho das de Rapunzel, então isso dá aos participantes a licença de fugir do padrão na forma como estilizam seu "eu" virtual.

No entanto, os itens fantasiosos também podem ser úteis em termos de semiótica e informação. Digamos que eu introduza um par de asas de anjo e chifres de diabo na minha seção de acessórios na "Ferramenta de Criação de Avatar" padrão. Os chifres e asas são exibidos entre itens do cotidiano como chapéus, óculos, brincos, acessórios religiosos e assim por diante. Eu pergunto ao participante algo como: "Se a marca X fosse uma pessoa, como ele ou ela seria?"

O participante pode criar o avatar de forma bastante regular, mas ver as asas e os chifres e fazer uma escolha baseada na semiótica — os chifres são escolhidos. O participante está dizendo algo sobre o que ele pensa da marca usando essa metáfora visual, que é útil para os pesquisadores. Neste exemplo excessivamente simplificado, podemos ver que não só é absurdo determinar a legitimidade dos avatares feitos pelos participantes, sejam eles realistas ou fantasiosos, como também, na verdade, os pesquisadores podem, ao oferecer pistas conceituais visuais, obter informações úteis que não estariam disponíveis através dos métodos tradicionais de pesquisa topográfica.

Os avatares estão, de uma forma ou de outra, em quase todos os jogos digitais. Quer o jogador passe a representar um papel, selecione a partir de uma linha predeterminada de personagens ou crie seu próprio avatar do zero, os "personagens" do jogo existem de uma forma ou de outra. À medida que os jogadores controlam os seus avatares, eles não se comportam necessariamente como seus personagens, mas como se fossem eles próprios canalizados através de uma prosopopeia virtual, embora com os pontos fortes e/ou limitações que decorrem da utilização de personagens específicos: por exemplo, se o seu personagem tem uma habilidade ou fraqueza específica.

Os pesquisadores devem ver os avatares digitais como um veículo para a expressão dos participantes; encará-los como uma maneira de dar liberdade de movimento aos participantes, em vez de vê-los da forma mais literal de "mas será que o participante vestiu seu avatar como se veste na vida real?" A menos que um estudo de pesquisa seja especificamente sobre as marcas que as pessoas usam, isso é um pouco redundante — até mesmo porque os compradores da pesquisa querem cada vez mais aprender sobre o que as pessoas *aspiram* a vestir/comprar/fazer no futuro para que possam atender aos seus desejos. (Discutiremos mais sobre os avatares no Capítulo 4, e novamente na Parte Dois: Mundo do Design.)

Há muitas técnicas projetivas eficazes recomendadas para pesquisa de mercado: "associações de palavras, associações de imagens, agrupamento e técnicas de ordenação de escolhas, associações de imagens com personalidades de consumidores"[5] até exercícios de "elogio de marca"[6] e outras práticas imaginativas. Estes exemplos mostram que as técnicas projetivas em pesquisa usam os princípios lúdicos frequentemente vistos nos jogos. Neles, os jogadores realizam exercícios semelhantes — incorporam personagens e estão imersos em narrativas conceituais, tomam decisões baseadas em uma infinidade de estímulos ou uma variedade de contextos, durante todo o dia. Eles também aproveitam a caracterização para resolver problemas por meio da empatia e para descobrir motivações mais profundas.

Como Kirsty Nunez, presidente e estrategista-chefe de pesquisa da Q2 Insights Inc., escreve na San Diego American Marketing Association (SDAMA): "As técnicas [projetivas] permitem aos pesquisadores explorar as profundas motivações, crenças, atitudes e valores dos consumidores. Isso é importante porque a psicologia nos disse por muito tempo que muito do que impulsiona o comportamento é de natureza emocional e irracional. Até certo ponto, estes condutores emocionais do comportamento estão abaixo da consciência."[7] Nos jogos, os jogadores comportam-se frequentemente por meio de condutores emocionais e baseados no contexto. As conexões emocionais entre jogo e jogador são o que torna os jogos tão envolventes e explica por que milhões de pessoas passam milhões de horas imersas nos mundos dos jogos.

Usando as semelhanças para repensar a participação na pesquisa: jogos-pesquisa como "aperitivos de entretenimento"

O ato de jogar no seu dispositivo móvel quando está à espera de um transporte ou em uma pausa para almoço é apelidado de "*entertainment snacking*" [ou aperitivo de entretenimento, em tradução livre] e é *muito* comum. De acordo com uma pesquisa da empresa de entretenimento Mind Candy, metade de nós joga em aplicativos enquanto está no banheiro.[8] Perdi a conta do número de pessoas que vejo no transporte público jogando *Candy Crush* — um jogo de dispositivo móvel utilizado por 93 milhões de pessoas todos os dias.[9] Essas 93 milhões de pessoas participam diariamente de pesquisas? Improvável. As pessoas estão participando de pesquisas para passar o tempo? Tampouco.

Mais fascinante do que a frequência com que as pessoas jogam, é o tempo que elas dedicam a esses jogos. Em um estudo de pesquisa que realizei com a minha equipe na Research Through Gaming em 2010, em colaboração com a Survey Sampling International (SSI), no Reino Unido, os resultados mostraram que as pessoas jogam até trinta minutos de cada vez em um celular.[10] Outro estudo mostra que as pessoas ficam jogando por até 45 minutos em seus telefones.[11] Por outro lado, os pesquisadores têm dificuldades para engajar os participantes pela mesma quantidade de tempo em dispositivos móveis. Na verdade, os pesquisadores são estimulados a fazer pesquisas móveis o mais curtas possível — de até cinco minutos[12], apesar de estudos mostrarem que trinta minutos e até mesmo 45 minutos de interação por telefone celular são totalmente possíveis. Faz sentido, portanto, que os pesquisadores que precisam de mais do que apenas cinco minutos dos participantes os empurrem para "aperitivos de entretenimento" durante as pesquisas, ou "aperitivo de pesquisa", conforme o caso.

Fazer jogos-pesquisa (e otimizá-los para dispositivos móveis) é uma maneira ideal para que os participantes façam algo produtivo e ganhem valor com sua participação durante seu tempo de inatividade. Ao promover explicitamente os estudos de pesquisa como "algo a fazer no seu tempo livre" ou quando estiver entediado, os pesquisadores podem usar o "tempo de inatividade" e o "tédio" como estímulos para fazer as pessoas considerarem participar da pesquisa. Se a comunidade de pesquisa de mercado promovesse pesquisas dessa forma, poderíamos ver taxas de resposta mais altas como resultado de um novo mindset. Está com tempo livre? Então jogue um jogo-pesquisa!

Esta mudança de mentalidade, em combinação com a promoção de pesquisas para o seu propósito transcendente — como parte integrante da construção de um mundo melhor — é uma situação de ganha-ganha. Mas a plataforma tem que ser intrinsecamente envolvente para estimular esses tipos desejáveis de interação.

Ao longo deste livro, outras semelhanças entre jogos digitais e pesquisas on-line serão destacadas. Onde houver diferenças, olharemos para os jogos como inspiração para unir lacunas e melhorar o desempenho da pesquisa de mercado. Antes de o fazer, existem alguns equívocos comuns sobre jogos e gamificação para desmistificar dentro e fora da pesquisa de mercado, como veremos no próximo capítulo.

Notas

1 *Adoption of Emerging Methods* (páginas 12 e 13) em que sessenta por cento dos fornecedores e compradores de pesquisa relataram usar atualmente comunidades on-line. Relatório GRIT Q3-Q4 (disponível on-line e impresso). Nota: os autores do referido relatório observam que os valores tenderão a ser mais elevados nos resultados do relatório em comparação com a população de pesquisa de mercado em geral, uma vez que os respondentes à pesquisa

GRIT (que ajuda a produzir o relatório) estão “mais empenhados no futuro da pesquisa”. Como tal, a amostra não é representativa, mas o consenso na comunidade de pesquisa de mercado é que as MROCs são um dos métodos mais populares, se não o mais, na pesquisa de mercado de hoje.

2 Quinn, G. IPO to award National Inventor of the Year to Kinect Inventor. *IPWatchdog*, 2012 [On-line]. Disponível em: <www.ipwatchdog.com/2012/12/07/ipo-to-award-national-inventor-of-the-year-to-kinect-inventor/id=31088>. Acesso em: 20 mai. 2018.

3 Walker, R. Freaks, geeks and Microsoft: How Kinect spawned a commercial ecosystem. *The New York Times Magazine*, 2012 [On-line]. Disponível em: <www.nytimes.com/2012/06/03/magazine/how-kinect-spawned-a-commercial-ecosystem.html>. Acesso em: 20 mai. 2018.

4 Mustard Research. Top 10 projective techniques. [Blog] *Mustard Research*, 2016 [On-line]. Disponível em: <www.mustard-research.com/blog/16/03/top-10-projective-techniques>. Acesso em: 20 mai. 2018.

5 Nunez, K. Projective techniques in qualitative market research. [Blog] *American Marketing Association*, 2015 [On-line]. Disponível em: <www.sdama.org/knowledge/projective-techniques-qualitative-market-research/>. Acesso em: 20 mai. 2018.

6 Mustard Research. Top 10 projective techniques. [Blog] *Mustard Research*, 2016 [On-line]. Disponível em: <www.mustard-research.com/blog/16/03/top-10-projective-techniques>. Acesso em: 20 mai. 2018.

7 Nunez, K. Projective techniques in qualitative market research. [Blog] American Marketing Association, 2015 [On-line]. Disponível em: <www.sdama.org/knowledge/projective-techniques-qualitative-market-research/>. Acesso em: 20 mai. 2018.

8 Zolfagharifard, E. Candy FLUSH: Half of us play mobile games sitting on the toilet – and 10% of men prefer it to spending time with their partner. *Mail On-line*, 2014 [On-line]. Disponível em: <www.dailymail.co.uk/sciencetech/article-2710894/

Candy-FLUSH-Half-play-mobile-games-toilet-10-men-prefer-spending-time-partner.html>. Acesso em: 20 mai. 2018.

9 SMITH, D. This is what Candy Crush Saga does to your brain. *The Guardian*, 2014 [On-line]. Disponível em: <www.theguardian.com/science/blog/2014/apr/01/candy-crush-saga-app-brain>. Acesso em: 20 mai. 2018.

10 Resultados incluídos como parte do artigo e da apresentação na conferência por Adamou, B. The Future of Research Through Gaming, Atas da Conferência CASRO, Las Vegas, 2011 [On-line]. Disponível em: <www.academia.edu/9487174/The_Future_of_Research_Through_Gaming>. Acesso em: 27 mai. 2018.

11 ZOLFAGHARIFARD, E. Candy FLUSH: Half of us play mobile games sitting on the toilet – and 10% of men prefer it to spending time with their partner. *Mail On-line*, 2014 [On-line]. Disponível em: <www.dailymail.co.uk/sciencetech/article-2710894/Candy-FLUSH-Half-play-mobile-games-toilet-10-men-prefer-spending-time-partner.html>. Acesso em: 20 maio 2018.

12 HOPPER, J. Rules of thumb for survey length. [Blog] *Versta Research*, 2012 [On-line]. Disponível em: <verstaresearch.com/blog/rules-of-thumb-for-survey-length>. Acesso em: 20 mai. 2018.

DESMISTIFICANDO EQUÍVOCOS COMUNS NA PESQUISA DE MERCADO SOBRE JOGOS E GAMIFICAÇÃO 03

Este capítulo irá:

- Desmistificar 16 dos aspectos mais mal compreendidos sobre jogos e gamificação como meios e, portanto, como duas técnicas diferentes utilizadas para a pesquisa de mercado;
- Mudar as percepções e abordagens para o uso de métodos de pesquisa baseada em jogos (GbRM).

Equívocos impedem que os pesquisadores de mercado adotem a pesquisa baseada em jogos em todo o seu potencial. Ao desmistificar essas inverdades, podemos explorar como os jogos-pesquisa e os questionários gamificados podem beneficiar fornecedores e compradores de pesquisa.

Os erros mais comuns estão listados a seguir com explicações sobre por que esses equívocos podem ter vindo à tona e evidências de por que eles estão incorretos.

Equívoco nº 1: alterar o texto das perguntas, por si só, gamifica uma pesquisa

Os livros são envolventes, assim como os artigos jornalísticos. Mas eles são jogos? Não. Pela mesma razão, as perguntas de pesquisas que são reformuladas para parecerem mais divertidas também não são jogos. Escrever perguntas envolventes é certamente crucial para a pesquisa, mas mudar a redação da pergunta por si só não gamifica o seu questionário ou o transforma em um jogo.

Veja a seguir um exemplo de uma pesquisa que se pensou estar gamificada. Vamos imaginar que um comprador de uma pesquisa queira avaliar a concorrência entre as marcas de sabão em pó. Eles criam um questionário para obter feedback dos clientes. Uma maneira típica de escrever uma pergunta sobre este tópico poderia ser:

Informe-nos qual destes sabões em pó é o mais eficaz para a limpeza de roupas brancas e outras roupas de cor clara.

O participante pode então escolher entre uma lista de diferentes sabões em pó com uma opção "outra", ou pode ter apenas um campo de texto aberto (para uma resposta "aberta").

O equívoco é acreditar que reformular a mesma pergunta em um estilo como o abaixo vai "gamificá-la":

Amanhã você precisa fornecer seis fantasias de fada superbrancas e limpas para a produção escolar do seu filho, mas todas as fantasias têm manchas! O que você usaria para garantir que os trajes impressionem os professores e os pais?

Podemos certamente ver como esta nova formulação é mais interessante do que a abordagem típica; temos agora uma narrativa baseada em situação com elementos adicionais de pressão social e temporal. O tom também é agora muito mais coloquial e há uma sensação de desafio.

Estudos de caso apresentados em conferências de pesquisa de mercado mostraram que a reformulação de perguntas dessa forma traz benefícios, tais como um maior engajamento dos participantes e um maior número de pessoas que relatam ter gostado mais da experiência (o Capítulo 11 explora estudos de caso existentes).

Embora haja valor nesses resultados, a abordagem situacional não aproveita as construções que fazem de um jogo, um jogo. Essas construções são quatro "ingredientes": objetivo(s), oportunidades de autonomia, regras e feedback — eles devem trabalhar *em conjunto* para constituir um jogo (isso será mais explorado no Capítulo 4).

A abordagem reformulada e situacional da pergunta pode ser comparada a jogos baseados em texto (comumente conhecidos como aventuras de texto ou CRPGs — jogos de RPG de computador). Embora esses tipos de jogos sejam bastante básicos, eles são um gênero bem-sucedido de jogos e atualmente têm se revitalizado como aplicativos. Mas a diferença é que os jogos de aventura em texto, que, como as pesquisas, são apenas texto em tela, incluem os quatro ingredientes de um jogo, diferentemente destes questionários reescritos.

É possível pensar em jogos de aventura em texto, por exemplo o *Zork*[1], como antiquados, mas há muitos pesquisadores que podem aprender com esses tipos de jogos. Eles ilustram como é possível criar engajamento intrínseco e incentivar o ato de jogar com apenas texto em uma tela. Nos últimos anos, tem havido um ressurgimento de jogos inteiramente ou em grande parte baseados em texto. Se você pesquisar (e eu incentivo você a jogar) jogos de aplicativos como *Reigns* (Devolver Digital, 2016), *Choice of the Dragon* (Dan Fabulich e Adam Morse, 2010), *Blackbar* (Mrgan LLC, 2013), *Grayout* (também de Mrgan LLC, 2015) e *Choices* (Pixelberry Studios, 2016), é provável que você os considere envolventes e leia avaliações positivas sobre eles. Também é provável que você veja as maneiras diversas e incomuns que essas aventuras em forma de texto foram abordadas. Alguns destes jogos estão evoluindo histórias com as quais os jogadores podem contribuir tomando decisões; outros funcionam como quebra-cabeças para ajudar a revelar um mistério. Mas cada tipo é envolvente porque usa os ingredientes de jogos e os combina com um excelente design. Sem esses ingredientes, estamos apenas lendo um livro, um artigo ou uma lista de compras.

Equívoco nº 2: jogos e gamificação para pesquisa são apenas para crianças

O gamer médio tem 35 anos.[2] Se essa demografia em si não é suficiente para convencê-lo de que os jogos não são apenas para adolescentes e crianças, então pense no aumento de jogos sociais e casuais, como os produzidos pela Zynga (como *FarmVille*) e PopCap Games (como *Bejeweled Blitz*), e quem os está jogando; nos Estados Unidos, em 2010, o jogador social médio tinha 43 anos.[3]

Os jogos são desenvolvidos e comercializados para todas as idades. Assim como eles são projetados para uma faixa etária específica, você pode criar uma pesquisa envolvente baseada em jogos para um público de *qualquer* idade. Na minha carreira como designer de ResearchGame, tenho sido incumbida de desenvolver muito mais jogos-pesquisa para participantes adultos do que o contrário, o mais velho deles com 89 anos.

Equívoco nº 3: os jogos precisam ter cores chamativas

Seu jogo-pesquisa ou questionário gamificado não precisa parecer um desenho animado, e muitos jogos digitais também não são assim. Uma vez, ouvi um pesquisador dizer que "jogos [e, por conseguinte, as pesquisas gamificadas] têm a ver com a utilização de cores chamativas". Isso está incorreto.

Para ilustrar este ponto, veja a seguir uma lista com vários jogos extremamente bem-sucedidos que não usam cores vibrantes:

- *Pong* (Atari, 1972);

- *Zork 1* (e versões posteriores, Personal Software, 1980);
- *Tetris* (o original da Elektronika 60, 1984, desde então tem sido criado em muitas novas versões);
- *Snake* (um jogo cuja origem data de 1976, mas que se tornou famoso nos celulares Nokia em 1997. O jogo já passou por dezenas de iterações em outros dispositivos, incluindo aplicativos de smartphone);
- *Canabalt* (Semi Secret Software, 2009);
- *Limbo* (Playdead, 2010);
- *Grimm: Ride of the Perambulator* (ROBOX Studios, 2011);
- *Call of Duty* (primeiro lançamento em 2003 pela Activision).

Jogos como *Snake* e *Tetris* são tão envolventes que ainda são jogados nos dias de hoje, recodificados para jogabilidade em dispositivos móveis.

Call of Duty (ou *COD*) é um dos videogames de maior sucesso de todos os tempos, com mais de 1,6 bilhão de horas de jogabilidade on-line registradas por meio do lançamento do *Modern Warfare 3*[4] desde 2011.[5] Ele está consistentemente no topo da lista de games mais jogados todo ano. *Call of Duty* é um jogo com poucas ou até nenhuma cor chamativa. E isso, obviamente, não afetou os seus muitos sucessos.

Como observado no Equívoco nº 1, o que faz de um jogo um jogo são quatro "ingredientes": objetivo(s), oportunidades de autonomia, regras e feedback. A forma como você desenvolve estes aspectos, incluindo cores vibrantes ou não incluindo nenhuma cor, depende dos requisitos da pesquisa.

Equívoco nº 4: jogos usam gráficos elaborados

Os jogos não precisam de conteúdo gráfico avançado para serem envolventes. Da mesma forma, para fazer uma pesquisa gamificada ou um jogo-pesquisa cativante e eficaz, não é preciso produzir algo parecido com *Call of Duty*, no qual os jogadores podem ver até as rugas na pele de um personagem, ou com iluminação cinematográfica e efeitos 3D.

Assim como *Space Invaders* (originalmente produzido pela Taito, 1978), e uma série de outros games, alguns dos quais são nomeados no Equívoco nº 3, jogos envolventes podem ser feitos com um design mais simples, *low-fi* ou gráficos 8-bit. Muitos dos meus próprios designs de ResearchGames consistem em imagens 2D de fundos 3D, imagens "planas", e têm sido projetos de pesquisa bem-sucedidos com altos níveis de engajamento dos participantes cuja informação derivada dos dados teve um impacto positivo no mundo real (os estudos de caso são observados no Capítulo 11).

Estes jogos "*low-fi*" nos ensinam que a grande jogabilidade não precisa de orçamentos multimilionários, barulho e fanfarra. Eles nos mostram que um design de jogo fantástico pode ser simplista em sua estética, até mesmo bonito, sem deixar de ser intrinsecamente envolvente.

Com isso em mente, tenha certeza de que *você* pode produzir um jogo-pesquisa ou questionário gamificado envolvente e eficaz, mesmo sem *nenhum* gráfico. Os jogos de aventura em texto, como mencionado anteriormente, são muito bem-sucedidos. São jogos porque incluem os ingredientes de jogos, e bem-sucedidos porque são bem projetados. Em que consistem os questionários? Texto em tela. O aprendizado com games de aventura em texto mostra que, desde que compreendamos os mecanismos dos jogos, podemos aplicar esses mesmos mecanismos em nossas pesquisas baseadas em jogos e abrir os olhos para as milhões de maneiras de engajar os participantes.

Equívoco nº 5: pesquisa baseada em jogos trata-se, principalmente, de deixar a pesquisa divertida

O objetivo do uso dos GbRM é engajar intrinsecamente os participantes e incentivá-los a jogar porque, por meio desse engajamento e da ação de jogar, podemos alcançar melhor qualidade de dados, fornecer soluções para os oito efeitos colaterais do baixo engajamento (conforme descrito no Capítulo 1) e melhorar a experiência de pesquisa. Ao utilizarmos a pesquisa baseada em jogos, também aproveitamos as capacidades inerentes aos jogos digitais para obter insights inexplorados por meio de experiências emotivas e simulações baseadas em contexto. Esse nível de compromisso não necessariamente tem a ver com diversão.

A diversão é uma grande área de estudo, assim como a motivação intrínseca e o engajamento. Embora possa haver algumas sobreposições, estes termos significam coisas muito diferentes. Por exemplo, podemos pensar que estar em uma montanha-russa ou praticar esportes radicais é divertido. Mas estar envolvido em algo pode ser menos dramático, como falar com um amigo ao telefone ou escrever um e-mail importante. Estar *intrinsecamente* engajado pode nos levar ao estado de flow — ou estar em "atenção plena" (um conceito que exploraremos mais tarde) enquanto fazemos coisas como criar uma obra de arte, escrever um livro ou fazer hora extra no trabalho porque estamos realmente envolvidos em uma tarefa. A diversão pode ser um resultado de alguns — não de todos — tipos de engajamento.

Estar intrinsecamente envolvido é, em primeiro lugar e acima de tudo, o que queremos dos participantes da pesquisa. Se eles se divertem nesse processo, isso é ótimo, mas não precisa ser o foco de nossos esforços como designers de pesquisa baseada em jogos.

No mundo dos jogos digitais, centenas de milhares de jogadores em todo o mundo estão viciados, e a diversão pode nem estar no centro da sua experiência de jogo. Como exemplo, vejamos o premiado aplicativo *Monument Valley* (ustwo, 2014). O jogo é deslumbrante de se ver. Se alguma vez houvesse uma resposta para a pergunta "Videogames são arte?", uma captura de tela deste jogo certamente obteria um "sim" retumbante como resposta. Jogar esse game é, sem dúvida, uma experiência imersiva, intrigante, misteriosa e hipnotizante. Mas é divertida? Não necessariamente. E isso não é algo ruim. Não impediu este app de ser consistentemente votado como um dos melhores jogos de aplicativo e faturar 14,4 milhões de dólares de receita em seus dois primeiros anos de lançamento[6]. Um designer de pesquisa baseada em jogos deve pensar "engajamento em primeiro lugar" e "diversão" como um bônus.

Além disso, "diversão" pode não ser a palavra correta ou apropriada para o seu projeto de pesquisa se, por exemplo, certos assuntos em saúde ou pesquisa social estiverem sendo discutidos. No entanto, será sempre necessário envolver as pessoas em todos os projetos de pesquisa.

Equívoco nº 6: jogos são voltados principalmente para o público masculino

Os games sempre foram jogados por ambos os sexos. Portanto, não é apenas um equívoco dizer que eles são voltados principalmente para homens, mas que a pesquisa baseada em jogos é apenas para participantes do sexo masculino. Mulheres de todas as idades jogam videogames e, em 2010, vimos uma divisão de gênero de quase 50/50 entre os jogadores norte-americanos. Desde então, houve um declínio; em 2017, 41 por cento dos praticantes nos Estados Unidos eram mulheres.[7]

Todos os seres humanos, homens e mulheres, têm as necessidades psicológicas de maestria, autonomia, afinidade e propósito (conforme será descrito no Capítulo 4) que os jogos bem projetados podem satisfazer. É por isso que eles e, por conseguinte, a pesquisa baseada em jogos atraem *ambos* os gêneros, porque o ato de jogar faz com que todos os seres humanos se sintam bem.

Equívoco nº 7: funções de arrastar e soltar gamificam as pesquisas

Embora o uso de funções de arrastar e soltar possa aumentar a facilidade de interação dentro de uma pesquisa, isso não tem nada a ver com os objetivos, regras, feedback e oportunidades de autonomia inerentes aos jogos. O uso do mecanismo de arrastar e soltar não tem nada a ver com a definição de gamificação. Assim como a reformulação de perguntas, a adição de gráficos extravagantes e cores vibrantes, estes são elementos superficiais que você pode certamente adicionar ao seu jogo-pesquisa ou questionário gamificado, mas não constituem jogos ou gamificação.

Equívoco nº 8: gamificação é só uma moda

O valor da gamificação tem sido questionado desde que as pessoas começaram a falar sobre ela. Eu perdi a conta de blogs ou artigos intitulados como "A gamificação é só uma moda?" ou "A gamificação veio para ficar?"

A resposta é simples — se você quer que as pessoas se envolvam com sua marca, produto, serviço, causa beneficente e assim por diante, então a resposta é sim, gamificação (e Jogos Sérios) estão aqui para ficar porque, ao aproveitar as técnicas de jogo, gera-se envolvimento. Se engajamento não é importante para o seu negócio, então a gamificação também não é.

Vivemos em um mundo de oferta e demanda. O baixo engajamento existe em uma variedade de áreas; seja na educação, na comunicação e treinamento de funcionários, seja em questionários de pesquisa. O baixo engajamento é um problema em todos os lugares. Isso significa que existe demanda para ferramentas que aumentam o envolvimento. Os jogos e a gamificação oferecem a oferta. Ao explorar o que torna os jogos tão envolventes e ao aplicar sua mecânica a outras atividades, vemos um número crescente de exemplos de gamificação e Jogos Sérios à nossa volta, desde cartões de fidelidade com marcas de supermercados a concursos de canto televisivos (como *X Factor* e *The Voice*) e entrevistas de emprego competitivas (como *O Aprendiz*).

E não esqueçamos que a gamificação já existia muito antes de o termo ter sido cunhado. Não utilizamos sempre uma abordagem de "recompensa e punição" com as crianças para melhorar o comportamento? O McDonald's tem usado gamificação desde a década de 1980; usando o jogo *Monopoly* para incentivar mais vendas para que os clientes possam ganhar os adesivos que vêm na compra, e que podem render prêmios.

De acordo com uma pesquisa publicada na *Business Wire*, o mercado global de gamificação (que abrange o uso da gamificação em diversas indústrias) chegaria a valer aproximadamente 11 bilhões de dólares até 2020.[8] A gamificação não é uma moda, é lucrativa.

Equívoco nº 9: gamificação é uma solução rápida para um engajamento baixo

Embora muitas aplicações de gamificação em vários setores tenham sido bem-sucedidas, simplesmente adicionar objetivos, regras, feedback e dar oportunidades de autonomia a uma atividade não garante um sucesso de engajamento. *O design é a chave.*

Em 2012, um relatório da Gartner previu que, até 2014, oitenta por cento das aplicações gamificadas não conseguiriam atingir os objetivos de negócios, principalmente devido a um design inadequado.[9] Embora muitos artigos tenham desde então discutido se essa previsão deu ou não frutos, a verdade é que *a maioria das coisas fracassam principalmente devido a um design malfeito.*

Quer estejamos falando do design de um site, de uma cadeira ou de um relógio, se o design for malfeito, haverá falta de compradores e/ou de participação. Se isso acontecer, as empresas não conseguem atingir metas de vendas ou objetivos. A história não é tanto sobre a falha da gamificação como uma ferramenta para o engajamento, mas sobre o design de aplicações de gamificação em geral. É por isso que colocar recompensas ou pontos em pesquisas em busca de uma cura milagrosa e rápida para o baixo engajamento provavelmente deixará os stakeholders desapontados.

Trabalhando diretamente com os clientes, muitas vezes o meu primeiro trabalho é "reassentar" as bases do design ou mudar aspectos da acessibilidade antes de embarcar na abordagem baseada em jogos. Os elementos-base podem ser coisas como garantir que as perguntas estejam claras ou até mesmo mudar coisas como estilo e tamanho da fonte. No Capítulo 13, que discute diretrizes éticas, e na Parte Dois: Mundo do Design, você vai aprender que a construção de uma base sólida de design é crucial antes de embarcar em pesquisas gamificadas ou design de jogos-pesquisa.

Equívoco nº 10: pesquisa baseada em jogos serve apenas para participantes que são gamers

A ideia de que só as pessoas com vivência de jogos podem estar interessadas na pesquisa gamificada é como dizer que só as pessoas que acreditam em fantasmas gostam de filmes de terror. Os jogos são intrinsecamente envolventes porque se baseiam em quatro necessidades psicológicas: afinidade, autonomia, maestria e propósito (que formam a sigla AAMP) e cada ser humano tem essas necessidades psicológicas, quer sejam ou não jogadores. Isso significa que a pesquisa baseada em jogos, quando bem desenvolvida, pode realmente envolver qualquer pessoa de qualquer idade, sexo, cultura e nível de experiência de jogo. (Mais sobre nossas quatro necessidades psicológicas serão discutidas no Capítulo 4).

Jogadores e não jogadores estão envolvidos em programas gamificados há mais de 120 anos. Um dos primeiros, se não *o primeiro*, programas de fidelidade gamificados foram introduzidos por uma empresa chamada Sperry & Hutchinson em 1896. Ainda hoje, grande parte das coisas com as quais interagimos, como aspectos de publicidade, fidelização de clientes e vendas, é gamificada. Desenvolvido pela McCann Australia,[10] o aplicativo *Dumb Ways to Die* [Maneiras estúpidas de morrer] (Metro Trains Melbourne Pty Ltd, 2013) promove a segurança nos trens do metrô de Melbourne. O jogo reduziu "quase acidentes" em trinta por cento após o lançamento do jogo e da campanha.[11] Jogadores *e* não jogadores jogaram *Dumb Ways to Die*. Ou pense nos selos que você coleciona sempre que compra café. Estes exemplos de jogos e de gamificação são utilizados para fins não recreativos e contam com a participação de jogadores e não jogadores.

Levando-se em consideração que, atualmente, a maioria das pessoas joga games e/ou participa de pelo menos uma atividade gamificada todos os dias, parece que somos todos jogadores; desde fazer parte de programas de fidelidade, até oferecer incentivos aos nossos filhos para que se comportem bem ou estar envolvido em alguma atividade de gamificação no local de trabalho — estamos todos vivendo como jogadores de gamificação.

Equívoco nº 11: participantes focarão o "jogo" e não a "pesquisa"

Se tiver conseguido desenvolver um design sólido e coerente para a sua pesquisa on-line baseada em jogos, a "parte jogo" e a "parte pesquisa" serão a mesma coisa — a diversão e a jogabilidade devem estar enraizadas na pesquisa e funcionar em harmonia com o conteúdo dela. O jogo e a pesquisa são unidos como um só, casados para envolver os participantes na meta em questão, que é fornecer ao pesquisador dados de qualidade.

Isso é verdade especialmente se você estiver desenvolvendo um jogo-pesquisa — um jogo completo idealizado para ser uma pesquisa. A "pesquisa" e o "jogo" não devem ser algo que se possa desembaraçar e separar — devem ser a mesma coisa, funcionando em completa harmonia, pois os objetivos da pesquisa devem ser usados para *impulsionar* o design do jogo ou da gamificação. O game e a pesquisa devem ter uma fisionomia que reflita a mistura perfeita de ambos.

Equívoco nº 12: eu não sou criativo, então não posso criar jogos-pesquisa ou questionários gamificados

Errado! Criatividade nem sempre significa ser bom em desenho ou pintura. Existem outros tipos de criatividade. Ela também pode significar resolução de problemas, e, para ser bom no desenvolvimento de pesquisas baseadas em jogos, você precisará ser um bom solucionador de problemas.

Treinei pessoas em GbRM durante quase oito anos. Quase sempre peço aos participantes do workshop que levantem a mão se acharem que são "criativos". É comum ver apenas uma ou duas mãos levantadas. No entanto, no final da sessão, todos criaram o seu próprio jogo-pesquisa ou questionário gamificado, mesmo aqueles que estavam convencidos de que realmente não tinham aptidão para a criatividade. Uma vez que os pesquisadores entendem e aprendem a estrutura do design eficaz para pesquisas baseadas em jogos, o design torna-se um processo como qualquer outro.

Os pesquisadores PODEM se tornar excelentes designers de pesquisa baseada em jogos. Eles entendem as regras da pesquisa, o que fazer e o que não fazer, e têm outras habilidades úteis, como a empatia, algo importante no design de pesquisas baseadas em jogos. Ter conhecimento da área é um talento crucial e necessário para o design de pesquisas baseadas em jogos. Então, basicamente, se você for um pesquisador, já está no meio do caminho.

Equívoco nº 13: participantes vão encontrar uma maneira de trapacear se a pesquisa for um jogo

Os pesquisadores até *desejam* que os participantes estejam engajados a ponto de sentir vontade de trapacear em sua pesquisa! A trapaça é um indicador de engajamento; requer tempo e pesquisa para descobrir brechas e utilizá-las.

As pessoas que participam de pesquisas, sejam elas baseadas em jogos ou não, já trapaceiam. Respostas diretas em questionários é uma forma de trapaça e é um problema real — quando os participantes respondem às perguntas rapidamente, geralmente com a mesma resposta e sem consideração cuidadosa, apenas para ganhar o incentivo no final (por exemplo, dinheiro, vouchers ou sorteios de prêmios). A utilização da pesquisa baseada em jogos desestimula este método de trapaça, porque os participantes estão intrinsecamente envolvidos no processo. Como tal, os dados coletados usando uma pesquisa baseada em jogos são mais confiáveis, porque os participantes *não* sentem a necessidade de apertar botões indiscriminadamente ou responder rápido demais.

Como o designer de pesquisas baseadas em jogos, se você criar um jogo-pesquisa ou questionário gamificado pouco rígido, ou criar regras que deem margem para brechas, você pode até dar aos participantes o impulso para trapacear. Nos exemplos de ResearchGames neste livro, você verá que não há espaço para trapaças, porque o incentivo para fazer isso é removido.

Equívoco nº 14: a inclusão de uma única mecânica de jogo (como uma meta ou uma regra) transforma qualquer coisa em um jogo, até mesmo um questionário

Como descrito pelo designer de jogos e acadêmico, Sebastian Deterding: "Nenhum elemento típico (por exemplo, objetivos ou regras) constitui um jogo por si só, apenas em conjunto." Isso também se aplica à gamificação, porque ela é a reorientação de games para contextos não relacionados a jogo. Devemos aplicar todos os quatro ingredientes de jogos (também conhecidos como "elementos"): objetivos, regras, feedback e oportunidades de autonomia para ganhar o tipo de engajamento que os games oferecem se quisermos criar plataformas de gamificação frutíferas. É por isso que plataformas de gamificação como a *Codecademy*[12], *Foursquare*[13] e *SuperBetter*[14] têm tido sucesso, pois usam os quatro ingredientes de jogos para envolver os jogadores.

Se tudo o que precisamos fazer é adicionar uma regra ou um objetivo para gamificar algo, então isso pressupõe que tudo na vida é gamificado. Por exemplo, há regras de saúde e segurança no trabalho em um canteiro de obras, mas isso não faz com que construir arranha-céus seja um jogo ou gamifica os processos de trabalho só porque há regras.

Equívoco nº 15: a pesquisa baseada em jogos é muito cara

A sua interpretação deste equívoco é provavelmente baseada na resposta a estas perguntas: o que você considera caro? O que você está usando como parâmetro de comparação? Por exemplo, se compararmos o preço de compra de uma licença de uma plataforma de pesquisa personalizável, como a SurveyMonkey, com a compra de um estudo baseado em jogos de uma agência de pesquisa de mercado, a resposta é sim, a pesquisa no segundo caso provavelmente custará mais.

A resposta a estas perguntas deve ser acompanhada de várias considerações logísticas baseadas em valores e na indústria.

Considerações logísticas

- O preço será diferente dependendo se for comprado um questionário gamificado ou um jogo-pesquisa completo;
- O preço varia em função de outros fatores, como o tamanho do questionário, a complexidade do questionário e das perguntas, a inclusão de material de estímulo (como vídeos ou fotografias) e a quantidade de questões;
- O preço varia a depender da quantidade de questionários completos requeridos;
- O preço varia de acordo com a facilidade de acesso ao público-alvo.

Considerações de valor

- **Prevenção ou cura?** Como exploramos no Capítulo 1, os efeitos colaterais do baixo engajamento dos participantes mostram que existe muito tempo, recursos humanos e dinheiro dedicados à *solução* de problemas de baixo engajamento. Isso pode prejudicar a rentabilidade de um projeto de pesquisa. Pergunte-se: é melhor gastar dinheiro em um método mais envolvente e valioso, ou gastar menos dinheiro, mas suportar as consequências de participantes desinteressados e qualidade de dados questionável? Mais vale prevenir do que remediar.
- **Expectativas e experiência existentes:** já tive clientes que perceberam que o preço de um ResearchGame é moderadamente mais caro do que os métodos tradicionais que compraram anteriormente, mas eles também dizem que esperavam pagar mais, e valorizam mais essa metodologia do que a das pesquisas tradicionais. Outros clientes ficaram surpresos (presumo que agradavelmente) com o fato de o preço ser o mesmo que normalmente pagariam por um projeto de

pesquisa tradicional. Estou fazendo essa ponderação não para destacar os preços dos meus produtos; na verdade, como sou especialista em jogos-pesquisa feitos sob medida, os preços são todos diferentes. Pelo contrário, a questão é que as experiências e expectativas anteriores dos compradores significam que só eles podem dizer se pensam que algo é caro ou não.

Considerações sobre a indústria

A pesquisa baseada em jogos está em sua infância: a compreensão da metodologia é limitada e a desinformação se disseminou. Embora haja uma crescente confiança da indústria na metodologia, os experimentos com suas características são poucos e distantes em comparação com outras metodologias, e os resultados da pesquisa baseada em jogos e gamificação têm variado. Precificar algo que pode ser que as pessoas não necessariamente entendam ou valorizem é difícil. A lista de fatores abaixo afeta os GbRM:

- **Oferta e demanda.** Temos de pensar na quantidade de empresas que estão realmente vendendo pesquisa baseada em jogos e quantas pessoas querem *comprá-las*. A oferta e a demanda afetarão sempre o preço.
- **Fornecedores.** Já houve um investimento por parte das empresas para desenvolver software e processos de pesquisa baseada em jogos que possam facilitar a adesão dos clientes? (Dica, a resposta é "sim".) Isso ajuda a gerar demanda.
- **Preços de concorrentes.** Embora a concorrência limitada tenha os seus benefícios, também significa que um fornecedor de pesquisa baseada em jogos tem menos empresas com quem comparar os seus próprios preços. Em um novo mercado, encontrar o ponto ideal do preço leva tempo. Por isso, você, como vendedor, só pode fixar o preço de maneira a refletir verdadeiramente o seu tempo e esforço enquanto

lucra. Como comprador, naturalmente, você só pode comprar o que pode pagar.

- **O que está realmente em oferta?** Algumas empresas podem anunciar que oferecem questionários gamificados ou jogos-pesquisa, mas na realidade estão apenas produzindo questionários mais visuais. Eles ainda têm mérito, mas não são pesquisas baseadas em jogos por si só. Há também as empresas que utilizam genuinamente a gamificação e os jogos para fins de pesquisa. Com isso em mente, há muitas vezes confusão e pouco espaço para a comparação de preços para o comprador da pesquisa em torno do que está realmente sendo vendido. Em um exemplo, um cliente mencionou que estava falando com três fornecedores de pesquisa baseada em jogos, um dos quais era a Research Through Gaming. Ele disse que, em todos os casos, o produto apresentado era tão diferente dos outros que ele não conseguia efetivamente fazer as comparações de preços e capacidades habituais.
- **Pronta para usar ou feita sob medida?** Há empresas que oferecem questionários gamificados e jogos-pesquisa que são pré-produzidos, mas outras empresas podem oferecer produtos feitos sob medida. Isso também afeta o preço do ponto de vista do vendedor e dos compradores. (Mais sobre isso será explorado na Parte Dois: Mundo do Design.)
- **Plataformas.** Embora ainda não tenhamos chegado lá, também precisamos pensar em pesquisas baseadas em jogos em diferentes plataformas e na utilização de tecnologia adicional. Por exemplo, um jogo-pesquisa que usa realidade virtual pode ser mais ou menos caro do que um jogo que usa, digamos, realidade aumentada em comparação a um jogo-pesquisa de aventura em texto.

Com esses fatores em mente, podemos ver como não é tão simples responder à pergunta: É mais caro? Para ajudar a chegar a uma resposta, eu reformulo a pergunta: "É mais valioso?" Para isso, a minha resposta é um retumbante sim, *se* a abordagem baseada no jogo é projetada de forma eficaz.

Equívoco nº 16: usar pesquisa baseada em jogos requer uma mudança no software da pesquisa

Muitos jogos, como os de aventura em texto, aproveitam todos os ingredientes que fazem de um jogo, um jogo com nada mais que texto na tela. Os pesquisadores podem evocar engajamento intrínseco e a ação de jogar sem necessariamente precisar mudar os provedores de software de pesquisa, porque, assim como os jogos de aventura em texto, que já engajaram milhões de jogadores em todo o mundo, os criadores de pesquisas baseadas em jogos também podem usar os recursos disponíveis a eles — mesmo que isso seja apenas texto em tela — desde que entendam os fundamentos do design.

Essencialmente, a maneira como os pesquisadores abordam o seu design de pesquisa baseada em jogos é decisão deles, e dependerá dos tipos de interações/comportamentos que desejam dos participantes, da natureza e tema do estudo, do grupo etário dos participantes e assim por diante. Se o pesquisador decidir fazer um jogo-pesquisa altamente visual e completo com avatares, ambientes virtuais, música e efeitos sonoros e outros recursos que normalmente não são encontrados nas ferramentas tradicionais de software de pesquisa, então sim, o pesquisador pode querer investir na construção de seu próprio software de pesquisa baseada em jogos, ou comprar um software existente que permita que seus projetos sejam realizados.

Com estes mitos explorados, há apenas mais um equívoco comum para desmistificar: que jogos e gamificação são a mesma coisa. Muitas vezes, os pesquisadores usam esses rótulos de forma intercambiável para descrever pesquisas baseadas em jogos, com "jogo" usado para descrever uma pesquisa gamificada, e "gamificação" usada para descrever pesquisas não gamificadas. É importante explorar as diferenças, compreendê-las e trabalhar para definir o que significa fazer um "jogo-pesquisa" ou uma "pesquisa gamificada" porque, uma vez conhecidas as regras, podemos quebrá-las.

Notas

1 Barton, M. The history of Zork. *Gamasutra* (data desconhecida) [On-line]. Disponível em: <www.gamasutra.com/view/feature/1499/the_history_of_zork.php?print=1>. Acesso em: 23 mai. 2018.

2 The Entertainment Software Association. Essential facts about the computer and games industry. 2017 [On-line].

3 Ingram, M. Average social gamer is a 43-year-old woman. *Gigaom*, 2010 [On-line]. Disponível em: <gigaom.com/2010/02/17/average-social-gamer-is-a-43-year-old-woman>. Acesso em: 21 mai. 2018.

4 Activision Blizzard. Activision Blizzard announces better-than-expected first quarter 2012 financial results. 2012 [On-line]. Disponível em: <investor.activision.com/news-releases/news-release-details/activision-blizzard-announces-better-expected-first-quarter-2012?ReleaseID=672062>. Acesso em: 21 mai. 2018.

5 Dutton, F. Call of Duty Elite has 10 million users, 2 million pay: Activision updates stats, announces revenue drop. *Eurogamer*, 2012 [On-line]. Disponível em: <www.eurogamer.net/articles/2012-05-09-call-of-duty-elite-has-10-million-users-2-million-pay>. Acesso em: 21 mai. 2018.

6 Sarkar, S. *Monument Valley* made $14.4M in two years, even with most downloads being free. *Polygon*, 2016 [On-line]. Disponível em: <www.polygon.com/2016/5/20/11724058/monument-valley-sales-revenuedownload-numbers-ustwo-games>. Acesso em: 21 mai. 2018.

7 The Entertainment Software Association. Essential facts about the computer and games industry. 2017 [On-line].

8 Business Wire. Global gamification market worth USD 11.10 billion by 2020 – analysis, technologies & forecast report 2016–2020 – key vendors: Faya Corp, Microsoft & Bunchball – research and markets. *Business Wire*, 2016 [On-line]. Disponível em: <www.businesswire.com/news/home/20160218006350/en/Global-Gamification-Market-Worth-USD-11.10-Billion>. Acesso em: 21 mai. 2018.

9 Gartner. Gartner says by 2014, 80 percent of current gamified applications will fail to meet business objectives primarily due to poor design. *Gartner*, 2012 [On-line].

10 Site da McCann. Dumb ways to die: The game. (data de publicação desconhecida) [On-line].

11 Cauchi, S. No dumb luck: Metro claims safety success. *The Age*, 2013 [On-line]. Disponível em: <www.theage.com.au/victoria/no-dumb-luckmetro-claims-safety-success-20130214-2eelt.html>. Acesso em: 22 mai. 2018.

12 Site *Codecademy*: <www.codecademy.com>.

13 Site *Foursquare*: <foursquare.com>.

14 Site *SuperBetter*: <www.superbetter.com>.

JOGOS E GAMIFICAÇÃO

04

Explorando definições e por que jogos são tão envolventes.

Para desenvolver uma ontologia de métodos de pesquisa baseada em jogos (GbRM), devemos primeiro explorar os conceitos e diferenças entre jogos e gamificação *fora* da pesquisa de mercado, para depois usar essas concepções para construir conceitos e estruturas de jogos e gamificação *dentro* da pesquisa de mercado, e criar definições para jogos-pesquisa, questionários gamificados e pesquisa-entretenimento.

Com conceitos e construções de design em vigor, os pesquisadores podem compreender os diferentes processos e resultados da criação e utilização destas metodologias. Como tal, os pesquisadores podem identificar quando usar os jogos-pesquisa, gamificar seus questionários ou aplicar uma fluidez entre os dois.

Este capítulo examina:

- as definições de jogos, e o que faz de um jogo, um jogo;
- componentes e elementos de jogos;
- como os componentes e elementos inerentes aos jogos conduzem a comportamentos desejáveis que são benéficos para a pesquisa de mercado.

Há outro equívoco na comunidade de pesquisa de mercado: que gamificação e jogos são a mesma coisa. Frequentemente, em matérias, blogs, artigos e apresentações em conferências, os termos são usados de forma intercambiável e definidos incorretamente, afirmando que o simples uso de funções de arrastar e soltar ou de cores vibrantes em um questionário o torna uma pesquisa gamificada ou um jogo. A utilização indistinta dos termos levou a uma classificação incorreta: quando muitas vezes um questionário gamificado é classificado como jogo no mesmo artigo, ou mesmo quando um questionário tradicional é classificado como gamificado, embora não possua a mecânica do jogo e/ou elementos de jogos para constituir uma gamificação.

Embora haja — e pode haver — fluidez nas abordagens de pesquisa baseada em jogos, é importante compreender como os jogos e a gamificação são diferentes para que os pesquisadores possam escolher a metodologia que melhor se adapta às suas necessidades. Esses dois conceitos não só são distintos em muitos aspectos, mas essas diferenças impactam:

- as melhores práticas criadas pela comunidade de pesquisa para ambas as metodologias;
- os processos de desenvolvimento;
- o que os pesquisadores podem conseguir com a interação dos participantes a partir de um questionário gamificado em comparação a um jogo-pesquisa — e os resultados dos dados *serão* diferentes.

Assim, é importante definir um questionário gamificado e um jogo-pesquisa, assim como discutir o que alguns profissionais têm chamado de "questionários gamificados", mas que, na verdade, estão mais para "pesquisa-entretenimento". O termo pesquisa-entretenimento refere-se a pesquisas que não são gamificadas ou desenvolvidas como jogos, mas incluem interfaces mais dinâmicas para serem mais atraentes/divertidas para os participantes.

Existe uma grande quantidade de informação sobre a aplicação de jogos e a gamificação fora do âmbito da pesquisa de mercado. Este capítulo considera argumentos e discussões mais amplos nesses outros campos para que possamos entender as definições e diferenças entre jogos e gamificação, a fim de compreendê-los e defini-los como metodologias de pesquisa.

Definindo e compreendendo jogos, e explorando o que os torna tão envolventes

Se você não é um gamer ou alguém interessado em estudar jogos, o mundo dos games pode cair em uma das duas categorias: "aquela coisa que as crianças passam horas jogando" ou uma memória nostálgica de sua própria jogatina quando criança. Contudo, os jogos acumularam muitos estudos e literatura que rivalizam com qualquer outro assunto. Assim como o passeio de Dorothy em Oz, aprender sobre jogos faz com que este mundo vá de cinza para tecnicolor, quando não só descobrimos a vastidão de jogos disponíveis, mas também a amplitude de *como eles são definidos*.

Nesta seção, estamos fazendo análises; vamos analisar a primeira camada: como os jogos são definidos. Depois vamos aprofundar para descobrir *o que* os torna tão envolventes e, finalmente, chegaremos à última camada para descobrir *por que* os jogos são tão envolventes.

Definindo "jogo" → OORF

O termo "jogo" é abrangente, com mais de dez definições conhecidas até agora, algumas delas mais frequentemente utilizadas e aceitas do que outras. No livro *Regras do Jogo: Fundamentos do design de jogos* (2012), os autores Katie Salen e Eric Zimmerman criam a sua própria definição, por meio da análise e empréstimo de descrições anteriores: "Um jogo é um sistema no qual os jogadores se envolvem em um conflito artificial, definido por regras, que resulta em um resultado quantificável."[1] Entretanto, no livro *A Realidade em Jogo: Por que os games nos tornam melhor e como eles podem mudar o mundo*, de Jane McGonigal (2012)[2], os jogos são descritos como tendo "quatro traços definidores": "um objetivo, regras, um sistema de feedback e participação voluntária." Bernard Suits, autor de *The Grasshopper: Games, life and utopia* [O gafanhoto: Jogos, vida e utopia] (1978), oferece sua própria definição: "jogar um jogo é uma tentativa voluntária de superar obstáculos desnecessários."[3] Em contraste, Espen Aarseth e Gordon Calleja, autores do artigo *The Word Game: The ontology of an indefinable object* [A palavra jogo: A ontologia de um objeto indefinível] (2015), argumentam que os jogos *não podem* ser definidos. Eles dizem que não podemos definir se algo "realmente é um jogo" ou não "mais do que se o sentimento que alguém diz ter é 'amor verdadeiro', 'culpa real' etc."[4].

Claramente, não existe uma definição de "jogo" que sirva para todos. A variedade de jogos que existem e continuam a evoluir significa que são necessárias definições separadas para descrever adequadamente a pletora de jogos disponíveis. Por exemplo, a forma como um jogo de esporte é descrito seria muito diferente da maneira como explicamos um jogo de tabuleiro.

Há também definições de "jogo" que dependem do formato e da interação. Imagine tentar descrever jogos de cartas *multiplayer* ou com um só jogador, jogos de xadrez reais ou virtuais, ou *Scrabble*, e um *Massive Multiplayer Role-Playing Game* (MMORPG), como *The World of Warcraft*. Nossa! Seria difícil encontrar uma definição única que justificasse todas as ocasiões, formatos e interações.

A definição também pode variar dependendo da pessoa para quem você está perguntando. Se você pedir a um desenvolvedor de jogos para definir "jogo", ela ou ele pode ter um conceito diferente do de um jogador ou acadêmico de jogo. As definições de jogos que analisamos anteriormente, embora úteis, não se traduzem diretamente em conceitos apropriados para nos ajudar a definir jogos como instrumentos de pesquisa. Por exemplo, a definição oferecida por Bernard Suits seria redundante na pesquisa baseada em jogos, porque os obstáculos a superar em um jogo-pesquisa ou questionário gamificado *seriam* necessários, pois eles têm impacto no mundo real. Mas há uma definição na qual podemos nos aprofundar: a de Jane McGonigal, que fala em "quatro traços definidores", com algumas alterações.

Os quatro traços definidores dos jogos que McGonigal descreve são: "um objetivo, regras, um sistema de feedback e participação voluntária." No meio acadêmico, estes "traços" são muitas vezes descritos como mecanismos ou elementos de jogos, e estes termos são, por vezes, utilizados de forma intercambiável.

Ingredientes de jogos

Para criar uma estrutura e uma classificação que esteja mais de acordo com as necessidades de pesquisa e que seja menos confuso, proponho classificar os quatro traços definidores como "ingredientes de jogos" com uma versão ligeiramente evoluída dos quatro traços. Esses ingredientes são:

- **O**bjetivo(s);
- **O**portunidades de autonomia;
- **R**egras;
- **F**eedback.

Como você pode ver na Figura 4.1 (na página XX), um objetivo é central para os outros ingredientes — cada outro ingrediente se liga de volta e funciona em torno do(s) objetivo(s).

Por uma questão de memória, podemos tentar recordar estes quatro ingredientes de jogos na mnemônica "OORF":

- **Objetivo(s)** é(são) usado(s) em vez do singular "um objetivo"; por exemplo, objetivos menores voltados a alcançar um objetivo final. Ao produzir uma pesquisa baseada em jogos, observe que, embora possa haver mais de um objetivo, você não deve sobrecarregar o participante com muitas metas, pois isso pode tornar a pesquisa menos focada e fazer com que as recompensas pelo alcance dos objetivos se tornem menos valiosas.

- **Oportunidades de autonomia** foi escolhida no lugar da "participação voluntária", uma vez que a participação voluntária representa apenas a vontade dos usuários de jogar um jogo. Mas a autonomia — a liberdade de fazer coisas diferentes em jogos de nossa própria escolha, como explorar uma paisagem terrestre virtual em vez de focar apenas a jogabilidade — é uma parte fundamental do que os jogadores gostam. As oportunidades de autonomia também se traduzem melhor em um contexto de pesquisa de mercado porque, embora a participação na pesquisa seja voluntária, ela também é muitas vezes incentivada externamente. Ao substituir a "abordagem voluntária" por "oportunidades de autonomia", fica claro que os pesquisadores ainda podem oferecer incentivos, mas também os incentiva a oferecer oportunidades de autonomia *na* sua pesquisa baseada em jogos.

- **Regras** — este item é mantido assim como na lista de traços definidores de McGonigal. As regras descrevem as limitações e oportunidades que um jogador tem no mundo do jogo, ou seja, o que ele pode ou não fazer. Por exemplo, um personagem pode ter uma velocidade de corrida limitada até atingir um determinado nível de jogo, ou consegue subir uma parede, mas apenas com um equipamento especial. As regras já estão em vigor nas pesquisas on-line; por exemplo, responder às questões uma de cada vez, ou em sequência, ou escolher apenas uma resposta de uma lista. Como designer de pesquisa baseada em jogos, você já tem as regras em vigor, então este ingrediente é amplamente suportado pelas regras inerentes à estrutura da pesquisa.

- **Feedback** é usado em vez de "um sistema de feedback". O "sistema de feedback" implica um modo singular de feedback e, como tal, esta terminologia pode fazer com que os novos designers de pesquisa baseada em jogos se sintam restringidos ao desenvolvimento de apenas um tipo de sistema de feedback. Existem dezenas de mecanismos de feedback em jogos e podem existir dezenas de mecanismos desse tipo em pesquisas baseadas em jogos. O feedback pode ser simplesmente informar os jogadores (ou participantes) sobre o quão bem eles estão atuando ou como sua contribuição está ajudando uma causa mais ampla. O feedback pode ser constante e colocado em multicamadas; desde ver como seu avatar melhora a cada missão completada, até obter estatísticas de jogo sobre sua velocidade e força em games de luta como *Mortal Kombat*. Ao jogar muitos tipos diferentes de jogos, você pode entender os mecanismos de feedback multicamadas disponíveis e usar isso como inspiração para seus designs de pesquisas baseadas em jogos.

Todos os ingredientes de jogos devem ser usados para criar um jogo

Outro erro comum na comunidade de pesquisa de mercado é que usar apenas *um* dos ingredientes de jogos, como incluir uma regra ou um objetivo, constitui um jogo ou gamificação. Não é verdade. Imagine que você precisa ir buscar o seu filho na escola. Seu objetivo é chegar lá a tempo, mas isso não é um jogo. Um funcionário que recebe feedback de desempenho não está em um jogo.

No artigo *Gamification: Toward a definition* [Gamificação: buscando uma definição] (Deterding et al., 2011), podemos ver que todos os ingredientes devem trabalhar juntos, e em harmonia, para se criar um jogo. Nesta citação, os autores referem-se aos nossos ingredientes de jogos anteriormente mencionados como "elementos": "Nenhum elemento típico (por exemplo, objetivos ou regras) constitui um jogo por si só [...], apenas em conjunto."[5]

Ao desenvolver um jogo-pesquisa ou questionário gamificado é importante incluir *todos* os quatro ingredientes de jogos. Só quando eles funcionam harmoniosamente juntos podem se tornar um jogo ou gamificação.

Por que jogos são tão envolventes? Como os jogos satisfazem as nossas necessidades psicológicas

Os games (quando bem desenvolvidos[6]) são tão envolventes porque incluem esses quatro ingredientes de jogos, que satisfazem diretamente as quatro necessidades psicológicas humanas. Isso é o que torna os jogos intrinsecamente cativantes.

Quais são as necessidades psicológicas humanas? → AAMP

Enquanto alguns especialistas afirmam que os seres humanos têm três necessidades psicológicas, eu argumento que há quatro, combinando os trabalhos de três pesquisadores.

Daniel H. Pink, autor de *Motivação 3.0 — Drive* (2019)[7], argumenta que a motivação intrínseca nasce quando as nossas necessidades psicológicas são satisfeitas. Ele observa que essas necessidades são:

1. **Maestria:** melhorar continuamente em algo.
2. **Autonomia:** liberdade de agir por vontade própria.

3. **Propósito:** trabalhar para um objetivo, com significado.

Este trio está alinhado com os ingredientes inerentes aos jogos. Quando jogamos, aumentamos a nossa habilidade e **maestria**. Em um game, os jogadores têm **autonomia** para se mover em diferentes direções ou realizar missões em qualquer ordem que eles gostam. E os jogadores fazem tudo isso com um **propósito**, quer este seja um objetivo claro ou que auxilie a narrativa do jogo.

No entanto, os pesquisadores Edward L. Deci e Richard M. Ryan, desenvolvedores da Teoria da Autodeterminação (TDA), dizem que nossas necessidades psicológicas são:[8]

- **Competência:** dominar o próprio ambiente.
- **Afinidade:** interagir com outras pessoas e sentir-se conectado. Ter um senso de pertencimento.
- **Propósito:** ter um objetivo, com significado.

Ambas as listas são úteis, mas podem ser unidas para fornecer uma visão holística de todas as necessidades psicológicas humanas:

- Maestria;
- Autonomia;
- Propósito;
- Afinidade.

"Maestria" e "competência" têm significados semelhantes. Optei por manter "maestria" porque este termo reflete com maior precisão a habilidade por meio da qual os jogadores são capazes de, com a prática, "dominar" um jogo, mas também descreve como eles podem melhorar continuamente para dominar o seu ambiente. Os espectadores que veem um jogador em pleno fluxo não pensam em "competente", pensam em "mestre".

"Autonomia" aparece em apenas uma das listas, mas é a chave para a felicidade humana. Ter liberdade para explorar e fazer escolhas por vontade própria é crucial para o nosso bem-estar. A autonomia também é responsável pela (entre outras coisas) atenuação dos sentimentos negativos e aumento da produtividade e do engajamento no local de trabalho e nos ambientes educativos.[9]

"Propósito" é usado em ambas as listas, por isso é incluído na lista de quatro pontos unificada, já que um senso de propósito também é crucial para o nosso bem-estar.

"Afinidade", apesar de figurar em apenas uma das listas de três pontos, é de fato outra necessidade psicológica humana. A afinidade tem a ver com a maneira como nós nos comparamos, nos comunicamos e nos relacionamos com outras pessoas, o que é fundamental para o desenvolvimento humano.

A mnemônica "AAMP" (ver Figura 4.2) pode nos ajudar a recordar estas quatro necessidades psicológicas humanas. Quando comparamos estas necessidades psicológicas na Figura 4.2 com os ingredientes de jogos mostrados na Figura 4.1, começamos a ver alinhamentos interessantes. Aqui podemos ver como os jogos satisfazem estas necessidades:

- Afinidade: os jogos dão aos gamers um senso de pertencimento por meio da colaboração com outros jogadores e personagens não jogadores, e através de um propósito transcendente de ajudar os outros a atingir um objetivo.
- Autonomia: os games permitem aos jogadores se moverem como quiserem, embora com um enredo e/ou jogabilidade por vezes lineares.
- Maestria: é a melhoria contínua em algo e o domínio de seu ambiente. Os jogos têm níveis em que a melhoria contínua faz parte do processo de jogabilidade.
- Propósito: os objetivos são alcançados através da conclusão de níveis e mundos, guiados por um propósito.

Estas figuras poderiam se sobrepor umas às outras para criar paralelos perfeitos entre o que satisfaz as pessoas psicologicamente e como essas necessidades são satisfeitas por meio dos ingredientes de jogos.

Figura 4.1 Os quatro ingredientes de jogos devem ser utilizados na pesquisa baseada no jogo para constituir um "jogo-pesquisa" ou um "questionário gamificado" (OORF)

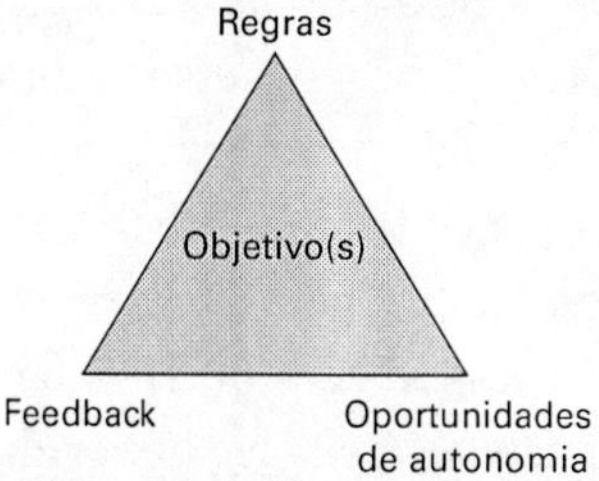

Figura 4.2 As quatro necessidades psicológicas humanas que evoluíram do trabalho de outros especialistas (AAMP)

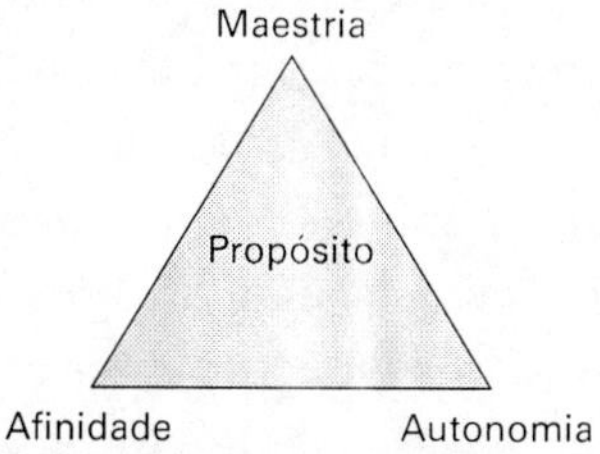

FONTE: © Betty Adamou, 2018

Os objetivos nos ajudam a atingir um propósito. Entendemos nossa maestria por meio do alcance de nossos objetivos e da obtenção de feedback sobre como atingi-los.

As regras criam desafios para superarmos, o que eleva nossa maestria. As regras são cruciais para nos permitir compreender as limitações dentro das quais estamos operando para alcançar esses objetivos. Elas proporcionam um campo de jogo justo para que possamos compreender a nossa maestria ao jogarmos com os outros. Por meio de um sistema de regras justo e igualitário, isso nos permite comparar como estamos dominando algo para alcançar objetivos em comparação com outras pessoas (o que também proporciona afinidade).

As oportunidades de autonomia satisfazem a nossa necessidade de autonomia, que não é apenas um ato de vontade ao *escolher* jogar, mas poder agir voluntariamente na forma *como* jogamos. Os games proporcionam aos jogadores um senso de autonomia em diferentes doses e métodos.

O feedback nos permite comparar a forma como nossa maestria evolui em comparação com a dos outros, e o feedback (e objetivos) compartilhado ajuda a construir laços mais fortes com os outros participantes — afinidade.

Para ilustrar a importância de todos estes quatro elementos, vamos tentar um pequeno exercício. Imagine que apenas uma das quatro necessidades psicológicas é satisfeita na sua própria vida. Imaginemos que você experimenta a autonomia todos os dias; você tem a liberdade de ir aonde quiser e fazer o que quiser. A sua vida é ilimitada. Mas sem um objetivo (propósito), ou outras pessoas com quem compartilhar suas experiências (afinidade) e sem a habilidade de evoluir nosso eu interior e aumentar nosso conhecimento (maestria), tal vida autônoma se tornaria rapidamente chata.

Vamos virar isso do avesso; imagine uma vida em que *três* das quatro necessidades psicológicas são satisfeitas. Você vive uma vida de autonomia, maestria e afinidade, mas sem propósito. Essa vida poderia ser gratificante?

Mas um senso de propósito e maestria deve ser perpetuado, e é por isso que os objetivos são tão importantes. Uma vez atingidos os nossos objetivos, precisamos evoluir para alcançar novas metas — precisamos ter não só um, mas também múltiplos objetivos. É por isso que os jogos são tão viciantes: eles alimentam constantemente esse ciclo de satisfazer nossas necessidades psicológicas de maestria, permitindo que os jogadores alcancem metas incrementais em direção a um objetivo final.

Nenhum ingrediente de jogos sozinho pode satisfazer todas as necessidades psicológicas; só quando todos os ingredientes de jogos são usados é que todas as necessidades psicológicas podem ser satisfeitas para que uma pessoa se torne intrinsecamente envolvida.

Agora que compreendemos por que games são intrinsecamente envolventes através da compreensão de como os ingredientes de um jogo satisfazem as nossas necessidades psicológicas, vamos aprofundar a análise. O que acontece quando as nossas necessidades psicológicas são satisfeitas? A resposta está na nossa composição biológica.

A ciência por trás do que acontece quando nossas necessidades psicológicas são satisfeitas e por que isso deve ser importante para os pesquisadores

Os cérebros humanos podem liberar quatro do que são habitualmente conhecidos como "hormônios da felicidade". Os quatro ingredientes de jogos não só sincronizam harmoniosamente com as quatro necessidades psicológicas humanas (que eu vou abreviar para NPH), as quatro NPH também sincronizam com esses hormônios da felicidade. São eles: serotonina, dopamina, endorfina e ocitocina.[10] A liberação dessas substâncias faz com que as pessoas se sintam bem — daí serem considerados hormônios da "felicidade".

A dopamina é liberada quando os jogadores atingem os seus objetivos em um jogo, quer sejam objetivos menores, como recolher moedas suficientes para fazer uma compra no jogo, ou maiores, como completar um nível. Além disso, trabalhar *para atingir* objetivos com expectativas positivas também libera dopamina. Portanto, os gamers estão em um ciclo quase constante de liberação de dopamina entre a consecução das metas e o esforço para atingi-las. É aqui que vemos a ligação entre eles:

- o ingrediente de jogos do(s) **objetivo(s)** →
- a necessidade psicológica de um **propósito** →
- o hormônio que é liberado quando eles são atingidos: a **dopamina**.

Por que isso é importante para um pesquisador?

Vimos a importância dos objetivos no envolvimento das pessoas por meio da satisfação da sua necessidade psicológica por propósito, mas a dopamina, a substância química que é liberada quando isso acontece, tem um impacto que é relevante para a pesquisa de mercado. O impacto da dopamina é sentido em muitas áreas diferentes, incluindo, entre outras, a melhoria da motivação[11], da memória[12], das capacidades cognitivas (como a resolução de problemas ou o engajamento em tarefas criativas)[13, 14], do foco[15] e da atenção[16]. Tanto que os médicos que jogam antes de cirurgias têm uma redução de 37 por cento em erros[17].

Estes resultados estão alinhados com o que os pesquisadores querem dos participantes. Eles querem que os participantes:

- estejam motivados para participar de (e concluir) estudos de pesquisa;
- tenham uma melhor memória para que possam recontar suas experiências com a maior precisão possível;
- tenham total atenção e foco para que possam responder às perguntas com precisão e permaneçam engajados durante todo o período da pesquisa;
- aproveitem suas capacidades cognitivas para realizarem tarefas de pesquisa rudimentares e, por vezes, mais avançadas e criativas.

Componentes de jogos — "CERAN"

Agora é hora de explorar outros aspectos de jogos e suas vantagens para a pesquisa de mercado. Estes outros aspectos são componentes e elementos de jogos. É importante notar que, além dos ingredientes de jogos que devem ser utilizados em conjunto para constituir um jogo e incentivar o importante engajamento intrínseco e a participação, são utilizados, em qualquer número, componentes e elementos para desenvolver diferentes tipos de jogos. Existem cinco componentes-chave do jogo (embora alguns ludólogos argumentem que existem mais, ou menos, ou outros diferentes):

- Colaboração;
- Estética;
- Recursos bônus;
- Aumentos na dificuldade;
- Narrativa.

Como um guia fácil para recordar estes componentes, podemos usar outra mnemônica útil: "CERAN". Estes componentes ajudam a tornar os jogos ainda mais envolventes e podem ser acréscimos úteis, quando apropriado, à pesquisa baseada em jogos.

Para cada um destes cinco componentes de jogos, poderiam existir mais cinco livros. Na verdade, *existem* livros inteiros dedicados a explorar esses componentes em jogos. Neste livro, vamos explorar a função de cada um deles e sua utilidade na pesquisa da forma mais concisa possível. Para fazer isso, vamos olhar para os jogos digitais para compreender como geralmente são os componentes de jogos e como eles funcionam no seu "habitat natural".

Em particular, vamos nos referir ao jogo social digital *FarmVille*, da Zynga, pois ele tem exemplos de muitos dos componentes de jogos. É grátis para jogar e é um jogo facilmente acessível para os leitores que gostariam de ver um exemplo "da vida real".

No *FarmVille*, os jogadores criam uma fazenda digital e ganham pontos de experiência e moedas ao manter/crescer sua fazenda e maximizar seu potencial. Os jogadores podem plantar uma variedade de vegetação, que podem depois colher, e criar animais. Embora não tenha um objetivo concretamente definido, a meta é, em grande parte, desenvolver a fazenda dos seus sonhos. Alguns jogadores criam fazendas focadas principalmente no cultivo de hortaliças, enquanto outros se concentram na criação de animais e assim por diante. Para um jogo como o *FarmVille*, parece que grande parte da alegria está no jogar em si.

Colaboração

Cooperar com outros jogadores em um jogo é algo comum. Alguns games focam no componente de colaboração; chamam-se jogos cooperativos ou jogos *multiplayer*. Existem MMORPGs (*Massively Multiplayer Online Role-Playing Games*) com milhares de jogadores, se não milhões, muitos dos quais trabalham juntos em grandes equipes para superar desafios. Quando os recursos e habilidades de diferentes jogadores são combinados, eles podem fazer coisas como derrotar vilões, conquistar novos mundos ou ganhar ainda mais recursos.

A colaboração entre jogadores em games pode colher muitos benefícios, incluindo, mas não limitado a:

- Aumento do engajamento dos jogadores;
- Aumento das recompensas e/ou recursos (através do trabalho em conjunto para alcançar os objetivos);
- Aumento das competências de resolução de problemas (um problema compartilhado é um problema reduzido pela metade);
- Maior lealdade ao jogo, o que encoraja os jogadores a entrar/jogar de novo e de novo.

No *FarmVille*, os jogadores podem ajudar uns aos outros em suas fazendas, garantindo a todos mais pontos de experiência e dinheiro virtual no processo. Esses componentes de colaboração ajudam os jogadores a atingir os seus objetivos, mas também proporcionam interações sociais que satisfazem a nossa necessidade psicológica por afinidade.

Como a colaboração é útil em pesquisas baseadas em jogos?

Estimular a colaboração (o que inclui um senso de comunidade) em um contexto de pesquisa de mercado pode, tal como acontece com os jogos:

- Aumentar o engajamento;
- Aumentar as capacidades de resolução de problemas;
- Estimular nos participantes a vontade de participar de pesquisas no futuro (o efeito de repetição, estimulado pelo engajamento);
- Estimular comportamentos e respostas autênticas (precisão e detalhe).

Durante anos, pesquisadores qualitativos têm incentivado a colaboração dos participantes em grupos focais para aumentar o engajamento e os insights. A colaboração pode ser pedir aos participantes que trabalhem juntos para resolver problemas e ter ideias criativas e críticas. É claro que as comunidades on-line de pesquisa de mercado (MROCs) já têm este componente de jogos. As MROCs são, em muitos aspectos, as bases de um MORPG (Multiplayer Online Role-Playing Game).

Pense em gerar um senso de colaboração com seus participantes em sua pesquisa baseada em jogos para obter esses benefícios. Por exemplo, você poderia informar aos participantes quantas *outras* pessoas já participaram do estudo até agora para dar uma sensação de comunidade/colaboração? Poderia dizer-lhes como a colaboração deles vai ajudar uma causa maior?

Evocar um senso de colaboração e trabalho em equipe funciona em jogos e em pesquisas (como vemos nas MROCs) e isso também deve ser aproveitado em pesquisas baseadas em jogos.

Estética

A estética inclui qualidade e tipos de gráficos — por exemplo, se os gráficos são altamente detalhados ou com um estilo de 8 bits de baixa fidelidade. Se eu dissesse "*Super Mario*", "*Sonic the Hedgehog*" ou "*Pong*", você provavelmente conseguiria imaginar os gráficos na sua mente. O visual dos jogos é fundamental para pensarmos e nos lembrarmos deles.

Embora o brilho das cores ou a sofisticação dos gráficos não sejam essenciais para evocar o jogo nem para criar um engajamento intrínseco, a estética de um jogo pode desempenhar um papel no engajamento. Por exemplo, o jogo de aplicativo *Monument Valley* (ustwo games) tem uma estética tão única, que seu visual labiríntico ao estilo do artista M. C. Escher é o principal objeto de discussão entre fãs e jornalistas.

Se você visitar o site my.wizardingworld.com/patronus, pode explorar como uma estética polida e relevante pode ser envolvente. Na primeira tela, "*Discover Your Patronus*" [Descubra seu Patrono], o cursor é seguido por fagulhas, os botões mudam de cor quando o mouse paira sobre eles e o fundo se move ligeiramente com nossos movimentos. Esta estética, como tantas outras experiências digitais fantásticas, mostra que pensar no design é fundamental para proporcionar experiências envolventes.

Como vamos explorar mais adiante na Parte Dois: Mundo do Design, a estética de sua pesquisa baseada em jogos deve se harmonizar com o conteúdo da pesquisa.

Como a estética é útil em pesquisas baseadas em jogos?

Muitas pesquisas on-line tradicionais não se parecem com nenhuma outra coisa na internet hoje. Estar mais focado na estética pode não só agilizar as pesquisas, mas também ajudar os fornecedores de pesquisa a se diferenciarem uns dos outros. Finalmente, e mais importante ainda, a estética que os pesquisadores usam pode incluir efeitos visuais, o que pode ajudar um participante a compreender o processo de pesquisa e o conteúdo por meio dos significados derivados desses efeitos — e isso é semiótica.

Assim como na área do "Patrono", do site Wizarding World, ou mesmo alguns dos sites mais populares da atualidade, como Facebook, Google e Amazon, uma boa estética é consistente com uma ótima experiência do usuário e design. Isso deve estar sempre na mente de um designer de pesquisa, pois uma boa experiência do usuário e bom design equivalem a engajamento.

Recursos bônus (e novidade)

O senso de novidade não deve ser subestimado como ferramenta para o engajamento, e recursos bônus são apenas uma das muitas maneiras de os jogos fornecerem novidades. O prazer da novidade — "o novo" — libera dopamina no cérebro, que é, como já exploramos, um dos nossos quatro hormônios da felicidade.

Os recursos bônus e a novidade também são importantes não apenas nos jogos, mas na vida em geral. Quer aconteçam por acaso ou sejam planejados, a novidade ou os "bônus" ajudam a manter as coisas interessantes; encontrar uma nota de dez reais em um casaco velho, viajar de férias para novos lugares, até mesmo ter uma experiência digital inédita. A novidade rompe a monotonia da vida cotidiana, e jogos, como a vida, seriam muito entediantes sem surpresas ou novas experiências.

No *FarmVille*, a disponibilidade de recursos extras encoraja os jogadores a iniciar a sessão o mais frequentemente possível, porque querem ver o que há de novo para comprar ou quais "presentes" podem ter sido dados por um colega fazendeiro. Tais bônus geram uma expectativa diferente nos jogadores, que esperam equipamentos agrícolas, animais e plantas distintos dos que estão em oferta usualmente. E o *FarmVille* é de fato o mestre dos recursos extras: para cada evento especial no mundo real, o app oferece itens relacionados para venda no mundo digital. No Natal e no Dia de Ação de Graças, os jogadores podem fazer login e ver novos itens para comprar, como árvores festivas, renas, cobertores de neve e perus. No Halloween, é possível comprar vacas verdes e abóboras. Alguns recursos bônus, no entanto, não podem ser comprados, uma vez que são concedidos apenas quando os jogadores realizam tarefas especiais.

No entanto, os bônus em jogos não precisam se limitar a compras no game, ou necessariamente ter resultados positivos. No *Super Mario 3*, descobrir uma flauta escondida pode transportar os jogadores para níveis muito mais avançados, mas cuja conclusão pode ser considerada mais difícil. No *Monopoly*, as cartas "Sorte" e "Baú da Comunidade" são sistemas de bônus incorporados, mas nem sempre levam a resultados felizes. Os recursos extras também podem ser coisas como armaduras de edição limitada ou trajes para seu avatar, experiências virtuais novas/especiais dentro de um jogo, ou até mesmo itens de "lenda urbana". Estes são muitas vezes referidos como *Easter Eggs*. O termo é outra forma de descrever o que é basicamente uma "joia oculta", ou coisa secreta dentro de um jogo (muitas vezes, quanto mais limitado o item, mais procurado ele é). Caçar *Easter Eggs* pode estimular muitas horas de jogo e pesquisa para um jogador.

Uma prova de como os recursos extras e a novidade aumentam o compromisso do jogador está na vontade de pagar por tais itens. Um relatório em um artigo da *Forbes* de 2012 mostrou que cerca de dois por cento dos usuários do Facebook gastaram mais de um bilhão de dólares em bens virtuais, incluindo itens para jogos[18]. Os jogadores usam *dinheiro real* para obter dinheiro virtual e comprar itens no jogo, como vacas e ovelhas, pacotes de energia e outros[19]. Apenas para obter pixels em uma tela. Mas por quê? Quais são os verdadeiros benefícios dos bônus e itens novos? Recursos bônus e novidades em jogos podem:

- Permitir que os jogadores alcancem os seus objetivos mais rapidamente;
- Ser usados como ferramentas para manter os jogadores sentindo-se valorizados;
- Aumentar a lealdade por meio da curiosidade: a antecipação de tais surpresas, ou "o novo", faz parte do que encoraja os jogadores a voltarem a jogar o mesmo jogo várias vezes.

Como os recursos extras e as novidades são úteis em pesquisas baseadas em jogos?

Os pesquisadores podem aproveitar recursos extras e novidades em todos os tipos de pesquisa *sem* usar os ingredientes de jogos, embora usar esse componente sozinho certamente não seja uma solução de longo prazo para problemas de engajamento e de baixa participação. Existem três formas principais de os pesquisadores incentivarem o engajamento dos participantes através de novidades e recursos extras.

1. **Elaborar a pesquisa (ou experiência de pesquisa cara a cara) para parecer/ser sentida diferente de qualquer outra coisa que os participantes provavelmente já tenham experimentado:** desde o primeiro ResearchGame que a Research Through Gaming lançou até o mais recente, os participantes comentam que a plataforma é "original". A novidade da metodologia parece contribuir para o seu engajamento. Isso deve levar os pesquisadores a questionar — quer utilizem técnicas baseadas em jogos ou não — como é possível fazer com que sua pesquisa pareça diferente das pesquisas tradicionais?
2. **Evitar a repetição e introduzir interações diferentes muitas vezes:** a introdução de recursos de novidade e bônus pode

quebrar a monotonia e a repetição que vemos com frequência em pesquisas on-line. Uma pesquisa que tenha uma grade em cada tela, ou um controle deslizante de escala, rapidamente se tornaria chata. Apresentar uma mistura de maneiras pelas quais os participantes podem responder a perguntas ou cenários ajudará a manter a atenção e o engajamento deles.

3. **Fornecer bônus inesperados, úteis e interessantes:** nos ResearchGames lançados pela Research Through Gaming, as funcionalidades de bônus incluem diários on-line extras e recompensas adicionais, como um certificado com o nome do participante que pode ser baixado; QR codes que os participantes podem escanear para receber mensagens secretas no celular para ajudá-los em níveis posteriores; pontos extras ou desafios completos em um determinado período de tempo; e códigos de acesso VIP para desbloquear novos níveis. Estes bônus e novas experiências ajudam os participantes a se sentirem valorizados, a manterem o compromisso e a transformarem algo visto como "incômodo" em "empolgante". Em um ResearchGame chamado *Dubious*, em vez de apresentar uma atividade diária digital como uma tarefa extra, ela foi reconfigurada como um bônus. Dezenove por cento dos participantes preencheram voluntariamente esta agenda digital não obrigatória, e com riqueza de detalhes[20].

Os tipos de bônus que um pesquisador pode oferecer na pesquisa baseada em jogos, e mesmo na não baseada em jogos, são limitados apenas pela imaginação. Os recursos bônus e os itens de novidade devem estar relacionados com o conteúdo da pesquisa e/ou a narrativa do jogo-pesquisa ou do questionário gamificado.

O feedback obtido por alguns participantes após o jogo *TESSA Undercover Agents* (um jogo-pesquisa produzido pela RTG) mostra que novidade, bônus e uma mistura de perguntas mantêm os participantes alertas, envolvidos, desfrutando da experiência e querendo voltar para mais. Veja alguns dos comentários escritos pelos participantes:

> muito obrigado, esta pesquisa era nova, diferente e me manteve atento! Não parecia uma pesquisa, que geralmente é chata, foi uma maneira muito boa de me manter alerta!! obrigado!
> Uma forma nova e interessante de realizar uma pesquisa que também foca a mente em respostas específicas. Definitivamente faria de novo.
> Adoro esta forma de realizar pesquisas e não hesitaria em voltar a realizá-las. Fantástico!
> provavelmente uma das melhores e mais inventivas pesquisas que fiz, se ao menos outras fossem assim. Interessante e agradável de participar. Participaria destas pesquisas novamente.

Aumentos na dificuldade

Os jogos ficam mais difíceis à medida que os jogamos. No *FarmVille*, um jogador começa com apenas alguns pedaços de terra. O aumento da dificuldade ao longo do tempo ocorre porque, à medida que a fazenda se torna maior, fazer sua manutenção fica mais desafiador. Em outros jogos, aumentos de dificuldade podem ser incorporados por uma maior quantidade de vilões, ou vilões mais qualificados, ou o nível é mais longo em duração, testando nossa resistência e paciência, ou ambientes mais difíceis de navegar. O que não falta aos criadores de jogos são maneiras de tornar os jogos desafiadores.

Superar obstáculos e enfrentar desafios faz parte do que torna os jogos intrinsecamente envolventes, uma vez que a superação de obstáculos para alcançar objetivos está ligada às nossas necessidades psicológicas de maestria e de propósito. É por isso que os jogos começam tão fáceis e depois tornam-se mais difíceis, uma vez que esta técnica de aumentar gradualmente a dificuldade se torna mais eficaz nas nossas necessidades de maestria. Isso significa que, à medida que os jogadores superam obstáculos menores e ganham confiança e habilidade, eles podem então derrotar outros maiores e piores mais tarde no jogo. Mas há também outra razão pela qual os jogos (em grande parte) começam tão fáceis. Para os jogadores que experimentam um novo game, há uma grande variedade de coisas novas para aprender: pressionar "B" significa que a minha personagem "pula"; pressionar "B" e "A" faz a minha personagem correr. Encontrar este cogumelo vai me enfraquecer ou me matar, mas aquele outro vai me tornar maior e mais forte. Os níveis iniciais e fáceis de um jogo agem como um tutorial do mundo do game e suas regras. Os designers de jogos tornaram-se especialistas na relação fácil/difícil dos jogos — é uma ciência. O equilíbrio perfeito entre desafio e sucesso e o equilíbrio entre trabalho duro e recompensa são duas das razões pelas quais os jogos são tão viciantes. Por outro lado, jogos que são muito fáceis ou muito difíceis podem rapidamente desestimular jogadores.

Superar obstáculos e enfrentar desafios em jogos soa muito estressante, e você estaria certo. Mas é um tipo diferente de estresse — um estresse chamado "eustresse". Embora ele seja descrito muito mais adequadamente por Jane McGonigal em seu livro *A Realidade em Jogo* (2012)[21], a definição do leigo é que eustresse é "estresse positivo". Este "estresse positivo" faz com que as pessoas se concentrem mais — outro comportamento desejável que os pesquisadores querem dos participantes.

Como aumentar a dificuldade pode ser útil em pesquisas baseadas em jogos?

Aumentos de dificuldade podem ajudar os pesquisadores a estruturarem as suas pesquisas da seguinte forma:

- **Engajando os participantes.** Os pesquisadores não devem ter medo de desafiar o participante — como vimos, os desafios envolvem as pessoas, mas certifique-se de oferecer recompensas que sejam reflexo dos esforços feitos.

- **Construindo um senso de maestria.** Pense em como colocar questões simples/fáceis no início de uma pesquisa e vá introduzindo questões ou desafios mais complexos posteriormente no questionário. Isso ajudará a construir um senso de maestria, que é uma das nossas necessidades psicológicas.
- **Construindo confiança.** Para conteúdo de pesquisa de natureza sensível ou tabu, os pesquisadores podem usar as perguntas iniciais para desenvolver uma relação de confiança com o participante antes de introduzir questões mais difíceis, criando assim um senso de confiança e relacionamento com o participante.

Narrativa

No livro *Storytelling Animal: How stories make us human*[22] [Storytelling animal: Como as histórias nos fazem humanos], o autor escreve que os humanos passam a maior parte do dia e da noite envolvidos em narrativas, ao sonhar acordado, sonhar, ler, assistir e contar histórias, imaginar cenários futuros; a história é parte integrante do ser humano.

Os humanos contam e se envolvem em histórias. Esta é outra razão pela qual os jogos são tão envolventes; eles nos permitem consumir uma narrativa enquanto contribuímos ativamente com ela. Jogos como os produzidos pelo estúdio Telltale Games garantem que o jogador esteja ativamente envolvido no progresso da narrativa por meio de escolhas conscientes sobre o que fazer quando uma faceta diferente da narrativa se apresenta. Na indústria de pesquisa de mercado, já há um fascínio com o "storytelling" como uma técnica para envolver os compradores de pesquisa em resultados e informações de pesquisa, mas tal ênfase no uso da narrativa para imergir o participante não é tão proeminente.

Os jogos podem contar grandes histórias e não precisam necessariamente de palavras para transmitir uma narrativa; música, ambientes virtuais e metáforas visuais podem ajudar a contar uma história. Alguns games, como os jogos de aventura em texto, são mais literais, com texto na tela, onde a narrativa se desenrola à medida que o jogador introduz as suas próprias ideias para evoluir o enredo.

Algumas narrativas de jogos não são claras, mas é na sua conceituação e mistério que se tornam uma fonte de engajamento e de curiosidade. Jogos de aplicativos como *Monument Valley* (ustwo games) podem não ter uma narrativa clara, mas são capazes de transmitir aos jogadores uma certa mistura de emoções para empatizar com Ida, a personagem central, mesmo que a narrativa seja abstrata.

Como a narrativa pode ser útil em pesquisas baseadas em jogos?

Em toda história, há problemas a superar. Isso pode ajudar o seu participante a sentir-se valorizado; que problema do comprador ou fornecedor da pesquisa o participante pode ajudar a superar? Essencialmente, como ele pode resolver um problema e tornar-se um herói ou heroína?

Nos ResearchGames da RTG, tipos de narrativas realistas, baseadas em fantasia (ou que sejam um pouco dos dois) têm sido usadas para ajudar a envolver os participantes no conteúdo da pesquisa. Nos casos em que os nossos clientes nos permitiram articular o problema com os participantes, nós o fizemos, com alguns elementos de interpretação de papéis. Por exemplo, dizer coisas como: "Não fazemos ideia de qual nome dar a este produto, do sabor que deve ter ou de como a embalagem deveria ser. Poderia nos ajudar?" Em outros estudos, nos quais não pudemos dizer qual era o problema, criamos uma narrativa baseada em fantasia, mas que por si só poderia ajudar a envolver os participantes no conteúdo da pesquisa. Ao usar histórias relevantes, encorajamos os participantes a imaginar o futuro (para assim permitir ao nosso cliente compreender o impacto de cenários futuros específicos), a tornar-se designers de moda e a criar o seu produto ideal para o almoço.

O uso de narrativas metafóricas ou realistas em pesquisas baseadas em jogos deve manter os objetivos da pesquisa em questão, e realmente não importa se a narrativa é realista ou totalmente fantástica, desde que ela sirva para imergir o participante no conteúdo da pesquisa e se apropriar de contextos emocionais. Como descrito por Rigby e Ryan (2011), "apesar da natureza ficcional do conteúdo (nos jogos), uma boa história pode ser tão significativa quanto as experiências 'reais' e usada como um veículo para o crescimento genuíno"[23]. No entanto, a suspensão da descrença é crucial, e é por isso que uma narrativa, se usada em uma pesquisa baseada em jogos, deve se harmonizar plenamente com o conteúdo do questionário, caso contrário, confusão e frustração podem surgir e realmente servir para desengajar o participante. É a suspensão da descrença que pode ajudar a imergir completa e emocionalmente os participantes em outro mundo.

Elementos de jogos — "ATAIA"

Exploramos ingredientes e componentes de jogos, mas há outros aspectos dos games que criam um maior engajamento. A seguir está uma lista de elementos de jogos. Novamente, alguns formadores de opinião argumentam que há mais ou menos ou diferentes itens. Observação: esta lista pode se expandir à medida que os jogos evoluem ao longo do tempo e as suas capacidades/características mudam:

- Avatares;
- Temporizadores (dando aos jogadores períodos de tempo específicos para atingir uma meta e podem também regular a velocidade e o ritmo do jogo);
- Áudio (como música de fundo, efeitos sonoros e diálogo falado);

- Interpretação de papéis;
- Ambientes (virtuais ou não).

Esses elementos podem e têm sido utilizados na pesquisa baseada em jogos.

Avatares

Muitos jogos digitais requerem que os jogadores assumam um personagem. Um personagem pode ser visto em um jogo como uma representação visual (ou seja, por meio de um avatar) ou o jogador incorpora um personagem, mas não vê nenhuma representação visual desse personagem (por exemplo, em um jogo em primeira pessoa).

O termo "avatar" tem um significado aberto, pois há muitos deles; desde simples pseudônimos até interpretação de papéis e avatares visuais em formas humanas ou não humanas. As pessoas cresceram com avatares em suas vidas de uma forma ou de outra, mesmo que não joguem videogames. Brinquedos são tipos de avatar — bonecos *Action Man* e bonecas *Barbie* permitem que as crianças brinquem com suas histórias ao assumirem certos personagens ou ampliarem seu senso de *self*. Chatbots on-line e assistentes virtuais são outros exemplos de avatares — personagens digitais que ajudam os usuários com qualquer coisa, desde serviços bancários on-line até televendas.

Para entender como os avatares são usados em jogos digitais e como podem ser usados em pesquisas baseadas em jogos, é importante entender seus diferentes tipos. Avatares "visuais" (que podem aparecer em formas humanas e não humanas) podem vir em três grandes tipos:

1. **Personagens preexistentes não personalizáveis:** são avatares pré-construídos que os jogadores podem selecionar de um menu, mas não podem personalizar nada sobre o personagem ou seu avatar. Por exemplo, em videogames como *Super*

Mario ou *Street Fighter*, os personagens têm características diferentes e únicas, que (na maioria das vezes) não podem ser alteradas pelos jogadores, a menos que obtenham resultados no jogo ou "trajes" que possam modificar as capacidades dos personagens escolhidos. Por exemplo, se o Super Mario ganhar uma "pena" em *Super Mario 3*, isso lhe permite correr e voar durante um tempo limitado, o que ele não consegue fazer normalmente.

2. **Personagens-base pré-existentes com opções de personalização:** este é um personagem-base que o jogador pode então evoluir. Por exemplo, no jogo *World of Warcraft*, os jogadores podem escolher ser uma das muitas raças, como um Troll ou um Draenei, e de lá escolher sua "classe", como um caçador ou um sacerdote. Embora estes avatares sejam pré-desenvolvidos e possuam um conjunto de habilidades únicas, um jogador pode fazer coisas como mudar a cor do cabelo, vestir, alterar o rosto e outros elementos para tornar o avatar único.

3. **Avatares totalmente personalizáveis feitos do zero:** os jogadores podem construir estes avatares do zero, personalizando tudo e mais alguma coisa sobre o seu avatar. Por exemplo, o Nintendo Wii permite aos jogadores criar um avatar a partir de uma miríade de escolhas de cabelo, formato de sobrancelha, preenchimento dos lábios etc., mas não existe um "personagem" que o avatar encarne.

Por que os avatares são úteis em jogos?

- **Avatares podem ser uma peça-chave para o engajamento com o jogo** — algo que envolve um jogador em um game desde o início. Normalmente, criar um avatar é a primeira coisa que os jogadores fazem e isso os absorve no processo de jogabilidade em geral.

- **A inclusão de avatares pode perpetuar o engajamento.** A evolução/crescimento de um avatar pode ser um mecanismo de feedback por si só — no qual o avatar evolui constantemente à medida que o jogador atinge objetivos. Ver o seu personagem evoluir é também uma fonte de estética e bônus/novidade, assim como, às vezes, melhorias para um avatar podem ser desejadas porque um jogador quer adquirir uma bela arma ou roupas para ele. Por vezes, essas melhorias são um bônus, talvez um jogador encontre inesperadamente uma peça de armadura enquanto explora o terreno. Os avatares também se ligam às narrativas, uma vez que a forma como um avatar muda ao longo do tempo em um jogo pode ser reflexo de mudanças no enredo.
- **Os avatares são uma fonte de ligação emocional** com um jogo e podem ajudar os jogadores a se comportarem como seus verdadeiros "eus" e a explorarem os diferentes papéis que desempenhamos na vida. Isso também se aplica às relações e conexões emocionais desenvolvidas com outros avatares, mesmo aqueles que não têm um humano controlando-os. Estes são conhecidos como NPCs — personagens não jogáveis [*non-player characters*, em inglês].

Como podem os avatares ser úteis em pesquisas baseadas em jogos (e pesquisas de mercado on-line em geral)?

- Na pesquisa, os avatares podem ser úteis uma vez que conseguem:
- Ajudar a integrar os participantes no processo de pesquisa (se a criação de um avatar for uma das primeiras coisas que os participantes podem fazer ao iniciar a pesquisa);

- Ajudar os participantes a se envolverem até o final do estudo porque eles querem ver seu avatar evoluir, se os avatares mudarem ao longo do tempo durante o processo de pesquisa baseada em jogos;
- Ajudar a incentivar as pessoas a voltarem para mais pesquisas (especialmente se os participantes puderem construir um avatar uma vez, e então, à medida que participarem de mais pesquisas, ganharem conteúdo extra — como desbloquear cores de cabelo e estilos — para o seu avatar. O jogo de aplicativo *Harry Potter Hogwarts Mystery* faz exatamente isso — veja o site para inspiração em: www.harrypotterhogwartsmystery.com);
- Ajudar os participantes a se comportarem como seus verdadeiros "eus" e a expressarem mais livremente os diferentes papéis que desempenhamos na vida: esposa, filha, irmã, mãe de pet, empreendedora, artista, proprietária de imóvel etc. — embora os avatares possam ser uma fonte de anonimato, é este anonimato que permite aos jogadores (e pode permitir aos participantes) agir de forma autêntica. Como disse Oscar Wilde: "Dê uma máscara a um homem e ele se tornará quem realmente é.";
- Dar aos pesquisadores uma compreensão das preferências de um participante sem necessariamente fazer perguntas quando os avatares são feitos à imagem do participante.

Ferramentas de criação de avatares podem ser personalizadas para incluir conteúdo que seja relevante para os objetivos da pesquisa. Por exemplo, se quiser entender qual carro um participante dirige, ou quais marcas ele ou ela usa, você pode mostrar imagens visuais desses itens na própria ferramenta e observar as escolhas que as pessoas fazem.

Se outros avatares são vistos na pesquisa baseada em jogos (como outros participantes controlando esses avatares, ou como NPCs), isso pode incentivar a colaboração, a conexão emocional e, portanto, os pesquisadores podem observar o conteúdo de conversas mais naturais enquanto os jogadores conversam uns com os outros, em vez de responder a perguntas de pesquisa. Estes tipos de "conversas" que aparecem ao responder perguntas são uma funcionalidade já inerente aos jogos — chama-se storytelling interativo, em que as decisões do jogador têm peso narrativo e podem construir o rumo do jogo. Isso é visto em jogos como *The Wolf Among Us* (Telltale Games), *Mass Effect 2* (Electronic Arts) e em jogos de aplicativo como *Episode* (Episode Interactive LLC) e *Choices* (Pixelberry Studios), em que os jogadores podem conversar com outros e mudar a direção da narrativa dependendo de como eles reagem a certas situações e responder a outros personagens. **Os jogos já estão encarregando os jogadores de responder perguntas, eles já são versões evoluídas de pesquisas.**

Ao incluir avatares feitos por participantes na sua pesquisa baseada em jogos, você deve considerar três coisas:

- A necessidade de utilizar avatares (é crucial/apropriado/relevante para os objetivos da pesquisa?);
- Seu tempo;
- Seu orçamento.

Desenvolver uma ferramenta de criação de avatar (como minha equipe e eu fizemos na Research Through Gaming) pode levar vários meses e envolver pessoas com diferentes conjuntos de habilidades; pesquisadores precisam estar envolvidos no processo, assim como artistas conceituais, designers gráficos e programadores. Também será preciso pensar sobre o quão detalhada ou esparsa será a sua ferramenta de criação de avatar. Você quer dar aos participantes níveis profundos de detalhe na espessura dos lábios e nas formas das sobrancelhas? Ou quer apenas algumas opções disponíveis por características faciais, roupas, acessórios e assim por diante? Não importa qual seja o seu design inicial, uma ferramenta de criação de avatar para pesquisas baseadas em jogos nunca é um produto acabado — ele é constantemente atualizado nos anos seguintes.

Temporizadores

Temporizadores (relógios de contagem regressiva invisíveis ou visíveis em um jogo digital) dão aos jogadores durações específicas para eles alcançarem os objetivos. Eles também podem regular o ritmo e o andamento de um jogo, e ainda são usados para contar o início de eventos específicos no game, o que ajuda a criar antecipação, engajamento e foco. Muitas vezes, os temporizadores nos jogos andam de mãos dadas com a música, uma vez que a música acelera à medida que o tempo se esgota para estimular os jogadores a acelerar os seus movimentos. Pouco se tem escrito sobre o uso de temporizadores em jogos em comparação com outros componentes e elementos, como avatares e áudio, o que é surpreendente, já que os temporizadores são fundamentais para envolver os jogadores porque ajudam a criar emoções (como antecipação, alívio e urgência) e podem ser fundamentais para estimular comportamentos desejáveis (como completar um nível dentro de um certo tempo para ganhar mais pontos).

Como os temporizadores podem ser úteis em pesquisas baseadas em jogos (e pesquisa de mercado on-line em geral)?

- Os limites de tempo podem ajudar a aumentar o foco e a produtividade, pois os participantes se sentiriam menos inclinados a procrastinar ou dispensar sua atenção se tivessem apenas uma certa janela de tempo para concluir uma tarefa.
- Os limites de tempo, especialmente os por pergunta ou por cenário, podem desestimular a deliberação e incentivar mais respostas espontâneas. Provavelmente (e quando relevante), este tipo de resposta é considerado mais verdadeiro, uma vez

que pode revelar preconceitos ocultos dos quais as pessoas podem nem sequer estar cientes, quanto mais serem capazes de articular. Este pensamento já foi aproveitado nos Testes de Associação Implícita de Harvard[24] (ou TAIs).

- Temporizadores de contagem regressiva para iniciar tarefas específicas dentro de uma pesquisa podem gerar um senso de antecipação, o que pode criar engajamento e incentivar o foco.

Áudio

Não se pensa em videogames sem pensar na música e nos efeitos sonoros. Os videogames são audiovisuais por natureza. O áudio desempenha um papel tão importante que existe um gênero relativamente novo de jogos: *audio-only*[25] [apenas áudio] (ou em que o som se torna parte da própria jogabilidade). Por exemplo, no jogo de aplicativo *Zombies, Run!*[26] (criado para ajudar aqueles que gostam de caminhar ou correr), o som dos zumbis fica mais alto para fazer o jogador correr mais rápido, desta forma, o áudio é fundamental para a jogabilidade, para o comportamento do usuário e para o impacto emocional do game sobre ele. A música pode aumentar o impacto emocional e orientar a interpretação do jogador sobre o visual, fornecendo contexto.[27]

Para além dos efeitos sonoros e da música de fundo, o áudio também engloba o diálogo entre personagens, como a linguagem Simlish, falada no jogo *The Sims*, que ajuda a transmitir o estado emocional dos personagens. Como um personagem não jogável (NPC) fala em um jogo também pode fazer a diferença entre confiar ou não nele. No jogo *L.A. Noire* (Rockstar Games), perguntou-se aos jogadores se eles confiam em um NPC pelo som de sua voz (bem como sua linguagem corporal).

Neste sentido, o áudio de uma pesquisa baseada em jogos pode ser dividido nestes grupos:

- Áudio de informação (como narração ou diálogo entre personagens do jogo);
- Áudio ambiental (por exemplo, o som de respingos em um jogo quando se está na água, ou o som característico ao andar em um piso);
- Áudio musical (música de fundo que muda quando o ambiente do jogo progride, ou ajuda a definir o ritmo ou os contextos emotivos);
- Áudio que faz todos os itens anteriores.

O áudio faz parte dos sistemas de feedback, uma forma de compartilhar informação. Por exemplo, se um jogador faz *x*, então, o efeito sonoro, diálogo ou música pode informá-lo se ele ganhou um prêmio, derrotou um vilão, subiu de nível e assim por diante. A música de fundo também pode fazer coisas como definir o tom emocional de um jogo, comunicar uma mudança na narrativa, ou avisar o jogador se há perigo iminente — assim o áudio transmite informações sobre o ambiente.

O áudio também pode desencadear diferentes comportamentos do gamer; se um deles estiver ficando sem tempo, a música pode acelerar para incentivá-lo a mover-se com mais rapidez. Se ele precisa pisar cuidadosamente em território inimigo, a música pode abrandar e tornar-se mais calma.

O som pode ser um elemento tão importante para a experiência de jogo que algumas pessoas assistem a concertos de orquestras que especificamente tocam música de jogos[28], e alguns games até têm seus próprios álbuns de trilha sonora. Quando ouvimos uma música de que gostamos, a dopamina, um dos quatro hormônios da felicidade (cujos benefícios, como o aumento da motivação, já foram discutidos anteriormente) é liberada.[29]

A maior compreensão de como a música pode mudar o comportamento humano tem tido muitos benefícios comerciais, desde tocar música clássica em trens para dissuadir comportamentos antissociais[30] até observar como a música no marketing afeta a intenção de compra e constrói a percepção da marca[31]. Algumas empresas que gerenciam call centers pesquisaram para encontrar o sotaque perfeito porque a forma como a pessoa fala ao telefone pode fechar ou impedir uma venda.[32]

Deane Alban, pesquisadora de informação em saúde, autora e cofundadora da Be Brain Fit, escreve uma lista abrangente e baseada em evidências dos efeitos positivos da música no artigo *How Music Affects the Brain*[33] [Como a música afeta o cérebro]. (Observação: as citações a seguir são retiradas das citações referenciadas no artigo de Deane Alban.) Os benefícios incluem:

- Melhoria do desempenho em tarefas cognitivas, o que melhora a precisão e permite a realização de tarefas repetitivas de forma mais eficiente;[34]
- Melhoria da qualidade do trabalho;[35]
- Melhoria da produtividade;[36]
- Aumento da criatividade e da quantidade de ideias;[37]
- Maior inclinação para usar tempo e energia a ajudar os outros.[38]

Outros benefícios incluem:

- Maior engajamento emocional;[39]
- Aumento da capacidade de recuperação, estimulando a melhora da memória de diferentes formas;[40]
- Coloca os ouvintes em um mindset relevante e pode aumentar a motivação.[41]

Como o áudio pode ser útil em pesquisas baseadas em jogos (e pesquisa de mercado on-line em geral)?

Os pesquisadores querem todos esses comportamentos e resultados dos participantes!

O áudio na pesquisa baseada em jogos também pode:

- Trabalhar com a economia comportamental para induzir um senso de urgência ou tempo limitado para que o participante reaja a certos cenários com um áudio de ritmo mais rápido. Isso pode desestimular a deliberação e estimular respostas espontâneas (o oposto também funciona, porque a música mais lenta pode propiciar o uso de mais tempo para responder e, portanto, um pensamento mais profundo);
- Imergir o participante na narrativa (se uma narrativa estiver sendo usada);
- Estimular um estado emocional relevante (por exemplo, o ruído agudo pode induzir sentimentos de estresse ou tons mais suaves podem induzir relaxamento).

Para os participantes que têm dificuldades visuais, o áudio é um componente *crucial*. Ele pode informá-los como estão progredindo na pesquisa, se pressionaram algo incorretamente, se selecionaram a quantidade correta de respostas e assim por diante. Ao incluir áudio, seja narração, efeitos sonoros ou música, podemos ajudar as pessoas com deficiência visual a participarem em pesquisas e a sentirem-se valorizadas.

Se olharmos novamente para o site my.wizardingworld.com/patronus e descobrirmos como é o nosso Patrono, vemos que o site combina uma estética refinada (um dos componentes de jogos anteriores) com áudio para nos envolver. O som de sinos cintilantes toca quando movemos o cursor e pairamos sobre os botões e isso nos faz querer pressionar e mover coisas — nos faz querer participar. A natureza multissensorial dos videogames (e agora, mais comumente, outras mídias digitais, como o site *Wizarding World*, da Pottermore), criam o "Efeito Triplo E" de engajamento, emoção e experiência.

Interpretação de papéis

Nos jogos, a interpretação de papéis é uma característica proeminente. Os jogadores podem ser colocados no lugar de quase qualquer personagem, real ou metafórico ou uma paródia do real. Alguns gêneros de jogos se concentram em interpretação de papéis, como MMORPGs ou simplesmente RPGs, que podem existir — e têm existido — digitalmente, em games como *Final Fantasy*, e em jogos não digitais, como *Dungeons and Dragons* (originalmente lançado em 1974, mas tão popular que as pessoas jogam versões diferentes dele ainda hoje).

Mas qual é o papel da interpretação de personagens nos jogos e quais os benefícios? A interpretação de papéis ajuda a construir empatia[42], coloca as pessoas em situações que de outra forma nunca vivenciariam, e até mesmo ajuda os jogadores a aprender sobre diferentes assuntos que talvez nunca tenham vivenciado antes.

Muitos leitores podem associar a interpretação de papéis a ser constantemente o herói de uma história, ou o vilão: algum tipo de "extremo". Mas, na verdade, os jogos de RPG evoluíram para se tornarem um pouco mais discretos do que isso, e continuam a ser incrivelmente envolventes. Em jogos como *FarmVille*, os jogadores assumem o papel de um fazendeiro e podem realmente criar empatia quanto à quantidade de tempo, trabalho e manutenção envolvidos no processo agrícola, apesar de se tratar de uma simulação totalmente digital de um evento irreal. Em outros jogos, como *That Dragon, Cancer* (2016), o jogador experimenta os altos e baixos arrebatadores de ser pai de um garoto com câncer.

No livro *How Games Move Us: Emotion by design* (Isbister, 2017)[43] [Como os games nos emocionam: Emoção pelo design], a autora descreve como os jogos não só criam empatia, mas também emoção. Quando você consegue se colocar no lugar de outra pessoa, você pode começar a reproduzir os tipos de emoções pelas quais essa pessoa passa. A autora, assim como outros, nos lembra que as emoções sentidas nos jogos *são reais*, e de fato algumas emoções que são sentidas durante o jogo, como a culpa, a cumplicidade e a dor, não são sentidas (pelo menos não da mesma forma) por nenhum outro meio.

Em suma, a interpretação de papéis equivale a empatia e emoção, e é parte integrante da capacidade de simular e replicar experiências, o que ajudará os pesquisadores a compreender tais experiências por meio da observação.

Como a interpretação de papéis pode ser útil em pesquisas baseadas em jogos (e pesquisa de mercado on-line em geral)?

A relação entre a interpretação de papéis e os benefícios da pesquisa de mercado é óbvia; tanto que, na verdade, muitas técnicas de pesquisa de mercado já utilizam formas de interpretação de papéis, como técnicas projetivas e de personificação. Elas são usadas tanto na pesquisa qualitativa como na quantitativa para permitir que os participantes pensem sobre coisas que, de outra forma, não pensariam na vida cotidiana, dando aos pesquisadores informações que eles não teriam se fizessem perguntas diretas sobre as experiências específicas de cada um. Por exemplo, digamos que quiséssemos saber a opinião de um participante sobre como uma marca deveria ter resolvido de uma forma melhor uma crise de marketing; o que eles teriam feito de diferente? Ou — vamos olhar para o futuro — o que o participante faria se fosse responsável pelo marketing de uma campanha futura? Mas este tipo de interpretação de papéis só pode se tornar crível e imersiva se os participantes começarem a empatizar com a posição da outra pessoa, e os jogos são ótimos para fazer com que os jogadores façam isso.

O sucesso da interpretação de papéis já está sendo utilizado em pesquisa de mercado para ajudar na previsão do futuro[44] e para compreender as intenções de compra. Esta capacidade de criar hipóteses sobre situações (passadas, presentes ou futuras) foi classificada como o pensamento do Sistema 3[45] e combinado com a interpretação de papéis pode ser útil nas seguintes formas:

- Construir empatia e emoção através da interpretação de papéis pode ajudar os participantes a compreender melhor o conteúdo/situação da pesquisa em discussão;
- Construir empatia e emoção por meio da interpretação de papéis pode ajudar os participantes a dar respostas mais reflexivas para situações hipotéticas passadas, presentes ou futuras;
- Se os participantes pensam mais ao responder aos cenários, então isso pode ajudar a produzir dados mais confiáveis.

Mas o quão precisa é esta informação? Há argumentos para dizer que simplesmente pedir aos participantes que imaginem "o que eles iriam fazer/comprar/ sentir/querer/dizer se..." é tão pouco confiável quanto perguntar a alguém o que ele ou ela vai querer comer amanhã no café da manhã. A resposta é que nós simplesmente não sabemos até nos colocarmos naquele momento e naquele contexto, com as limitações e oportunidades que temos à nossa disposição para fazermos a escolha final. É por isso que a interpretação de papéis *em* uma simulação, com os contextos relevantes no lugar, pode levar a uma visão mais precisa, e os jogos são excelentes na criação de experiências multissensoriais e contextuais.

Mesmo que a interpretação de papéis esteja distante da realidade do participante, se for bem elaborada, ainda pode haver uma ligação emocional que permita que ele seja imerso na posição de outra pessoa. Como Meg Jayanth — escritora multipremiada e autora do *80 days*, eleito o jogo do ano pela Time em 2014 (Inkle, 2014) — escreve em um artigo para a *Polygon*: "Enquanto eu jogo por meio das vidas dos personagens [...] essas experiências altamente específicas são por vezes estranhas, mas elas não são distantes."[46]

Ambientes (virtuais ou não)

Os ambientes de jogos podem ser extremamente diversos, desde cidades ou florestas em expansão até túneis e castelos. Eles também lidam com a geometria da cena, como um corredor espaçoso ou um corredor estreito[47], e essa geometria espacial pode contribuir para a emoção do jogador, como fonte de relaxamento ou estresse. Na verdade, construir ambientes de jogos é uma competência e trabalho especializado na indústria de games.

Ambientes de jogos, como o da Figura 4.3 de *Monument Valley 2*[48], podem se tornar uma fonte própria de jogabilidade, na qual o ambiente de jogo se torna o problema que os jogadores precisam resolver. Outros ambientes podem ser realistas e detalhados em seu conteúdo gráfico, como no jogo *America's Army*[49]. Os ambientes de jogo também podem funcionar como mecanismos de feedback, em que o mundo do jogo evolui à medida que subimos de nível, fazendo com que os jogadores saibam que estão tendo sucesso.

Figura 4.3: Uma captura de tela do jogo *Monument Valley 2*, vencedor de vários prêmios. O ambiente do jogo em si torna-se a fonte dos desafios do game — o jogador deve navegar pelos edifícios labirínticos inspirados no estilo de M. C. Escher para completar os níveis.

Fonte: © ustwo games, 2018.

Como os ambientes, conceituais ou realistas, podem ser úteis em pesquisas baseadas em jogos (e pesquisa de mercado on-line em geral)?

Os ambientes virtuais não são apenas um elemento-chave de jogos, mas devem estar inseridos nas futuras pesquisas de mercado se os pesquisadores quiserem coletar informações sobre preconceitos subconscientes e o impacto do ambiente no comportamento dos consumidores.

Embora os "ambientes de supermercados virtuais" tenham sido criados para pesquisa on-line, os pesquisadores podem aproveitar muito mais os ambientes virtuais para observar comportamentos e escolhas em contextos relevantes. Em um exemplo, um ambiente de realidade virtual foi usado para colocar os participantes em uma loja digital para testar a eficácia da comunicação na loja. Os resultados foram alto engajamento dos participantes, sensação de prazer e lembrança espontânea, que foram estimulados pelo uso do ambiente virtual.[50] No design dos meus ResearchGames, cozinhas, estúdios de design, esconderijos de agentes infiltrados e salas de espera de médicos digitais têm sido utilizados como ambientes para estimular a memória dos participantes, imergi-los no conteúdo da pesquisa usando narrativas conceituais e material de estímulo doméstico para coletar informações sobre como os participantes mudam suas escolhas e comportamentos dependendo dos diferentes contextos.

Tabela 4.1: Os elementos constitutivos de jogos e da pesquisa baseada em jogos: necessidades psicológicas humanas, ingredientes de jogos, componentes de jogos e elementos de jogos

Necessidades Psicológicas Humanas (AAMP)			
Afinidade	Autonomia	Maestria	Propósito
Ingredientes de Jogos	**Componentes de Jogos**	**Elementos de Jogos**	
(OORF)	*(CERAN)*	*(ATAIA)*	
Objetivo(s)	Colaboração	Avatares	

Oportunidades de autonomia	Estética	Temporizadores
Regras	Recursos bônus	Áudio
Feedback	Aumentos na dificuldade	Interpretação de papéis
	Narrativa	Ambientes

A Tabela 4.1 mostra os elementos constitutivos de jogos para que os pesquisadores possam refletir esses ingredientes, componentes e elementos de jogos em pesquisas baseadas em jogos.

Agora que os games foram explorados, é hora de olhar para a gamificação.

Definindo e compreendendo a gamificação

A definição de "gamificação", tal como a da palavra "jogo", também é bastante abrangente. No entanto, existem duas definições amplamente aceitas:

1. "o processo de utilização do pensamento e mecânica de jogos para engajar usuários e resolver problemas";[51]
2. "a utilização de elementos de jogos em contextos alheios a eles".[52]

Embora estas definições sejam úteis, elas podem ser problemáticas:

- Se você não sabe o que é uma mecânica ou um elemento de jogo, então torna-se difícil compreender estas definições.
- Mesmo para os familiarizados em fraseologia de jogos, os termos "mecânica de jogos" e "elemento de jogos" *também* são abrangentes. Em minha entrevista com o professor James Newman[53], autor de *Playing with Videogames* (2008), ele

observa que a mecânica de jogos descreve a forma como um game funciona — como literalmente na mecânica de um jogo; pressionar "B" significa saltar, pressionar "A" com a seta para baixo faz com que a personagem do jogo se agache, e assim por diante. No entanto, outros acadêmicos já disseram que as mecânicas de jogos são coisas como regras e desafios[54].

- Os termos "mecânicas de jogos" e "elementos de jogos" são frequentemente utilizados de forma intercambiável. Por exemplo, uma publicação pode descrever coisas como objetivos e regras como elementos de jogos[55], enquanto em outros lugares os objetivos e regras serão classificados como mecânicas de jogos[56].

Para atenuar a confusão das definições amplamente aceitas, a minha sugestão de definição é a seguinte:

> A gamificação reutiliza aspectos superficiais de jogos (tais como pontos e medalhas) para ganhar o engajamento que os jogos podem criar para atividades que não são jogos.

Esta definição identifica que a gamificação se baseia *em* jogos e não é um jogo em si. A gamificação envolve principalmente:

- Interações típicas de redes sociais (como curtidas e compartilhamentos);
- Status social (que pode ser refletido na forma de recompensas);
- Mecanismos de feedback, na forma de medir coisas como comportamento e produtividade, em que muitas vezes há muitas maneiras de subir de nível, e o nível/recompensas/avaliações/etc. de um usuário são frequentemente exibidos em tabelas de classificação.

Gamificação também é sinônimo de coleta de dados, uma vez que cada interação do usuário com plataformas de gamificação digital é geralmente registrada.

Embora a gamificação possa usar os quatro ingredientes de jogos, é a forma como eles são usados que determinará se um jogo-pesquisa ou questionário gamificado é produzido, e como os designs finalizados impactam a interação dos participantes. Por exemplo, a percepção dos próprios participantes sobre se estavam jogando ou não vai dar uma indicação sobre o tipo de plataforma criada. Em muitos aspectos, o produto não é definido pelo criador, mas pelos usuários. Eles sentiram que estavam *participando* de um questionário gamificado ou *jogando* um jogo?

Atividade

Gamifique sua vida

- Como uma forma de experimentar superficialmente a aplicação dos ingredientes de jogos no mundo real, pense em como você pode aplicar os quatro ingredientes para "gamificar" um aspecto de sua vida ou criar um verdadeiro Jogo Sério para ajudá-lo a alcançar um objetivo. Por exemplo, você pode usar os ingredientes de jogos para ajudá-lo a atingir uma meta de vida, como aprender um idioma ou escrever um livro, ou até mesmo construir uma estratégia de gamificação para fazer coisas como passar mais tempo com um ente querido ou explorar novas experiências?
- Depois de pensar ou elaborar sua estratégia de gamificação ou Jogo Sério, verifique se existe uma empresa que *já* tenha utilizado a gamificação para alcançar os mesmos objetivos ou metas similares. Inspire-se nela e veja como ela tem aplicado os ingredientes, componentes ou elementos de jogos para engajar os usuários.

Notas

1 Salen, K.; Zimmerman, E. *Regras do Jogo: Fundamentos do Design de Jogos*. São Paulo: Blucher, 2012.

2 McGonigal, J. *A Realidade em Jogo*: *Por que os jogos nos tornam melhores e como eles podem mudar o mundo*. Rio de Janeiro: Best Seller, 2012.

3 Suits, B. *The Grasshopper: Games, life and utopia*. Toronto: University of Toronto Press, 1978.

4 Aarseth, E.; Calleja, G. The Word Game: The ontology of an indefinable object. *FDG*, 2015 [On-line]. Disponível em: <tinyurl.com/yb5zceep>. Acesso em: 27 mai. 2018.

5 Deterding, S.; Khaled, R.; Nacke, L. E.; Dixon, D. *Gamification: Toward a Definition*. Vancouver: Atas da CHI 2011 [On-line]. Disponível em: <gamification-research.org/wp-content/uploads/2011/04/02-Deterding-Khaled-Nacke-Dixon.pdf>. Acesso em: 21 mai. 2018.

6 Digo "bem desenvolvido" porque, como qualquer plataforma com a qual interagimos, um design ruim leva à perda de atenção. Portanto, é importante notar que "juntar" ingredientes de jogos para uma pesquisa não vai corrigir questões de baixo engajamento, pois temos que aderir a diretrizes de design. Estas diretrizes são exploradas na Parte Dois: Mundo do Design.

7 Pink, D. H. *Motivação 3.0 — Drive*. Rio de Janeiro: Sextante, 2019.

8 Ryan, R. M.; Deci, E. L. Self-determination theory and the facilitation of intrinsic motivation, social development, and well-being. *American Psychologist*, 55 (1), p. 68-78, 2000 [On-line]. Disponível em: <dx.doi.org/10.1037/0003-066X.55.1.68>. Acesso em: 21 mai. 2018.

9 Belle Cooper, B. The key to happiness at work isn't money – it's autonomy. *Quartz*, 2016 [On-line]. Disponível em <qz.com/676144/why-its-your-call-is-the-best-thing-you-can-say-to-keep-employees-happy/>. Acesso em: 21 mai. 2018.

10 Breuning, L. Meet your Happy Chemicals: Dopamine, Serotonin, Endorphin, Oxytocin. *SlideShare*, 2014 [On-line]. Disponível em: <www.

slideshare.net/LorettaBreuning/happy-chemicals-33377349>. Acesso em: 21 mai. 2018.

11 Patel, S. The Science Behind Motivation. *Forbes*, 2015 [On-line]. Disponível em: <www.forbes.com/sites/sujanpatel/2015/01/09/the-science--behind-motivation/#14f7ebec49d9>. Acesso em: 21 mai. 2018.

12 Sample, I. Curiosity improves memory by tapping into the brain's reward system. *The Guardian*, 2014 [On-line]. Disponível em: <www.theguardian.com/science/2014/oct/02/curiosity-memory-brain-reward-system-dopamine>. Acesso em: 21 mai. 2018.

13 Ashby, F. G.; Valentin, V. V.; Turken, A. U. "The effects of positive affect and arousal on working memory and executive attention: Neurobiology and computational models". In: Moore, S. e Oaksford, M. (Orgs.). *Emotional Cognition: From Brain to Behaviour*. Amsterdã: John Benjamins, 2002. pp. 245-287. [On-line]. Disponível em: <pdfs.semanticscholar.org/b807/257f90dd433a7ef1b073195b6acd87ed2627.pdf?_ga=2.259998474.1464839100.1533553513-856830954.1526937094>. Acesso em: de mai. 2018.

14 Boot, N.; Baas, M.; van Gaal, S. et al. Creative cognition and dopaminergic modulation of fronto-striatal networks: Integrative review and research agenda. *Neuroscience & Biobehavioral Reviews*, v. 78, 2017 [On-line]. Disponível em: <www.researchgate.net/publication/316155666_Creative_Cognition_and_Dopaminergic_Modulation_of_Fronto-striatal_Networks_Integrative_Review_and_Research_Agenda>. Acesso em: 21 mai. 2018.

15 Mandal, A. Dopamine Functions. *News Medical*, 2017 [On-line]. Disponível em: <www.news-medical.net/health/Dopamine-Functions.aspx>. Acesso em: 21 mai. 2018.

16 Palladino, L. J. *Find Your Focus Zone*. Londres: Simon & Schuster, 2008.

17 Garret, U. Florida surgeons play video games before surgery. *Tech Times*, 2013 [On-line]. Disponível em: <www.techtimes.com/articles/104/20131014/florida-surgeons-play-video-games-before-surgery.htm>. Acesso em: 21 mai. 2018.

18 Yung-Hui, L. 1.6% of Facebook users spent over $1 billion on virtual goods. *Forbes*, 2012 [On-line]. Disponível em: <www.forbes.com/sites/limyunghui/2012/08/02/1-6-of-facebook-users-spent-over--1-billion-on-virtual-goods/?sh=728de5503b7f>. Acesso em: 21 mai. 2018.

19 Chahal, G. There's real money in virtual goods. *TechCrunch*, 2010 [On-line]. Disponível em: <techcrunch.com/2010/06/23/real-money-virtual-goods/>. Acesso em: 21 maio 2018.

20 Adamou, B.; Birks, D. ResearchGames as a methodology: The impact of online ResearchGames and upon participant engagement and future ResearchGame participation. Atas da conferência "Critical reflections on methodology and technology: Gamification, text analysis and data visualization", Association of Survey Computing (ASC), University of Winchester, UK, 6–7 set. 2013 [On-line]. Disponível em: <www.academia.edu/9487108/ResearchGames_as_a_Methodology_The_Impact_of_Online_ResearchGames_Upon_Participant_Engagement_and_Future_ResearchGame_Participation>. Acesso em: 22 maio 2018.

21 McGonigal, J. *A Realidade em Jogo*: *Por que os jogos nos tornam melhores e como eles podem mudar o mundo*. Rio de Janeiro: Best Seller, 2012.

22 Gottschall, J. *Storytelling Animal: How stories make us human*. Nova York: Mariner Books, 2013.

23 Rigby, S.; Ryan, M. R. *Glued to Games: How video games draw us in and hold us spellbound*. Califórnia: New Directions in Media, 2011. p. 81.

24 Os leitores podem participar dos Testes da Associação Implícita aqui: <implicit.harvard.edu/implicit/>.

25 Röber, N.; Masuch, M. Playing audio-only games: A compendium of interacting with virtual, auditory worlds. *Digital Games Research Association*, 2005 [On-line]. Disponível em: <www.digra.org/dl/db/06276.30120.pdf>. Acesso em: 21 mai. 2018.

26 *Zombies, Run!* 2016. Publicado e desenvolvido por Six to Start e Naomi Alderman.

27 Tammen, H.; Loviscach, J. Emotion in Video Games: Quantitative

Studies? Atas do Workshop Internacional Emotion in HCI — Designing for People (2008), p. 25-29 [On-line].

28 Collins, K. *Game Sound: An introduction to the history, theory, and practice of video game music and sound design*. Cambridge, MA: MIT Press, 2008.

29 Bergland, C. The neuroscience of music, mindset, and motivation. [Blog] *Psychology Today*, 2012 [On-line]. Disponível em: <www.psychologytoday.com/us/blog/the-athletes-way/201212/the-neuroscience-music-mindset-and-motivation>. Acesso em: 27 mai. 2018.

30 Shilling, J. A musical approach to antisocial behaviour might just hit the right note. *The Telegraph*, 2017 [On-line]. Disponível em: <www.telegraph.co.uk/news/2017/08/06/musical-approach-anti-social-behaviour-might-just-hit-right/>. Acesso em: 27 mai. 2018.

31 Morris, J. D.; Boone, M. A. The effects of music on emotional response, brand attitude, and purchase intent in an emotional advertising condition. *Advances in Consumer Research*, v. 25, p. 518-526, 1998 [On-line]. Disponível em: <www.acrsite.org/search/view-conference-proceedings.aspx?Id=8207>.

32 Reuters. Revealed: The perfect telephone call center accent. *Reuters*, 2009 [On-line]. Disponível em: <uk.reuters.com/article/us-britainbranding-accents/revealed-the-perfect-telephone-call-center-accentidUKTRE5AN37C20091124>. Acesso em: 21 mai. 2018.

33 Alban, D. How music affects the brain. *Be Brain Fit* (data de publicação desconhecida) [On-line]. Disponível em: <bebrainfit.com/music-brain/>. Acesso em: 27 mai. 2018.

34 Angel, L. A.; Polzella, D. J.; Elvers, G. C. Background Music and Cognitive Performance. *NCBI*, 2010 [On-line]. Disponível em: <www.ncbi.nlm.nih.gov/pubmed/20865993>. Acesso em: 27 mai. 2018.

35 Lesiuk, T. The effect of music listening on work performance. *Sage*, 2005 [On-line]. Disponível em: <graphics8.nytimes.com/packages/pdf/business/LESIUKarticle2005.pdf>. Acesso em: 27 mai. 2018.

36 Fox, J. G.; Embrey, E. D. Music — an aid to productivity. *Applied*

Ergonomics, v. 3 n. 4, p. 202-205, 1972 [On-line]. Disponível em: <www.sciencedirect.com/science/article/pii/0003687072901019>. Acesso em: 27 mai. 2018.

37 Ritter, S. M.; Ferguson, S. Happy creativity: Listening to happy music facilitates divergent thinking. *PLOS*, 2017 [On-line]. Disponível em: <journals.plos.org/plosone/article?id=10.1371/journal.pone.0182210>. Acesso em: 27 mai. 2018.

38 North, A. C.; Tarrant, M.; Hargreaves, D. J. The effects of music on helping behavior: A field study. *Sage*, 2004 [On-line]. Disponível em: <journals.sagepub.com/doi/abs/10.1177/0013916503256263>. Acesso em: 27 mai. 2018.

39 Saarikallio, S.; Nieminen, S.; Brattico, E. Affective reactions to musical stimuli reflect emotional use of music in everyday life. *Sage*, 2012 [On-line]. Disponível em: <journals.sagepub.com/doi/abs/10.1177/1029864912462381?-journalCode=msxa>. Acesso em: 27 mai. 2018.

40 Proverbio, C. A. A. M.; Lozano Nasi, V. et al. The effect of background music on episodic memory and autonomic responses: Listening to emotionally touching music enhances facial memory capacity. *NCBI*, 2015 [On-line]. Disponível em: <www.ncbi.nlm.nih.gov/pmc/articles/PMC4606564>. Acesso em: 27 mai. 2018.

41 Bergland, C. The neuroscience of music, mindset, and motivation. [Blog] Psychology Today, 2012 [On-line]. Disponível em: <www.psychologytoday.com/us/blog/the-athletes-way/201212/the-neuroscience-music-mindset-and-motivation>. Acesso em: 27 mai. 2018.

42 Parkin, S. Role play in gaming is an empathy machine. *Wired*, 2015 [On-line]. Disponível: <www.wired.co.uk/article/gaming-role-play-empathy>. Acesso em: 21 mai. 2018.

43 Isbister, K. *How games move us: Emotion by design*. Cambridge, MA: MIT Press, 2017.

44 Knowledge at Wharton. Role playing as a forecasting tool. *Knowledge at Wharton*, University of Pennsylvania, 1999 [On-line]. Disponível em:

<knowledge.wharton.upenn.edu/article/role-playing-as-a-forecasting-tool/>. Acesso em: 21 mai. 2018.

45 Caldwell, L. Introducing System 3: How we use our imagination to make choices. [Blog] *GreenBook*, 2018 [On-line]. Disponível em: <greenbookblog.org/2018/04/24/introducing-system-3-how-we-use-our-imagination-to-make-choices/>. Acesso em: 21 mai. 2018.

46 Jayanth, M. What big publishers can learn about representation from small games. *Polygon*, 2017 [On-line]. Disponível em: <www.polygon.com/2018/1/12/16878196/butterfly-soup-best-games-2017-year-in-review>. Acesso em: 21 mai. 2018.

47 Tammen, H.; Loviscach, J. Emotion in Video Games: Quantitative Studies? Atas do Workshop Internacional Emotion in HCI — Designing for People (2008), p. 25-29 [On-line].

48 Jogo *Monument Valley*: <www.monumentvalleygame.com>.

49 Jogo *America's Army*: <www.americasarmy.com>.

50 Bramley, I.; Salmon, J. Researching in-store, at home. Artigo apresentado na Conferência Anual IMPACT MRS, Londres, 13-14 mar. 2018.

51 Definição fornecida em Zichermann, G. *Gamification by Design*. Sebastopol, CA: O'Reilly Media, 2011.

52 Deterding, S.; Khaled, R.; Nacke, L. E.; Dixon, D. *Gamification: Toward a Definition*. In: Atas do CHI 2011 Gamification Workshop, Vancouver, BC, 2011.

53 Adamou, B.; Newman, J. Entrevista com o autor James Newman sobre a compreensão do engajamento intrínseco com videogames. Entrevista virtual, 19 nov. 2014.

54 Sicart, M. Defining Game Mechanics. *Games Studies*, 2008 [On-line]. Disponível em: <gamestudies.org/0802/articles/sicart>. Acesso em: 27 mai. 2018.

55 Bartholomeus, E. What are game-elements? (pacman as reference). [Blog] *Ellis in Wonderland*, 2011 [On-line]. Disponível em: <www.ellisinwonderland.

nl/what-are-game-elements>. Acesso em: 27 mai. 2018.

56 LEE, J. J.; HAMMER, J. Gamification in education: What, how, why bother? *Academic Exchange Quarterly*, v. 15, n. 2, 2011.

AS DIFERENÇAS E SEMELHANÇAS ENTRE JOGOS E GAMIFICAÇÃO 05

Existem seis diferenças fundamentais entre jogos e gamificação fora do contexto de pesquisa de mercado que têm impacto na forma como aplicamos os jogos e a gamificação *na* pesquisa de mercado. A primeira diferença entre jogos e gamificação é sua definição, como já foi explorado no capítulo anterior.

- As outras diferenças são:
- Condições de vitória/derrota;
- Engajamento intrínseco versus engajamento extrínseco;
- Jogar versus participar;
- Os processos de criação;
- Os resultados em termos de dados e comportamento dos usuários.

Condições de vitória/derrota

Jogos têm uma condição de vitória/derrota. As ações dos jogadores têm consequências e há elementos de risco[1]. Em contraste, muitas plataformas de gamificação têm condição de vitória; a tendência é não haver uma condição de derrota. Como tal, a participação em uma atividade gamificada tem menos riscos e consequências para o usuário. Se você sabe que não há nenhuma consequência para a sua ação (ou inação), há menos engajamento e investimento emocional. Por exemplo, imagine que se esqueceu do seu cartão de fidelidade (os cartões de fidelidade são exemplos de gamificação) enquanto compra um café. Embora isso seja frustrante, o cliente não experimenta uma condição de "derrota" como um jogador vivencia nos jogos. Sem esse importante senso de desafio, pode-se argumentar que mesmo a inspiração inicial para participar é atenuada.

Sabemos como é ser genuinamente desafiado. Quantas vezes jogadores gritam "SIM!" ao vencer um jogo, ou "não, não, não, não...!" quando pensam que estão prestes a perder? A gamificação não nos dá a mesma intensidade de emoção. Quando essa percepção de risco é removida, o senso de desafio também é removido e pode até inibir o engajamento do usuário.

Engajamento intrínseco versus engajamento extrínseco

Jay L. Wenger, no livro *Psychology of Motivation* (2007)[2] [Psicologia da motivação], cita Deci e Ryan (1985)[3] para oferecer uma compreensão útil da motivação extrínseca e do engajamento: "A motivação extrínseca refere-se à nossa tendência de realizar atividades com recompensas externas conhecidas, sejam elas tangíveis (por exemplo, dinheiro) ou de natureza psicológica (por exemplo, elogios)."

Diz-se que o engajamento intrínseco ocorre quando as pessoas encontram alegria apenas em fazer algo para si mesmas, mesmo sem recompensa. Como exploramos no Capítulo 4, os jogos são intrinsecamente envolventes porque satisfazem quatro necessidades psicológicas humanas. Isso nos ajuda a desfrutar do processo de jogar e, em geral, os gamers jogam para obter essa sensação de diversão, bem como as "vitórias" no jogo. Em contraste, a gamificação adota a abordagem "faça *x*, consiga *y*" (muitas vezes chamada de "recompensa e punição"), que depende de motivadores extrínsecos. Argumenta-se que a gamificação é semelhante ao condicionamento operante explorado pelo psicólogo e behaviorista B. F. Skinner, em que experimentos mostraram que as recompensas podem ser usadas para mudar e reforçar comportamentos[4]. Por isso, argumenta-se que a gamificação não é nenhuma novidade[5] e não consegue prometer a motivação intrínseca e o engajamento que é produzido pelo que a gamificação média tenta imitar: o jogo[6]. Como tal, a gamificação enquanto instrumento para aumentar o envolvimento na pesquisa on-line é limitada devido à sua própria natureza. Pesquisas nos dizem que motivadores extrínsecos (como incentivos financeiros) nem sempre são infalíveis. Se eles funcionassem, então a pesquisa de mercado on-line não teria nenhum problema com o engajamento. A gamificação ainda se aproveita do mesmo problema que estamos tentando resolver: o dos motivadores extrínsecos ineficazes, enquanto os jogos criam diversão e engajamento intrínsecos.

Vemos isso com cartões de fidelidade, que são exemplos úteis de gamificação. Vamos fazer um pequeno desafio — tire qualquer cartão de fidelidade da sua carteira ou bolsa e veja quantos são de marcas concorrentes. Tenho um cartão de pontos para o Caffe Nero e o Starbucks e cartões de fidelidade para duas lojas de produtos de beleza e farmácias concorrentes. Devido às recompensas extrínsecas inerentes aos programas de fidelidade, isso significa que muitos consumidores não estão intrinsecamente envolvidos com uma única marca ou loja, e a ironia é que eles se tornam desleais porque são motivados extrinsecamente por marcas concorrentes.

Jogar versus participar

Nós *jogamos* jogos, nós *participamos* de atividades gamificadas. Esta é uma das diferenças fundamentais entre jogos e gamificação.

Nós nos sentimos como se estivéssemos jogando um jogo quando o barista da cafeteria carimba ou risca os nossos cartões de fidelidade? Sentimos que estamos ganhando em um jogo quando ganhamos pontos triplos por comprar produtos? Não. Sentimos que estamos jogando quando estamos engajados no *Candy Crush, Call of Duty, Monopoly* e xadrez? Sim. Jogar é a chave para aumentar as capacidades de resolução de problemas, melhorar a criatividade, ajudar a induzir um estado de flow e muitos outros comportamentos. Embora a simples participação tenha seus benefícios, de um senso de colaboração a sentimentos de inclusão, jogar cria comportamentos específicos que são comercialmente vantajosos para os pesquisadores de mercado, como exploraremos mais adiante no Capítulo 7.

Os processos de criação

Existem enormes diferenças entre os processos de criação de um jogo digital em comparação com a criação de uma plataforma gamificada, dentro e fora da pesquisa de mercado. Tradicionalmente, o processo para um designer de jogos (que fará jogos para entretenimento) é o seguinte (Figura 5.1):

1. O designer terá uma ideia e criará o jogo.
2. Quando os jogadores se envolvem com o game, eles se comportam de maneiras específicas: criticam seus concorrentes; se empolgam; planejam uma estratégia para a exploração de uma masmorra e assim por diante.

3. Esses comportamentos vão gerar:
    - Resultados no jogo, tais como quantas missões são concluídas, quantas vidas são salvas e assim por diante;
    - Resultados no mundo real, como o estado emocional dos jogadores e a sua resposta psicofisiológica, como aumento da frequência cardíaca ou mãos suadas.

Se usarmos como exemplo o jogo de realidade aumentada para dispositivos móveis *Pokémon Go*, podemos ver claramente os comportamentos e resultados:

Figura 5.1: O processo de fazer jogos de entretenimento: um diagrama. Um designer geralmente executa uma ideia de jogo e os jogadores apresentam determinados comportamentos durante o processo de jogar, que têm resultados diferentes.

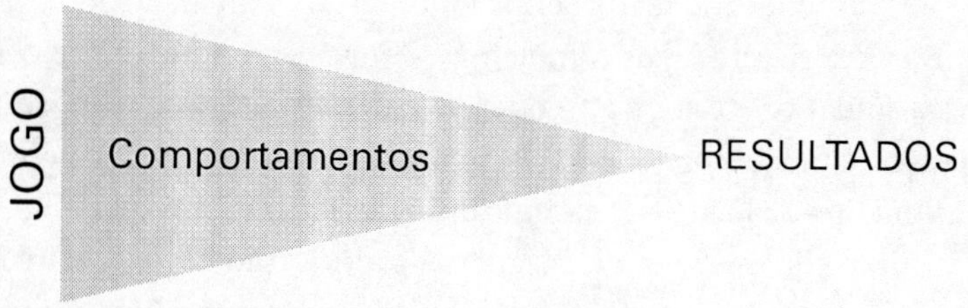

Fonte: © Betty Adamou, 2018.

1. **O jogo:** pegar Pokémon digitais no mundo real.
2. **Comportamentos:** os jogadores jogam em equipe ou sozinhos. Eles saem de casa. Eles andam ou correm. Eles andam por aí. Eles jogam em colaboração.
3. **Resultados:** os jogadores estão se exercitando, experimentando novos lugares; isso os ajuda a se sentirem bem e engajados.

Em contraste, os designers de gamificação tendem a trabalhar ao contrário. Eles planejam primeiro os resultados desejados da interação do usuário, depois pensam no comportamento que conduzirá a esses resultados e, por fim, essa compreensão levará ao design que impulsionará os comportamentos e resultados desejados.

No entanto, na pesquisa de mercado, a gamificação é frequentemente vista como um "acréscimo" aos questionários tradicionais. A gamificação não é algo que você possa polvilhar em uma pesquisa e esperar que tudo seja melhor adicionando uma tabela de classificação aqui e um sistema de pontos ali. Isso não dará aos pesquisadores os comportamentos e resultados que desejam dos participantes. Em vez disso, a inclusão dos quatro ingredientes, componentes e/ou elementos de jogos deve ser concebida e desenvolvida como parte da pesquisa desde o início. De fato, há um retrocesso na indústria de gamificação para reeducar e repensá-la para impedir que ela seja encarada como uma solução inovadora para o baixo engajamento, mas como uma *parte* arraigada do processo de design desde o início.[7]

Os designers de Jogos Sérios também "trabalham ao contrário"; apesar de criarem jogos completos, fazem isso com um objetivo, seja para ajudar os alunos a aprender ou para permitir que os jogadores tenham empatia com diferentes grupos de pessoas. Os jogos-pesquisa são um tipo de Jogo Sério e, como tal, os designers de pesquisa baseada em jogos (quer estejam utilizando a gamificação ou reimaginando a sua pesquisa como um jogo completo) devem também utilizar a abordagem de "trabalhar ao contrário" e começar o seu design com o objetivo final em mente (Figura 5.2).

Figura 5.2: As diferenças no processo de criação de Jogos Sérios e gamificação versus jogos

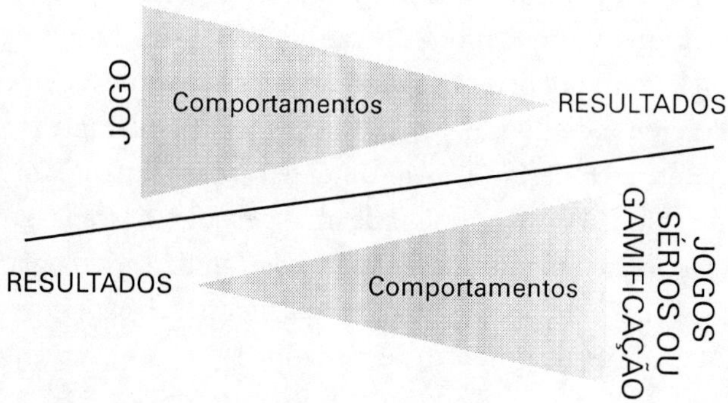

Fonte: © Betty Adamou, 2018.

Os resultados em termos de dados e comportamento dos usuários

Se os pesquisadores optarem por desenvolver jogos-pesquisa completos, eles evocarão a diversão e o engajamento intrínseco. Se os pesquisadores optarem por gamificar um questionário (especialmente se "acrescentarem" elementos superficiais como pontos e recompensas às pesquisas on-line tradicionais), continuarão a recorrer a motivadores extrínsecos e poderão não evocar necessariamente um senso de jogo ou desenvolver um engajamento intrínseco dos participantes. Por isso, os comportamentos dos participantes serão diferentes, assim como a forma como respondem às perguntas/cenários, e os dados derivados das suas interações serão diferentes.

Os pesquisadores são incentivados a testar as diferenças nos comportamentos dos participantes e resultados de dados, comparando jogos-pesquisa e questionários gamificados para seus próprios estudos, dentro de seus próprios contextos de negócios.

Embora pudéssemos comparar os resultados de vários deles, eles não seriam comparáveis aos seus próprios testes e resultados. Por exemplo, se um estudo de caso da empresa *X* mostrar que um jogo-pesquisa ganhou mais ou menos engajamento dos participantes do que um questionário gamificado, esses resultados não necessariamente ocorrerão nos seus testes, porque o seu estudo terá diferentes objetivos de pesquisa e negócios, diferentes tipos de participantes e o design provavelmente será totalmente diferente. A forma como abordo o design de uma pesquisa baseada em jogos pode ser completamente diferente da sua; é uma metodologia criativa, então cada abordagem será diferente. Por isso, a experimentação com design e execução dentro de sua empresa ou departamento deve ser encorajada.

As semelhanças entre Jogos Sérios e gamificação: do engajamento à aplicação dos quatro "valores de jogos"

Por que as pessoas escolhem usar gamificação ou Jogos Sérios e quais são as semelhanças?

- **Engajamento:** Jogos Sérios (como jogos-pesquisa, exergames [jogos que promovem exercícios físicos] e advergames [jogos que promovem marcas ou empresas]) e gamificação (como cartões de fidelidade ou onde a gamificação é usada para melhorar a aprendizagem na educação) são usados para engajar as pessoas, mas, principalmente, para ganhar mais engajamento do usuário do que uma organização teria sem o uso de técnicas de jogo.
- **Ganho comercial:** aumentar o engajamento do usuário visa (primordialmente) o ganho comercial. Quer a gamificação e/ou Jogos Sérios sejam usados para treinamento, aprendizagem

ou alguma outra ação, o objetivo final é economizar, ganhar ou levantar dinheiro.

- **Mudança de comportamento:** Jogos Sérios e gamificação também estimulam mudanças de comportamento. Por exemplo, eles podem ser usados para fazer coisas como conscientizar sobre um problema, aumentar a produtividade, a colaboração, as ideias criativas e assim por diante.
- **Inclusão dos quatro ingredientes de jogos:** tanto os Jogos Sérios quanto a gamificação incluem os quatro ingredientes de jogos e podem incluir componentes e elementos de jogos.

É a forma como os Jogos Sérios (como os jogos-pesquisa) e a gamificação (como os questionários gamificados) são criados e aplicados que os colocam em um tipo de categoria ou outro.

Aprendendo com os quatro valores de jogos: inspirando participantes para taxas de resposta mais altas e perpetuando o engajamento para taxas de conclusão mais altas

Outro elemento que os Jogos Sérios e a gamificação têm em comum é o *valor* que proporcionam aos usuários. Eu identifiquei quatro, o que eu chamo de "valores de jogos" — os princípios que os jogos dão aos jogadores. Os pesquisadores podem aplicar esses valores em questionários gamificados e jogos-pesquisa:

- Valor de autodescoberta;
- Valor de transcendência;
- Valor narrativo;
- Valor do conhecimento.

Se esses valores forem articulados no início da pesquisa baseada em jogos, isso pode ajudar os participantes a entender imediatamente o que eles vão ganhar com a experiência e por que eles devem dar seu tempo. Esses valores podem estimular a inspiração do usuário a participar, ter curiosidade, se engajar e evocar investimento emocional para maior probabilidade de integração e conclusão da atividade. Hoje em dia, oferecer valor aos usuários quando envolvidos em qualquer conteúdo digital é crucial, e os mesmos princípios se aplicam aos participantes de pesquisa de mercado. As marcas verão cada vez mais os seus resultados de pesquisa como ferramentas de comunicação adicionais, logo a forma como tratam os consumidores durante o processo de pesquisa será mais importante do que nunca.

Aplicar qualquer um ou todos estes valores à sua própria pesquisa baseada em jogos seria considerado "ganhos rápidos", porque o sistema de feedback de aprender alguma coisa sobre si mesmo (como no valor de autodescoberta), ou de aprender sobre como você está contribuindo para uma causa mais ampla (como no valor de transcendência) *torna-se* o objetivo da pesquisa baseada em jogos. Esses valores podem ser implementados se você estiver fazendo uma pesquisa altamente empírica e dinâmica baseada em jogos ou apenas usando texto em tela. Veja a seguir um detalhamento desses valores e como eles têm sido usados em jogos de entretenimento, bem como nos ResearchGames da Research Through Gaming.

Valor de autodescoberta

O que é?

Proporcionar experiências de autodescoberta, ou valor de autodescoberta, permite ao participante descobrir algo sobre si mesmo. A informação revelada é geralmente algo que o participante não sabia antes. A experiência de autodescoberta pode aumentar os sentimentos de maestria, propósito e afinidade, especialmente porque os resultados de autodescoberta podem ser comparados com os resultados de outras pessoas.

Exemplos de jogos e outros lugares

Nos games, a autodescoberta pode acontecer de formas variadas. A autodescoberta em jogos pode ser simplesmente um jogador ver seus pontos de experiência (XP) crescerem ou receber um prêmio por seus esforços. O Jogo Sério *SuperBetter* (SuperBetter, LLC) também oferece valor de autodescoberta, pois o jogo incentiva os jogadores a superarem obstáculos mentais e físicos para melhorar o bem-estar. À medida que os jogadores completam missões, podem ver o seu progresso ao longo do tempo, aprendendo mais sobre si mesmos. O Fitbit, que registra os esforços físicos dos usuários de uma forma gamificada, também fornece um valor de autodescoberta. Estes são apenas dois exemplos de muitos no movimento do "eu quantificado".

Quizzes on-line também são exemplos de valor de autodescoberta. Quizzes que perguntam "Qual princesa Disney você é?" ganham um enorme engajamento nas redes sociais. Em muitos aspectos, os horóscopos são uma espécie de valor de autodescoberta, e há engajamento lá também.

A *BBC Class Calculator*[8], lançada em 2011, é essencialmente uma pesquisa on-line, criada como um quiz. A informação pedida é bastante pessoal; por exemplo, que tipo de propriedade você possui, sua renda anual e assim por diante. Estas são perguntas que os participantes notoriamente não gostam de responder em pesquisas e podem causar desistências. No entanto, mais de 160 mil pessoas participaram até o momento porque estão empenhados em descobrir algo sobre si mesmos.

Como um ResearchGame usou o valor de autodescoberta

> Ter que responder a tais perguntas que venho evitando em minha cabeça me esclareceu o que eu quero exatamente. Eu me sinto mais confiante. Acrescentar mais algumas perguntas poderia melhorar um pouco mais.
>
> Feedback de um participante do ResearchGame *What Kind of Student Are You?* da Research Through Gaming Ltd. lançado em julho de 2017 para estudantes em potencial da Universidade de Surrey, Reino Unido.

Em um ResearchGame que criei para a Universidade de Surrey, no Reino Unido, aproveitamos o valor de autodescoberta para que os possíveis alunos participantes pudessem aprender qual dos seis tipos de estudantes eles eram, e demos a opção de compartilhar seus resultados nas redes sociais. Este estudo de segmentação foi realizado por milhares de alunos em potencial e alcançou uma taxa de conclusão de 97 por cento daqueles que iniciaram as perguntas de segmentação para alcançar seu resultado de perfil, mostrando que o valor de autodescoberta em um contexto de pesquisa baseada em jogos pode ter benefícios na condução do engajamento (especialmente com públicos difíceis de engajar, como estudantes), mas também na condução de respostas mais honestas[9]. Se você souber que está prestes a aprender algo sobre si mesmo, estará inclinado a oferecer informações precisas.

Pontos de reflexão

- O seu jogo-pesquisa ou questionário gamificado pode oferecer aos participantes informações com as quais eles possam aprender algo sobre si mesmos a partir dos dados já coletados como parte da pesquisa?
- Os participantes podem compartilhar as informações que obtêm sobre si mesmos com os outros, por exemplo, nas redes

sociais, como uma forma de moeda social? (E até mesmo falar sobre a pesquisa, se isso for apropriado para o seu estudo.)

Há momentos em que, como designer, encontrar informações suficientes para oferecer um valor de autodescoberta envolvente é difícil. Talvez eu não seja capaz de compartilhar certos tipos de dados com os participantes, ou talvez minha pesquisa de audiência indique que os dados que tenho para desenvolver valor de autodescoberta não necessariamente os envolveria tanto quanto outro tipo de valor. Se for esse o caso, eu olho para os outros valores.

Valor de transcedência

O que é?

Os jogos são ótimos para oferecer valor de transcendência — eles dizem aos jogadores como suas contribuições são parte de algo maior do que eles mesmos e isso cria um propósito transcendente. Em seu jogo-pesquisa ou questionário gamificado, há maneiras supersimples de oferecer valor de transcendência — a pesquisa é, afinal, um instrumento pelo qual é possível mudar o mundo ao nosso redor de alguma forma; só precisamos melhor articular isso aos participantes.

Exemplos de jogos e outros lugares

Em games como *World of Warcraft*, o valor de transcendência é oferecido em quase todos os desafios que um usuário enfrenta. Em um exemplo, mesmo algo tão mundano como "encher cestos de arroz" mantém os jogadores envolvidos, porque eles sabem que vão ajudar os outros. Veja como a missão é descrita por um personagem não jogável:

> "Há certas coisas de que todos precisam, desde o cozinheiro doméstico básico até o chef de cozinha. Um dos mais importantes produtos básicos da cidade é a farinha de arroz. A maioria das famílias mantém pelo menos uma cesta de arroz em suas casas e os moradores do Terraço dos Artesãos e do Terraço dos Comerciantes não são diferentes. Muitas vezes peço a meus alunos que ajudem com a tarefa de fazer farinha de arroz, pois é uma boa prática e uma tarefa sem fim. Por que você não tenta?"

Esta missão permite que os jogadores saibam quem vão ajudar e por que é importante.

Podemos aplicar a mesma abordagem na pesquisa baseada em jogos facilmente.

Figura 5.3: Imagens de um jogo-pesquisa em que os participantes tiveram uma sensação de propósito transcendente ao ver que seus esforços poderiam afetar o mundo real, sabendo que o nome que escolheram para um produto poderia ser usado e estar disponível para venda.

Fonte: © Research Through Gaming Ltd

Como um ResearchGame usou valor de transcendência

Em um ResearchGame para uma empresa de produtos de giro rápido, articulei o valor de transcendência simplesmente contando ao participante sobre qual problema tinha que ser resolvido e o que aconteceria se ele escolhesse ajudar (Figura 5.3).

Uma simples nota como esta pode ajudar os participantes a perceber seu impacto sobre os outros ao seu redor e criar engajamento. Pela minha experiência, muitos participantes relatam que gostam de ajudar em seu feedback voluntário, por exemplo:

> Eu gostei porque é interativo. Foi um assunto que curto e fiquei feliz por ajudar.
>
> Participante do ResearchGame *Designer for a Day* desenvolvido para uma marca ranqueada na *Fortune 500*, criado pela Research Through Gaming Ltd.

Pontos de reflexão

- Você consegue dizer como a contribuição dos participantes ajudará uma causa maior do que eles?
- Você consegue dizer aos participantes por que você precisa da ajuda deles especificamente?
- Você consegue dizer aos participantes quantas outras pessoas já participaram até agora, criando, assim, um sentimento de espírito comunitário e de colaboração?
- Você consegue dizer aos participantes se/quando lhes dará os resultados da pesquisa depois de terem sido analisados e onde podem encontrar a informação?

Novamente, se por qualquer razão, estes tipos de informação não puderem ser compartilhados com os participantes, então podemos criar "valor artificial" por meio de um enredo, como veremos a seguir.

Valor narrativo

O que é?

Jogos utilizam storytelling para nos imergir em personagens, tarefas, missões e muito mais. As narrativas ajudam a mostrar uma evolução de seus pontos fortes como jogador e podem até mesmo moldar o mundo virtual do game.

No caso em que valores de autodescoberta e de transcendência não podem ser oferecidos, talvez devido ao conteúdo confidencial da pesquisa (ou seja, compartilhar informações sobre o estudo com o participante), então recompensas, objetivos e sistemas de feedback podem ser construídos através de uma narrativa que se relacione com o conteúdo da pesquisa. Se você escolher valor narrativo como seu guia, lembre-se de oferecer o que eu chamo de recompensas narrativamente relevantes. As recompensas (sejam promoções no jogo, recompensas, pontos etc.) precisam estar ligadas harmonicamente ao enredo e fazer sentido no "mundo" que você criou.

Exemplos de jogos e outros lugares

Enredos com muitos arcos narrativos e histórias de fundo de personagens são outra grande característica dos jogos. Como já exploramos anteriormente, a narrativa é um componente importante deles.

Enquanto alguns jogos como *World of Warcraft* têm emaranhados complexos de história, outros podem ser mais lineares em sua abordagem, enquanto outros games permitem que os jogadores moldem a narrativa por meio da forma como respondem a perguntas, como nos jogos de aplicativo *Episode* (Episode Interactive LLC) e *Choices* (Pixelberry Studios) e em outros jogos como *The Wolf Among Us* (Telltale Games), *The Stanley Parable* (Galactic Cafe) e *Life Is Strange* (Square Enix). Ser capaz de mudar a narrativa por meio de escolhas conscientes torna o jogador cúmplice nos resultados. Histórias ajudam a nos imergir na personalidade dos personagens, tarefas e missões, e podem até mesmo mostrar uma evolução de seus pontos fortes como jogador.

Como um ResearchGame usou o valor narrativo

No caso em que o valor de autodescoberta e o valor de transcendência não podem ser oferecidos ao participante por causa da confidencialidade do cliente, então os ingredientes de jogos podem ser construídos por meio de uma narrativa que se relacione com o conteúdo da pesquisa. Por exemplo, se os participantes são encarregados de rever uma experiência de férias, por que não os colocar no papel de ser um blogueiro de viagens por um dia e permitir que aumentem de nível de acordo com as informações e detalhes com que contribuem? Se os participantes precisam imaginar um novo produto alimentício, por que não os colocar em uma narrativa na qual eles são um inventor, com um orçamento, que precisa criar o melhor prato do mundo?

Pontos de reflexão

- Você consegue identificar e "narrativizar" o problema que precisa que o participante supere?
- A narrativa pode ser acompanhada de técnicas projetivas e de interpretação de papéis para engajar e imergir os participantes?

Valor do conhecimento

O que é?

Se você é incapaz de fornecer valores de autodescoberta, transcendência ou valor narrativo, você pode se ver privado de opções como eu me senti criando um projeto de ResearchGame para uma marca de consultoria global. Sem poder compartilhar informações sobre o estudo, compartilhar dados com os participantes sobre suas respostas e sem espaço para um enredo, a única "moeda" que eu tinha era o valor do conhecimento.

Os jogos transmitem conhecimento de várias formas: por meio de mecanismos de feedback sobre o nosso desempenho de jogabilidade, e pelas informações sobre missões secretas, desafios e recompensas. Jogos são sinônimos de conquista de conhecimento; não apenas por meio da jogabilidade, mas até mesmo pela maneira como os jogadores exploram informações sobre um game depois, procuram o conhecimento em vídeos que mostram como lutar contra um inimigo e lendo sobre os próximos jogos.

Exemplos de jogos e outros lugares

Muitos jogos para entretenimento, Jogos Sérios e plataformas gamificadas compartilham conhecimento, e os jogadores podem ganhar conhecimento à medida que participam. *Mathletics*, um jogo que ajuda crianças com matemática, permite-lhes adquirir conhecimentos enquanto brincam (ver www.mathletics.com/en/).

Como um ResearchGame usou o valor do conhecimento

Ao criar um ResearchGame para um público executivo de alto escalão, ficou aparente por meio da minha pesquisa que o que eles acham mais valioso, e o que eles comercializam, é o conhecimento. O estudo, que era sobre armazenamento de dados, tinha três níveis. No início do processo, apresentei um quiz: três perguntas sobre o assunto, mas não relacionadas com as perguntas para a pesquisa em si. Os participantes adivinhariam as respostas a estas perguntas do quiz, mas apenas uma resposta foi revelada após a conclusão de cada nível. Além de informar aos participantes se eles estavam corretos, próximos da resposta certa ou errada, o design também incluiu a capacidade de comparar suas respostas com as de outros participantes e dos especialistas que trabalham com a marca dos compradores da pesquisa. Este tipo de "valor do conhecimento" foi uma ótima maneira de intrigar o público para testar seus conhecimentos, dar-lhes informações interessantes em troca de seu tempo, e uma solução prática, dado que o cliente não me deixou compartilhar quaisquer dados reais da pesquisa com os participantes.

Em outro jogo-pesquisa, pedi aos participantes que imaginassem aspectos específicos sobre o futuro. A forma como respondiam às perguntas e cenários nos dizia se eles previam um futuro distópico ou utópico. Usando um algoritmo, demos aos participantes "resumos do futuro" no final de cada nível — resumindo o futuro imaginado por eles com base no que responderam. Este resumo de feedback não deu aos participantes quaisquer dados da pesquisa, portanto, o "valor do conhecimento" foi oferecido mesmo mantendo a confidencialidade do cliente.

Os participantes relataram ter aprendido alguma coisa e gostaram da experiência de aprendizagem:

> Foi muito divertido e uma maneira legal de se manter informado sobre o custo das nossas roupas, obrigado novamente e começarei a procurar por produtos (da marca) na próxima vez que for fazer compras.
>
> Foi uma abordagem estimulante para obter insights e desejos dos compradores em sua linha de roupas.
>
> Participantes do ResearchGame *Designer for a Day*
>
> Eu gostei muito de jogar este jogo. Não sou gamer e também não uso smartphones ou aplicativos, mas também aprendi com essa experiência de jogo.
>
> Participante masculino do ResearchGame *TESSA Undercover Agents* com 72 anos de idade

Pontos de reflexão

- Você consegue fornecer valor de conhecimento? Talvez oferecer informações sobre as questões mais amplas relacionadas com o conteúdo da pesquisa, fatos interessantes ou um maior conhecimento da indústria?

- Se não puder compartilhar os resultados da pesquisa, você consegue enviar um "resumo" de informação baseado no que os participantes compartilharam?
- Você consegue dizer aos participantes se/quando lhes dará os resultados do estudo depois de terem sido analisados, e onde eles podem encontrar a informação?

É melhor oferecer apenas um valor de jogos ou todos os quatro valores?

Há inúmeras maneiras de um designer de pesquisas baseadas em jogos abordar cada um dos valores para estimular a integração inicial e o engajamento até a conclusão da pesquisa — trata-se apenas de experimentar durante a fase de design para encontrar o equilíbrio perfeito do que despertará o interesse do seu público enquanto imerge o participante no contexto da pesquisa.

E adivinha? Você pode oferecer qualquer e TODOS esses tipos de valor aos participantes para envolvê-los apenas usando texto em tela! Lembre-se, como designer de pesquisas baseadas em jogos, você pode ofertar esses valores como parte de simulações, se desejar, ou apenas com texto em tela, em pesquisa quantitativa ou qualitativa e até mesmo usando tecnologias como realidade aumentada e realidade virtual.

ATIVIDADE

- Quais plataformas você consegue lembrar que fornecem um ou mais dos quatro valores de jogos? Como eles oferecem esses valores, e como isso pode inspirar suas pesquisas?
- De quais maneiras as suas pesquisas já existentes oferecem algum desses valores? Ou sua pesquisa está oferecendo o valor de motivadores extrínsecos, como incentivos em

dinheiro? Em caso afirmativo, que tipo de valor você pode oferecer para um "ganho rápido" do aumento de envolvimento dos participantes?

Notas

1 Adamou, B.; Newman, J. Entrevista com o autor James Newman sobre a compreensão do engajamento intrínseco com videogames. Entrevista virtual, 19 nov. 2014.

2 Wenger, J. L. The implicit nature of goal-directed motivational pursuits. *In: Psychology of motivation*. Nova York: LV Brown, Nova Science Publishers, 2007. p. 143.

3 Deci, E. L.; Ryan, R. M. *Intrinsic motivation and self-determination in human behavior*. Springer Science & Business Media, 1985.

4 Skinner, B. F. *The behavior of organisms: An experimental analysis*. Nova York: Appleton-Century, 1938.

5 Fleming, N. Gamification: Is it game over? *BBC*, 2014 [On-line]. Disponível em: <www.bbc.com/future/article/20121204-can-gaming-transform-your-life>. Acesso em: 27 mai. 2018.

6 Bogost, I. "Gamification is bullshit". *The Atlantic*, 2011 [On-line]. Disponível em: <www.theatlantic.com/technology/archive/2011/08/gamification-is-bullshit/243338/>. Acesso em: 27 mai. 2018.

7 Jacobs, M. Gamification: Moving from "addition" to "creation". Atas da CHI'13, 27 abr – 2 mai. 2013 [On-line]. Disponível em: <gamification-research.org/wp-content/uploads/2013/03/Jacobs.pdf>. Acesso em: 27 mai. 2018.

8 BBC, *Class Calculator* [On-line]. Disponível em: <www.bbc.co.uk/news/special/2013/newsspec_5093/index.stm>.

9 Gray; M.; Adamou, B. Game design: Engaging students to evolve university marketing [Conferência] Atas da conferência IIeX (Insight Innovation Exchange), Amsterdã, 20 fev. 2018. Sinopse da apresentação [On-line].

UMA ONTOLOGIA DE MÉTODOS DE PESQUISA BASEADA EM JOGOS

06

Definindo jogos-pesquisa, questionário gamificado e pesquisa-entretenimento

Neste capítulo, nós iremos:

- Explorar as definições existentes de jogos-pesquisa e gamificação utilizados em pesquisa de mercado;
- Criar novas definições de métodos de pesquisa baseada em jogos, jogos-pesquisa, questionário gamificado e pesquisa-entretenimento;
- Entender como saber se criamos um jogo-pesquisa ou questionário gamificado;
- Aprender quando usar jogos ou gamificação na pesquisa de mercado.

Nos capítulos anteriores, exploramos as definições, componentes e elementos de jogos e gamificação, e seus paralelos/benefícios para a pesquisa de mercado. Usando este conhecimento, podemos agora definir o termo genérico "métodos de pesquisa baseada em jogos" e as definições que este termo contém: "jogos-pesquisa" e "questionário gamificado" e ainda discutir "pesquisa-entretenimento".

Ao definir estes termos, não se assuste com as longas descrições! Como o designer de jogos Chris Crawford descreve em seu livro *Chris Crawford on Game Design*[1], seu próprio dicionário usou uma coluna de 15 centímetros para definir a palavra "jogo" e 30 centímetros para descrever "jogar". Além disso, há (no momento em que escrevo) mais de dez definições da palavra "jogo", com cada especialista criando sua própria descrição para se adequar à sua compreensão. E à medida que os games evoluem com a tecnologia, o mesmo acontece com a forma como os definimos.

Ao longo do tempo, é provável que estas definições evoluam à medida que descobrirmos sub-ramos de jogos-pesquisa e questionários gamificados, mas devem ser suficientes para os pesquisadores usarem hoje como um meio de explorar o significado de diferentes abordagens baseadas em jogos.

Definições de métodos de pesquisa baseada em jogos na indústria de pesquisa de mercado até agora

Eu cunhei o termo "métodos de pesquisa baseada em jogos" (GbRM) para abranger qualquer metodologia de pesquisa de mercado usando jogos, gamificação ou técnicas similares, mas o que a comunidade de pesquisa de mercado tem pensado sobre "gamificação" e "jogos" aplicados às pesquisas de mercado até agora?

Não há definições amplamente aceitas de pesquisa de gamificação (ou questionários gamificados) ou jogos-pesquisa. Também há pouca ou nenhuma literatura revisada por especialistas nestas áreas (pares que talvez sejam especialistas em processos de design de jogos e gamificação), em parte porque a metodologia é muito recente, sem nenhum conjunto de melhores práticas estabelecidas[2]. Mas, crucialmente, a conceituação equivocada da gamificação na pesquisa, e o que alguns profissionais estão classificando como "gamificação", é incorreta.

Uma definição de "gamificação" (no contexto da pesquisa de mercado) aparece no livro *Answers to Contemporary Market Research Questions* [Respostas para questões contemporâneas da pesquisa de mercado], no qual a gamificação é descrita como "o processo de usar elementos de jogos para melhorar o engajamento dos entrevistados no processo de pesquisa. Em alguns casos, o processo de gamificação pode ser suave, como melhorar o layout. Em outros, a gamificação é utilizada para transformar uma pesquisa em um jogo."[3] Esta definição é bastante correta, sendo que a única ressalva é que uma ligeira melhoria do layout seria abrangida pela "pesquisa-entretenimento" — uma definição que vamos explorar mais tarde.

É fácil entender por que os pesquisadores de mercado achariam que melhorar o layout da pesquisa significa gamificá-la, porque é isso que nos disseram em inúmeros blogs, matérias, artigos e conferências. Os pesquisadores de mercado, durante as conferências realizadas nos últimos cinco anos, mencionaram que a gamificação para fins de pesquisa tem tudo a ver com a utilização de cores vibrantes, funções de arrastar e soltar, adição de mais imagens e alteração do texto das perguntas. Eles também utilizaram os termos "gamificação" e "jogos" de forma indistinta.

Devido à classificação incorreta e aos conceitos um tanto quanto confusos, é necessário utilizar as definições de jogos e gamificação, que já exploramos no Capítulo 5, para criar conceitos novos e mais precisos e estabelecer uma taxonomia útil de pesquisa baseada em jogos.

Definição de métodos de pesquisa baseada em jogos (GbRM)

GbRM é um termo abrangente para descrever qualquer abordagem de pesquisa que use os quatro ingredientes de jogos com a adição de qualquer mistura de componentes e/ou elementos de jogos (tais como narrativa, interpretação de papéis, áudio etc.) para aumentar o engajamento dos participantes e a qualidade dos dados, quer a pesquisa seja criada como "gamificação" ou um jogo completo. A pesquisa baseada em jogos abrange a utilização de jogos e a gamificação em métodos de pesquisa on-line, não digitais (analógicos) e de realidades mistas. Para os pesquisadores que desejem descrever a sua abordagem mais especificamente, podem ser utilizados termos mais exatos, como "pesquisa on-line baseada em jogos" ou "grupo focal baseado em jogos".

Embora a "pesquisa-entretenimento" não seja um ramo da GbRM, é muitas vezes confundida como "gamificação" e, como tal, a Figura 6.1 descreve as diferenças e a sucessão de mais experiências de pesquisa semelhantes a jogos.

Outra forma de definir jogos-pesquisa e pesquisas gamificadas é olhar através de uma lente de compreensão de suas diferenças.

Figura 6.1: Métodos de pesquisa baseada em jogos (GbRM) descrevem qualquer metodologia de pesquisa usando os ingredientes de jogos (OORF), os componentes de jogos (CERAN) e os elementos de jogos (ATAIA). Embora a "pesquisa-entretenimento" não seja um ramo da GbRM, ela requer esclarecimento, pois é frequentemente confundida com a gamificação na comunidade de pesquisa de mercado.

Jogo-Pesquisa	Questionário Gamificado	Pesquisa-Entretenimento
Um jogo completo criado para fins de pesquisa.	Um questionário que foi gamificado.	Muitas pesquisas desse tipo são classificadas como gamificadas, mas não usam todos os quatro ingredientes de jogos. Geralmente, há um foco em reformular as questões e/ou adicionar gráficos a uma pesquisa existente para torná-las mais agradáveis para os participantes.

Quanto mais a pesquisa é realizada como um jogo completo, mais o ato de jogar e engajamento intrínsecos podem ser evocados no participante

Fonte: © Betty Adamou.

Figura 6.2: Jogos-pesquisa versus questionários gamificados: Métodos de pesquisa baseada em jogos (GbRM) descrevem qualquer metodologia de pesquisa usando os ingredientes de jogos. Este quadro mostra as principais diferenças entre jogos-pesquisa e questionários gamificados.

Métodos de Pesquisa Baseada em Jogos (GbRM)	
Jogo-Pesquisa	**Questionário Gamificado**
Um jogo completo criado para fins de pesquisa.	Um questionário que foi gamificado.
Os ingredientes, componentes e elementos de jogos são desenvolvidos como parte da experiência de pesquisa desde o início.	Os ingredientes, componentes e elementos de jogos são adicionados ao questionário e não desenvolvidos como parte da experiência desde o início.
Ambos os métodos visam aumentar o engajamento dos participantes.	
Cria o ato de jogar e engajamento intrínsecos.	Confia em motivadores extrínsecos; uma abordagem "faça x, consiga y".

Fonte: © Betty Adamou.

A Figura 6.2 mostra que, enquanto os jogos-pesquisa visam elevar o que a pesquisa pode fazer em termos de oferecer plataformas experimentais, por meio do ato de jogar e engajamento intrínsecos (com a capacidade de observar comportamentos no contexto), a pesquisa gamificada é limitada em termos de seu potencial de engajamento em um nível intrínseco.

Os jogos-pesquisa podem aproveitar o instintivo, o implícito e o subconsciente. Eles são fluidos. Se há algo que aprendi ao ler sobre jogos, entrevistar profissionais da área, acadêmicos e, claro, ao jogá-los, é que eles são um meio extremamente versátil, tal como os jogos-pesquisa, e devem continuar a ser versáteis, porque os questionários gamificados e os jogos-pesquisa podem *se misturar*.

Pense neles separada e estruturalmente primeiro, e, à medida que sua confiança em design cresce, desobedeça às regras um pouco, misture e combine componentes de jogos e experimente com design para atender às suas necessidades de pesquisa.

Definição de jogo-pesquisa

Um jogo-pesquisa é um game desenvolvido para fins de pesquisa em que os dados são recolhidos a partir das ações realizadas pelos participantes durante o jogo-pesquisa e da *forma* como jogam o próprio jogo.

O uso dos quatro ingredientes de jogos (objetivos, oportunidades de autonomia, regras e feedback) constitui um jogo-pesquisa, com a adição de qualquer mistura de componentes de jogos (tais como recursos bônus e narrativas) e elementos de jogos (tais como avatares e áudio) que o designer considere adequados, com o objetivo de envolver intrinsecamente os participantes na pesquisa e incentivar o jogo. No entanto, a interação do "jogar" em um jogo-pesquisa é subjetiva; somente os participantes podem descrever se sentem que estão jogando em vez de apenas participando.

Um jogo-pesquisa pode ser executado como realidade digital, analógica ou mista, em que o designer pode decidir a abordagem que ele ou ela considere adequada para o estudo. Por exemplo, um designer pode escolher se gráficos 3D, ou visuais de 8 bits de baixa fidelidade, ou uma abordagem inteiramente baseada em texto (como um CRPG — jogo de interpretação de papéis de computador) ou uma abordagem cara a cara é a mais eficaz.

Os jogos-pesquisa oferecem aos participantes uma experiência que os ajuda na compreensão do conteúdo da pesquisa e na capacidade de responder/reagir honestamente a perguntas ou cenários do jogo. Eles integram perfeitamente o material de pesquisa com um mundo de jogo que pode ser criado de forma a envolver o participante de acordo com os objetivos de pesquisa e na sua relevância, e podem incluir o uso de ambientes virtuais, áudio, avatares e outros componentes e elementos de jogos para complementar os ingredientes de jogos da maneira que o designer considerar adequada para o propósito. Os jogos-pesquisa devem ser desenvolvidos com o mindset de "conceber com funcionalidade", em que os designers podem considerar a forma como utilizam a narrativa, a linguagem, a semiótica, as recompensas etc., para envolver adequadamente os seus participantes e coletar as informações necessárias para satisfazer as necessidades dos stakeholders.

Desde o início, um jogo-pesquisa é desenvolvido com os vários aspectos do estudo de pesquisa em mente, para envolver o público enquanto estimula respostas verdadeiras dos participantes. As idades, cultura, estilo de vida e outros aspectos do público participante são considerados para o design do jogo-pesquisa, que é orientado pelos objetivos da pesquisa.

Uma taxonomia de jogos-pesquisa

Para os pesquisadores que desejem descrever mais especificamente a sua abordagem, pode-se utilizar termos mais exatos como "jogo-pesquisa digital", "jogo-pesquisa em realidade aumentada", "jogo-pesquisa em realidade virtual", entre outros. De fato, podemos desenvolver uma taxonomia de jogos-pesquisa para sermos ainda mais específicos.

O artigo *The Future of Research Through Gaming*[4] (Adamou, 2011) apresenta uma taxonomia de ResearchGames. A taxonomia neste livro é uma evolução daquela observada no artigo para explicar formas mais variadas de abordar um projeto de jogo-pesquisa. Os diferentes tipos de jogos-pesquisa podem ser misturados para criar gêneros completamente diferentes; por exemplo, um jogo-pesquisa de simulação de interpretação de personagens baseados em avatares. Não se sinta restringido por esta taxonomia, mas deixe-a inspirá-lo para que você possa ver as diferentes maneiras que você pode abordar o seu próprio design, e misturar/combinar esses gêneros para atender às suas necessidades de pesquisa. Considere alguns dos tipos-base de jogos-pesquisa a seguir:

- **Jogos-pesquisa baseados em avatares** — são aqueles que incentivam os participantes a criarem um avatar de si mesmos, em que os dados são coletados por meio das escolhas e comportamentos dos participantes pelos seus avatares e como os participantes escolhem construí-los. O avatar não tem necessariamente que incorporar um personagem ou papel, já que os participantes podem jogar como eles mesmos por meio de seus avatares.

- **Jogos-pesquisa de interpretação de papéis** — eles aproveitam a interpretação de papéis em que os participantes estão no mindset de um "personagem", como o CEO de uma empresa ou alguém encarregado do planejamento urbano, com ou sem o uso de avatares visuais.
- **Jogos-pesquisa baseados em narrativa** — são os que usam um enredo que é relevante para o conteúdo da pesquisa e apropriado para o tipo de participantes necessários. Um jogo-pesquisa baseado em narrativa também oferecerá aos participantes recompensas narrativamente relevantes, ou seja, recompensas que se relacionam e se harmonizam com a narrativa selecionada.
- **Jogos-pesquisa baseados em texto** — esse tipo usa apenas texto para transmitir os ingredientes de jogos e podem incluir componentes e elementos adicionais de jogos, como narrativas e recursos bônus. Jogos-pesquisa baseados em textos tomam emprestado princípios de jogos de aventura em texto ou CRPGs (jogos RPG de computador) nos quais poucas, ou nenhuma, imagens são usadas, e apenas o texto na tela é utilizado para transmitir o jogo e permitir que os jogadores respondam conforme necessário.
- **Jogos-pesquisa baseados em simulação** — eles usam simulações para observar os comportamentos dos participantes no contexto. Tais simulações podem ser conceituais (por exemplo, simulando como os participantes poderiam construir sua casa ideal se ganhassem na loteria), focadas no passado (ou seja, uma simulação replicando uma experiência da vida real que pode já ter acontecido para que os pesquisadores possam entender comportamentos e escolhas passados baseados em

observação e contexto) ou focadas no futuro (ou seja, criando uma simulação para uma experiência que ainda não ocorreu para o participante).

- **Perguntas como minijogos** — qualquer tipo de questionário on-line, mesmo que não seja baseado em jogos, pode criar perguntas como minijogos (Figura 6.3). Imagine que havia um longo bloco de texto que você precisava que os participantes lessem. Imagine também que este bloco de texto é bastante entediante, como um acordo de licença de usuário final ou uma parte da documentação do seguro. Agora imagine que você adicionou algumas cláusulas falsas, como "e na primeira sexta-feira de cada mês, você receberá um donut de chocolate grátis" ou algo igualmente tolo. Desafie os participantes a identificar o que eles acham que é mentira. Isso não só os manterá lendo atentamente, mas também será útil para que o comprador da pesquisa saiba o que mais poderia ser considerado inverossímil, mesmo que não fosse mentira. Este é apenas um exemplo de muitos de como uma única pergunta pode ser estilizada como um minijogo em si mesmo.

Figura 6.3: Um exemplo de uma pergunta como um minijogo dentro de um ambiente ResearchGame. Aqui, os participantes são incumbidos de nomear a celebridade por trás dos ladrilhos — se eles nomearem a celebridade corretamente, eles podem passar para a próxima imagem de celebridade secreta. Se os participantes adivinharem incorretamente, eles perdem uma "vida" (um dos corações), mas isso ainda fornece dados úteis sobre as outras celebridades que podem ser lembradas mais facilmente.

Fonte: © Research Through Gaming Ltd

Os pesquisadores podem (e são estimulados a) selecionar e misturar os tipos de jogos-pesquisa listados aqui. Honestamente, neste caso, os designers de pesquisa baseada em jogos são limitados apenas pela imaginação e pelos requisitos do estudo.

Definição de pesquisa gamificada

A pesquisa gamificada consiste na aplicação da gamificação a qualquer método ou abordagem de pesquisa e, desta forma, gamificando-a. Uma vez que os jogos-pesquisa incentivam o ato de jogar e o engajamento intrínseco, a pesquisa gamificada depende dos motivos extrínsecos inerentes à gamificação (tais como pontos, recompensas e itens colecionáveis) e, como tal, é argumentado que, embora o envolvimento dos participantes possa ser aumentado, é improvável que ela encoraje o engajamento intrínseco.

A pesquisa gamificada ainda pode usar os quatro ingredientes de jogos, adicionando-se qualquer mistura de componentes e elementos de jogos; no entanto, a execução do design é o que transformará ou não o estudo em um jogo-pesquisa ou pesquisa gamificada. Pode-se argumentar que se os participantes sentiram que estavam jogando um jogo, então a plataforma pode ser descrita como um "jogo-pesquisa".

Muitas vezes, a gamificação é "aplicada" à pesquisa, em vez de ser criada como uma experiência de pesquisa gamificada desde o início. A taxonomia abaixo lista alguns exemplos.

Uma taxonomia da pesquisa gamificada

- Grupos focais gamificados
- Questionários on-line gamificados
- Testes de produto gamificados
- Entrevistas em profundidade gamificadas
- Pesquisas de mercado de comunidades on-line gamificadas
- Pesquisas porta a porta gamificadas

Definição de pesquisa-entretenimento

A pesquisa-entretenimento descreve qualquer pesquisa (ou qualquer abordagem de pesquisa) que tenha sido concebida como uma experiência mais envolvente e/ou divertida para os participantes. Embora conheça este termo há muitos anos, receio não saber quem o cunhou primeiro.

Os modos de pesquisa-entretenimento incluem, mas não estão limitados, ao uso de opções de resposta mais dinâmicas (como recursos de arrastar e soltar), mais conteúdo gráfico usado (se on-line) e onde a redação das questões foi alterada pelo designer para elas parecerem mais desafiadoras e/ou divertidas. Facilmente confundida com pesquisa gamificada, a pesquisa-entretenimento não inclui o uso dos quatro ingredientes de jogos funcionando juntos em harmonia, mas pode incluir menos de quatro (como a inclusão de um objetivo) para tentar tornar a pesquisa mais agradável. A aplicação da pesquisa-entretenimento tem sido historicamente confundida com a pesquisa gamificada, mas tem produzido resultados positivos, negativos e mistos em termos de engajamento e feedback dos participantes.

Como sei se criei um jogo-pesquisa, gamifiquei minha pesquisa ou criei uma pesquisa-entretenimento?

Três coisas o ajudarão a entender o conteúdo que você produziu:

- sua própria compreensão e intuição;
- o feedback dos participantes;
- os dados.

Sua própria compreensão e intuição

Todos sabemos como é jogar um jogo ou participar de uma atividade gamificada. Também sabemos como é jogar algo que mais parece um caça-cliques (quando um jogo inclui uma variedade de paywalls, e incentiva os jogadores a comprar recompensas como diamantes, moedas etc.) e também sabemos como é participar de uma experiência divertida. Como mencionado anteriormente, a abordagem de design baseada em jogos pode ser fluida — não há certo ou errado, o mais importante é a eficácia do seu design. Entretanto, tentar compreender e categorizar nosso trabalho como pesquisadores, em qualquer metodologia, é importante. Seu instinto o ajudará a identificar o que foi desenvolvido.

O feedback dos participantes

Os participantes relataram que sentiram que estavam jogando um jogo? Eles usaram palavras como "jogar", "experiência", "jogo", ou usaram outros termos que podem ajudar a determinar como os participantes percebiam a plataforma? O feedback vai contradizer ou confirmar a sua intuição inicial. O feedback dos participantes é sempre estimulado por meio de perguntas construídas e respostas verbais abertas.

Os dados

Como exploramos no Capítulo 5, a abordagem e design que você escolher terá um impacto sobre as interações, comportamento e engajamento dos participantes, e isso impactará nos dados. Para determinar se os participantes estavam ou não intrínseca ou extrinsecamente engajados, os pesquisadores podem se perguntar coisas como:

- Os participantes fizeram mais do que se esperava deles?
- Eles deram detalhes mais ricos em respostas verbais abertas do que em outras pesquisas tradicionais de duração ou assunto semelhante?
- O estudo terminou mais cedo porque os participantes estavam mais envolvidos e, portanto, as taxas de resposta e conclusão aumentaram?
- Os participantes deram respostas diretas mais ou menos frequentemente?
- Qual foi a frequência com que os participantes pressionaram as teclas frenética e aleatoriamente (dando respostas incompreensíveis nas perguntas abertas)?

Esses fatores ajudarão a determinar os níveis de engajamento e de jogabilidade que os participantes podem ou não ter experimentado.

Quando usar jogos-pesquisa, questionários gamificados e pesquisa-entretenimento

As necessidades do estudo e em que etapa você está no processo determinará qual metodologia usar.

As necessidades do estudo

Você requer que os participantes sejam ultracriativos, tenham ideias inovadoras, se engajem por muito tempo no estudo e respondam a muitas perguntas abertas? Você precisa replicar as emoções e contextos encontrados no mundo real para entender como eles impulsionam o comportamento e a escolha? Se assim for, então o envolvimento intrínseco dos participantes e o estímulo do uso de um jogo ajudará a aumentar a resolução de problemas e a criatividade. Também aumentará a chance de os participantes experimentarem o estado de flow, o que pode ajudar se um pesquisador precisar da participação por algum tempo ou em altas frequências durante um processo mais longo. Usando as capacidades inerentes aos jogos, também é possível criar "condições" e contextos emocionais relevantes — usando elementos e componentes como música, ambientes virtuais e temporizadores.

No entanto, se os requisitos da pesquisa forem simplesmente elevar o engajamento dos participantes e não houver necessidade de realizar uma revisão completa do design, então uma abordagem que utilize gamificação ou mesmo uma pesquisa-entretenimento pode ser mais eficaz.

Onde você está no processo do estudo

Se estiver nos estágios iniciais de um estudo de pesquisa, e tiver algum tempo, você pode começar a pensar sobre como aplicar a sua pesquisa como um jogo completo. No entanto, se a pesquisa ou comunidade on-line já tiver sido criada, então, neste ponto, vale a pena considerar quais ingredientes e/ou valores de jogos você pode aplicar para ampliar o engajamento e a qualidade dos dados. Os processos de design são mais explorados na Parte Dois: Mundo do Design.

Notas

1 Crawford, C. *Chris Crawford on Game Design*. Indiana: New Riders Publishing, 2003.

2 Wiszniowski, D. Gamification in market research: Interest, curiosity and misconception. MRIA *VUE magazine*, jul./ago. 2014, p. 14–16 [On-line]. Disponível em: <issuu.com/mria-arim/docs/vue-julaug-2014>. Acesso em: 27 mai. 2018.

3 ESOMAR. *10 Answers to Contemporary Research Questions*. 3ª ed., 2014. p. 167.

4 Adamou, B. The future of research through gaming. Atas da conferência CASRO, Las Vegas, 3-4 mar. 2011. [On-line]. Disponível em: <www.academia.edu/9487174/The_Future_of_Research_Through_Gaming>. Acesso em: 27 mai. 2018.

A BASE CIENTÍFICA PARA O USO DOS MÉTODOS DE PESQUISA BASEADA EM JOGOS

07

Os seis estados vitais e seus benefícios para a pesquisa de mercado

"Os jogos podem inspirar a forma mais sublime de cognição cerebral e engajar a resposta psíquica mais primitiva, muitas vezes simultaneamente."

— Frank Lantz, *Regras do Jogo* (2012)

Este capítulo explora:

- Os seis estados vitais da pesquisa baseada em jogos:
- Inspiração;
- Motivação;
- Engajamento intrínseco;
- Ato de jogar;

- Estado de flow;
- Prazer;
- Que estes estados, induzidos em jogadores, têm paralelos com e são benéficos para a pesquisa de mercado;
- Economia comportamental e personalização como ciências inerentes aos jogos, e seus paralelos e benefícios para a pesquisa de mercado.

É impossível falar de jogos, ou de pesquisa baseada em jogos, sem explorar a infinidade de áreas, estruturas, sistemas e ciências inerentes a eles. De fato, ao longo do tempo, os ludólogos tentaram identificar e definir todos os elementos inerentes aos jogos, e é uma tarefa difícil, uma vez que eles são tão abrangentes com novos designs que ultrapassam os limites do que são jogos e o que podem fazer.

No entanto, uma coisa é clara: que as estruturas, características, áreas e ciências que existem separadamente *dos* jogos também funcionam em conjunto *nos* jogos e, além disso, funcionam harmoniosamente para criar o tipo de videogame intrinsecamente envolvente, emotivo e empírico que vemos atualmente. Da teoria da autodeterminação à psicologia positiva, estado de flow, imersão, linguística, diversão, semiótica, emoção, psicofisiologia, experiência do usuário (UX), felicidade, princípios da gestalt, inspiração, paideia, neurociência cognitiva e o ato de jogar — os jogos aproveitam *todos* esses princípios e muito mais. Basta pesquisar on-line: "(*inserir palavra*)_____ em jogos" (insira qualquer termo, de neurociência a estado de flow, a princípios da gestalt e assim por diante) e você verá diversos artigos, livros e matérias sobre cada uma dessas áreas com relação a jogos. E há mais publicações sobre os efeitos de características específicas de jogos: o impacto dos avatares em jogos, narratologia, ambientes virtuais, personalização, som e muito mais.

Por que isso é relevante para um pesquisador de mercado? Porque todas essas áreas são importantes na pesquisa de mercado e, na verdade, muitas metodologias da pesquisa de mercado já aproveitam alguns desses princípios. No entanto, os games os usufruem de maneira mais eficaz, com um maior engajamento intrínseco e melhor relacionamento com os usuários do que os pesquisadores de mercado (como ilustrado no Capítulo 8). A forma como os jogos utilizam estes princípios pode ajudar os pesquisadores a ampliar a qualidade dos seus dados e o engajamento dos participantes.

Seis dessas áreas, ciências e estruturas compõem o que eu chamo de "seis estados vitais" — estados emocionais que devem ser induzidos nos participantes da pesquisa para obter os tipos de engajamento intrínseco, criatividade e colaboração que vemos nos gamers, a fim de aumentar as taxas de resposta, de conclusão e de engajamento, o que levará a uma melhor qualidade dos dados e aumentará a probabilidade de os participantes voltarem a participar de mais pesquisas no futuro.

Introduzindo os seis estados vitais para aumentar as taxas de resposta e de conclusão e a qualidade dos dados

Nós já exploramos os benefícios da implementação dos quatro ingredientes, componentes, elementos e valores de jogos na pesquisa de mercado. A sua implementação evoca os "seis estados vitais"; um fluxo de emoções que eu tenho identificado como sendo o fluxo de emoções nos jogadores. São eles: **inspiração, motivação, engajamento intrínseco, ato de jogar, estado de flow e prazer.**

Figura 7.1: Este diagrama mostra a contribuição e os benefícios dos seis estados vitais nos GbRM on-line

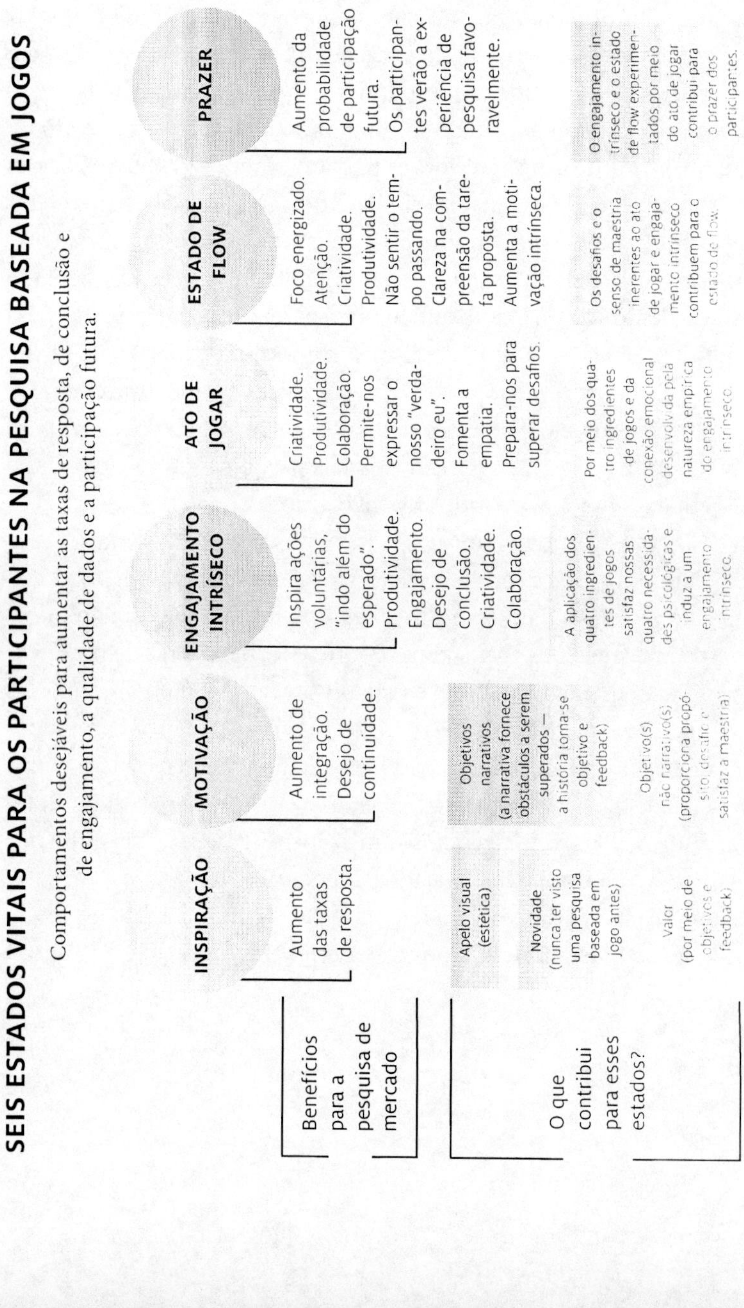

Fonte: © Betty Adamou.

Precisamos que os participantes sejam **inspirados** a participar de pesquisas de mercado. Inspiração estimula a ação e ajudará a aumentar as taxas de resposta. Essa inspiração precisa se transformar rapidamente em **motivação** para fazer com que os participantes deixem de ser inclinados a participar (clicando no link da pesquisa) e comecem a participar de verdade (ao responder às primeiras perguntas). Essa motivação deve evoluir para um **engajamento intrínseco** e **ato de jogar**, para que os pesquisadores possam obter os benefícios desses elementos, como uma maior criatividade e colaboração, e completar a pesquisa até o fim. Durante o processo de estar intrinsecamente envolvido e engajado no jogo, os participantes devem experimentar o **estado de flow**, para que se sintam imersos na experiência de pesquisa e não percebam o passar do tempo como uma experiência árdua (como é frequentemente o caso das pesquisas on-line tradicionais). Finalmente, os participantes devem experimentar o **prazer**, para que queiram voltar e participar de mais pesquisas no futuro, para o benefício comercial de todos os envolvidos.

A Figura 7.1 mostra uma visão geral dos seis estados vitais, como eles são induzidos e seus benefícios para a pesquisa de mercado.

Este processo não deve ser subestimado pelo seu benefício comercial nas relações entre compradores e fornecedores de pesquisa. Se os participantes estiverem engajados, focados, atentos, com taxas de conclusão maiores e menos tempo em campo, então os compradores de pesquisa ganharão os dados de qualidade que desejam com a velocidade que precisam. Isso aumenta as chances de os compradores de pesquisa fecharem negócios com os fornecedores de pesquisa que oferecem participantes engajados, atenciosos, motivados, focados, colaborativos e criativos, e que estão felizes em ir além do esperado porque eles gostam dessas novas experiências de pesquisa valiosas.

Os seis estados vitais em detalhes

1 *INSPIRAÇÃO = desejo de participar*

Muitos organismos se engajam em comportamentos exploratórios, lúdicos e curiosos, mesmo na ausência de reforço ou de recompensa[1] porque são inspirados a isso.

O que causa inspiração?

A inspiração precisa de períodos de gestação de "reflexão interna" por meio da neuroplasticidade, o que pode levar a uma melhor resolução de problemas e a ideias criativas.

Inspiração é sinônimo de mudança. É uma ruptura ativa e positiva da norma; uma transformação no estado mental de uma pessoa. Estar inspirado significa muitas vezes ter um momento de "eureca" ou "sentir um clique"; é uma alegria por si só, muitas vezes com a necessidade urgente de criar ou contribuir — para materializar uma ideia ou compartilhar pensamentos com outros. A inspiração muda o comportamento.

A inspiração é poderosa e, como tal, não deve ser subestimada como o primeiro dos estados vitais na forma como os participantes experimentam os jogos-pesquisa ou a pesquisa gamificada. Ela é o gancho, é assim que os pesquisadores podem garantir que as taxas de resposta sejam mais altas, porque, seja por meio da novidade, de uma estética intrigante ou dos valores e objetivos articulados no início, o desejo de participar se inicia.

Por isso, a inspiração é o primeiro passo para a criação do engajamento dos participantes. E como os pesquisadores podem fornecer inspiração? Dando-lhes um motivo através dos quatro valores e ingredientes dos jogos. O processo de inspiração é: ESTÍMULO → ESCOLHA → RESPOSTA. O participante deve ser estimulado (inspirado), fazer uma escolha para a ação, então tomar uma ação (resposta).

É por isso que na primeira interação com o participante, como o convite por e-mail para a pesquisa e/ou a primeira tela da sua pesquisa baseada em jogos, um pesquisador deve ilustrar como as quatro necessidades psicológicas dos participantes serão atendidas articulando:

- **Objetivo**(s) claro(s) (para satisfazer os desejos de **propósito** e de **maestria**);
- Quais serão o **feedback** e os **valores** (como os valores de **auto-descoberta** e de **transcendência**, para satisfazer as nossas necessidades de **maestria**, **propósito** e **afinidade**);
- A oportunidade de **colaboração** existirá para ajudar em uma situação (para satisfazer nossas necessidades de **afinidade**);
- O que o participante deve ou não fazer (para garantir que as **regras** são claras desde o início, introduzir o sentido de **desafio** e articular as **oportunidades de autonomia**).

Uma vez que o participante escolhe responder, a sua inspiração inicial deve rapidamente transformar-se em motivação.

2 *MOTIVAÇÃO = melhor integração*

Inspirar os participantes a clicar no link da sua pesquisa não é o suficiente. Mesmo que eles sejam inspirados a abrir sua pesquisa on-line, você precisa manter a atenção deles nos primeiros segundos para garantir que estejam devidamente integrados e continuamente dispostos a participar. Isso significa que a inspiração inicial deve transcender rapidamente à motivação. Como os pesquisadores Richard Ryan e Edward Deci observam: "Estar motivado significa ser movido a fazer algo. Uma pessoa que não sente nenhum ímpeto ou inspiração para agir é, portanto, caracterizada como desmotivada, enquanto uma pessoa que é energizada ou ativada para um fim é considerada motivada."[2]

O que cria motivação?

A motivação é criada pelo estabelecimento de objetivos, pela obtenção de feedback, por ter um senso de desafio que podemos superar adequadamente, com diferentes graus de autonomia. Como já exploramos, estes componentes são os mecanismos que fazem parte da essência de um jogo: os nossos quatro ingredientes de jogos.

A motivação está disponível em dois tipos: extrínseca e intrínseca. A motivação intrínseca surge da vontade de uma pessoa de realizar uma tarefa apenas "porque é inerentemente interessante ou agradável", ao passo que a motivação extrínseca "se refere a fazer algo porque leva a um resultado separável."[3]

Nos jogos, as motivações intrínsecas são descritas como "necessidades psicológicas que conduzem a um comportamento sem motivação extrínseca, como a pontuação de um jogo."[4] Não é suficiente que as pesquisas baseadas em jogos inspirem os participantes a clicar ou começar, eles também devem estar motivados a *continuar*. Essa motivação deve, portanto, tornar-se um compromisso intrínseco para ir desde a integração inicial até à conclusão, e continuar a experiência da pesquisa com foco, cuidado, criatividade e atenção.

3 ENGAJAMENTO INTRÍNSECO = *desejo de concluir, criar e colaborar*

O que gera engajamento intrínseco?

Como exploramos no Capítulo 4, a satisfação de nossas quatro necessidades psicológicas produz engajamento intrínseco. Embora os quatro ingredientes de jogos possam ajudar a gerar motivação, a perpetuação da participação só pode ser alcançada por meio do uso *constante* e *consistente* dos ingredientes de jogos — ou seja, definição de objetivos *adicionais*, desafios *adicionais*, feedback e autonomia. É por isso que os games incluem níveis e objetivos incrementais, porque é isso que alimenta as motivações dos jogadores para continuar jogando. À medida que os participantes continuarem, a sua motivação evoluirá para o engajamento intrínseco se a plataforma for bem concebida e satisfizer perpetuamente as quatro necessidades psicológicas.

Por que o engajamento intrínseco é benéfico para a pesquisa de mercado?

O engajamento intrínseco inspira:

- Ações voluntárias (que vão além da obrigação);
- Um desejo de continuidade e conclusão;
- Foco e atenção;
- Criatividade;
- Colaboração.

Estes são comportamentos e resultados desejáveis para induzir os participantes e beneficiar a pesquisa de mercado. Os pesquisadores exigem que os participantes estejam focados e atentos para ler as instruções e responder às perguntas de forma apropriada. Eles querem aproveitar a criatividade e colaboração deles para a ideação, cocriação e outras tarefas orientadas para a inovação. Os participantes desfrutam da oportunidade de serem criativos, como alguns deles já demonstraram:

> Eu achei essa pesquisa extremamente criativa. Adorei criar minhas próprias calças de ginástica. Obrigada.
>
> Feedback de uma participante do ResearchGame
>
> *Designer for a Day* da Research Through Gaming Ltd

Os pesquisadores querem que os participantes continuem e completem as pesquisas. Isso tem sido provado não só pelas taxas de continuação, que têm sido medidas com os estudos da Research Through Gaming usando os ResearchGames, mas também pelas respostas que temos recebido dos participantes. Veja alguns das centenas de feedbacks que recebemos:

Pesquisa superdivertida! Extremamente única, nunca tinha feito algo assim. Aproveitei para personalizar minhas calças ideais. Adoraria participar de novo.

Achei divertido e diferente! Fez o ato de participar de uma pesquisa muito mais agradável e eu gostaria que mais pesquisas como esta seguissem esse modelo!

Adorei!!! Se eu puder fazer parte disso novamente... Pode me chamar!!!

Forma incrível de conduzir uma pesquisa. Muito interessante e divertido de se fazer. Eu queria que todas as pesquisas fossem assim. Sinto como se estivesse jogando um game. Tiro o chapéu para quem quer que tenha tido esta ideia original.

Isso foi muito legal e interessante, também muito emocionante e eu adoraria preencher outra pesquisa como esta. Imagine também se todas as pesquisas fossem como esta ou mesmo a maioria delas? Eu estaria fazendo pesquisas com muito mais frequência do que faço agora.

Foi tão divertido que eu gostaria de poder fazer isso novamente! Obrigado.

Eu adorei! Eu definitivamente faria isso novamente se me fosse dada a oportunidade!

Os pesquisadores também gostariam que os participantes fossem "além do esperado", como evidenciado pelas pessoas que participaram dos ResearchGames sem incentivo e por aqueles que fizeram as atividades extras (mesmo que o incentivo não aumentasse se mais trabalho fosse feito). Também vemos um desejo de que os participantes "façam mais" no feedback:

> Foi superdivertido! Eu realmente amei fazer a calça legging, eu gostaria que tivesse mais para escolher! :) Me diverti muito, obrigada!

O entusiasmo mostra prazer, que ocorre por meio do engajamento intrínseco. Só quando estamos intrinsecamente envolvidos é possível induzir um senso de jogo, e o ato de jogar também tem resultados úteis, como vamos explorar a seguir.

4 ATO DE JOGAR = *criatividade, colaboração e permissão para que os participantes se expressem verdadeiramente*

> Uma hora de jogo revela mais do que um ano de conversa
>
> Anônimo

O jogo é uma commodity em alta. Os consultores de jogos trabalham globalmente para induzir ambientes de trabalho e de educação lúdicos para estimular a resolução de problemas, a criatividade e o engajamento (entre outros benefícios), que têm valor comercial para aumentar o lucro, economizar dinheiro, aumentar a sustentabilidade e vencer a concorrência. O ato de jogar, um passatempo aparentemente sem propósito, tornou-se lucrativo e altamente considerado pelo que pode, e já conseguiu, alcançar. Como o dr. David Whitebread escreve em *The Importance of Play*: "O jogar, em toda a sua rica variedade, é uma das maiores conquistas da espécie humana, juntamente com a língua, a cultura e a tecnologia. De fato, sem jogar, nenhuma destas outras conquistas seria possível."[5]

Que fatores induzem o ato de jogar?

O ato de jogar é principalmente gerado de forma interna e espontânea, mas construções como atividades e games podem ser criadas para estimular comportamentos lúdicos e o ato de jogar. Portanto, se os pesquisadores quiserem obter os benefícios de jogar com os participantes, eles terão que fazer um jogo ou criar experiências mais lúdicas *gamificando* as pesquisas.

Stuart Brown, autor e fundador do National Institute of Play, compartilha o trabalho do historiador Scott Eberle no seu livro *Play: How it shapes the brain, opens the imagination, and revigorates the soul* (2010)[6] para nos dizer como se sustenta o ato de jogar. O processo de seis passos do ato de jogar está alinhado com os ingredientes, componentes e elementos de jogos e os quatro valores de jogos (explorados no Capítulo 4).

Jogar envolve expectativa, surpresa, prazer, compreensão, força e equilíbrio. É fácil ver os paralelos entre estes seis passos e as características dos jogos. Os **recursos bônus** em jogos e novidades contribuem para a **expectativa** e a **surpresa**. A **natureza empírica dos games** pode levar à **descoberta** e à **surpresa**. A aquisição de novos conhecimentos, inerentes à compreensão, nasce dos quatro valores de jogos: **de autodescoberta**, **de transcendência**, **narrativo** e **de conhecimento**. A **força** vem da **maestria**, uma das nossas quatro necessidades psicológicas que é satisfeita através dos **ingredientes de jogos**. O contentamento que vem com o **equilíbrio** é obtido por meio do **prazer** de **jogar**.

Benefícios do ato de jogar na pesquisa de mercado

O jogar induz muitos resultados desejáveis para a pesquisa de mercado. Stuart Brown observa que jogar:

- Nos energiza;
- Nos anima;
- Nos deixa aliviados;
- Nos abre a novas possibilidades;
- Aumenta a criatividade, a produtividade e a inovação;
- É a expressão mais verdadeira da nossa individualidade;
- Nos permite encontrar e expressar as nossas próprias verdades fundamentais;
- Fomenta a empatia;
- Induz um desejo de continuidade;
- Aproveita a imaginação e nos permite explorar um eu diferente e nossos próprios "eus" em cenários futuros;
- Nos prepara para superar desafios;
- "Uma das características do jogar é que *qualquer um* pode fazer isso";
- Nos permite experimentar coisas (novos conceitos, interpretação de papéis) sem ameaçar o nosso bem-estar físico ou emocional.

Em uma edição focada no ato de jogar da revista *New Philosopher*, o editor observa que "jogar *nos revela* — a nós mesmos e aos outros."[7] E não é isso que queremos, que os participantes se revelem a si mesmos e às suas verdadeiras opiniões e crenças? Os pesquisadores precisam estimular esses sentimentos. Também queremos que os participantes, que sentem que as pesquisas são complicadas, tenham esse fardo aliviado; que eles estejam abertos a novas possibilidades quando testamos novas ideias e produtos; que eles sejam criativos, produtivos e inovadores durante o processo de pesquisa, e que sejam capazes de se expressar em sua verdadeira natureza.

Como o jogar também inclui a habilidade de fingir, pode ajudar a imersão na interpretação de papéis, que é importante para momentos em que os pesquisadores querem que os participantes respondam a perguntas como "o que você faria se...?" enquanto são capazes de ter empatia com o contexto em que a interpretação de papéis existe, e de uma forma que seja considerada segura e não ameaçadora para os participantes. O ato de jogar também promove a imaginação. Compradores de pesquisa estão muito interessados na maneira como os consumidores se envolverão ou não com marcas, produtos, serviços e instalações ambientais no futuro, e muitas vezes encarregam os participantes de imaginar cenários do que está por vir. Um senso de jogo pode aproveitar a imaginação dos consumidores para que eles possam articular experiências imaginadas. Como diz Stuart Brown: "ao jogar, podemos imaginar e sentir situações que nunca vivemos antes e aprender com elas."[8]

Se apresentarmos desafios aos participantes, com um problema para resolver, um senso de jogo pode ajudar os participantes a sentir que podem superá-los, e por sabermos que todos os seres humanos, independentemente da sua idade, se beneficiam ao jogar, então isso é útil, porque os pesquisadores precisam falar dos comportamentos desejáveis de jogar com *cada* participante para se beneficiar disso.

O jogar também "proporciona liberdade em relação ao tempo. Quando estamos totalmente focados em jogar, perdemos a noção da passagem do tempo."[9] Isso é benéfico se quisermos que os participantes se envolvam em pesquisas que demorem muito para terminar, ou que tenham múltiplos pontos de contato durante vários dias ou semanas. Uma sensação de passagem do tempo é uma das propriedades do estado de flow — assim, o ato de jogar induz ao chamado estado de flow.

Embora o ato de jogar seja sem dúvida útil na pesquisa de mercado, **jogar é também um gerador de dados**, no qual a informação pode ser coletada através da observação da forma *como* as pessoas jogam. Portanto, jogar é útil de duas maneiras para os pesquisadores de mercado: 1) induz comportamentos desejáveis nos participantes que beneficiam os pesquisadores; 2) é um gerador de dados, portanto *como* os participantes jogam uma pesquisa baseada em jogos pode levar a uma visão mais aprofundada.

Os participantes, de todas as idades, têm demonstrado o seu empenho e criatividade através dos ResearchGames da RTG:

> Essa foi a melhor pesquisa que já fiz. Realmente imaginativa e envolvente.
>
> Achei esta pesquisa extremamente criativa, adorei fazer minhas próprias calças de ginástica. Obrigada.
>
> Esta foi a melhor pesquisa da qual participei, foi muito lúdica, divertida e criativa!
>
> Isso foi divertido e original. Em vez de fazer perguntas sem fim, você faz um jogo e o torna muito mais divertido e nós podemos mostrar o que queremos ou não queremos muito mais facilmente desta maneira.

5 *ESTADO DE FLOW = imersão total e não notar a passagem do tempo*

O estado de flow é criado quando alguém é absorvido em uma atividade intrinsecamente envolvente. Estar em estado de flow é estar focado, quando as distrações são ignoradas e a tarefa em mãos tem nossa total concentração. Com tantas distrações competindo com os pesquisadores pela atenção dos participantes, é, portanto, sábio induzir um estado de flow. Mas os pesquisadores não conseguem obter os benefícios de induzir o flow sem provocar também o engajamento intrínseco e o ato de jogar.

Mihaly Csikszentmihalyi, autor de *A Descoberta do Fluxo*[10], descreve com precisão como é estar "em estado de flow" no seu TED Talk *Fluidez, o segredo da felicidade* (2004)[11]. Em sua palestra, ele lista sete sentimentos envolvidos ao experimentar tal estado. Estes sentimentos são o que os pesquisadores devem querer que seus participantes sintam:

1. Completamente envolvidos no que estamos fazendo — focados, concentrados.
2. Uma sensação de êxtase — de estar fora da realidade cotidiana.
3. Grande clareza interior — saber o que precisa ser feito e quão bem estamos fazendo.
4. Saber que a atividade é executável — que as nossas competências são adequadas à tarefa.
5. Uma sensação de serenidade — não se preocupar consigo mesmo e um sentimento de crescer além dos limites do ego.
6. Atemporalidade — completamente focado no presente, as horas parecem passar em minutos.
7. Motivação intrínseca — tudo o que produz flow torna-se a sua própria recompensa.

Estes sentimentos estão alinhados com os jogos. Embora seja improvável que as pesquisas tradicionais induzam o estado de flow, os jogos são bem conhecidos por fazerem isso. De fato, os jogos digitais *Flow*[12] e *Journey*[13] nasceram do estudo do estado de flow nos jogos. O designer Jenova Chen (fundador da That Game Company[14]) desenvolveu esses jogos a partir de seu estudo da teoria do estado de flow de Mihaly Csikszentmihalyi e usou suas descobertas acadêmicas e pesquisas (que podem ser encontradas na tese de doutorado de Chen)[15] para desenvolver esses games premiados.

É comum que os participantes da Research Through Gaming comentem sobre a passagem do tempo depois de jogarem um ResearchGame. Como disse um participante: "Essa foi uma forma fantástica de completar uma pesquisa. Gostei muito e o tempo passou muito depressa. Totalmente envolvente." Se algumas pesquisas forem longas e/ou com múltiplos pontos de contato, então o passar do tempo enquanto desfruta e se envolve na experiência é benéfico tanto para o pesquisador *quanto* para o participante.

Então, onde estão os paralelos entre os jogos e os sentimentos que Csikszentmihalyi descreve? Os quatro ingredientes de jogos: objetivos, oportunidades de autonomia, feedback e regras contribuem diretamente para esses sentimentos. Por meio do **feedback**, entendemos **o quão bem estamos indo**, o que nos aproxima das nossas necessidades de **maestria.** Ao sermos intrinsecamente engajados, estamos focados e **compreendemos o que precisa ser feito**. Pela satisfação das nossas **quatro necessidades psicológicas**, estamos **completamente envolvidos** e experimentamos um engajamento intrínseco. As características inerentes aos jogos, como **ambientes virtuais**, **avatares** e **interpretação de papéis**, nos permitem estar fora da nossa **realidade diária. Saber que a atividade é realizável** é auxiliado por meio dos **objetivos** incrementais inerentes aos **ingredientes de jogos.**

Os games, como já exploramos, nos **motivam intrinsecamente** ao satisfazer as nossas necessidades psicológicas, e por isso a experiência se torna a **própria recompensa**, o que é agradável. Como veremos a seguir, o prazer do participante também é comercialmente valioso na pesquisa de mercado.

6 PRAZER = aumento da lealdade dos participantes; os participantes voltarão para mais pesquisas no futuro

O engajamento intrínseco, o ato de jogar e o estado de flow podem criar experiências de pesquisa prazerosas. Alguém que participou da experiência da pesquisa com prazer é um participante feliz, que contará a seus amigos sobre sua empresa de pesquisa e voltará para fazer mais pesquisas com você no futuro — assim como as pessoas fazem com qualquer outra coisa. Um cliente feliz que tenha desfrutado de uma experiência gastronômica provavelmente a recomendará a um amigo e voltará no futuro. Portanto, a felicidade dos participantes não é algo a ser subestimado; sem participantes felizes, a pesquisa de mercado continuará a passar pelos mesmos desafios enfrentados atualmente.

Quando jogamos, estamos intrinsecamente envolvidos e desfrutando de algo, o nosso cérebro libera dopamina. Este é outro hormônio importante na felicidade e é "desencadeado" quando a parte "recompensa/resultado" do nosso cérebro se ilumina. Isso acontece quando jogamos. Por conseguinte, não é grande coincidência o fato de a dopamina ser um dos quatro tipos de substâncias conhecidas como "hormônios da felicidade"[16, 17], em que o impacto da dopamina no organismo se faz sentir em várias áreas, incluindo, entre outras, a melhoria da motivação, da memória, da atenção e da aprendizagem[18]. Novamente, isso tem paralelos e benefícios para a pesquisa de mercado, pois queremos que os participantes deem atenção à pesquisa, que eles estejam motivados a participar, que aprendam rapidamente sobre o que o estudo trata e o que se espera deles, e que tenham uma memória mais apurada ao relembrar experiências.

Portanto, o prazer, e como ele pode estimular esses benefícios, bem como proporcionar uma maior chance de que os participantes retornem para mais pesquisas no futuro e até mesmo fazer recomendações sobre uma boa empresa de pesquisa para seus amigos, é comercialmente benéfico para todos os envolvidos.

Outras ciências, áreas e estruturas não vitais, mas úteis, inerentes a jogos que são benéficas para a pesquisa de mercado

Ao longo da indução dos seis estados vitais, os pesquisadores podem usar outras ciências, áreas e estruturas para se beneficiarem ainda mais, desde o aproveitamento dos princípios de gestalt até a semiótica e muito mais. Esta seção foca a economia comportamental e a personalização. Essas áreas já são usadas em pesquisas de mercado tradicionais, mas têm fortes paralelos com os jogos e podem ser usadas em pesquisas baseadas em jogos para ampliar seus resultados positivos.

Economia comportamental

A economia comportamental (ou EC) é aproveitada de uma forma ou de outra em quase todos os jogos. No site *Wizarding World*, da Pottermore, portal on-line que reúne tudo relacionado a Harry Potter, os jogadores podem jogar *Descubra seu Patrono* (um Patrono é um tipo de magia em forma de animal que pode proteger a bruxa ou o bruxo, ou aqueles à sua volta, depois de produzido o Feitiço do Patrono). Diz-se que o Patrono reflete a personalidade da(o) feiticeira(o). Imediatamente, o usuário entende o valor de autodescoberta da experiência.

Para descobrir que animal é o seu Patrono, o site submete você a um questionário com limite de tempo, e com áudio e imagens ambientais e atmosféricas, que encoraja o pensamento de Sistema

1[2] a tentar avaliar as respostas espontâneas dos jogadores. O limite de tempo também aumenta o engajamento e a urgência do que é, essencialmente, um questionário. Os jogadores podem fazer escolhas com base em questões bastante conceituais, ou simplesmente sem perguntas. Em um exemplo, um jogador pode ver apenas as palavras "Folha", "Lâmina" e "Espinho" na tela. O participante é estimulado a gravitar para uma resposta antes de pensar demais. De fato, se um jogador não tiver feito uma seleção rápida o suficiente, o processo começa novamente. Como no site da Pottermore, inúmeros videogames incentivam o pensamento de "Sistema 1". Tanto a música quanto o tempo (ou a falta deles) contribuem para as formas em que o participante é encorajado a usar mais o pensamento do Sistema 1 para desestimular a deliberação.

No exemplo da *Pottermore*, podemos ver que, ao fomentar o pensamento de Sistema 1, o site está tentando chegar ao seu "verdadeiro eu" para descobrir o seu Patrono. As pesquisas de mercado utilizam a economia comportamental pela mesma razão. A EC tem sido uma das principais metodologias de pesquisa em destaque desde que me tornei uma pesquisadora de mercado; sua aplicação em outras indústrias e a evidência de que seu uso ajuda a determinar qualquer coisa, desde como precificamos os produtos até como os participantes respondem às perguntas, tem sido fundamental para que os compradores de pesquisa repensem seu marketing, design de produto e muito mais.

Mas a EC na pesquisa de mercado, aproveitada em um jogo, pode ser ainda mais poderosa. Por meio de seu uso em pesquisas baseadas em jogos, podemos criar simulações baseadas em contexto, usar

---

2. Os conceitos de Sistema 1 e 2 foram desenvolvidos pelo psicólogo Daniel Kahneman no livro *Rápido e devagar: duas formas de pensar*. Segundo ele, o "Sistema 1" de pensar é instantâneo, instintivo e leva em conta o aprendizado prévio; já o "Sistema 2" é mais lento, lógico e considera todas as informações disponíveis. [N.E.]

temporizadores e outros incentivos para ver o que os participantes fariam em várias situações. Os dados passivos coletados podem nos permitir compreender as preferências e preconceitos subconscientes, que é o que a implementação da EC na pesquisa pretende compreender.

Personalização

O que é personalização? A personalização ajuda a aumentar o engajamento e o lucro. Na sua forma mais básica e não digital, a personalização pode ser a simplicidade de entrar no seu restaurante preferido e a equipe de garçons lembrar o seu nome e o que você já pediu antes, enquanto lhe dá recomendações sobre outros pratos e bebidas que você pode vir a apreciar, com base no que eles sabem sobre as suas preferências. Conhecendo seus gostos e fazendo recomendações, a equipe de funcionários se assegura de que o cliente provavelmente tenha mais uma experiência satisfatória no restaurante e volte outras vezes no futuro. Assim, o cliente se engaja com o restaurante e os funcionários e mais receita é gerada em sua próxima visita.

A personalização é usada em jogos, mas também em muitas outras formas de mídia. Tudo, desde mensagens de vídeo do Papai Noel até livros e sites, pode ser personalizado de formas simples, como usar o nome do participante, até formas mais avançadas de personalização, como um programa digital que compreende suas preferências de idade, estilo de vida, orçamento e marca, dando-lhe sugestões sobre o que comprar, como muitos sites — e a Amazon — fazem.

Como a personalização é usada nos jogos? Alguns jogos não são nada personalizados, enquanto outros são personalizados a um nível muito elevado. Os jogadores podem fazer avatares, enquanto seus nomes reais ou pseudônimos são usados frequentemente para criar/perpetuar engajamento.

Como a personalização pode ser usada na pesquisa baseada em jogos para ampliar o engajamento dos participantes e a qualidade dos dados?

Experiências personalizadas são envolventes, e a personalização acontece em níveis variados. De coisas como os nossos nomes sendo usados em e-mail marketing até livros infantis usando os nomes dos leitores e até mesmo os nomes de seus amigos como parte da história. Nos ResearchGames da RTG, esse artifício tem sido usado de muitas maneiras, da personalização de recompensas (como certificados para download) à inclusão dos nomes de pessoas que o participante conhece (ou podem ser dados pseudônimos) para que se sintam conectadas aos NPCs — personagens não participantes —, para fazê-los sentir que estão falando com alguém que conhecem (Figuras 7.2 e 7.3).

Figura 7.2: Uma captura de tela do ResearchGame *Dubious* produzido pela Research Through Gaming em nome do estudo acadêmico *IMPRINTS Futures*. Na história, o participante deve convencer três pessoas de que elas são realmente do futuro, respondendo a perguntas sobre como é o ano de 2030. O participante coloca os nomes de um melhor amigo, médico e professor ou colega de trabalho. Os nomes dessas pessoas aparecem novamente durante todo o jogo, como "Will pergunta se..." ou "Sarah pergunta o que..." e assim por diante.

Fonte: © Research Through Gaming Ltd.

Figura 7.3: Como recompensa final, o participante chega ao nível de Super Designer para marcar a conclusão do estudo e a recompensa extra é um certificado personalizado. Assim que os participantes inserem seu nome, podem baixar o certificado.

Fonte: © Research Through Gaming Ltd.

Notas

1 White, R. Motivation reconsidered: The concept of competence. *Psychological Review*, 66, 1959. p. 297-333.

2 Ryan, R. M.; Deci, E. L. Intrinsic and extrinsic motivations: Classic definitions and new directions. *Contemporary Educational Psychology*, v. 25, n. 1, 2000. p. 54-67.

3 Ryan, R. M.; Deci, E. L. Intrinsic and extrinsic motivations: Classic definitions and new directions. *Contemporary Educational Psychology*, v. 25, n. 1, 2000. p. 54-67.

4 Roohi, S.; Takatalo, J.; Guckelsberger, C.; Hämäläinen, P. Review of intrinsic motivation in simulation-based game testing. Atas da CHI 2018. [On-line]. Disponível em: <tinyurl.com/yd6gm3x7>. Acesso em: 25 mai. 2018.

5 Whitebread, D. The importance of play. 2012 [On-line].

6 Brown, S.; Vaughan, C. (Colaborador). *Play: How it shapes the brain, opens the imagination, and revigorates the soul* Nova York: Avery/Penguin Group, 2010.

7 Baag, Zan. Play. Nota do editor da revista *New Philosopher*, 20, mai-jul. 2018.

8 Brown, S.; Vaughan, C. (Colaborador). *Play: How it shapes the brain, opens the imagination, and revigorates the soul* Nova York: Avery/Penguin Group, 2010.

9 Brown, S.; Vaughan, C. (Colaborador). *Play: How it shapes the brain, opens the imagination, and revigorates the soul* Nova York: Avery/Penguin Group, 2010.

10 Csikszentmihalyi, M. *A Descoberta do Fluxo: a psicologia do envolvimento com a vida cotidiana*. Rio de Janeiro: Rocco, 1999.

11 Csikszentmihalyi, M. *Fluidez, o segredo da felicidade* [Vídeo] Atas da TED2004, Monterey, California, 2004 [On-line]. Disponível em: <www.

ted.com/talks/mihaly_csikszentmihalyi_flow_the_secret_to_happiness/transcript?language=pt-br>. Acesso em: 7 abr. 2021.

12 Jogo *Flow*: <thatgamecompany.com/flow/>.

13 Jogo *Journey*: <thatgamecompany.com/journey/>.

14 Site da That Game Company: <thatgamecompany.com/>.

15 *Flow in Games*: a Jenova Chen Thesis [On-line]. Disponível em: <www.jenovachen.com/flowingames/Flow_in_games_final.pdf>.

16 Nguyen, T. Hacking into your happy chemicals: Dopamine, serotonin, endorphins and oxytocin. [Blog] *Huffington Post*, 2014 [On-line]. Disponível em: <www.huffingtonpost.com/thai-nguyen/hacking-into-your-happy-c_b_6007660.html>. Acesso em: 25 mai. 2018.

17 Breuning, L. Meet your Happy Chemicals: Dopamine, Serotonin, Endorphin, Oxytocin. SlideShare, 2014 [On-line]. Disponível em: <www.slideshare.net/LorettaBreuning/happy-chemicals-33377349>. Acesso em: 21 maio 2018.

18 Lee, K. Your brain on dopamine: The science of motivation. [Blog] *I Done This*, 2017 [On-line]. Disponível em: <blog.idonethis.com/the-science-of-motivation-your-brain-on-dopamine/>. Acesso em: 25 mai. 2018.

CULTURA DOS JOGOS 08

Uma apresentação sobre engajamento intrínseco para ajudar os pesquisadores de mercado

Este capítulo explora:

- Os doze sinais de engajamento intrínseco entre os jogadores;
- Comportamentos desejáveis dos participantes: de que maneira o engajamento intrínseco, como o que vemos entre jogador e jogo, pode ser útil na pesquisa de mercado;
- Exemplos de estudos de caso: como a pesquisa baseada em jogos já aproveitou o engajamento intrínseco para estimular comportamentos desejáveis dos participantes.

Eu passei anos pesquisando e compreendendo o "engajamento"; o que as pessoas fazem quando estão intrinsecamente envolvidas? Por que o engajamento intrínseco é útil? E que demonstrações de engajamento intrínseco os jogadores mostram com os jogos, e como poderia ser útil aproveitar tais comportamentos para a pesquisa de mercado?

Uma série de entrevistas com designers de jogos experientes, professores de desenvolvimento de jogos e outros profissionais dentro e fora da indústria de games fizeram parte dessa pesquisa, e o insight foi revelador. A amplitude de como o engajamento intrínseco é apresentado entre os jogadores é imensa. Uma análise temática dessas entrevistas ajudou a criar os doze sinais de engajamento intrínseco entre jogadores especificados neste capítulo.

Uma das entrevistas com especialistas foi com Rommel Romero[1], o então gerente de comunidade do estúdio de jogos independentes Minority Media, logo após o lançamento de seu primeiro videogame *Papo and Yo* (lançado em 2012). Eu queria compreender se o engajamento intrínseco entre jogadores evoluiu ao longo do tempo enquanto um jogador continuava a jogar o mesmo jogo muitas vezes, ou o engajamento intrínseco podia ocorrer com um novo game, e a partir de um novo estúdio de jogos com o qual os jogadores não tinham uma relação prévia? Essa informação me ajudaria a entender se era viável que as pesquisas baseadas em jogos gerassem engajamento intrínseco nos participantes, fosse sua primeira vez jogando ou não, e se os participantes tivessem ou não um relacionamento estabelecido com um fornecedor de pesquisa.

A resposta foi um retumbante "sim". Na minha entrevista com Romero, ficou claro que os jogadores já estavam mostrando o tipo de engajamento intrínseco normalmente associado a jogos e produtoras de jogos mais estabelecidos. Os jogadores tinham enviado desenhos de novos personagens e ideias para novas histórias que pensavam que complementariam o jogo *Papo and Yo*. Eles até mesmo se ofereceram para trabalhar para sua empresa e corrigir bugs no jogo, de graça. Alguns até têm tatuagens de personagens de jogos.

Em outra entrevista[2] com James Newman, autor de *Playing with Videogames*[3], ele confirmou que essas exibições de engajamento intrínseco são comuns, não importa quão novo ou estabelecido um jogo ou empresa de jogos possa ser, "desde que o formato (do jogo) seja atraente".

Estes especialistas garantiram-me que o engajamento intrínseco pode ser gerado mesmo que seja a primeira vez que uma pessoa joga determinado game. Por isso, fui estimulada a acreditar que as pesquisas baseadas em jogos, especialmente jogos-pesquisa completos, pudessem ser intrinsecamente envolventes, mesmo que os participantes nunca tivessem participado desse estilo de pesquisa antes.

Demonstrações de engajamento intrínseco existem em outras áreas fora de jogos. Kevin Kruse[4], especialista em engajamento de funcionários, diz que o engajamento intrínseco no local de trabalho pode levar a uma infinidade de benefícios:

> o programador de computadores engajado trabalha horas extras quando necessário, sem ser solicitado... o vendedor engajado recolhe o lixo..., mesmo que o chefe não esteja observando.

Em várias organizações e indústrias, esse engajamento intrínseco dos funcionários levou ao aumento dos lucros, da produtividade e até mesmo de inovações de produtos e serviços,[5] mostrando que o engajamento intrínseco tem valor tangível e quantificável.

Em outro exemplo, Philip Schlechty, especialista em engajamento estudantil, mostra que o engajamento intrínseco também beneficia os estudantes. Segundo as informações recebidas, eles "persistem apesar dos desafios e obstáculos e têm um prazer visível em realizar suas tarefas".[6]

Esta evidência sobre os efeitos do engajamento intrínseco pode parecer óbvia; todos nós sabemos como é estar "focado" quando a tarefa é algo que nos interessa ou que nos ajudará a melhorar. O que levanta a questão: qual é o *verdadeiro* incentivo para um participante da pesquisa? Por que razão eles participariam das pesquisas? Ao contrário do empregado, do jogador ou do estudante engajado, os participantes não estão necessariamente envolvidos no "bem maior" e não há (em grande parte) nenhum impacto imediato em suas vidas e nenhuma gratificação instantânea, recompensa ou autopromoção. Enquanto o pesquisador e o comprador da pesquisa certamente se beneficiam, o participante, em geral, não ganha nada com isso.

É por isso que a pesquisa de mercado precisa de uma cultura de engajamento intrínseco e o melhor lugar para aprender sobre essa cultura é colocando a interação do jogador com os jogos sob o microscópio. Os jogos têm esses quatro ingredientes de objetivo(s), regras, feedback e oportunidades de autonomia, que podem motivar *e* perpetuar o engajamento intrínseco dos participantes, especialmente quando ele não vem naturalmente. Os jogos são uma construção artificial de engajamento intrínseco; em vez de confiar nas circunstâncias da vida para nos trazer alegria, as pessoas jogam jogos que satisfazem genuinamente suas quatro necessidades psicológicas.

Cultura dos jogos

Os games são tão intrinsecamente envolventes que têm suas próprias culturas, prósperas e diversas, que existem *fora* do seu ambiente. Os jogadores colaboram e dedicam milhares de horas para fazer coisas como o mundo inteiro de Westeros de *Game of Thrones* no jogo *Minecraft*[7], ou utilizam games como *The Sims* para reencenar episódios semanais no estilo de um programa de TV[8]. A internet está cheia de *fanarts* e fanfics [artes e histórias produzidas por fãs a partir de uma obra famosa] inspiradas em seus jogos favoritos. Estes exemplos, e milhões de outros, demonstram que pessoas criam coisas bonitas e trabalham juntas pelo puro prazer de fazer isso. E a maior parte desta produção textual é feita voluntariamente e de graça.

Jogadores intrinsecamente envolvidos que lançam suas próprias convenções de jogo vão saber os nomes dos programadores que desenvolveram o game que eles adoram (apesar de nunca os terem conhecido fisicamente), serão capazes de recitar falas de personagens e desenhar ambientes virtuais ou imaginários dos seus jogos favoritos. Este é um mundo onde designers e desenvolvedores de jogos são estrelas de rock, e as pessoas compartilham histórias emocionantes de como os jogos as afetaram emocionalmente ou até mesmo mudaram suas vidas de alguma forma.[9]

Tais exemplos de engajamento dizem claramente que, quando as pessoas são verdadeiramente inspiradas, não há fim para a sua motivação. Se nós, como pesquisadores, pudéssemos gerar apenas uma fração dessa inspiração e engajamento em nossos participantes, teríamos uma indústria completamente diferente.

Engajamento intrínseco nos jogos e o que isso pode fazer para a pesquisa de mercado

Aqui exploramos os resultados e comportamentos típicos dos jogadores intrinsecamente envolvidos e exploramos o que os pesquisadores podem aprender com esses comportamentos. A lista seguinte foi compilada utilizando uma análise temática de várias entrevistas com especialistas.

Doze sinais de engajamento intrínseco entre jogadores[10]

1. Mostrar curiosidade em aspectos do jogo, como a narrativa ou a estética. A curiosidade pode ser mostrada dentro do jogo (como explorar um ambiente ou diferentes direções da narrativa de um jogo) ou fora dele (isto é, fazer perguntas sobre um jogo em fóruns on-line ou procurar conhecimento "dos bastidores" de um jogo por meio de críticas, blogs etc.).
2. Procurar contato direto com a equipe de desenvolvimento (por exemplo, contato com criadores e designers de jogos em fóruns sociais, e-mail, cartas manuscritas etc.).
3. Fornecer feedback voluntário (seja como feedback positivo ou crítica construtiva).
4. Fornecer produção textual voluntária. Muitos exemplos são

destacados neste capítulo, como *fanart*, fanfic, cosplay, criação de streams e reruns (transmissões ao vivo ou vídeos de pessoas jogando), sites feitos por fãs e assim por diante.

5. Assistir a outros jogarem (aprendendo com as técnicas de outros jogadores, ou simplesmente assistindo para se divertir).

6. Repetir jogos.

7. Exibir conexões e reações emocionais e psicofisiológicas (aumento da frequência cardíaca, sudorese, felicidade, frustração).

8. "Brincar" *com* um jogo (por exemplo, os jogadores podem criar suas próprias regras para mudar a dinâmica do game — como ver quão rápido eles podem terminar um jogo ou se eles podem completar um nível sem acumular nenhum ponto).

9. Criar modificações no jogo (através de hacking ou de trapaças).

10. Experimentar o estado de flow — os jogadores podem perder a noção do tempo quando jogam.

11. Compartilhar conteúdos: eles podem compartilhar conteúdos com outros jogadores e não jogadores, desde vídeos até conversas sobre os games, fanart, fanfic etc., seja on-line ou pessoalmente.

12. Ser capaz de recordar eventos, personagens e outros itens do jogo com altos níveis de precisão.

Isso se alinha com as definições existentes de engajamento, por exemplo: "O comportamento de acompanhamento, incluindo buscar mais informações, disseminar informações, conversar com outras pessoas, e atitude são todas indicações de que o engajamento ocorreu de fato."[11]

Esta análise pode ser agrupada em duas categorias mais abrangentes — que pessoas intrinsecamente envolvidas voluntariamente:

CRIAM (por meio da escrita, produção, desenho, pintura etc.);

COLABORAM (compartilham ideias, fazem coisas juntos, resolvem problemas em conjunto etc.).

Pesquisadores e compradores de pesquisa *precisam* de participantes criativos e colaborativos.

Pesquisadores pedem regularmente aos participantes para realizarem tarefas criativas, como compartilhar ideias ou resolver problemas (como "que nome você daria a este produto?"), e colaborar por meio de uma série de plataformas de pesquisa de mercado, tais como comunidades on-line, e de estudos diários de longo prazo. Se analisarmos as ações contributivas que levam à criatividade e colaboração, poderemos notar que há cinco ações-chave:

- Ler;
- Escrever;
- Ver;
- Ouvir;
- Criar/fazer.

(e, em alguns casos, todas essas coisas combinadas) com paixão e atenção. Os pesquisadores se beneficiariam dessas ações porque *todas* elas são exigidas dos participantes, mas a crença comum nos fala que os participantes nunca vão ler, escrever, assistir, ouvir ou fazer tanto quanto gostaríamos que eles fizessem. Claramente, a desconexão não está no modo como as pessoas interagem com a mídia digital; o que importa para estimular comportamentos desejáveis é o modo como a mídia digital envolve as pessoas.

A seguir, veremos exemplos de jogos que pedem aos jogadores que realizem essas cinco ações, com um olhar específico sobre o porquê e quando os pesquisadores achariam que esse tipo de ações são desejáveis. Exemplos de ResearchGames da Research Through Gaming serão usados para demonstrar como um "engajamento típico de um jogador" foi conseguido quando uma pesquisa foi reformulada como um jogo, com informações sobre os resultados da pesquisa.

Ações de pessoas intrinsecamente engajadas: rumo à criatividade e à colaboração dos participantes com a ajuda de jogos

Leitura

Todos nós lemos agora mais do que nunca na história: blogs, jornais on-line, atualizações de mídias sociais e muito mais. No entanto, muitos participantes de pesquisas têm dificuldades para ler todas as perguntas e instruções, ou com a mesma atenção que dão a outros conteúdos digitais. Em contraste, jogos de aventura como *Zork*, que são inteiramente baseados em texto, são tão populares agora quanto sempre foram, e o gênero tem visto um renascimento com modernos jogos de aplicativo de aventura em texto, como *Blackbar*[12] e *Grayout*[13].

Mesmo os games que *não* são aventuras em texto podem ainda incluir muito texto; esse artifício é frequentemente utilizado para transcrever conversas entre personagens, e os personagens podem enviar ou receber cartas virtuais. Em muitos jogos multiplayer, as instruções de missões (das quais um jogador pode ler centenas no decorrer do seu jogo) podem ser o equivalente a dois ou três parágrafos cada.

A Figura 8.1 mostra uma captura de tela do premiado *That Dragon, Cancer* (2016, Numinous Games). Nesta seção do jogo, o jogador lê cartas dos pais, amigos e familiares de um menino que tem câncer. Esta carta é uma das muitas que os usuários podem ler. Um jogador pode demorar cerca de quinze minutos para ler essas cartas só neste nível. Nesse exemplo, vemos como pessoas intrinsecamente engajadas ficam felizes de ler muito texto, desmistificando, assim, a ideia de que os participantes de pesquisas só conseguem ler muito pouco. Também contradiz a pesquisa que nos diz que os níveis de atenção estão em declínio[14].

Embora escrever pesquisas de forma concisa seja importante, exemplos de muitos jogos digitais mostram que não é a quantidade de texto na tela que é o problema; é a inspiração para lê-la. Os jogadores não leem apenas durante o jogo, também leem muito conteúdo que não está contido nele. Os gamers, ou aqueles simplesmente envolvidos com a indústria de jogos em geral, também leem *sobre* o assunto. Revistas como *Edge* e *PC Gamer* fornecem comentários sobre a indústria de jogos, notícias sobre lançamentos, avaliações de games e muito mais, enquanto outras publicações podem ser específicas para um console ou gênero, como a *Xbox Magazine* e a *PlayStation Magazine*. Tais revistas têm níveis de visualizações e de assinaturas que chegam às centenas de milhares anualmente.

Figura 8.1: Uma captura de tela do jogo *That Dragon*, Cancer mostrando uma das muitas cartas que os jogadores poderiam ler neste nível.

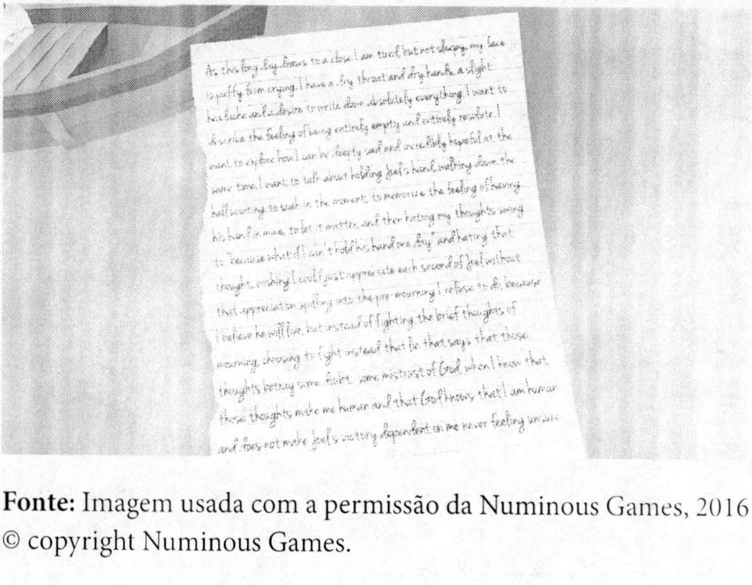

Fonte: Imagem usada com a permissão da Numinous Games, 2016 © copyright Numinous Games.

Como o interesse no segmento aumentou, até mesmo publicações de grande porte incluem conteúdo regular sobre jogos. Há também uma infinidade de blogs como *Game Skinny*, *Kotaku* e *IGN.com* e ainda mais leitura ocorre por meio das redes sociais e das newsletters de produtoras de jogos. Apesar de a maior parte deste conteúdo ser gratuito, parte dele requer pagamento. Isso significa que os jogadores, que já gastam dinheiro em consoles, nos próprios jogos e em outros equipamentos/aparelhos (e que provavelmente têm pouco tempo e dinheiro a esta altura da vida), ainda estão suficientemente empenhados em investir os seus recursos limitados para fazer *mais* leitura.

Por que é útil para fornecedores e compradores de pesquisa que os participantes estejam engajados no que estão lendo ou sejam capazes de ler mais conteúdo?

Os pesquisadores de mercado são frequentemente aconselhados a garantir que os participantes leiam o menos possível nas pesquisas on-line. Mas há casos em que não só os pesquisadores precisam que os participantes leiam textos mais extensos, como também que se envolvam o suficiente para ler com elevados níveis de atenção. Isso ocorre porque:

- Estar engajado o suficiente para ler as perguntas da pesquisa, responder opções ou instruções em detalhes pode ajudar os participantes a responder às perguntas com mais precisão à medida que entendem melhor a pergunta e/ou o contexto;
- Se os participantes compreenderem o valor empático do projeto/situação por meio da leitura, eles se importarão mais e terão maior probabilidade de se dedicar em suas respostas e sustentar tais esforços porque estão engajados;
- Os pesquisadores podem incluir mais contexto para uma pergunta e/ou mais opções de resposta onde for necessário para obter os dados que os compradores de pesquisa precisam.

Quando os pesquisadores querem que os participantes leiam?

- Em questionários, para perguntas e instruções.
- Em grupos focais on-line — os participantes são frequentemente estimulados a ler os comentários de um moderador e de outros participantes.
- Testes sobre a documentação dos acordos financeiros, acordos de licença de usuário final etc.
- Teste de conteúdo do manual de instruções ou similar.
- Em alguns casos, as comunicações de marketing baseadas em texto podem ser testadas.

Como os ResearchGames têm incentivado os participantes a lerem mais

A minha equipe e eu criamos dois ResearchGames, *TESSA Undercover Agents* (referido como *TESSA* para abreviar) e *Dubious*, para um estudo acadêmico denominado *IMPRINTS Futures*. A lista a seguir ilustra a quantidade de conteúdo que os participantes foram encarregados de ler.

O ResearchGame *TESSA* incluiu:

- Sete afirmações sobre coisas que talvez já tivessem acontecido com os cartões bancários dos participantes (como "perdi meu cartão" ou "meu cartão foi danificado");
- Teste de catorze tipos de cartões que o participante pode ter (por exemplo, cartões de crédito, bancários, de fidelidade etc.);
- Teste de dez formas atuais de identificação e autenticação em conjunto com o contexto e a finalidade (por exemplo, "utilizei escaneamento corporal 3D em um aeroporto");

- 26 afirmações de concordância/discordância baseadas na escala de valores culturais de Hofstede[15] (frases como "o bem-estar do grupo é mais importante do que recompensas individuais");

Figura 8.2: Captura de tela de *TESSA Undercover Agents* (2014), em que os participantes retirariam os três primeiros itens de um cofre entre cinco itens que foram escolhidos em um nível anterior.

Fonte: © Research Through Gaming Ltd.

- Teste de quatro formas futuristas de identificação e autenticação (por exemplo, tatuagens inteligentes, joias inteligentes etc.), usando uma escala Likert, com descrições baseadas em texto sobre as formas de identificação;
- Quinze declarações sobre desejos de futuros modos de identificação e autenticação (declarações como "desejo que o meu cartão apite quando criminosos estiverem por perto").

No total, *TESSA* incluiu no teste 48 declarações e 28 formas futuristas e atuais de identificação e autenticação. Isso exclui outros textos que ajudaram a estabelecer a narrativa do ResearchGame e a progredir a história (conforme ilustrado na Figura 8.2).

O ResearchGame *Dubious* incluiu:

- Três peças de vestuário futuristas para teste (incluídos na "Ferramenta de Criação de Avatar" da Research Through Gaming dentro do próprio ResearchGame). Cada um dos três tipos foi usado duas vezes, quando foi pedido aos participantes que criassem/vestissem um avatar deles mesmos e depois criassem/vestissem um amigo, colega de trabalho ou professor, escolhendo novamente uma das três peças. Cada uma delas veio com uma dica de ferramenta para explicar a função de cada peça, como visto na Figura 8.3.
- Doze acessórios futuristas (novamente, usados duas vezes quando o participante criou um avatar de si mesmo e depois outro de um amigo, colega de trabalho ou professor). Estes acessórios também vieram com uma ferramenta de explicação.
- Quinze formas atuais e futuristas de identificação e autenticação (novamente, cada uma com dicas em forma de texto para explicar sua função).
- Teste de outras catorze formas atuais e futuristas de identificação e autenticação (também com dicas em forma de texto).
- Vinte afirmações baseadas em uma estrutura teórica que o cliente estava usando como parte da análise (afirmações como "É verdade que, no futuro, todos os sistemas utilizarão meus dados para 'agir' sem mim? Por exemplo, a minha televisão liga no meu canal preferido para que não tenha de fazer isso?"). Um exemplo de afirmação pode ser visto na Figura 8.4.
- E, finalmente, um diário digital *Day in 2030* (incluído no próprio ResearchGame) dividido em duas áreas: manhã/tarde e noite.

Figura 8.3: Uma versão personalizada da "Ferramenta de Criação de Avatar" da Research Through Gaming, com roupas e acessórios futuristas e ferramentas de dicas para explicar a função dos itens. Captura de tela do ResearchGame *Dubious*, lançado em 2013.

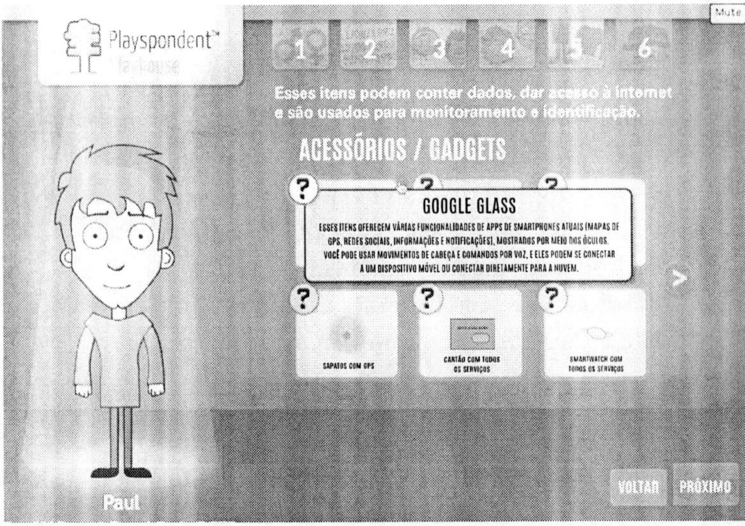

Fonte: © Research Through Gaming Ltd.

Figura 8.4: Uma das afirmações do personagem "médico" no ResearchGame *Dubious*. [na página ao lado]

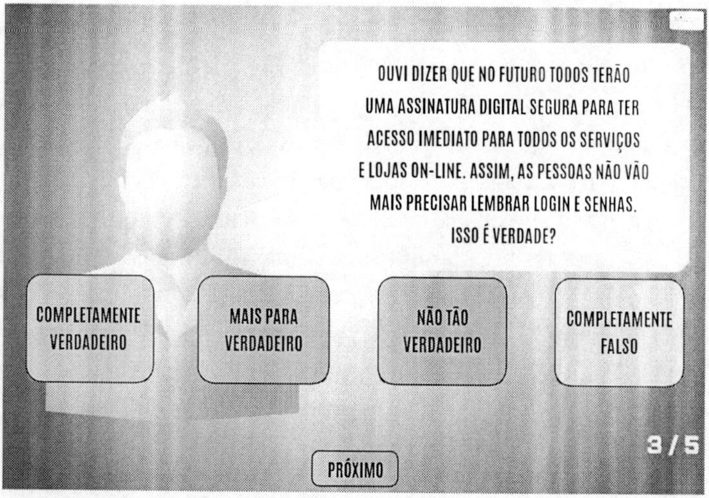

Fonte: © Research Through Gaming Ltd.

Figura 8.5: Uma captura de tela do ResearchGame *Dubious*, lançado em 2013. Após cada nível, os participantes receberam três recompensas, entre elas um resumo do futuro, com base na forma como os participantes responderam às questões anteriores.

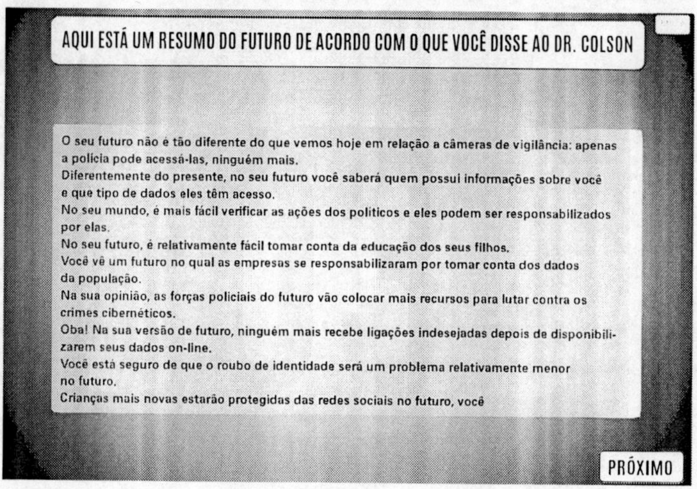

Fonte: © Research Through Gaming Ltd.

No total, *Dubious* incluiu 20 declarações e 59 formulários de identificação e autenticação para testar/escolher. Assim como no *TESSA*, esta lista não inclui o texto narrativo do ResearchGame, nem outros componentes como as escolhas da Ferramenta de Criação de Avatar, como a cor e o estilo de cabelo. O participante recebeu para ler um feedback em forma de texto que resumiu sua versão do futuro com base nas respostas previamente escolhidas (Figura 8.5).

É claro que estes foram ResearchGames com muito texto, com um grande número de afirmações a serem consideradas pelos participantes. O cliente ficou ciente que itens como o texto das instruções não poderiam ser alterados (uma solicitação comum), então, infelizmente, a quantidade de palavras ou de instruções não poderiam ser diminuídas. Além disso, as definições de ferramentas de dicas baseadas em texto foram fornecidas para maior clareza, uma vez que algumas terminologias tinham um duplo sentido e outras poderiam não ser facilmente compreendidas.

Resultados

Anteriormente, analisamos os doze sinais de engajamento intrínseco entre os jogadores. A partir dos resultados (incluindo resultados estatísticos e feedback dos participantes) dos ResearchGames *TESSA* e *Dubious*, fomos capazes de reconhecer sete dos doze sinais de engajamento, como "pesquisa de antecedentes voluntária" e "buscar contato direto com a produtora de jogos".

Apesar dos requisitos de leitura, 91 por cento dos participantes do *TESSA* deixaram o feedback categorizado como positivo, com muitos participantes comentando que tinham "gostado da experiência". Houve também comentários de feedback de gratidão:

- "Muito obrigado. Esta pesquisa/jogo foi muito empolgante!"
- "Incrível! Adorei este 'ResearchGame' — a melhor pesquisa que já fiz. Obrigado por permitir que eu participasse."

- "Obrigado, foi a pesquisa mais estranha e mais interessante que já fiz."
- "Foi uma grande experiência — obrigado!"
- "Muito mais divertido do que QUALQUER OUTRA pesquisa em que já participei antes — OBRIGADO!"

Dezessete participantes pediram voluntariamente oportunidades para jogar mais ResearchGames no futuro. O desejo de continuidade foi expresso em muitos casos com entusiasmo por pessoas de todas as idades. Estes feedbacks foram fornecidos por pessoas com idades entre 40 e 55 anos:

> Quero mais, por favor, por favor, por favor
>
> Cara, este tipo de pesquisa é totalmente incrível e inovador em seu método. Por favor, por favor, por favor, me chamem para quaisquer projetos futuros.
> xxxx@hotmail.com ou xxxx@yahoo.co.uk.*
>
> (*Observação: não foi solicitado ao participante o seu endereço de e-mail)

Embora seja útil olhar para o prazer dos participantes, outros aspectos da experiência de pesquisa também são importantes. Um ponto que queríamos controlar de perto era a taxa de continuidade, para ver se conseguíamos obter os tipos de efeitos de repetição normalmente vistos em jogos. Dos participantes que completaram o *TESSA*, 81 por cento jogaram *Dubious* quatro meses depois. Essa taxa de continuidade foi onze pontos percentuais maior do que a prevista pela empresa de painel que contratamos, já que eles haviam previsto uma taxa máxima de continuação de setenta por cento[16] com base nas taxas anteriores de pesquisas on-line tradicionais de duração semelhante[17]. Embora onze pontos percentuais não pareçam muito, isso pode fazer uma diferença significativa se muitos milhares de participantes forem necessários para as pesquisas.

Quando olhamos para os primeiros doze sinais de engajamento intrínseco, os resultados seguintes correspondem a quatro desses sinais:

- **Feedback voluntário:** 27 por cento daqueles que participaram do *TESSA* deram feedback voluntário (N=376).
- **Feedback positivo voluntário:** Em todos os comentários recolhidos dos participantes do *TESSA*, os adjetivos e advérbios mais frequentes utilizados ao deixar comentários (por ordem de maior a menor frequência) foram: divertido, interessante, diferente, gostei, excelente, bom, agradável, inusitado e inovador.
- **Crítica construtiva voluntária.**
- **Busca de contato direto com a equipe de desenvolvimento**.

Depois de jogar *TESSA*, uma participante encontrou meu endereço de e-mail (presumo que em algum lugar on-line, pois não foi fornecido como parte do ResearchGame) e enviou uma mensagem positiva sobre sua experiência no ResearchGame com algumas críticas construtivas. Os participantes não eram obrigados a fazê-lo. O que foi surpreendente, além de ser um indicador do engajamento intrínseco desta participante, não é que ela tenha feito críticas construtivas ou mesmo que tenha levado um tempo para achar o meu endereço de e-mail, mas que tenha tentado atualizar uma página duas vezes e passado mais de uma hora participando, mostrando um forte desejo de continuar. (O nome foi alterado para proteger a identidade da participante. O estilo de escrita é mantido como originalmente escrito.)

Querida Betty,

acabei de completar um painel de pesquisa e achei que você deveria saber que sua pesquisa foi incrível, uma das melhores que eu já fiz e participei de um monte de pesquisas de painel/feedback cara a cara e pela internet desde criança. achei que você deveria saber que muitas das páginas não carregavam totalmente — nós temos a banda larga não cabeada padrão por aqui — o tipo que a maioria das pessoas reclamam. então não consegui preencher a página do questionário da pesquisa. como último recurso, atualizei a página seguinte duas vezes antes de finalmente poder clicar em "sim". poderia valer a pena considerar que muitos usuários não têm altas velocidades de banda larga disponíveis em suas áreas?

de qualquer forma, obrigada pela pesquisa menos entediante de todas!

Muito obrigada, Julie.

p.s levei mais de uma hora para concluir...

O peso do conteúdo e a qualidade dos dados, bem como o feedback dos participantes, provaram que o uso de jogos como ferramenta de pesquisa pode garantir que eles possam se engajar intrinsecamente, ler mais e com alto nível de atenção. E, mesmo quando a internet falha, eles estão determinados a ler o conteúdo completo.

Observações:

- O vídeo de gameplay do *TESSA* e do *Dubious* pode ser visto no link: **www.koganpage.com/gamesandgamification**, usando o código de acesso DUBTES2 quando solicitado.
- Este estudo de caso será discutido mais detalhadamente no Capítulo 11.

Escrita

Aparentemente não há limites para o quanto os jogadores intrinsecamente engajados vão ler, e o mesmo se aplica ao quanto eles vão escrever. Os jogos de RPG de computador (CRPGs — muitas vezes chamados de jogos de aventura em texto) exigem que os jogadores progridam no jogo escrevendo, o que pode continuar por muitas horas. Mas e sobre escrever fora dele?

A wiki do *World of Warcraft*[18, 19] é um dos exemplos mais citados de produção textual voluntária. No momento em que escrevo, ela tem 297.240 páginas de contribuições voluntárias de jogadores de *World of Warcraft* ao redor do mundo. Eles fizeram esta wiki para ajudar outras pessoas a jogar o game e documentar as alterações dos jogos.

Jogadores engajados também produzirão voluntariamente fanfics[20]. Exemplos de fanfics preenchem as histórias ausentes de personagens de jogos, imaginam como a narrativa do jogo evolui no futuro, ou simplesmente reimaginam os personagens de outras formas. Um exemplo é uma paródia baseada no jogo *Angry Birds* (Rovio Entertainment Corporation) em que um jogador publicou uma série de cartas intituladas "*Angry Birds* — Cartas das Linhas de Frente"[21]:

> Minha querida Amanda,
>
> Espero que esta carta a encontre em boa saúde. Temos sofrido baixas significativas nos níveis 3-17 e 3-18. Aqueles porcos verdes repugnantes estão começando a construir as suas fortalezas com pedras. O Sargento ordenou reforços daqueles pássaros negros que explodem. Rezo para que cheguem a tempo. Já vi irmãos pássaros vermelhos demais atirados contra muros de pedra sem sucesso. Estou tendo dificuldades para entender tudo isso, Amanda. Eles me disseram que posso voltar para casa depois de termos três estrelas no 3-18. Gostaria de acreditar que é possível, mas o meu coração está cheio de dúvidas.

Seu sempre querido,

Pássaro Vermelho

Este exemplo, e muitos outros, mostram que não só as pessoas intrinsecamente engajadas podem escrever muito texto e com grande atenção, como também o fazem com imaginação, criatividade, intelecto e clareza (e até mesmo um pouco de humor) — tudo o que os pesquisadores gostariam que os participantes da pesquisa de mercado fizessem.

Por que é útil para pesquisadores e compradores de pesquisa que os participantes se engajem no que estão escrevendo, ou sejam capazes de escrever mais conteúdo?

Os pesquisadores muitas vezes renunciam à inclusão de respostas abertas (isto é, perguntas de pesquisa em que o participante tem um campo de entrada onde pode escrever texto "livremente") porque nos é dito que os participantes são dissuadidos por estas oportunidades de escrita. Talvez seja considerado cognitivamente taxativo demais, leva muito tempo para o participante, ou ambos.

Mas, se pudermos criar pesquisas como jogos, podemos aproveitar os tipos de escrita criativa, pensada e detalhada como a que vemos nos jogos e nas fanfics. Isso poderia ser benéfico para os pesquisadores em termos de riqueza de informações.

Quando os fornecedores e compradores de pesquisa querem que os participantes escrevam?

- Em estudos diários on-line ou off-line;
- Como parte de grupos focais on-line e em comunidades on-line de pesquisa de mercado (MROCs);

- Ao escrever seu feedback discutindo a experiência do serviço ao cliente, ou outros tipos de comentários;
- Ao escrever sobre as suas ideias e opiniões em respostas abertas.

Quando um ResearchGame conseguiu fazer os participantes escreverem

No ResearchGame *Dubious*, incluímos um diário digital para os participantes imaginarem um dia de suas vidas em 2030. O diário foi dividido em duas seções: manhã/tarde e noite.

Dos participantes que participaram de *Dubious*, dezenove por cento optaram por completar o Nível Bônus "Diary Study" [Estudo do Diário] preenchendo as seções "manhã/tarde" e "noite". Esta atividade era totalmente opcional. Os botões "WRITE" [ESCREVER] e "SKIP" [PULAR] eram claramente visíveis na tela (Figura 8.6). Apenas a seção "manhã/tarde" foi preenchida por 21 por cento dos participantes. Este resultado foi maior do que tanto o nosso cliente quanto eu tínhamos esperado, especialmente porque esta foi a atividade final no ResearchGame *Dubious*, depois de aproximadamente 25-30 minutos de jogo, e depois de completar o ResearchGame *TESSA* quatro meses antes de participar de *Dubious*.

Embora o comprimento do que foi escrito voluntariamente pelos participantes tenha sido impressionante (entradas longas no diário eram comuns em todo o conjunto de dados), o conteúdo foi mencionado como uma das partes mais perspicazes dos dados para o nosso cliente, especialmente porque eram detalhados e emotivos. Os dados ilustraram os receios e esperanças que as pessoas tinham em relação ao ano de 2030, indicativos de coisas que as pessoas pensavam que se manteriam, em grande parte, as mesmas, bem como o que seria novo, incluindo muitas ideias para inovações. Por exemplo, foram mencionadas geladeiras smart, televisões 4D, as "máquinas integradas de conservação de dados que leem dados biológicos e compartilham com o médico para registro e alertas preventivos", até cafés da manhã autopreparados servidos por androides, bares virtuais e comprimidos no lugar de alimentos. Também pudemos ver como as pessoas imaginavam o mundo do trabalho: de "viajar para o trabalho via feixe de luz, dez horas de trabalho manual para o governo, um intervalo para descanso de dez minutos" a "o escritório será limpo com máquinas de limpeza automática. Quase todo o trabalho é baseado em computador com videoconferência em vez de reuniões".

Figura 8.6: Nível Bônus "estudo do diário" no ResearchGame *Dubious*

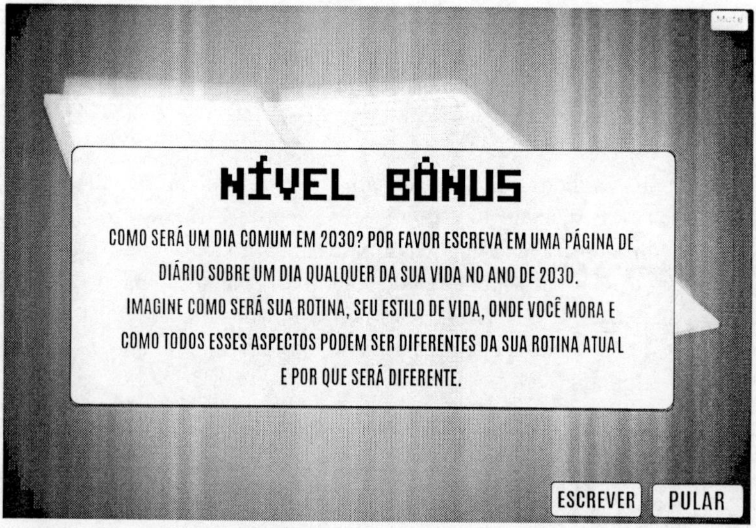

Fonte: © Research Through Gaming Ltd.

O extrato a seguir (que mantém a resposta exata do participante, incluindo erros de digitação) ilustra a extensão e detalhamento da maioria das entradas para a mesma atividade:

> MANHÃ/TARDE
> 07:00 Acordo cedo, tomo três cápsulas no café da manhã. 09:00 conecto as crianças ao canal de educação e faço o download do programa de estudos

de hoje — devo voltar em uma hora para verificar seus resultados e comunicar com seu professor 09:15 Eu me teletransporto para o escritório, concluo minhas tarefas do dia e sou teletransportado de volta para casa às 10:0010:00 O professor das crianças está feliz com seus resultados de estudo e lhes concede um PHd12:00 Eu levo as crianças para o almoço, elas adoram os comprimidos de hambúrguer — elas realmente têm o mesmo gosto que o hambúrguer que eu comia quando eu tinha a idade delas.13:00 Nós temos uma sessão de jogos de maratona no palácio de jogos. As crianças encontram os seus amigos on-line e brincam a tarde toda. Elas tomam um banho e nós voltamos para casa — teletrasporte individual — as crianças preferem viajar com os amigos.

NOITE
7:30 Encontro amigos, nós tomamos as pílulas da noite, escolha muito maior à noite. fico em dia com as coisas no escritório.nos mudamos para a comunicação eletrônica e reservamos um teletransportador ao redor do mundo. Paramos em Kuala Lumpur para um passeio pela torre Petronas e vamos para Singapura por alguns minutos. A seguir vamos a Manila para ouvir música ao vivo. Tóquio estava muito quieta, decidimos deixar Tóquio até o fim de semanaNova York é sempre especial para mim, mas apenas alguns minutos antes do teletransportador nos levar de volta para casa10:15 de volta para casa, tomo banho de uv e uma pílula de cansaço, relaxo e assisto a um vídeo dos anos 1980. Tenho de pedir às crianças que me mostrem como fazer com que o leitor de vídeo funcione

Alguns participantes escreveram sobre suas vidas futuras com técnicas de storytelling:

Fui trabalhar como sempre. Recebi uma mensagem pelo CCTV/sistema de voz quando eu cometi um erro e me foi pedido para explicar ao chefe. (Jesus, nem consigo respirar sem que o chefe saiba) Não importa que não tenha sido um grande problema, apenas tenho que ter cuidado. Terminei o trabalho e fui buscar uma cerveja, encontrei algum dinheiro na rua e fui imediatamente informado de que tinha sido notado pelos operadores de câmera e que teria que devolver ou seria acusado de roubo. Mais sorte na próxima vez, né? Ainda assim, apreciei a cerveja. Por mais cara que ela fosse. Voltei para casa e liguei a televisão durante o percurso, além de fechar as cortinas e ligar a luminária. Pelo menos assim não vou ser assaltado. Fiquei assistindo à TV, bebi algumas cervejas e, em seguida, fui para a cama cedo, porque me levantarei cedo para o trabalho e não quero passar pelo que passei hoje. Boa noite. Pelo menos os sonhos me pertencem!

O feedback voluntário foi fornecido sobre o próprio ResearchGame, no qual os participantes escreveram mais; 83 por cento do feedback recebido foi categorizado como positivo em relação ao formato do ResearchGame *Dubious*. Estes resultados, como tantos outros exemplos de ResearchGames, mostram que os jogos estimulam a escrita criativa, respostas bem pensadas e até mesmo ideação.

O feedback e os tipos de comportamentos apresentados pelos participantes se conectam a mais dois dos doze sinais de engajamento intrínseco: produção textual e feedback voluntários.

Desenvolvimento/criação

Fanart é um tipo de arte em que os jogadores prestam homenagem ao seu jogo favorito, ou reimaginam os seus personagens favoritos, usando todos os tipos de expressão artística. Super Mario tem sido reimaginado como arte abstrata para pinturas de vitrais e de estilo renascentista.

Basta procurar na web por "fanart de..." e inserir o nome de qualquer jogo, e você provavelmente verá centenas, senão dezenas de milhares de fanarts. Algumas delas são digitais, outras desenhadas à mão, mas, qualquer que seja o meio, elas sempre nascem do engajamento intrínseco.

Um dos meus exemplos favoritos de fanarts feitas por jogadores é do popular e premiado jogo de aplicativo *Monument Valley*[22], da ustwo games. Dê uma olhada no site de fanart deles[23] e veja como crianças com menos de dez anos e pessoas com mais de cinquenta anos estão produzindo obras apaixonadas. Estes exemplos mostram que, quando intrinsecamente engajados, os participantes de pesquisas *podem* produzir representações igualmente apaixonadas e intrínsecas do que eles gostam, não gostam ou o que querem, para fins de pesquisa de mercado.

Jogadores engajados (novamente, de todas as idades) também fazem figurinos para se parecerem com as suas personagens favoritas, e usam esses figurinos em eventos e outras convenções. Isso é chamado "cosplay" — *costume play* [vestir-se como um personagem]. As pessoas podem passar horas, ou até dias, costurando todos os detalhes intrincados de calçados, roupas e outros acessórios. Em uma história compartilhada em mídias sociais, Leo Simons, sob o nome de "Elmins Cosplay", passou mais de mil horas criando sua própria fantasia de *League of Legends* (Riot Games, Inc.) e gastou mil dólares para isso. Durante uma semana, o mundo ficou fascinado com a história da dedicação deste homem relatada no jornal britânico *The Mirror*[24].

Seus esforços fazendo asas mecânicas (Figura 8.7) completas com luzes de LED azuis impressionaram os leitores. Embora o desenvolvimento de conteúdo de jogos, como figurinos e acessórios, seja impressionante, o que é igualmente admirável, se não mais, é o alto nível de resolução de problemas e engenharia necessário para recriar na realidade o conteúdo digital visto nos jogos. Para muitos cosplayers, eles não têm necessariamente as habilidades para fazer essas coisas, mas por meio de seu engajamento intrínseco, eles até aprendem novas habilidades para fazer esses produtos. Novamente, se os pesquisadores pudessem aproveitar este design dedicado e/ou poder de construção, isso poderia equivaler a muito mais ideias criativas e resolução de problemas por parte dos participantes.

Figura 8.7: Asas gigantes motorizadas, feitas pelo artista Elmins Cosplay, que passou mais de mil horas construindo a peça. Imagem usada com a gentil permissão de Leo Simon "Elmins Cosplay".

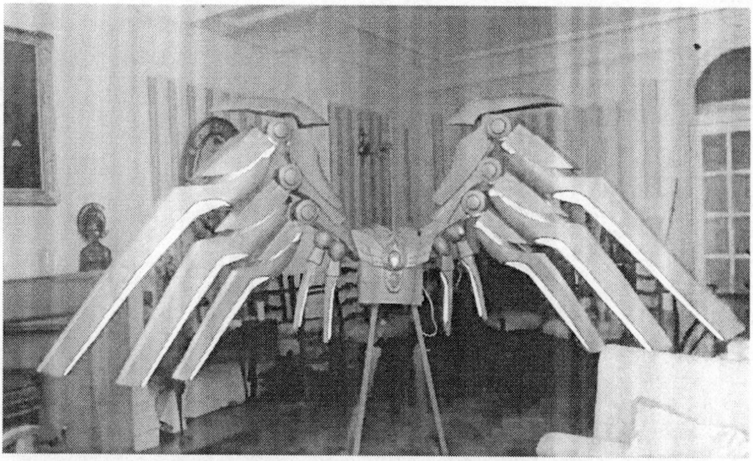

Fonte: © Elmins Cosplay.

Por que o envolvimento dos participantes no que estão criando ou fazendo é útil para pesquisadores e compradores de pesquisa?

Pode ser exigido que os participantes se envolvam no conceito ou na criação para:

- Idealizar protótipos de produtos, incluindo móveis, eletrodomésticos, vestuário e assim por diante;
- Idealizar protótipos de aplicativos e outros produtos de software;
- Idealizar as suas versões de bairros, escolas ou outros edifícios e ambientes.

Ao criar tais produtos, na realidade ou mesmo como desenhos digitais, os pesquisadores exigiriam que os participantes mostrassem altos níveis de detalhe para que fosse fácil entender as ideias.

Quando um ResearchGame encarregou os participantes de criar

Em 2015, criei o ResearchGame *Designer for a Day* para um conglomerado de marcas de roupas ranqueado na *Fortune 500*. Os participantes foram colocados no papel de designer de roupas esportivas e, por três níveis, puderam construir visualmente suas calças de ginástica ideais (como calças legging) para uma atividade de sua escolha (ioga, pilates, boxe etc.).

Os participantes tiveram muitas escolhas no desenvolvimento do seu vestuário ideal. Especificamente, os participantes podiam escolher:

- Um de oito estilos diferentes de peças para a parte de baixo do corpo (como calças legging, estilo boyfriend, estilo harém etc.);
- Um de três estilos de altura de cós (cintura alta, média e baixa, o que significa que a cintura alta estava sobre o umbigo, e a baixa ficava abaixo dessa linha);
- Um de quatro comprimentos (longo, até o tornozelo, capri e curto);
- Um de dois tipos de logotipo (que apareceria na calça);
- Uma de doze cores (incluindo duas estampas e nove cores lisas);
- Um de dois tipos de textura de tecido;
- Uma de cinco posições para um primeiro bolso;
- Um de cinco posições para um segundo bolso;

- Até cinco tipos de bolso (por exemplo, com zíper, com aba, pequeno ou grande etc.);
- Até quatro tipos de tecido tecnológico;
- Até cinco características de tecido;
- Até cinco opções de sustentabilidade;
- Um de dois estilos de costura.

Figura 8.8: Uma captura de tela do ResearchGame *Designer for a Day*, lançado pela Research Through Gaming em 2015 para um conglomerado de marcas de roupas ranqueado na *Fortune* 500.

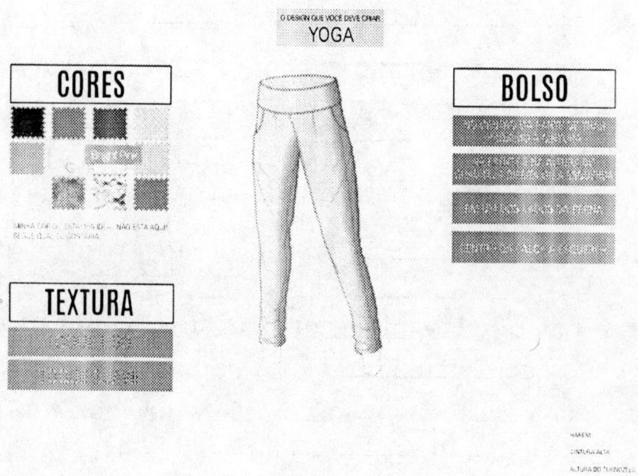

Fonte: © Research Through Gaming Ltd

Ao todo, os participantes tiveram 62 escolhas relacionadas ao design, e um mínimo de treze decisões foram necessárias para criar as calças de ginástica ideais, além de responder perguntas para explicar as escolhas de design (Figura 8.8). Havia mais de oito trilhões de combinações de design possíveis.

Mais uma vez, mesmo com a quantidade de escolhas e combinações disponíveis, que podem ser vistas como uma imposição em um ambiente de pesquisa tradicional, 99 por cento do feedback voluntário foi categorizado como positivo; as palavras mais populares para descrever o ResearchGame foram “divertido”, “fantástico” e “legal”. Além disso, 82 por cento disseram que gostariam de jogar um ResearchGame novamente no futuro[25]. O cliente considerou a informação como acionável e tinha posto muito do seu aprendizado em ação dentro de semanas.

Este estudo de caso ilustra que a reformulação de tantas escolhas como um esforço criativo dentro de um jogo (em vez de grades, menus suspensos e outras interações de perguntas usuais usadas em uma pesquisa tradicional) pode ser instrumental para o prazer dos participantes, mas também mostra como os auxílios visuais são importantes na pesquisa quantitativa. Podemos tirar vantagem das capacidades inerentes aos jogos para que os participantes possam ver as suas criações “ganharem vida”. Tais visuais, com permissão, podem ser usados diretamente nos processos de relatórios de insight e até mesmo como parte dos Insight Games (que vamos explorar no Capítulo 24).

Escuta

A escuta nos jogos é tão importante quanto a leitura e a escrita, e, como a tecnologia evoluiu, podemos ouvir personagens em uma variedade de entonações e com inclinações emocionais, tornando-os mais humanos. O áudio não baseado em diálogos também ajuda os jogadores; como explorado no Capítulo 4, a música e os efeitos sonoros são imperativos na criação de humor, aviso de perigo, ou mesmo na alteração da velocidade com que os participantes reagem dentro de um jogo.

Por que o engajamento dos participantes no que estão ouvindo, ou a possibilidade de eles ouvirem mais conteúdo, é útil para pesquisadores e compradores de pesquisa?

Os múltiplos usos da música nos jogos também estão enraizados na heurística; a música rápida estimula respostas mais rápidas e instintivas e a música mais lenta pode estimular comportamentos e respostas mais lentos e uniformes. A indústria de pesquisa de mercado já valoriza o pensamento automático do "Sistema 1" porque há muitos casos em que os pesquisadores querem desestimular a deliberação e incentivar respostas espontâneas dos participantes.

Além de ouvir áudio não dialogado para mudança de comportamento, há outras vezes em que os pesquisadores gostariam que os participantes ouvissem o conteúdo e o escutassem com muita atenção:

- Testando conteúdo de rádio, de TV, filmes etc.;
- Testando músicas e jingles para publicidade;
- A maior parte do conteúdo de vídeo terá um componente de "escuta" — por isso é importante ver e ouvir;
- A pesquisa e a tecnologia estão evoluindo de modo que a narração para as pesquisas possa se tornar convencional, o que significa que as pessoas podem ouvir (em vez de ler) as pesquisas;
- À medida que a pesquisa avança para a realidade virtual, haverá também a necessidade de os participantes ouvirem as instruções.

Quando um ResearchGame fez com que os participantes escutassem

Em 2011, eu criei o ResearchGame *Magazine Question Hunt* para uma editora de revistas infantis. Um dos objetivos era compreender quais canções de quais artistas eram as favoritas entre uma pequena seleção de crianças. Os participantes tinham entre sete e dez anos de idade.

Figura 8.9: Captura de tela do ResearchGame *Magazine Question Hunt* – "Quarto dos Meninos".

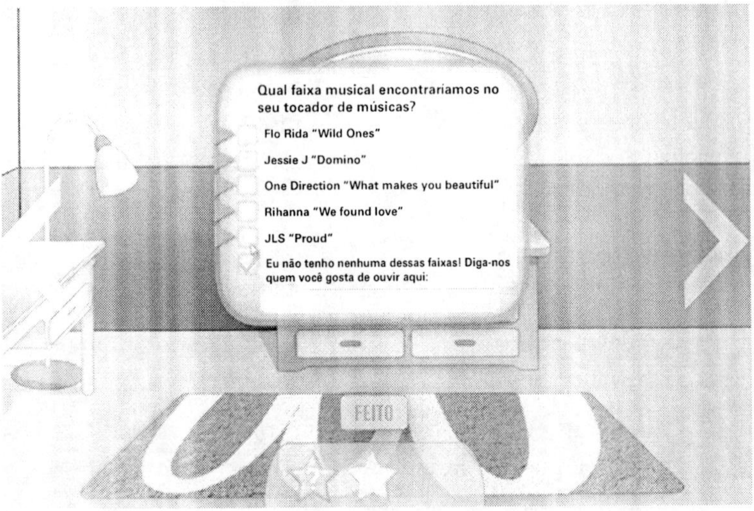

Fonte: © Research Through Gaming Ltd.

Perguntamos aos participantes que músicas encontraríamos na sua lista (Figura 8.9). Havia cinco músicas para escolher, com a opção de adicionar uma que ainda não estava mencionada; 97 por cento dos participantes ouviram todas as faixas e 85 por cento deram feedback positivo sobre a plataforma.

Observação

Olhar o que se passa em um jogo é crucial: observar os inimigos, ver o tempo se esgotando, checar as recompensas, moedas e outros itens. A todo momento durante o jogo, os jogadores precisam estar atentos a várias partes em movimento. Tanto é assim que "eles não notariam se o telhado caísse (a menos que isso desligasse o jogo no processo)" (Rigby e Ryan, 2011)[26].

Os jogos digitais podem pedir para os jogadores resolverem mistérios e crimes, fazendo com que a observação seja especialmente apurada; pode haver pistas nos menores detalhes, como uma sobrancelha levantada de outro personagem ou um olhar lateral momentâneo, ou itens escondidos em salas virtuais ocupadas.

Fora o ato direto de jogar, assistir a outras pessoas jogando é um passatempo popular. Twitch e YouTube são dois dos muitos sites que permitem que as pessoas vejam *outras* pessoas em ação. O principal membro do Twitch no momento em que escrevo tem quase 2,5 milhões de seguidores — todos com acesso instantâneo para ver seus jogadores favoritos jogarem os seus games favoritos[27].

Na conferência da indústria de videogames do Reino Unido de 2014, em Londres, Mark Green, diretor de pesquisa da Sony, confirmou que assistir a videogames é agora mais do que nunca uma forma de entretenimento em si, com 32 milhões de pessoas tendo assistido ao Terceiro Campeonato Mundial de *League of Legends* pela Twitch e 8,2 milhões assistindo à transmissão ao vivo.

Por que o engajamento dos participantes no que estão observando, ou a possibilidade de assistir/observar mais conteúdo é útil para fornecedores e compradores de pesquisa?

- Para recordar e avaliar aspectos do conteúdo de vídeo (como em anúncios, vídeos musicais e trailers de filmes).
- Em uma simulação, os participantes precisarão ser observadores de vários aspectos em um ambiente virtual, a fim de responder perguntas sobre diferentes elementos dentro dele.
- Em circunstâncias em que o design dos produtos está sendo avaliado, pode ser exigido dos participantes que acompanhem de perto as alterações no design dos produtos para avaliar as diferenças e preferências.

Quando um ResearchGame fez com que os participantes observassem de perto

No ResearchGame *Magazine Question Hunt* (mencionado anteriormente), foi incluído um minijogo para entender quais celebridades eram mais reconhecidas pelos participantes (crianças de sete a dez anos) em nome do nosso cliente, uma editora de revistas (Figura 8.10). Em vez de colocar a imagem na tela e fazer com que os participantes anotassem se reconheceram as celebridades ou não (o que poderia ter sido o caso de uma pesquisa on-line tradicional), esta pergunta foi reformulada como um jogo de adivinhação.

Os participantes iniciaram esta atividade com três vidas para cada uma das cinco celebridades (as vidas foram representadas como corações no lado esquerdo da tela). À medida que os ladrilhos se afastavam do rosto da celebridade, o participante podia escrever quem achava que era a celebridade, mas tinha de pensar rapidamente quando o cronômetro estava ligado. O temporizador de contagem regressiva serviu para estimular respostas instintivas porque queríamos replicar o curto espaço de tempo que as crianças teriam, na vida real, para reconhecer uma celebridade na capa de uma das revistas do nosso cliente.

Figura 8.10: Imagem do ResearchGame *Magazine Question Hunt* – Jogo de adivinhação de celebridades.

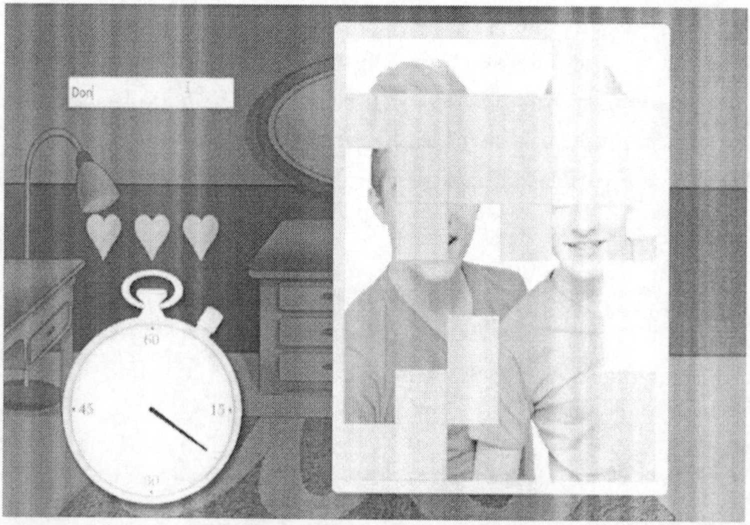

Fonte: © Research Through Gaming Ltd.

Esta atividade não só foi explicitamente mencionada nos comentários dos participantes como "a parte mais divertida" ou "favorita", como também serviu um propósito adicional em termos de percepção, porque mesmo quando os participantes adivinhavam incorretamente, ainda fomos capazes de recolher dados sobre quais *outras* celebridades estavam na ponta da língua. Também entendemos quanto tempo levou para o público reconhecer as celebridades, mas, fundamentalmente, percebemos algo que não havíamos antecipado: a importância de como a celebridade estava vestida em suas fotos. Uma das cinco celebridades testadas foi Dappy, de uma banda chamada N-Dubz. Se você procurar por uma imagem desta celebridade on-line ainda hoje, ele é mais retratado usando um chapéu de lã ou boné esportivo e roupas casuais como casacos com capuz. A imagem que o cliente forneceu de Dappy, no entanto, mostrou-o usando óculos escuros e um terno. Os participantes, na sua maioria, sentiram dificuldades para reconhecê-lo. Isso mostrou que a roupa da celebridade era importante para ajudar o público jovem a reconhecer quem eles eram, ajudando o cliente a fazer escolhas mais informadas sobre os *tipos* de imagens que usam de celebridades.

Tal atividade não precisa se limitar apenas ao reconhecimento de celebridades. Um jogo de adivinhação como este pode ser usado para qualquer coisa visual, como logotipo e reconhecimento de embalagens de produtos.

Como podemos ver nesses casos, a pesquisa baseada em jogos incentiva a criatividade e a colaboração. Mas não é apenas no entretenimento e na pesquisa de mercado que as técnicas baseadas em jogos são usadas. Outras indústrias reconhecem o poder da inspiração e do engajamento que os jogos e a gamificação oferecem, conforme exploraremos no próximo capítulo.

Atividade

Confira o podcast +7 *intelligence — How Games Impact People* (plus7intelligence.com) e a conferência *Games for Change* (www.gamesforchange.org) para histórias e estudos de caso em inglês de como jogos resultam em conquistas no mundo real.

Notas

1 Romero, R.; Adamou, B. Entrevista de especialistas com o gerente de comunidade da *Minority Media*, Rommel Romero, sobre a compreensão de comportamentos de engajamento intrínseco com videogames. Entrevista virtual, 27 mai. 2014.

2 Adamou, B.; Newman, J. Entrevista com o autor James Newman sobre a compreensão do engajamento intrínseco com videogames. Entrevista virtual,

19 nov. 2014.

3 Newman, J. *Playing with Videogames*. Routledge, 2008.

4 Kruse, K. What is employee engagement. *Forbes*, 2012 [On-line]. Disponível em: <www.forbes.com/sites/kevinkruse/2012/06/22/employee-engagement-what-and-why>. Acesso em: 30 dez. 2014.

5 Pink, D. *Dan Pink: The Puzzle of Motivation*. Atas da TEDGlobal 2009, Oxford, 2009 [On-line]. Disponível em: <www.ted.com/talks/dan_pink_on_motivation>. Acesso em: 1 out. 2014.

6 Schlechty, P. *Increasing Student Engagement*. Missouri Leadership Academy, 1994.

7 Hudson, L. How fans recreated Game of Thrones in a Minecraft map the size of LA. *WIRED*, 2013 [On-line]. Disponível em: <www.wired.com/2013/03/westeroscraft-game-thrones-minecraft>. Acesso em: 25 mai. 2018.

8 DK1 Games. *Sims 4: Big Brother Episode 1*. [vídeo do YouTube] 2017 [On-line]. Disponível em: <www.youtube.com/watch?v=4W434lQC8YE>. Acesso em: 25 mai. 2018

9 Margolis, J. My flirtation with gaming has been an education, *Financial Times*, 2017 [On-line]. Disponível em: <www.ft.com/content/f7dbad8c-ac02-11e7-8076-0a4bdda92ca2>. Acesso em: 25 mai. 2018.

10 Nota da autora: para mais informações sobre o engajamento dos jogadores, o artigo "The player engagement process — an exploration of continuation desire in digital games" de Henrik Schoenau-Fog é útil: <www.digra.org/wp-content/uploads/digital-library/11307.06025.pdf>.

11 Plummer, J.; Zaltman, G.; Mast, F. Engagement: Definitions and Anatomy. Atas do Advertising Research Foundations Workshop, 2006 [On-line].

12 Jogo *Blackbar*: <mrgan.com/blackbar/>.

13 *Blackbar* e *Grayout*, ambos de Neven Mrgan: <www.mrgan.com>.

14 McSpadden, K. You now have a shorter attention span than a goldfish. *TIME Magazine*, 2015 [On-line]. Disponível em: <time.com/3858309/attention-spans-goldfish/>. Acesso em: 28 mai. 2018.

15 Informações sobre a escala de Valor Cultural Hofstede podem ser encontradas aqui: <www.hofstede-insights.com/models/national-culture/>. Acesso em: 28 mai. 2018.

16 Observação: a taxa de continuidade é indicada pela quantidade de participantes que concluíram a primeira pesquisa e iniciaram uma segunda pesquisa subsequente.

17 A empresa do painel também alertou que a taxa de continuidade diminuiria drasticamente para bem menos de setenta por cento, além dos dois ResearchGames que estavam em seu lançamento. Com um hiato de quatro meses entre o lançamento de *TESSA* e *Dubious*, a taxa de continuidade superior ao esperado foi ainda mais surpreendente.

18 *World of Warcraft* wiki: <wowwiki.wikia.com/wiki/Portal:Main>.

19 Nota: wikis são uma plataforma de conhecimento on-line feita colaborativamente, que pode ser sobre qualquer assunto. O wiki de *World of Warcraft* é um dos milhares de wikis on-line.

20 Nota: para mais exemplos de fanfics de jogos, você pode conferir: <www.fanfiction.net/game/>.

21 <www.mcsweeneys.net/articles/angry-birds-letters-from-the-front-lines>

22 Jogo *Monument Valley*: <www.monumentvalleygame.com>.

23 <monumentfriends.tumblr.com>

24 Parker, L. Artist spends 1,000 hours and £1,000 making amazing moving wings for cosplay costume. *The Mirror*, 2015 [On-line]. Disponível em: <www.mirror.co.uk/news/weird-news/artist-spends-1000-hours-1000-6968260>. Acesso em: 28 mai. 2018.

25 Estudo de pesquisa realizado em janeiro de 2016 com 2.208 participantes. O estudo de caso foi apresentado na IMPACT MRS Annual Conference, 15 março 2017, Londres, e como parte dos anais do evento ISPO, Munique, 29 janeiro 2018.

26 RIGBY, S.; RYAN, M. R. *Glued to Games: How video games draw us in and hold us spellbound*. Califórnia: New Directions in Media, 2011.

27 Site do *Social Blade*: <socialblade.com/twitch/>.

COMO OS JOGOS E A GAMIFICAÇÃO SÃO USADOS PARA ENGAJAMENTO E COLETA DE DADOS FORA DA PESQUISA E DO ENTRETENIMENTO

09

"Os consumidores estão agora sedentos não só de coisas para ter, mas também de coisas para fazer."

— Iain Swan, Diretor de Estratégia da Bright

Há uma ironia no fato de que quase todas as indústrias fora da pesquisa de mercado já usaram jogos e gamificação para engajamento do usuário, coleta de dados e insights, e mesmo assim as pessoas que trabalham na indústria de pesquisa, que estão em melhor posição para entender esses dados, e que precisam desesperadamente do engajamento dos participantes, ainda não adotaram totalmente os jogos e a gamificação como metodologias de pesquisa. Mas há uma grande vantagem em ser um adepto tardio, pois isso oferece oportunidades de aprendizado a partir dos sucessos e fracassos de outros antes de nós.

Este capítulo vai explorar como as abordagens baseadas em jogos têm sido usadas fora do âmbito da pesquisa. Nós vamos:

- Compreender como indústrias multifacetadas já estão usando abordagens baseadas em jogos para engajamento e coleta de dados;
- Compreender as mudanças nas funções de jogos e gamificação, sua fluidez como mídia, e suas aplicações em dezenas de áreas e indústrias;
- Explorar "Jogos Funcionais", vendo como outras indústrias usam jogos fora do entretenimento direto;
- Explorar a gamificação, olhando para aplicações de várias indústrias;
- Descobrir como o uso de jogos e gamificação tem sido vantajoso em outras indústrias, e o que os pesquisadores de mercado podem aprender;
- Compreender o nível de impacto que as abordagens baseadas em jogos já tiveram em todo o mundo, e permitir que você perceba como os jogos são parte de nossas vidas diárias. Sendo assim, a mudança para mais abordagens de pesquisa baseadas em jogos não deve ser surpreendente para os participantes da pesquisa e deve ser totalmente adotada pelos pesquisadores como uma técnica de coleta de dados.

Normalmente, os jogos têm sido um artefato de entretenimento, e a gamificação reservada como um de função. Jogamos por diversão, mas a gamificação adota elementos semelhantes aos de jogos para tornar as atividades não relacionadas com games mais divertidas com um objetivo — envolver as pessoas, aumentar os lucros, poupar dinheiro e outros benefícios comerciais. No entanto, as linhas que separam os jogos, a gamificação e as experiências simplesmente mais lúdicas estão se tornando cada vez mais tênues, com esses meios sendo usados de forma fluida.

Existe agora um mundo de jogos completos que são feitos por razões que vão além do entretenimento; para a saúde e bem-estar, para campanhas políticas, para promover a conscientização para causas — basta pensar em algo que é provável que haja um jogo para isso. Tais jogos são um gênero em si. Eles são conhecidos como Jogos Sérios, Jogos Persuasivos e/ou Jogos de Empatia. A gamificação, por outro lado, está sendo usada a tal ponto que está se transformando em um meio que pode proporcionar experiências verdadeiramente lúdicas, ao ponto de começarmos a nos perguntar onde termina um jogo e começa a gamificação (ou vice-versa)? Muitas marcas e organizações já usam abordagens lúdicas há décadas, mas por quê?

Por que as marcas usam abordagens lúdicas

Assim como a pesquisa de mercado, outras indústrias reconhecem as vantagens comerciais do jogo e o engajamento intrínseco que é inerente às abordagens baseadas neles. Uma dessas vantagens é o engajamento, que é uma importante commodity. Levando-se em conta que os jogos são considerados o meio mais envolvente de todos os tempos, é óbvio o motivo pelo qual este meio tem sido uma enorme fonte de inspiração. O engajamento tornou-se sinônimo de coleta de dados e *jogar games* tornou-se um método de coleta de dados por si só. **O jogar é um gerador de dados.**

Por meio da observação de como as pessoas jogam e participam de atividades gamificadas, pode-se coletar inúmeros tipos de dados: como a emoção impulsiona a escolha, como diferentes contextos sociais e estímulos geram diferentes resultados, e o "porquê" por trás dos comportamentos. Se você tem um cartão de fidelidade, como os oferecidos por cafeterias, supermercados e companhias aéreas, você está envolvido em uma das formas mais proeminentes de gamificação.

Sua participação, seu "jogo", é o que gera dados, cada vez que você compra algo, cada vez que você usa um voucher, cada vez que você visita. Muitas empresas diferentes estão aproveitando o uso de jogos, gamificação e diversão para fazer exatamente o que a pesquisa de mercado quer fazer: **criar engajamento e gerar dados.**

A ideia de usar abordagens lúdicas para atividades que de outra forma não o seriam não é necessariamente nova. Abordagens semelhantes a jogos têm sido usadas há décadas em setores como a educação e o engajamento dos funcionários. Ainda que não tivéssemos as classificações na época para as nomear como tal, elas estavam lá.

Como pai ou filho, pode ser que você não tenha ouvido falar de "gamificação", mas pode muito bem ter implementado ou feito parte de um sistema de pontos/recompensas para estimular o bom comportamento. Nas escolas do Reino Unido, esses sistemas estão enraizados na educação: conquistam-se adesivos de estrelas douradas por conta de um bom trabalho ou ao atingir um nível estabelecido de presença em sala de aula. Apliquei a gamificação no meu próprio ensino; como fundadora do *London Young Entrepreneurs Club* [Clube de Jovens Empreendedores de Londres], implementei uma abordagem completamente baseada em jogos para dar feedback, criar competições, permitir que os alunos subam de nível após cada sessão e premiar com medalhas relevantes para diferentes demonstrações de habilidade e esforço. O curso obteve um grande feedback dos alunos, mas, da perspectiva de uma facilitadora, a gamificação foi uma ferramenta útil para registar e acompanhar o progresso dos alunos; daí a participação dos alunos e os dados gerados pelo jogo.

Tais sistemas baseados em jogos são apenas alguns dos que já existiam muito antes de os termos "Jogos Sérios", "Jogos Persuasivos" ou mesmo "gamificação" terem surgido. Tomemos como exemplo os programas de TV, em que vemos muitos exemplos de gamificação. Executivos de TV colocam uma dúzia de pessoas em uma casa, adicionam os ingredientes de jogos com alguns recursos bônus (surpresa, um ex-namorado acabou de aparecer!) e chamam isso de *Big Brother*. Para entrevistas de emprego, eles adicionam os ingredientes de jogos para criar um jogo multiplayer de múltiplos níveis intitulado de *O Aprendiz*, no qual você compete com outros empregados por um salário de seis dígitos. Que tal se tornar uma estrela pop? Isso também foi gamificado. Há *The Voice*, *X Fator* e *Pop Idol*, que utilizam os competidores e a audiência como jogadores. Sim, esses são game *shows*. Estamos todos familiarizados com eles e, no entanto, se olharmos para eles através de uma lente diferente, eles podem ser uma grande fonte de inspiração para o design de pesquisa baseada em jogos.

O vocabulário certo ainda precisa evoluir para abranger as muitas coisas que os Jogos Sérios ou os Jogos Persuasivos podem ser. Eles podem ser, ao mesmo tempo, educativos, satíricos, empíricos, enquanto obtêm dados da sua jogabilidade e anunciam um produto ou serviço, ou até mesmo vendem coisas diretamente para você. Tais jogos existem em espaços comerciais e não comerciais. Como você chama um jogo que faz todas estas coisas ao mesmo tempo? Enquanto aguardamos o vocabulário certo, demos aos jogos específicos da indústria suas próprias categorias e classificações: game *shows*, *adver*games, jogos de *marketing*, *exer*games (jogos para exercícios físicos) e, é claro, *Research*Games. Para facilitar, eu forneci um termo guarda-chuva para abranger Jogos Sérios, Jogos Persuasivos, Jogos de Empatia e similares: coletivamente, eles são "Jogos Funcionais" — jogos com função.

O mercado de jogos funcionais é global. Este único capítulo não cobrirá a amplitude destes tipos de jogos, pelo que se encoraja uma maior exploração. No entanto, tentarei dar um amplo espectro de exemplos para ilustrar a riqueza e a diversidade das abordagens baseadas em jogos fora do entretenimento direto, os seus benefícios e o que os pesquisadores podem aprender.

O engajamento agora é quase totalmente quantificável; por meio de curtidas, cliques, páginas lidas, o que você está lendo em um site e por quanto tempo você está nesse conteúdo — seu engajamento on-line é traduzido em forma de dados. Engajamento é o novo petróleo.

Jogos, gamificação e abordagens gerais semelhantes às dos jogos agora são tanto uma parte do marketing moderno, de programas de fidelidade, de saúde e bem-estar, das áreas farmacêutica, educacional, militar, engenharia, hospitalidade, gestão de funcionários, política (a lista de indústrias é interminável), que seria mais rápido explorar onde os jogos e a gamificação *não* são usados, porque isso tornaria a lista muito mais curta!

Jogos Funcionais

Os Jogos Funcionais são muitas vezes feitos como jogos completos, mas o seu único objetivo não é o entretenimento, eles incentivam a ação de jogar e o engajamento intrínseco. Por exemplo, um jogo-pesquisa é um tipo de "Jogo Sério/Persuasivo/Funcional", enquanto uma pesquisa gamificada é um exemplo de gamificação. Os Jogos Funcionais têm uma variedade de usos e finalidades.

Em marketing, abordagens semelhantes às do jogo têm sido usadas para engajar os consumidores em todos os tipos de campanhas, desde a propositadamente louca campanha da Cadbury *Spots VS Stripes* de 2010/2011 (uma iniciativa de cinquenta milhões de dólares que incluiu jogos on-line[1]) até o divertido projeto genético[2] de 2017 da Marmite *Are you born a lover or a hater?*, que basicamente é um teste semelhante a um jogo para espalhar conteúdo de vídeo viral e incentivar conversas on-line.

Abordagens baseadas em jogos têm sido usadas para conteúdos mais sérios, como a promoção de instituições de caridade, ferramentas de campanha política e propaganda política feita por fãs. Em 2016, o *CorbynRun*[3] foi lançado: um jogo totalmente digital para promover o líder do Partido Trabalhista britânico Jeremy Corbyn. Tal foi a influência deste jogo, que se tornou um noticiário televisivo da BBC no ano seguinte[4], uma plataforma em que os jogos raramente, ou nunca, são discutidos. O jogo *Come Wheat May* é outro jogo político de propaganda destinado a zombar da líder do Partido Conservador do Reino Unido, Theresa May, que ficou famosa por dizer que a coisa mais selvagem que ela fez quando criança foi correr por campos de trigo. No jogo, você pode ser a Theresa May e fazer exatamente isso.

No marketing, os jogos digitais e de tabuleiro famosos foram reimaginados para o engajamento da marca. Um dos exemplos mais familiares disso é o jogo *Monopoly* do McDonald's, em que adesivos encontrados em produtos comprados podem ser colocados em tabuleiros de *Monopoly* de papel ou digital para ganhar prêmios. Este uso do *Monopoly* reimaginado como uma ferramenta de marketing existe desde 1985, mas esse não é o único jogo que o McDonald's reformulou. Eles usaram um jogo parecido com o *Pong* para envolver os consumidores na conquista de prêmios de comida, além de incluir uma série de jogos em seu site.[5]

Mas se você fosse procurar por "jogos do McDonald's", você provavelmente se depararia com um tipo diferente de jogo sobre a marca; o *McDonald's Videogame* (2006). Este jogo do McDonald's é apenas um dos muitos do estúdio de jogos Molleindustria, que usa humor ácido, controvérsia, provocação, sátira e até mesmo coloca você no papel de cúmplice, para educar jogadores sobre questões sérias. Um de seus jogos, *Nova Alea*[6], simula o investimento imobiliário e coloca o jogador no papel de especulador imobiliário (Figura 9.1). O jogo faz comentários, dentro dele mesmo, sobre como a gentrificação muda a paisagem humana das cidades, expulsando alguns residentes enquanto outros se tornam mais ricos. Como jogador, você está aprendendo algo novo ao mesmo tempo em que se torna cúmplice em uma simulação de uma cidade em mudança. Estes tipos de simulações podem ser facilmente utilizados para fins de pesquisa de mercado.

A Molleindustria também criou um jogo para explorar as duras realidades da fabricação de smartphones. *Phone Story*[7], um jogo que se tornou viral em 2015 e (no momento em que escrevo) foi banido da loja de aplicativos, faz com que os jogadores descubram trabalhadores suicidas da fábrica e minerem materiais preciosos utilizando pessoas escravizadas. Os games da Molleindustria não se afastam de assuntos tabu, mas, em vez disso, usam as capacidades inerentes aos jogos para simular experiências por meio da interpretação de papéis, assim como os pesquisadores de mercado poderiam fazer com os jogos.

Sentimentos de cumplicidade, culpa e vergonha são emoções complexas que os seres humanos sentem na vida real. Os jogos são o único outro lugar onde eles podem sentir esses mesmos sentimentos e enfrentar sua bússola moral. O jogo *BigPharma*[8], da Positech Games, oferece aos jogadores a oportunidade de curar as doenças do mundo, enquanto, por outro lado, podem comprometer essas oportunidades altruístas para obter lucro.

Figura 9.1: Jogo Nova Alea.

Fonte: © Molleindustria. Reproduzido com a gentil permissão de Paolo Pedercini.

Na saúde e bem-estar, o uso de Jogos Funcionais especialmente desenvolvidos *e* videogames preexistentes são amplamente utilizados. Médicos da Universidade McGill, no Canadá, usaram o jogo *Tetris* para tratar pessoas com visão fraca em um ou ambos os olhos[9] com resultados positivos, como uma melhoria dramática na visão e percepção de profundidade 3D. Os pacientes podem jogar um game chamado *Re-Mission*[10] para aprender mais sobre as condições de seu câncer; os médicos utilizam jogos de RV [Realidade Virtual] em que realizam cirurgias em avatares virtuais, o que, por sua vez, reduz os erros no mundo real; outro jogo ajuda os pacientes a relaxar antes da cirurgia, reduzindo o estresse em quarenta por cento[11], e um game até mesmo coloca o jogador no papel de um agente funerário[12]. *SuperBetter*, um jogo criado pela autora e designer de jogos Jane McGonigal, foi projetado para ajudar jogadores a superar seus problemas atuais de saúde e bem-estar e ficarem melhores do que estavam antes. Jogadores superaram a depressão e a ansiedade por meio da mecânica do jogo, atribuindo objetivos e se sentindo conectados aos outros para conseguir apoio ao formar alianças.

Os jogos do Nintendo Wii, e mesmo os jogos especialmente desenvolvidos, são comuns em casas de repouso para idosos; eles são usados para fazer coisas como estimular exercícios ou ajudar aqueles que foram afetados por um AVC. Os resultados mostraram melhorias cognitivas, de memória e de humor, e os jogadores conseguiam fazer coisas como amarrar os sapatos ou abrir uma gaveta mais facilmente.[13, 14]

Zombies, Run![15], um jogo de aventura de áudio imersivo e de realidade alternativa, tem sido tão bem-sucedido que um livro e jogos de tabuleiro estão sendo desenvolvidos. A premissa é a seguinte: enquanto você corre por um mundo pós-apocalíptico comprando mantimentos e salvando pessoas, você se exercita — quanto mais alto você ouvir os zumbis, mais perto eles estão de você e mais depressa você deve correr. Uma "Corrida Virtual" foi realizada na primavera de 2018, com cinco mil participantes de 72 países correndo um total de 30.864 quilômetros.

Este livro explora os jogos como instrumentos de pesquisa de mercado, mas, na verdade, eles têm sido usados como parte da pesquisa médica e até mesmo do treinamento médico por décadas, em que o ato de jogar têm sido uma fonte de geração de dados. Em um estudo realizado na Universidade de Harvard, adolescentes foram convidados a jogar um jogo e os dados coletados sobre a maneira como eles jogavam davam uma indicação sobre os níveis de avaliação de risco dos participantes[16]. Cirurgiões têm usado jogos para treinamento, e a simulação de cirurgia em avatares antes de se dirigirem para a mesa de operações da vida real resultou em 37 por cento menos erros e um aumento de 27 por cento na velocidade, de acordo com um estudo de 2007[17].

Na gestão de funcionários, jogos especialmente desenvolvidos estão sendo usados em todo o espectro. A forma como os futuros ou os atuais funcionários jogam estes games pode resultar em ofertas de emprego, rejeições, identificação de necessidade de treinamento e até mesmo mudanças na cultura da empresa.

A Deloitte, a empresa de serviços profissionais, bem como outras marcas da *Fortune 500*, estão agora se referindo e usando jogos e gamificação como sinônimos de engajamento de funcionários[18]. Jogos já não são vistos como frívolos, mas como ferramentas poderosas de ganhar ou de poupar dinheiro, e há muito para ser poupado ao recrutar as pessoas certas. O Exército dos EUA sabe muito bem disso, então desenvolveu seu próprio videogame multiplayer de tiro em primeira pessoa, o *America's Army*[19]. Os dados recolhidos sobre a forma como as pessoas jogam proporcionam oportunidades de aprendizagem e capacidades de recrutamento (assim como se pode jogar on-line, também é possível jogar em centros de recrutamento). É, ao mesmo tempo, uma plataforma de educação e uma ferramenta de propaganda, de treinamento, de recrutamento e uma maneira de reduzir o custo da contratação de soldados que desistem nas primeiras nove semanas de treinamento; e com um valor de 15 mil dólares por soldado[20], isso é uma economia gigantesca.

A forma como funcionários jogam também funcionou ao contrário; em vez de as empresas identificarem talentos por meio de jogos, os talentos estão utilizando o seu status como jogadores e as pontuações de desempenho para impressionar potenciais empregadores. Candidatos a vagas estão mostrando suas habilidades de liderança e resolução de problemas no mundo virtual, o que é realizado de forma completamente voluntária, nos seus currículos do mundo real[21].

Em design de interiores, o jogo de aplicativo *Design Home*[22] (2016, Crowdstar Inc[23]) atravessa as fronteiras entre entretenimento e aprendizagem sobre design de interiores, com marketing *e* vendas. Em *Design Home*, os jogadores reimaginam ambientes para diferentes estilos. Mas os pequenos gráficos de móveis e acessórios para casa não são falsos: eles são reais e estão disponíveis para compra na vida real, embaralhando assim as linhas entre entretenimento, educação, marketing e vendas. Tal é a ênfase nas vendas e no marketing nos jogos da Crowdstar que outro de seus jogos, o *Covet Fashion* (um jogo sobre vestir-se para ocasiões diferentes) é apontado como "o futuro do marketing on-line de moda"[24]. Soa distante? Não é. Em uma avaliação pública da marca de roupas urbanas French Connection, é dito o seguinte:

> Nós nos juntamos ao *Covet Fashion* porque pensamos que era uma forma única e diferente de atingir consumidores on-line. Fomos surpreendidos com a exposição que nossas coleções receberam, resultando em tráfego virtual e conversões significativos. É agora uma das nossas principais fontes de vendas de e-commerce.

Estes exemplos de jogos multiuso são um pequeno vislumbre em comparação com quantos Jogos Funcionais estão sendo jogados e desenvolvidos. Embora esses jogos não sejam criados primariamente como ferramentas de pesquisa, eles são ferramentas de pesquisa. Os dados são coletados para que feedback como pontos e recompensas sejam recompensados, mas também para que as organizações e pesquisadores que administram os games aprendam por meio do jogo dos participantes. Empresas especializadas em criar esses Jogos

Sérios/Persuasivos (existe uma empresa de fato chamada Persuasive Games[25]) sabem o valor de tais dados, incorporando dados e análises em seus projetos para clientes.

Onde os jogos e a coleta de dados se confundem: o caso *Miitomo* e como os jogos já estão usando técnicas de pesquisa para saber mais sobre as pessoas

Embora os dados tenham sido coletados por meio de jogos durante décadas, alguns jogos são mais evidentes do que outros ao fazer isso, de tal forma que quase se tornam ferramentas de pesquisa de mercado.

Miitomo, um jogo de aplicativo da Nintendo, é um desses jogos que coleta abertamente dados de "estilo de pesquisa de mercado" dos jogadores — na verdade, a jogabilidade se baseia em *responder perguntas*. Nele, você pode criar um avatar de si mesmo e "contar a sua história"; é possível compartilhar todas as suas preferências e aversões com amigos, enquanto a Nintendo descobre cada vez mais sobre os usuários. *Miitomo* até estimula o upload e a criação de imagens — carregando fotografias e desenhando imagens para descrever as suas coisas ou experiências favoritas. O texto de abertura no aplicativo diz "Ouvir as respostas e responder a perguntas vai te dar algumas moedas *Miitomo*" e assim, cada vez que os jogadores revelam mais informações, eles são recompensados.

Os dados são coletados dos jogadores, assim como são coletados dos participantes em pesquisas de mercado, a diferença é que, no caso do *Miitomo*, os usuários fornecem informações sobre as suas experiências, preferências etc. sem qualquer incentivo, mas as empresas de pesquisa de mercado frequentemente oferecem incentivos. Apesar de não haver incentivo para quem joga *Miitomo*, ele ainda era jogado por cerca de dez milhões de pessoas em 2016[26]. Você pode argumentar que as pessoas por trás de *Miitomo* são gênios, fazendo algo que muitos pesquisadores adorariam fazer — obter dados, mas sem o custo adicional de ter que oferecer aos participantes quaisquer recompensas financeiras. De fato, o "jogo" *Miitomo* poderia ser um modelo de como a pesquisa pode usar os games para descobrir mais sobre os participantes a longo prazo, mas existe uma enorme desvantagem.

A editora do site *Polygon* e sua equipe escreveram um artigo compartilhando histórias e anedotas sobre as experiências deles com *Miitomo*[27]. Na fala da editora, ela observa: "Você não pode dizer ou fazer o que quiser. Você deve apenas responder perguntas." No mesmo artigo, um repórter sênior do *Polygon* adicionou: "Eu parei de conferir regularmente há uma ou duas semanas atrás. Eu simplesmente me cansei de responder suas perguntas insípidas, vagamente parecidas com pesquisas de mercado (como me pedir para nomear um anúncio recente que eu gostei)." O gerente de produtos do *Polygon* continuou: "Eu preciso fazer mais do que apenas adquirir roupas, e responder a perguntas não é tão divertido."

Estes comentários, que fazem eco dos sentimentos de muitos outros jogadores on-line de *Miitomo*, deixam claro que não havia "jogo" suficiente para manter o seu compromisso e demasiada concentração para responder perguntas. Essas perguntas incluem "O que fez no fim de semana passado?", onde é o seu destino de férias favorito, e outras não relacionadas sobre preferências e aversões sobre assuntos variados. Como resultado, a Nintendo está encerrando o *Miitomo*[28, 29] devido ao seu declínio de jogadores. No entanto, a perda do *Miitomo* pode ensinar aos pesquisadores quatro lições valiosas sobre o uso de jogos como uma ferramenta para envolver as pessoas na pesquisa:

1. **As pessoas não gostam de participar de pesquisas disfarçadas de jogo** – outra razão pela qual a pesquisa baseada em jogos, desenvolvida por pesquisadores, precisa ser honesta sobre sua abordagem aos participantes e deixar claro que a plataforma ainda é uma ferramenta de pesquisa.

2. **As pessoas não querem simplesmente responder a perguntas aleatórias — especialmente questões que parecem não ter relação umas com as outras** – uma lição para pesquisadores de mercado: garantir que as nossas perguntas no âmbito de um jogo-pesquisa ou de um questionário gamificado estejam ligadas por assunto, a fim de proporcionar um foco claro e uma imersão em um determinado contexto ou linha de pensamento.
3. **Um jogo-pesquisa ou questionário gamificado deve fazer mais do que oferecer moedas, reais ou virtuais, em troca de perguntas** – é por isso que todos os outros elementos que exploramos neste livro são tão importantes, como oferecer valores de autodescoberta e transcendência aos participantes, dando-lhes uma grande experiência de usuário e criando uma jogabilidade envolvente. Esta é a maior lição do *Miitomo* — você não pode apenas engajar as pessoas com os aspectos superficiais de jogos, como moedas e pontos.
4. **Por último, que há muito mais que os jogos, enquanto instrumento de pesquisa, podem alcançar** – simplesmente fazer perguntas em um ambiente de jogo não dá conta do recado. Este livro explora como e por que a pesquisa baseada em jogos pode ser promovida, para que os participantes da pesquisa realmente tirem algo muito mais valioso do que apenas moedas ou pontos; eles tiram uma experiência.

Embora possa parecer uma rejeição dos esforços da Nintendo para coletar dados de pesquisa de mercado por meio de um jogo e, na verdade, não creio que ninguém, além dos funcionários da companhia, saiba o que está sendo feito com os dados, a Nintendo realizou uma pesquisa semelhante a jogo em grande escala, algo que nenhum fornecedor ou comprador de pesquisa conseguiu fazer antes. Assim, aqueles que estão preocupados ou ameaçados pelas inovações da pesquisa baseada em jogos da indústria da pesquisa deveriam também estar atentos à potencial concorrência da indústria de jogos, como o *Miitomo* claramente mostra.

E quanto à gamificação? Explorando como a gamificação é usada para criar experiências lúdicas

A gamificação está em toda parte. Programas de fidelização são os exemplos de gamificação mais utilizados, e por uma boa razão, porque parece que todas as empresas, desde as grandes corporações até as lojas independentes, oferecem agora cartões de selos e pontos. Ao acumular pontos com base em suas compras, você aumenta de nível, ganha um status maior, mais recompensas. Alguns negócios oferecem até bônus, como o cartão de fidelidade da marca Boots, no Reino Unido, que pode oferecer "pontos triplos de fim de semana" ou similares. Estes programas de fidelização e coleta de dados estão agora em um círculo completo; eles mesmos são alvos do marketing: "Venha à nossa loja neste fim de semana e ganhe pontos duplos em todas as compras!" Sendo assim, a gamificação normalmente afeta mais de uma função em um negócio.

Mas aqui reside um dos maiores problemas da gamificação: ela é baseada nos fundamentos da motivação extrínseca, funcionando em uma abordagem "faça isso, ganhe aquilo". Como exploramos no Capítulo 7, estes tipos de motivadores extrínsecos nem sempre funcionam e certamente não encorajam os tipos de engajamento e jogo intrínsecos que vemos nos games. Afinal, quando você entrega o cartão de selos da sua cafeteria ao barista, você sente como se estivesse jogando um jogo? E quão intrinsecamente engajado e leal você é realmente, quando tem vários outros cartões de fidelidade em sua carteira?

Os três componentes mais proeminentes na gamificação são:

1. **Status** — dar ao usuário um nome ou classificação dependendo do status dentro da atividade gamificada. Por exemplo, o *Foursquare* (agora conhecido como *Swarm*) poderia nomear um usuário como "Prefeito" se ele ou ela atingisse o status mais alto.

2. **Elementos sociais** — ser capaz de encontrar seus amigos e se conectar com eles, ou encontrar pessoas com interesses semelhantes ao seu redor. Este é um componente enraizado nas redes sociais.

3. **Nivelar com pontos, recompensas e adesivos** — quanto mais os usuários fazem e/ou progridem, mais pontos podem alcançar e desbloquear recompensas que, por si só, podem significar um novo status. Alguns apps fazem de suas recompensas e níveis adicionais parte de um "paywall", já que não se pode progredir mais a não ser que um pacote avançado, ou similar, seja comprado.

Embora estes elementos sejam de fato encontrados *em* jogos, são os aspectos mais superficiais deles. Mas isso não significa que não sejam eficazes. Histórias de sucesso de atividades gamificadas bem desenvolvidas são abundantes.

Por exemplo, a Audible, uma empresa de audiolivros, gamificou o processo de ouvir livros, oferecendo uma série de medalhas, desde "coruja noturna", para aqueles que tendem a ler à noite, até "guerreiros de fim de semana", para os que reservam sua leitura para o final da semana. Tais recompensas e pontos só podem ser concedidos quando se sabem coisas como o dia em que as pessoas estão lendo, e o tempo que elas estão lendo ou o quanto elas estão lendo. Portanto, atividades digitais gamificadas são sinônimo de coleta de dados — na verdade, não é possível ter uma atividade digital gamificada *sem* coleta de dados, e esses dados alimentam outros esforços comerciais, até mesmo melhorando as próprias plataformas.

Empresas de jogos e empresas que vendem jogos têm gamificado o *processo* de jogar. A Apple e a Blizzard Entertainment (produtores de jogos como *Diablo* e *World of Warcraft*) produziram o centro de jogos do iPhone e a plataforma Real ID, respectivamente. Estas plataformas atribuem pontos e recompensas aos jogadores, dependendo dos jogos que eles compraram/baixaram, quantos games eles jogaram, e até mesmo prêmios com base em *como* eles jogam os próprios jogos. Mais uma vez, esses pontos e bônus só podem ser atribuídos quando há recolhimento dos dados. O jogo de turismo *Play London with Mr Bean* também gamifica o processo de jogar combinado com marketing e turismo, em que os usuários podem ganhar prêmios com base na sua jogabilidade[30].

A *Codecademy*[31], plataforma de aprendizagem gamificada que ensina as pessoas a codificar em uma variedade de linguagens de programação, tem sido tão bem-sucedida que, no momento em que escrevo, tem 45 milhões de "aprendizes"[32].

A Nike, com suas várias atividades de gamificação, incluindo *Nike+* e *Nike Fuel Misson*[33], conseguiu usar pontos, recompensas, status e interação social para fazer com que trinta milhões de pessoas corressem, caminhassem e participassem de outra forma de atividade física[34]. Não só foram vendidos novos produtos, como tênis de corrida e pulseiras batizadas de *fuel bands*, como foi uma campanha de marketing bastante eficaz.

O *Duolingo*[35] introduziu uma forma gamificada de aprender uma nova língua. Tem sido tão bem-sucedido que, de acordo com Zan Gilani, gerente de produto associado, o *Duolingo* foi o aplicativo de educação mais baixado e usado no mundo, com a gamificação sendo o núcleo do seu sucesso[36].

O primeiro jogo de aplicativo de fotografia do mundo, *GuruShots*[37], gamifica a experiência de tirar fotos e incentiva os jogadores a melhorar suas habilidades para ganhar bônus, pontos e recompensas de marcas do mundo real. A Klout[38], empresa agora adquirida por um conglomerado de marcas, gamificou o processo de compreensão e aumento da sua influência nas redes sociais, fornecendo uma pontuação Klout e recompensas que dependem da quantidade de seus retuítes, alcance das redes sociais, e assim por diante.

Esses exemplos são apenas uma amostra de literalmente milhares de empresas que produzem atividades gamificadas que são sinônimo de engajamento e coleta de dados. O próximo capítulo discute abordagens de pesquisa empírica como parte do Efeito Triplo E — engajamento, emoção e experiência, explorando experiências de pesquisa, usando jogos como simulações para observar comportamentos em contexto para uma visão não explorada.

ATIVIDADES

- **Jogue e participe de alguns dos jogos e atividades gamificadas mencionados neste capítulo**

  Baixe Zombies, Run! Crie uma conta no SuperBetter. Jogue Design Home, America's Army e aprenda a codificar (mesmo um pouco) com a Codecademy. Escolha pelo menos cinco dos exemplos de jogo ou gamificação apresentados neste capítulo e explore-os como jogador, mas também como pesquisador; você está em busca de inspiração.

- **Faça anotações:** há alguma capacidade específica nestas plataformas digitais que possa usar como ferramentas de pesquisa eficazes? Você poderia pegar emprestado, por exemplo, algumas das ideias de interpretação de papéis nestes jogos como técnicas projetivas, ou poderia refletir as maneiras como algumas plataformas ilustram o progresso ou usam narrativa em sua comunidade on-line ou estudo de monitoramento? Faça capturas de tela de tudo e qualquer coisa que o inspirar; crie um painel-conceito e use-o como referência da próxima vez que você estiver criando uma experiência de pesquisa.

- **Procure por gamificação e Jogos Sérios**

Veja como a gamificação está à nossa volta. Faça uma lista de atividades/sites/aplicativos/etc. que podem atuar como fontes de inspiração mais tarde. Que tipo de atividades já foram gamificadas? Que atividades ainda não foram gamificadas?

Notas

1 <www.campaignlive.co.uk/article cadbury-65m-spots-v-stripes-campaign-takesoff/1057390>

2 <tasteface.marmite.co.uk/>

3 *CorbynRun*, desenvolvido por Games for the Many: <corbynrun.com/>.

4 A notícia também foi refletida neste artigo: <www.bbc.co.uk/news/av/uk-politics-42215453/can-gaming-change-the-face-of-politics>.

5 <www.happymeal.com/#games>

6 <molleindustria.org/nova-alea/>

7 <phonestory.org/>

8 <bigpharmagame.com/

9 McGill. Lazy-eye disorder — a promising therapeutic approach. *McGill*, 2013 [On-line]. Disponível em: <www.mcgill.ca/newsroom/channels/news/lazy-eye-disorder-promising-therapeutic-approach-226011>. Acesso em: 21 mai. 2018.

10 Tiemann, A. "Re-Mission" is a video game with a vital purpose. *CNET*, 2008 [On-line]. Disponível em: <www.cnet.com/news/re-mission-is-a-video-game-with-a-vital-purpose/>. Acesso em: 21 mai. 2018.

11 Blunden, M. Medical marvels: this virtual reality game is helping young patients having surgery. *Evening Standard*, 2018 [On-line]. Disponível em: <www.standard.co.uk/tech/virtual-reality-game-young-patients-surgery-anxiety-a3791741.html>. Acesso em: 21 mai. 2018.

12 D'Anastassio, C. One of 2017's best games is about being a mortician. *Kotaku*, 2017 [On-line]. Disponível em: <kotaku.com/one-of-2017s-best-games-is-about-being-a-mortician-1819509818>. Acesso em: 21 mai. 2018.

13 Hung, Y.; Huang, P.; Chen, K.; Chu, W. What do stroke patients look for in game-based rehabilitation? A survey study. 2016 [On-line]. Disponível em: <www.ncbi.nlm.nih.gov/pmc/articles/PMC4839901/>. Acesso em: 27 mai. 2018.

14 Coulter, M. Stroke rehabilitation study finds Nintendo Wii an effective treatment. *The Sydney Morning Herald*, 2015 [On-line]. Disponível em: <www.smh.com.au/healthcare/stroke-rehabilitation-study-finds-nintendo-wii-an-effective-treatment-20151008-gk4bkh.html>. Acesso em: 27 mai. 2018.

15 O jogo *Zombies, Run!* está disponível em: <zombiesrungame.com/>.

16 Hamzelou, J. Teenage brains can't tell what's important and what isn't. *New Scientist*, 2017 [On-line]. Disponível em: <www.newscientist.com/article/2154884-teenage-brains-cant-tell-whats-important-and-what-isnt>. Acesso em: 28 mai. 2018.

17 Rosser Jr., J. C.; Lynch, P. J.; Cuddihy, L. et al. The impact of video games on training surgeons in the 21st century. *JAMA Network*, 2007 [On-line]. Disponível em: <jamanetwork.com/journals/jamasurgery/fullarticle/399740>. Acesso em: 25 mai. 2018.

18 White, S. K. How to know if workers are engaged (don't ask them). *CIO*, 2016 [On-line]. Disponível em: <www.cio.com/article/3126302/leadership-management/how-to-know-if-workers-are-engaged-don-t-ask-them.html>. Acesso em: 28 mai. 2018.

19 Jogo *America's Army*: <www.americasarmy.com/>.

20 Kenny, B. Uncle Sam wants you (to play this game). *The New York Times*, 2002 [On-line]. Disponível em: <www.nytimes.com/2002/07/11/technology/uncle-sam-wants-you-to-play-this-game.html>. Acesso em: 28 mai. 2018.

21 Tassi, P. Should video games go on your resume? *Forbes*, 2014 [On-line]. Disponível em: <www.forbes.com/sites/insertcoin/2014/08/14/should-video-games-go-on-your-resume>. Acesso em: 28 mai. 2018.

22 HELLYER, I. "Design Home" has completely taken over my life. *Vice*, 2017 [On-line]. Disponível em: <www.vice.com/en_au/article/53jp7d/design-home-has-completely-taken-over-my-life>. Acesso em: 28 mai. 2018.

23 <www.crowdstar.com/>

24 <www.covetfashion.com>

25 <persuasivegames.com/>

26 LEE, T. Miitomo has 10 million players worldwide. *Uber Gizmo*, 2016 [On-line]. Disponível em: <www.ubergizmo.com/2016/04/miitomo-10m-players-worldwide/>. Acesso em: 28 mai. 2018.

27 FRANK, A. Here's why we've stopped playing Miitomo —and how Nintendo could win us back. *Polygon* 2016 [On-line]. Disponível em: <www.polygon.com/2016/5/13/11671370/miitomo-review-nintendo-mobile-app>. Acesso em: 28 mai. 2018.

28 BYFORD, S. Nintendo is shutting down Miitomo. *The Verge*, 2018 [On-line]. Disponível em: <www.theverge.com/2018/1/24/16930822/nintendo-miitomo-closing-down-date>. Acesso em: 28 mai. 2018.

29 Nintendo. Miitomo end of service announcement. 2018 [On-line]. Disponível em: <en-americas-support.nintendo.com/app/answers/detail/a_id/28226/~/miitomo-end-of-service-announcement>. Acesso em: 30 mai. 2018.

30 *Play London with Mr Bean* da Pointvoucher Limited.

31 Site da *Codecademy*: <www.codecademy.com>.

32 HOCKNEY, A. Codecademy's 2017 Retrospective. *Codecademy*, 2017 [On-line]. Disponível em: <news.codecademy.com/2017-retrospective-great-reeducation>. Acesso em: 28 mai. 2018.

33 STREAMS, K. NikeFuel Missions make daily exercise into an exciting game. *The Verge*, 2012 [On-line]. Disponível em: <www.theverge.com/2012/12/18/3780898/nikefuel-missions-exercise-game>. Acesso em: 28 mai. 2018.

34 Hoffman, E. Nike: Creating a digital ecosystem (and leaving hardware to the other guys). *Harvard Business School*, 2015 [On-line].

35 <www.duolingo.com/>

36 Draycott, R. Gamification is the key to Duolingo success says product manager Gilani at Canvas conference. *The Drum*, 2017 [On-line]. Disponível em: <www.thedrum.com/news/2017/10/26/gamification-the-key-duolingo-success-says-product-manager-gilani-canvas-conference>. Acesso em: 28 mai. 2018.

37 <gurushots.com>

38 Russell, J. RIP Klout. *TechCrunch*, 2018 [On-line]. Disponível em: <techcrunch.com/2018/05/10/rip-klout/>. Acesso em: 21 mai. 2018.

O EFEITO TRIPLO E 10

Jogos com simulações envolventes, emotivas e empíricas para pesquisa e informação

Este capítulo explora:

- Por que evocar experiências emotivas é importante na pesquisa de mercado;
- Benefícios do Efeito Triplo E: engajamento, emoção e experiência em pesquisas baseadas em jogos;
- Benefícios de replicar simulações em "realidades alternativas" para entender o efeito do contexto e desenvolver modelos preditivos.

Quatro razões pelas quais evocar experiências emotivas é importante na pesquisa de mercado

1. **A emoção e o contexto influenciam a escolha e o comportamento.** A emoção e os contextos que formam as experiências *impulsionam* a escolha e o comportamento. Contextos como quanto tempo os consumidores têm, quanto dinheiro têm para gastar e como se sentem (bem como outros fatores) não só têm impacto no que as pessoas compram, mas também na

forma como se movem fisicamente e ocupam um espaço — o seu comportamento. Os pesquisadores já sabem disso; essa compreensão sobre contexto e comportamentos que surgem com diferentes limitações, oportunidades e emoções é o que tem estimulado estudos de privação, etnografia, estudos conjuntos e outras metodologias em que o contexto é crucial.

2. **Os pesquisadores querem entender quais emoções e contextos influenciam a escolha e o comportamento.** A partir da literatura sobre economia comportamental e psicologia, os pesquisadores entendem que o contexto é crucial. Os compradores de pesquisa utilizam essas informações para apoiar seus esforços de desenvolvimento de produtos, modelos de preços, campanhas de marketing e muito mais.

3. **Precisamos entender a emoção para *criar* emoção com as marcas.** "Nós pensamos muito racionalmente na indústria de pesquisa de mercado, mas a premissa fundamental do marketing é gerar reações emocionais. É por isso que o marketing e o design existem. Muitas vezes é por isso que os consumidores pagam mais por um produto do que seu custo de produção"[1]. As maneiras nas quais os compradores de pesquisa querem aplicar o insight são, muitas vezes, para se envolver com os consumidores em um nível emotivo. Assim, a emoção é importante para entender não apenas quando se pensa sobre o contexto, mas em como as marcas desenvolvem relações significativas com os consumidores.

4. **A explicação de comportamentos e escolhas nem sempre é um processo exato.** A pesquisa nos diz que os humanos são ruins em articular as razões pelas quais fazemos as coisas. Pedir aos participantes para racionalizarem posteriormente suas decisões nem sempre responde ao "porquê" com precisão. Como Jeffrey Henning, especialista em pesquisa de mercado, relata sobre uma apresentação de Aaron Reid e Stephen Springfield da Sentient Decision Science: "Pesquisas tradicionais revelam

> racionalizações, não razões. Não podemos avaliar, antecipar, nem comunicar de forma confiável o impacto das emoções nos nossos comportamentos."[2] Criar ambientes digitais em que os pesquisadores possam ligar diferentes estímulos, limitações e oportunidades pode permitir-lhes ver o jogo do participante (lembre-se, já discutimos o jogo como gerador de dados). Usando esta abordagem "plug and play" [ligar e jogar], os pesquisadores não precisarão nem mesmo fazer perguntas, mas montar uma narrativa com alguma instrução e observar como os participantes respondem.

Os jogos digitais são comprovadamente responsáveis por:

- Evocar emoção — e uma ampla gama de emoções complexas;
- Proporcionar experiências — e até mesmo experiências conceituais;
- Incentivar os jogadores a repetir um jogo várias vezes.

Isso significa que os jogos estão em uma posição única para a utilização em pesquisa de mercado, a fim de permitir que os participantes atuem por meio de qualquer paisagem emocional construída, em vez de terem de explicar os seus comportamentos e escolhas, bem como permitir que eles reproduzam uma variedade de simulações para que os pesquisadores possam compreender o verdadeiro mindset dos consumidores em qualquer contexto.

Os benefícios do Efeito Triplo E

Engajamento intrínseco, emoção e experiência são sinônimos um do outro. Na verdade, qualquer coisa empírica evoca emoção.[3] Tanto é assim que as experiências emotivas em conteúdos digitais são estimuladas para aumentar o engajamento e "enriquecer as interações e as comunicações."[4] Como já explicamos extensivamente o papel do engajamento intrínseco na pesquisa de mercado por meio do empréstimo de jogos, este capítulo foca a experiência emocional por meio de simulações em pesquisas baseadas em jogos.

Na pesquisa de mercado, o que eu chamo de Efeito Triplo E é um efeito de ganho triplo, em que os pesquisadores podem explorar pesquisas baseadas em jogos para seu pleno potencial, além de aumentar o engajamento, com o objetivo de:

- Evocar comportamentos desejáveis de participantes que tenham valor comercial para pesquisadores de mercado;
- Ir além do engajamento intrínseco para fornecer plataformas emotivas e empíricas que vão ao cerne de como os participantes pensam, sentem e entendem o que é provável que eles façam em uma variedade de cenários que podem ser observados por meio de simulações;
- Utilizar os dados recolhidos a partir dessas simulações para ajudar a gerar modelos preditivos sobre os resultados; desde a probabilidade do comportamento e das compras do usuário, até a forma como as pessoas podem reagir às alterações no design de produtos e até mesmo às políticas governamentais.

Por meio do Efeito Triplo E, os pesquisadores também podem:

- Evocar emoções relevantes para permitir uma recordação dependente do estado e uma imaginação mais detalhada e rica de contextos passados, presentes e futuros;
- Criar empatia ao usar técnicas de dramatização para imergir os participantes na função, especialmente papéis que pode ser que os participantes nunca tenham experimentado antes, como dirigir um banco ou mesmo um país.

Experiências emotivas

As memórias emocionais podem ser ativadas por imagens, pensamentos ou palavras. Os "marcadores somáticos"[5] nos permitem antecipar como nos sentiríamos se fizéssemos uma ação ou tomássemos uma decisão, nos tornando especialistas em vivenciar vividamente "emoções futuras" e recordar as emoções passadas. Isso é útil na pesquisa de mercado, uma vez que os compradores de pesquisa muitas vezes encarregam os participantes de imaginar cenários futuros e recordar o passado, por exemplo: "por que você comprou este sabão em pó?" ou "se você fosse responsável por um partido político, a quais políticas você daria prioridade?" Cenários futuros são incertezas que o participante não poderia prever. A hipótese do marcador somático propõe que as emoções desempenham um papel crítico na capacidade de tomar decisões rápidas e racionais em situações complexas e incertas. As emoções motivam todas as ações e intenções humanas[6], portanto, se os pesquisadores quiserem entender as motivações da intenção, então evocar a emoção é o caminho para obter essa percepção.

Jogos simulam experiências emotivas, mesmo com gráficos de baixa fidelidade e apenas texto na tela

Os games são excepcionalmente capazes de colocar os jogadores em simulações emotivas de experiências, mais do que qualquer outra mídia, como músicas ou filmes. Tanto que muitos Jogos Sérios priorizam os efeitos emotivos das simulações para maximizar o engajamento[7] e grandes organizações querem uma fatia dessa torta lucrativa. Por exemplo, a McGraw-Hill Education, uma empresa de ciências da aprendizagem e editora educacional, está planejando produzir cinquenta jogos de simulação ambiental em 2018. Eles afirmam: "As simulações e cenários oferecem oportunidades para que os alunos apliquem a sua aprendizagem em situações empíricas que imitam cenários de trabalho da 'vida real'."[8] Na simulação de experiências emotivas, a pesquisa de mercado será mais significativa para os participantes e fornecerá valor além dos incentivos financeiros.

Para uma pesquisa baseada em jogos, experiências emotivas podem ser formadas desde que as palavras e a semiótica dos componentes visuais, narrativa e outros elementos trabalhem em harmonia com o conteúdo da pesquisa para apoiar a imersão dos participantes; deve haver consistência interna no "mundo da pesquisa baseada em jogos". Vemos esse tipo de consistência funcionando com grande efeito imersivo em videogames o tempo todo. Como James Newman, escritor e especialista em jogos, escreve em *In Search of the Videogame Player* (2002): "ao recontar suas partidas, os jogadores de videogames falam de 'mundos habitados' e da experiência de 'estar lá' em vez de controlar ou manipular à distância ícones ou personagens."[9] Sendo assim, se uma pesquisa baseada em jogos for bem criada, com uma consistência interna, os participantes também podem sentir que tiveram a experiência de "estar lá", quer seja em um contexto passado, presente ou futuro, ou em um ambiente realista ou conceitual. As emoções são tão fortes nos jogadores de videogames que há respostas psicofisiológicas reais — em que o corpo e a mente reagem fisicamente, desde ficar empolgado até ter um aumento da frequência cardíaca e suor nas mãos. As experiências emotivas nos jogos são, portanto, sentidas no mundo real — são *emoções reais* sendo experimentadas. Até o uso de "eu" por jogadores é revelador, uma vez que jogadores podem dizer "Eu venci!" ou "Eu morri outra vez!".

Os ingredientes, componentes, elementos e valores de jogos desempenham seus papéis na evocação de simulações emotivas empíricas, especialmente considerando que cada um desses aspectos evoca a emoção por si só: narrativa, música, as conexões emocionais com um avatar, a estética do jogo, o uso de temporizadores, ser capaz de "sobreviver" por meio dos outros no mundo de um jogo e assim por diante.[10, 11]

Se temia que uma pesquisa baseada em jogos não seria fantástica ou emocionante o suficiente para se beneficiar do Efeito Triplo E, você estava enganado. Os games também imergem os jogadores em experiências realistas (no limite do mundano) e são igualmente emotivos e envolventes. Por exemplo, no jogo *Cart Life* (Richard Hofmeier, 2013), os jogadores entendem como é administrar uma barraca de rua. Eles incorporam personagens que tentam equilibrar múltiplos aspectos da vida enquanto ganham dinheiro. O designer entrevistou vendedores ambulantes para garantir que os detalhes sobre suas vidas estivessem corretos, assim como um designer de pesquisa baseada em jogos é estimulado a criar um Perfil do Participante e pesquisar profundamente os objetivos antes de iniciar seu trabalho. Como resultado da pesquisa de Hofmeier e do seu design, o jogo "evoca magistralmente nos jogadores a sensação de que nunca há tempo suficiente [...] [e] consegue gerar sentimentos de luta, triunfo e conexão"[12]. Assim, o papel do designer, e o papel do designer da pesquisa baseada em jogos, **é direta e instrumentalmente significativo nas emoções que podem ser criadas em um jogo-pesquisa ou em um questionário gamificado.** O jornalista especializado em games Colin Campbell observa como os designers de jogos manipulam as emoções: "Os homens e mulheres que estão brincando com nossas interações para nos fazer sentir o que eles querem que nós sintamos, e o que nós nos voluntariamos para sentir" envolve deixar você mesmo ir até um certo ponto "para os desejos e objetivos dos designers"[13].

Apesar de mídias como músicas ou filmes evocarem emoções, alguns sentimentos são exclusivos de jogos. Por exemplo, um jogador pode sentir vergonha, culpa ou se sentir cúmplice ao jogar um game. Tais emoções intensas não são necessariamente vivenciadas quando, digamos, se lê um livro. E por quê? Porque os jogos têm a extraordinária capacidade de nos colocar no lugar de uma personagem e/ou de vivenciar uma nova narrativa como nós mesmos; de estarmos tão profundamente imersos em outro mundo que, quando forçados a tomar certas decisões em um jogo, os jogadores sentem as emoções como se estivessem fazendo essas escolhas na vida real, onde podem sentar-se e deliberar sobre essas escolhas porque sabem que suas decisões terão consequências. **As escolhas em um jogo têm**

significado. Portanto, usá-los como um instrumento de pesquisa de mercado pode ajudar a evocar emoções e experiências que são inatingíveis através de qualquer outra mídia, tornando os GbRM únicos na obtenção de insights inexplorados.

Mas por que a natureza empírica de jogos também é importante na pesquisa? Se a vida é feita de experiências, e a pesquisa de mercado procura descobrir opiniões, sentimentos e aspectos conscientes e não conscientes de nossas vidas, então a pesquisa também deve ser empírica.

Todos nós buscamos experiências. O aumento de atividades empíricas para engajar consumidores tem sido notado em todo o mundo; de academias inovadoras a clubes noturnos com piscinas de bolinhas e dormitórios em museus, todos querem algo experiencial. O jogo *Hunt a Killer* permite que as pessoas resolvam mistérios fictícios no mundo real por meio da decifração de mensagens e objetos que recebem no correio. A *The Mysterious Package Company* faz o mesmo. *Confidential*[14], uma experiência participativa de teatro, lhe permite "viver uma noite como um agente secreto". *Secret Cinema*[15], uma experiência imersiva de cinema, apresenta um "mundo cinematográfico" no mundo real, recriando frequentemente pequenas versões de cidades e comunidades retratadas no cinema. A experiência *De Volta para o Futuro*, de 2015, incluiu lojas reais onde você podia comprar roupas e obter um corte de cabelo no estilo da década de 1950 e comer em restaurantes típicos daquela década. Antes da entrada, os clientes recebem um nome de personagem e são informados sobre quais fantasias adotar (e sua fantasia pode representar seu status, tipo de personagem ou nível). Assim, a experiência *Secret Cinema* começa meses antes da visita, criando inspiração, curiosidade e fascínio.

No marketing, a campanha *Catch-a-Choo* de 2010, da marca Jimmy Choo, usou Londres como seu jogo de tabuleiro.[16] Produzido pela empresa de marketing FreshNetworks para ajudar a criar um buzz sobre a nova coleção de tênis da Jimmy Choo, o ponto focal foi que as redes sociais foram utilizadas, em uma das primeiras vezes neste contexto, no marketing. Em três semanas, 4,5 mil jogadores foram em uma caça ao tesouro para descobrir calçados escondidos da Jimmy Choo[17], e quem os encontrou pôde ficar com eles. Esta não só foi uma campanha de marketing experiencial eficaz e de fato gerou um buzz, como também aumentou as vendas em 33 por cento ao dia durante esta campanha.

Estas experiências são populares e comercialmente lucrativas. À medida que centenas de marcas se aproximam de abordagens empíricas para a interação com o consumidor, vemos mais interesse e adoção em jogos e gamificação, já que essas abordagens se prestam tão facilmente a fornecer experiências, e experiências como engajamento e emoção são uma commodity de alta demanda.

O que estas marcas têm em comum é que, ao usar jogos e gamificação para interações empíricas, elas também estão fornecendo *tipos únicos* de engajamento. Então, além de conquistar e aumentar o engajamento de públicos novos e existentes e coletar dados, eles estão se destacando da concorrência. Se a sua marca está produzindo formas envolventes e experienciais de marketing, treinamento, recrutamento e, no nosso caso, pesquisa de mercado, então pode ser que você esteja um passo à frente de seus concorrentes.

Explorando jogos de aventura em texto: aproveitando a experiência e a emoção com gráficos simples e/ou apenas texto em tela

Mas e se você não tiver tempo ou dinheiro para criar jogos-pesquisa ou pesquisas gamificadas visuais, completas com narrativa e música para uma experiência imersiva e emotiva de 360 graus? Você pode adotar as simulações ao estilo "aventura em texto" que vemos em muitos jogos envolventes. Se você é um designer de pesquisa baseada em jogos com um orçamento fixo, você ainda pode evocar e se beneficiar do Efeito Triplo E, e permitir que os participantes imaginem situações diferentes com nada além de texto em tela. O poder da narrativa, mesmo que ela seja articulada apenas como texto, pode colocar os participantes em contextos emocionais relevantes. **As pesquisas são apenas jogos de aventura em texto subdesenvolvidos.**

Caso em questão: observe as capturas de tela (Figura 10.1) do jogo de aventura em texto *Grayout* (Mrgan LLC, 2015)[18]. *Grayout* coloca o jogador no papel de uma pessoa que está profundamente envolvida em uma conspiração. O texto preto no topo da tela são palavras que lhe são ditas, e as palavras brancas embaixo são termos que você pode escolher para responder. Com apenas texto na tela, *Grayout* coloca você completamente no contexto emocional de estar sob altas doses de medicação, em que há uma dificuldade frustrante até mesmo para formar frases simples. Como você tem dificuldade para encontrar as palavras, suas próprias ações como jogador simulam as dificuldades do personagem que você está incorporando, que também está tendo dificuldade de lembrar as palavras apropriadas para falar. Inspire-se sobre como podemos usar as interações de forma semelhante a jogos de aventura em texto como *Grayout* (e *Zork*, *MetaHuman Inc* e *A Wise Choice of Time*, ambos da Choice of Games LLC[19], e muitos outros) para transportar os participantes para o lugar de outra pessoa, colocando-os em contextos relevantes e estimulando a emoção por meio de apenas texto na tela. Mais uma vez, essas capacidades são possíveis usando o software de pesquisa existente. São as nossas imaginações que podem tornar o texto de uma pesquisa entediante ou evocar o Efeito Triplo E.

Figura 10.1: Jogo *Grayout*, lançado por Neven Mrgan.

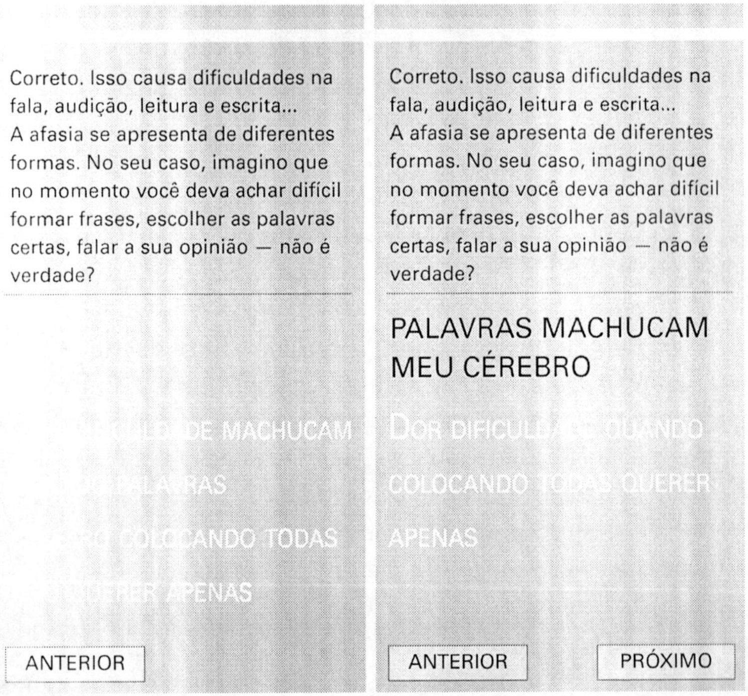

Fonte: © Neven Mrgan.

Um exemplo de jogo-pesquisa baseado em texto

Pegando emprestado de jogos de aventura em texto, a seguir está um exemplo simples de uma simulação com dois cenários: o participante está ocupado com tempo e dinheiro limitados; o participante tem muito tempo e não tem orçamento definido.

Embora esta seja uma simulação emotiva e empírica muito simples, é tarefa dos participantes imaginar aspectos de suas vidas de uma forma que as pesquisas tradicionais não fazem. Juntamente com música e imagens reais, estes simuladores baseados em texto podem tornar-se mais emotivos e imersivos com um pouco mais de esforço. Esta aventura de texto pede aos participantes que *imaginem* estes diferentes cenários — mas e se, por meio de simulações baseadas em jogos digitais, pudéssemos *mostrar* a eles?

INÍCIO

SEGUNDA-FEIRA DE MANHÃ.
Primeira Rodada.

Você está em um supermercado.
Ele está lotado de gente. É muito barulhento.
Você tem apenas 15 minutos para pegar suas compras ou se atrasará para sua consulta médica.
Seu bebê está chorando e o telefone está tocando, mas você precisa pegar alguns suprimentos agora mesmo, caso contrário não terá muita coisa em casa depois.
Como você se sente?

EU ME SINTO ____________

Você tenta caminhar pela multidão enquanto tenta acalmar o bebê e ignorar seu telefone. Com apenas 15 minutos, quais são os itens essenciais que você precisa comprar para sua casa? (Adicione mais linhas, se necessário). Seu tempo de 15 minutos começa agora. Pressione terminar quando tiver terminado.

1. ____________ Preço aproximado de R$ ____________
2. ____________ Preço aproximado de R$ ____________
3. ____________ Preço aproximado de R$ ____________

PREÇO TOTAL (calculado a partir da resposta acima do participante) R$ ____________

Ah, não. Você acabou de perceber que só tem dez reais! Isso muda o que você mantém na sua lista? Em caso afirmativo, remova um item simplesmente riscando-o.

Caso contrário, prossiga para a Segunda Rodada.

TERMINAR

SEGUNDA-FEIRA DE MANHÃ.
Segunda Rodada.

Você está em um supermercado.
Está vazio com apenas o som de algumas pessoas falando e a música da loja. Você está muito satisfeito por ter conseguido arranjar tempo para fazer as tão necessárias compras de supermercado. Você poderia passar mais de uma hora aqui, se for preciso, comprando tudo o que precisa para a casa. Seu bebê está com uma babá, que foi paga para ficar o tempo que for necessário. Alguém está dando amostras grátis de bolo, hum! Você pega um pedaço, por que não?
Como você se sente?

EU ME SINTO ____________ (revelado: ganhou 10 pontos)

Você começa no primeiro corredor, pronto para começar a fazer compras. O que você vai comprar hoje?
(Um cronômetro começará — leve o tempo que precisar. Pressione terminar quando você tiver feito suas compras e acrescente mais linhas, se for necessário).

1. ____________ Preço aproximado de R$ ____________
2. ____________ Preço aproximado de R$ ____________
3. ____________ Preço aproximado de R$ ____________

PREÇO TOTAL (*calculado a partir da resposta acima do participante*)
R$ ____________

Que bela surpresa! Você acabou de encontrar quinze reais no seu bolso. Você decide se dar um item de luxo.

Qual é o item de luxo? É UM ___________.

Quanto custa? CUSTA R$ ___________.

TERMINAR

Bem-vindo à Simulação de Supermercado!
Um jogo de aventura em texto em que os pesquisadores entendem como a emoção e o contexto impulsionam o comportamento e as escolhas.

"Jogos de histórias" simples: visuais, mas guiados pela narrativa e simulações baseadas em texto

Baixe o app *Episode* (Episode Interactive LLC, 2016) e jogue para experimentá-lo (disponível nas lojas de aplicativo App Store (da Apple) e Google Play Store, ou pesquise vídeos de gameplay on-line). *Episode* é essencialmente um questionário narrativo e guiado por interpretação de papéis, em que são feitas perguntas ao jogador e há uma série de escolhas que podem ou não influenciar o desenrolar do jogo. No jogo, o seu personagem interage com outros, tornando as conversas mais pessoais, já que você é capaz de contribuir para as conversas usando suas próprias escolhas, em vez de assistir ao desdobramento de uma narrativa (o que é comum em muitos jogos).

Há muito que pesquisadores podem aprender com esse jogo para inspirar o design de pesquisa baseada em jogos como "qualitativa on-line". Neste jogo, temos personagens com personalidades diferentes para nos sentirmos conectados, bem como o nosso próprio personagem que podemos construir (por meio de um criador de avatares) à nossa semelhança. Isso, juntamente com o fato de que os jogadores são colocados em ambientes virtuais relevantes e baseados em contexto, é o que ajuda a envolvê-los na história. As imagens 2D de ambientes 3D retratadas neste jogo (por exemplo, ao conversar em uma rua ou em uma sala de aula de uma faculdade) estão absolutamente dentro das capacidades do software de pesquisa existente. Os pesquisadores também podem usar imagens 2D de ambientes 3D em um jogo-pesquisa ou questionário gamificado. Veja também como estas imagens de fundo funcionam em harmonia com as perguntas ou com a criação de cenários e com as opções de escolha do jogador. *Episode* é um tipo de modelo de como pesquisadores podem usar softwares de pesquisa existentes para criar "conversas" observáveis com participantes que ficam mais naturais e são muito mais parecidas com a forma como nos comunicamos na vida cotidiana, em vez da voz "anônima" das pesquisas on-line tradicionais.

Telltale Games é uma produtora de jogos que vem criando games guiados por histórias desde 2004. Eu fui apresentada pela primeira vez a seus jogos alguns anos atrás, depois de ver meu marido jogar *The Wolf Among Us* (2013), em que, como os jogos de *Episode*, você é colocado em diferentes cenários e são oferecidas escolhas que terão resultados diferentes. O ponto-chave destes jogos da Telltale é que eles são episódicos, então os jogadores devem baixar o jogo que, digamos, vem pronto para jogar com cinco episódios (ou níveis) e talvez você precise esperar algum tempo antes que mais episódios sejam lançados. Isso, por si só, pode inspirar a forma como os pesquisadores abordam os estudos on-line a longo prazo. Estudos de monitoramento baseados em jogos podem ser episódicos, como os jogos da Telltale, em que é possível gerar engajamento e expectativa entre os participantes.

Jogos similares, em que jogadores fazem escolhas para construir a narrativa, são *The Stanley Parable* (Galactic Cafe), *Life Is Strange* (Square Enix) e *Mass Effect 2* (Electronic Arts), entre muitos outros.

Jogando de novo simulações em "realidades alternativas" para compreender o efeito do contexto e desenvolver modelos preditivos

Eu me lembro de estar em uma aula de ciências na escola quando nos foi dada uma máquina que tinha um programa: uma simulação para as populações de raposas e coelhos. Não havia gráficos sofisticados — eram apenas quadrados coloridos na tela. Uma cor representava raposas e outra, os coelhos. Você programava quantas raposas e coelhos queria, pressionava iniciar, e então assistia ao que poderia ser um verdadeiro show de horror de raposas aniquilando coelhos ou um equilíbrio harmonioso de ambas as populações animais. Quando criança, é claro, você tenta todos os extremos: uma raposa para um milhão de coelhos, um coelho para mil raposas. Eventualmente, encontrávamos um equilíbrio para que ambas as populações pudessem prosperar.

Pensei: como poderíamos usar este tipo de simulação na pesquisa? Poderíamos ter o mesmo tipo de programa rudimentar em que as pessoas pudessem introduzir as várias condições para as quais comprariam um produto específico, seja um amaciante de roupas ou uma lata de sardinha? E pesquisa social e política? Os pesquisadores poderiam usar simulações como essa em seu trabalho com o governo e outras organizações sem fins lucrativos para ver como as despesas específicas do departamento impactariam sua causa e o futuro? Será que as pessoas poderiam inserir quanto dinheiro o governo gasta em vários projetos em uma simulação, pressionar iniciar e assistir a uma realidade alternativa se desenvolver? Crucialmente, os dados e insights que poderíamos reunir a partir de tais simulações seriam fundamentais para criar tudo ao nosso redor.

A simulação de raposas e coelhos é, em parte, o que inspirou o ResearchGame *Designer for a Day* que criei para um conglomerado de marcas de roupas ranqueado na *Fortune 500*[20]. Nesse ResearchGame, os participantes podem introduzir diferentes aspectos de calças esportivas, como o comprimento das calças, a altura, a forma, a cor etc., depois veem como as calças ficam em tempo real e veem o preço das peças aumentar ou diminuir dependendo das suas escolhas. Quem teria pensado que a simulação de 8-bits de raposas e coelhos que eu joguei na década de 1990 teria sido uma inspiração muitos anos depois? É por isso que os pesquisadores devem jogar *todos* os tipos de games; você nunca sabe qual inspiração fará sentido para um futuro design de pesquisa baseada em jogos.

Estudos conjuntos, as técnicas projetivas que usamos em grupos focais e pesquisas on-line, e as formas como podemos pedir aos participantes para imaginar produtos completamente novos — todos estes métodos são maneiras com as quais os pesquisadores imergem os participantes em realidades alternativas. Perguntamos: "E se esta garrafa de vinho tivesse um rótulo maior, você compraria? E se usássemos esta cor em vez desta, você a compraria agora?" Já estamos pedindo a eles para jogarem de novo, tal como os jogadores fazem com os games.

Ser capaz de morrer em um jogo e reviver, ou reiniciar a partir de um certo ponto em um nível, tem sido uma característica de jogos digitais desde que eles foram criados. Quando jogadores jogam novamente, mudam o seu comportamento para um resultado específico — isto é, para terminar o nível em um determinado período de tempo, ou para ultrapassar um determinado obstáculo da "forma correta", ou para ganhar uma certa quantidade de pontos e assim por diante.

Você pode se perguntar: "algum participante jogaria novamente um jogo-pesquisa?" A resposta é "sim". Não só os participantes voltaram a jogar os meus ResearchGames (apesar de não haver incentivos adicionais), como também sabemos que os jogadores voltam a jogar os games e gostam de fazê-lo; eles revivem literalmente os mesmos cenários incontáveis vezes, embora alterando o seu comportamento e escolhas até alcançarem um resultado ideal.

Os pesquisadores podem incluir oportunidades de jogar novamente para permitir que os participantes interajam com (potencialmente incontáveis) simulações do mesmo evento, mas com mudanças incrementais aos estímulos existentes e/ou estímulos diferentes. Uma vez que os participantes estavam tão engajados intrinsecamente tal como os jogadores com games, pedir a eles para participarem de novo de uma pesquisa baseada em jogo não pareceria uma tarefa, uma vez que os participantes sentiriam a alegria e o estado de flow que vêm com o jogo. Os pesquisadores podem gamificar completamente a pesquisa conjunta enquanto aproveitam as capacidades da repetição. Isso pode ajudar os pesquisadores a criar modelos preditivos.

A modelagem preditiva usa IA [Inteligência Artificial] e automação para permitir que dados antigos e probabilidade determinem possíveis resultados futuros. Se as pesquisas baseadas em jogos forem usadas como simulações de vários eventos e para testar uma variedade de materiais de estímulo, obter dados suficientes pode permitir aos pesquisadores prever o futuro; por exemplo, se *X* acontecer, então é provável que ocorra *Y*. O modelo preditivo também pode ser usado como uma simulação em si, assim como a simulação de raposas e coelhos, que usou dados existentes de pesquisa e probabilidade para definir populações dependendo de diferentes condições, como o tipo e tamanho do ambiente, número de raposas e coelhos e assim por diante. O modelo preditivo pode ajudar os compradores de pesquisa a se tornarem proativos em vez de reativos, e até mesmo ajudar a estimular o desenvolvimento de produtos e serviços que antes eram inimagináveis. (Mais informações sobre previsões futuras e modelos preditivos por meio de pesquisas baseadas em jogos serão apresentadas no Capítulo 24).

Cinco lugares para começar a criar simulações emotivas e empíricas em pesquisas baseadas em jogos

David Freeman, designer de jogos e autor de *Creating Emotion in Games: The craft and art of emotioneering* (2003), identificou 1,5 mil maneiras de criar emoção em jogos, incluindo a formação de química entre jogadores, dando às narrativas do jogo enredos interessantes e incluindo princípios "fiéis à realidade", entre muitas outras.[21] Em *How Games Move Us: Emotion by design* (2017)[22], a autora Katherine Isbister também nos guia por maneiras concretas com as quais os jogos induzem a emoção por meio de exemplos. Estes dois livros, e muitos outros artigos, conferências, estudos de pesquisa e vídeos, mostram que induzir a emoção em jogos (e, portanto, pesquisas baseadas em jogos) não é algo que possa ser abordado com algumas dicas rápidas. É uma *grande* área de estudo e, portanto, uma leitura complementar é fortemente recomendada. No entanto, estes conselhos são um bom ponto de partida:

1. **Pense como um "Curador de Experiência de Marca".** Imagine que seu único trabalho é tornar a pesquisa mais empírica através da lente dos seis estados vitais (como explorado anteriormente no Capítulo 7). Você abordaria o design da pesquisa baseada em jogos de forma diferente? Sim.

2. **Avalie como os participantes se sentem com relação ao conteúdo da pesquisa *antes* de criá-la.** Olhe para os objetivos de sua pesquisa através da lente do Efeito Triplo E: como seus participantes já se sentem em relação ao conteúdo, produto ou serviço da pesquisa em discussão? E se você colocasse os participantes em cenários futuros ou "realidades alternativas", como eles se sentiriam se tivessem as escolhas disponíveis para eles? Eles sentiriam um senso de urgência, frustração, orgulho, alegria? Você consegue (com segurança e tato) criar cenários emotivos relevantes (usando os ingredientes, componentes, elementos e valores de jogos) para entender como essas emoções impulsionam comportamentos e escolhas?

3. **Experimente os ingredientes, componentes, elementos e valores de jogos para evocar simulações emotivas e empíricas.** A narrativa, o uso de temporizadores, a estética de

uma interface digital, as relações que as pessoas constroem com seus avatares, o uso da interpretação de papéis, a música e assim por diante podem ser usados como ferramentas para gerar experiências emotivas. A melhor maneira de entender como essas técnicas de jogo fazem isso é jogar uma grande variedade de Jogos Sérios e Jogos Emocionais. Só por meio deste tipo de experiências lúdicas é que os pesquisadores podem compreender as nuances e complexidades de como os jogos fazem isso.

4. **Garanta que as escolhas na pesquisa baseada em jogos tenham impacto para criar significado.** Os jogos mencionados ao longo deste livro, como *Episode* (Episode Interactive LLC), *Choices* (Pixelberry Studios), *The Wolf Among Us* (Telltale Games), *The Stanley Parable* (Galactic Cafe), *Life Is Strange* (Square Enix) e *Mass Effect 2* são envolventes porque as escolhas feitas nos jogos têm peso narrativo e significado. Esses jogos são do tipo "se isto, então aquilo". Isso quer dizer que é preciso haver um impacto tangível para produzir significado — talvez seja por isso que as pesquisas tradicionais não consigam gerar engajamento, pois os participantes normalmente nunca conseguem ver o impacto de suas escolhas. Nos games, o impacto é crucial. Gordon Calleja, designer de jogos, que também criou o Modelo de Envolvimento do Jogador, identificou seis dimensões que se relacionam entre si e que geram envolvimento emocional com os jogos, desde "envolvimento narrativo" (engajamento com a história do game) até "envolvimento lúdico" (em que os jogadores estão engajados com as escolhas que fazem em um jogo). Ele escreve: "Sem repercussões, as ações perdem seu sentido e, portanto, a excitação emocional (envolvimento afetivo) gerada por sua execução (envolvimento cinestésico)."[23]

   Isso é facilmente traduzido em um ambiente de pesquisa baseada em jogos; como é possível garantir que os participantes, que podem ser encarregados de fazer escolhas sobre o design, nome e preço dos produtos, percebam o impacto? Você pode permitir que eles sintam as mudanças de forma visível e observem que tipo de efeito isso pode ter em outras vendas, margens de lucro e assim por diante em uma simulação (como o programa de raposas e coelhos). Isso também proporciona uma oportunidade de aprendizagem (valor de conhecimento) que é agradável para os participantes.

5. **Participe de qualquer coisa empírica.** Vá a uma experiência de *Secret Cinema* e faça uma imersão nos limites do cinema e da realidade. Jante no breu total no restaurante conceito *Dans Le Noir?*. Compre bilhetes para uma experiência de teatro imersiva. Mantenha-se a par do marketing de experiência oferecido por suas marcas prediletas ou não tão queridas. Você nunca sabe como as abordagens experienciais e lúdicas de outra pessoa para produtos e serviços abrirão seus olhos e sua mente para como você faz a curadoria de jogos-pesquisa ou pesquisas gamificadas emotivas e empíricas. Faça anotações: escreva os itens-chave que evocaram emoção e elevaram a sua experiência; pense sobre os temas ou padrões comuns que você pode empregar nas suas pesquisas baseadas em jogos.

Notas

1 Henning, J. *Putting Emotion into the Equation.* [Blog] Recontando uma apresentação feita no The Market Research Event (TMRE), Orlando, Flórida, por Aaron Reid e Stephen Springfield da Sentient Decision Science, 2017 [On-line]. Disponível em: <blog.mrii.org/putting-emotion-into-the-equation/>. Acesso em: 4 jun. 2018.

2 Henning, J. *Putting Emotion into the Equation.* [Blog] 2017 [On-line]. Disponível em: <blog.mrii.org/putting-emotion-into-the-equation/>. Acesso em: 4 jun. 2018.

3 Plummer, J.; Zaltman, G.; Mast, F. Engagement: Definitions and

Anatomy. Atas do Advertising Research Foundations Workshop, 2006 [On-line]. Acesso em: 25 mai. 2018.

4 Grimes, S. On Facial Coding, Emotion Analytics, And Emotion Aware Applications. *Breakthrough Analysis*, 2015 [On-line]. Disponível em: <breakthroughanalysis.com/2015/06/29/mcduff/>. Acesso em: 25 mai. 2018.

5 Marcadores somáticos são sentimentos no corpo que estão associados a emoções, como a associação de batimentos cardíacos rápidos com ansiedade ou de náuseas com desgosto. Encontre mais informações em: Damasio, A. R. *O erro de Descartes: Emoção, razão e o cérebro humano*. São Paulo: Companhia das Letras, 2012.

6 Markus e Kitayama (1991) citados em Perlovsky, L. Mystery in experimental psychology, how to measure aesthetic emotions? *Frontier in Psychology*, v. 5, 2014 [On-line]. Disponível em: <www.researchgate.net/publication/308866844_Mystery_in_experimental_psychology_aesthetic_emotions>. Acesso em: 4 jun. 2018.

7 Campbell, C. Emotion, manipulation and the future of game design. *Polygon*, 2016 [On-line]. Disponível em: <www.polygon.com/2016/3/30/11319406/emotions-video-games>. Acesso em: 25 mai. 2018.

8 McGraw-Hill Education. McGraw-Hill delivers new game-based learning simulations in higher education course materials. *McGraw-Hill*, 2018 [On-line]. Disponível em: <www.mheducation.com/news-media/press-releases/new-game-based-learning-simulations-higher-education.html>. Acesso em: 25 maio 2018.

9 Newman, J. In search of the videogame player: The lives of Mario *SAGE Publications*, v. 4, n. 3, p. 405–422, 2002 [On-line]. Disponível em: <journals.sagepub.com/doi/pdf/10.1177/146144480200400305>. Acesso em: 25 de mai. de 2018.

10 Frome, J. Eight ways videogames generate emotion. Atas da conferência DiGRA 2007 [On-line]. Disponível em: <www.digra.org/wp-content/uploads/digital-library/07311.25139.pdf>. Acesso em: 25 de mai. de 2018

11 Isbister, K. *How games move us: Emotion by design*. Cambridge, MA: MIT Press, 2017.

12 idem.

13 Campbell, C. Emotion, manipulation and the future of game design. *Polygon*, 2016 [On-line]. Disponível em: <www.polygon.com/2016/3/30/11319406/emotions-video-games>. Acesso em: 25 maio 2018.

14 *Confidential The Game*: <www.confidentialthegame.com>. Acesso em: 22 mai. 2018.

15 *Secret Cinema*: <www.secretcinema.org>. Acesso em: 22 mai. 2018.

16 WGSN. *To Catch a Choo*. [Blog] 2010 [On-line].

17 FreshNetworks. Jimmy Choo: Campaign management & long-term strategy. *Slideshare*, 2010 [On-line]. Disponível em: <www.slideshare.net/freshnetworks/jimmy-choo-pep-foursquare-web-4667255>. Acesso em: 22 mai. 2018.

18 Jogo *Grayout*: <mrgan.com/grayout>.

19 *Choice of Games*: <www.choiceofgames.com/category/our-games>. Acesso em: 22 mai. 2018.

20 Estudo de pesquisa realizado em janeiro de 2016 com 2.208 participantes. O estudo de caso foi apresentado na IMPACT MRS Annual Conference, 15 março 2017, Londres, e como parte dos anais do evento ISPO, Munique, 29 janeiro 2018.

21 Freeman, D. Creating emotion in games: The craft and art of emotioneering™. *ACM Computers in Entertainment*, v. 2, n. 3, jul. 2004, Artigo 8a [On-line].

22 Isbister, K. *How games move us: Emotion by design*. Cambridge, MA: MIT Press, 2017.

23 CALLEJA, G. Emotional involvement in digital games. *International Journal of Arts and Technology*, v. 4, n. 1, 2011 [On-line]. Disponível em: <www.academia.edu/2962297/Emotional_Involvement_in_Digital_Games>. Acesso em: 31 mai. 2021.

ESTUDOS DE CASO E RESULTADOS DE PESQUISAS BASEADAS EM JOGOS

11

Este capítulo explora:

- Limitações e oportunidades de estudos de caso sobre métodos de pesquisa baseada em jogos (GbRM) até o momento;
- Os benefícios dos métodos de pesquisa on-line baseada em jogos, olhando para dez anos de trabalhos e apresentações;
- Cinco estudos de caso dos meus próprios designs por meio da Research Through Gaming Ltd (RTG).

Limitações de estudos de caso sobre métodos de pesquisa baseada em jogos (GbRM)

Os jogos e a gamificação têm sido aplicados na pesquisa on-line há mais de uma década, com alguns resultados favoráveis, desfavoráveis e mistos. Estes resultados (mesmo os bons) têm uma interpretação problemática porque temos de desvendar:

- A compreensão dos designers de pesquisa sobre as definições de jogos e de gamificação;

- Se a sua abordagem de design aderiu a essas definições (mesmo quando há bons resultados, a gamificação estava realmente sendo usada, ou existe outra abordagem com um termo mais adequado que pode ajudar mais pesquisadores a tirar proveito da técnica benéfica?);
- Os níveis de jogo e a experiência de design de jogo que o designer de pesquisa teve no passado.

Muitas vezes, os pesquisadores que criam as abordagens baseadas em jogos podem não ter, necessariamente, experiência de design digital de UX, design de jogo ou outra experiência de design relacionada. Por meio de discussões pessoais com estes pares, alguns admitiram ter pouca experiência jogando games digitais. Por outro lado, seria difícil encontrar um designer de jogos que nunca tivesse experimentado um jogo; jogar é reconhecidamente um dos seus recursos mais importantes. Para um designer de pesquisa baseada em jogos, jogar e experimentar com design de jogos antes de embarcar em design de pesquisa baseada em jogos é tão crucial quanto ter conhecimento e experiência em pesquisas.

- Houve também uma confusão de design e classificação, por exemplo:
- O que alguns pesquisadores constituíram como gamificação em seus estudos de caso teria sido mais adequado como estudos de caso sobre pesquisa-entretenimento.
- O que, em alguns estudos de caso, foi classificado como um jogo não é completamente um jogo, mas uma pesquisa que foi gamificada — um questionário gamificado.
- Os termos "jogo" e "gamificação" têm sido utilizados indistintamente em artigos e apresentações sobre pesquisa, o que gera confusão em torno do design e das suas ligações com o impacto.

- Alguns estudos de caso que utilizaram os GbRM tiveram pouca ou nenhuma consistência interna; gráficos e jogabilidade não estão relacionados ao conteúdo da pesquisa. Isso criou, em alguns casos, resultados prejudiciais, como participantes distraídos e confusos, e reduziu a qualidade dos dados, as taxas de conclusão e o engajamento dos participantes.
- Alguns estudos de caso estão focados apenas no uso de técnicas rudimentares de estética e interação comuns em alguns jogos, como "filmar" a resposta para as perguntas ou mudar a estética do cursor.

É difícil revelar os resultados, pois há várias partes móveis. No entanto, há semelhanças na forma como os pesquisadores de mercado criaram sua abordagem para questionários gamificados:

- **Reformulando perguntas** para soar mais divertido, mas sem uma estrutura de jogo envolvente. Por exemplo, usar um tom menos formal e fazer com que cada pergunta soe como um desafio.
- **Usando um único componente ou elemento de jogos com alguns ingredientes de jogos**, tais como o uso de feedback e regras com um temporizador e uma narrativa (mas, em alguns casos, as narrativas usadas não estão relacionadas com o conteúdo da pesquisa).
- **Apenas alterando os elementos estéticos e utilizando tipos de questões dinâmicas**, como as funções de "arrastar e soltar" e a utilização de imagens, em que, mais uma vez, os elementos visuais podem ou não estar desvinculados do conteúdo da pesquisa.

Nas situações em que as abordagens baseadas em jogos não funcionaram bem, pode haver várias razões. Embora as armadilhas possam aparecer por causa do design, devemos lembrar que, sem orientações formais de design em vigor até o presente momento, muitos pesquisadores que tentam melhorar a pesquisa por meio da utilização de técnicas baseadas em jogos têm "atirado no escuro", pois cada experiência é importante e tem proporcionado ensinamentos neste espaço.

Oportunidades de estudos de caso sobre métodos de pesquisa baseada em jogos

O lado positivo é que os esforços feitos representam um enorme ponto de virada na pesquisa de mercado; é potencialmente a primeira vez em muito tempo que, ao considerar estas técnicas, os pesquisadores de mercado reavaliaram conscientemente a estética, layout, linguagem e apreciação geral de suas pesquisas, essencialmente realizando uma "revisão de UX". Isso contribuiu para uma reavaliação do design geral das pesquisas em toda a indústria. Como sabemos, não há reinvenção sem tentativa e erro.

Em vez de perder tempo desvendando por que os estudos de caso anteriores mostraram resultados desfavoráveis, este capítulo se concentrará nos casos em que a pesquisa baseada em jogos obteve um bom desempenho, para que possamos levar estas aprendizagens conosco para o futuro. Vamos também analisar cinco estudos de caso da RTG para analisar os resultados e o impacto. Quando disponíveis, serão incluídas informações e resultados relativos a cada estudo de caso.

O que sabemos: benefícios da utilização de métodos de pesquisa baseada em jogos

Mesmo quando os estudos de caso utilizaram apenas técnicas rudimentares semelhantes a jogos, como as três abordagens comuns observadas anteriormente, *ainda* tem havido resultados positivos. A seguir há uma lista acumulada de benefícios observados nas publicações baseadas no estudo de caso que usaram as três abordagens mais comuns e dos meus próprios estudos de caso usando ResearchGames por meio da Research Through Gaming Ltd. Estas conclusões são uma mistura de resultados que foram comparados com outras metodologias de pesquisa (como pesquisas on-line tradicionais e baseadas em Flash) e por meio de análises, como estudos "independentes". Os artigos e outras publicações que foram estudados para produzir estas listas de benefícios estão incluídos nas Notas deste capítulo.[1-18]

Os benefícios dividem-se em vantagens para os fornecedores e compradores de pesquisa, para os participantes e para a indústria em geral.

Benefícios para fornecedores e compradores de pesquisa

- Taxas de desistência mais baixas.
- Diminuição de respostas automáticas.
- Aumento das taxas de resposta.
- Aumento das taxas de conclusão.
- Aumento das taxas de continuidade (em que um único estudo pode ter vários pontos de contato, ou seja, mais de uma pesquisa).
- Participantes mais focados.
- Dados mais ricos são fornecidos em perguntas verbais abertas por meio de respostas mais descritivas.
- Aumento do número de palavras nas respostas abertas.
- Níveis mais elevados de capacidade de resposta.
- Mais "trabalho" a ser realizado, como a avaliação de mais itens pelos participantes e a participação em atividades voluntárias.

- Menos tempo em campo devido ao aumento das taxas de resposta e conclusão.
- Tempo (e dinheiro) poupado devido ao menor período de trabalho de campo.
- Maior probabilidade de os participantes se envolverem em mais pesquisas baseadas em jogos devido ao prazer autorrelatado e pedidos para participar de mais pesquisas.
- O tempo de resposta em ambos os campos de resposta verbais abertos e em "caixa de seleção" pode ser mais longo (quando não há senso de urgência, como um limite de tempo).
- É mais provável que sejam fornecidas respostas precisas e completas, melhorando assim a qualidade e a validade dos dados, e proporcionando uma maior descoberta sobre o "verdadeiro mindset" dos participantes.
- Por meio dos recursos inerentes aos jogos, os pesquisadores podem capturar dados que as pesquisas on-line tradicionais não conseguem reunir, como dados do comportamento de um avatar controlado por um participante em um ambiente simulado.
- Estimular a memória e simular contextos de uma maneira que as técnicas tradicionais de pesquisa não conseguem fazer.
- Melhora da amostra representativa em nível nacional.
- Quando criadas especificamente para respostas instintivas (por exemplo, com um temporizador na tela), as abordagens baseadas em jogos podem desestimular a deliberação para um pensamento mais "Sistema 1".
- Pode preencher o "gap de empatia", em que trazemos os participantes em um "estado caloroso" para replicar os sentimentos e contextos que eles teriam durante os processos de tomada de decisão na vida real, em vez do "estado frio" das pesquisas on-line tradicionais.

Benefícios para o participante

- Maior engajamento (autorrelatado e visto pelo aumento das taxas de conclusão, bem como pela análise da riqueza das respostas).
- Aumento do prazer (autorrelatado).
- Desejo de continuidade (mais uma vez, autorrelatado e visto pela repetição da pesquisa, apesar de não haver nenhum outro incentivo oferecido, e continuando com uma pesquisa de acompanhamento).

Benefícios para a indústria de pesquisa de mercado em geral

- Estendeu os limites em termos de tecnologia e de aplicação do design. Os pesquisadores fizeram experimentos com novos designs e novas aplicações de software de pesquisa existente e, no caso da Research Through Gaming, criaram um software com o propósito de criar e executar os ResearchGames.
- Introduziu novas habilidades e talentos para a pesquisa de mercado; profissionais de design de jogos e graduados foram contratados para trabalhar comigo em estudos de pesquisa baseada em jogos. Aproximadamente quinhentas pessoas até o momento (estudantes e profissionais de pesquisa de mercado) participaram dos meus workshops para aprender novas habilidades em técnicas de pesquisa baseada em jogos.
- Aumento do engajamento do cliente — em que os clientes assumiram participações especiais nos ResearchGames, se mostraram mais investidos no processo de pesquisa, e, por sua própria admissão, tiveram a maior parte da sua equipe interessada no estudo e seus resultados mais do que quando as pesquisas tradicionais foram usadas.

- Maior engajamento dos pesquisadores de mercado; os pesquisadores de mercado que participaram dos meus workshops e apresentações disseram que estão mais interessados e engajados com a pesquisa de mercado como resultado de uma melhor compreensão sobre técnicas baseadas em jogos.
- Maior engajamento entre a próxima geração de pesquisadores de mercado; em que os estudantes disseram que estão mais envolvidos com pesquisas de mercado e carreiras de pesquisa como resultado de entender mais sobre métodos baseados em jogos.

Por meio do uso dos GbRM, *todos* os envolvidos na pesquisa de mercado são beneficiados.

Estudos de caso da Research Through Gaming Ltd

Estes estudos de caso fornecem uma visão geral dos resultados da utilização de ResearchGames produzidos pela Research Through Gaming Ltd (RTG). Ao longo de oito anos de criação e uso de ResearchGames como um instrumento de pesquisa, eu tenho visto demonstrações consistentes de engajamento participante intrínseco e impacto de pesquisa por meio de insights. Os cinco estudos de caso a seguir são diferentes em termos de objetivos de pesquisa e demografia dos participantes para mostrar a plasticidade em que as abordagens baseadas em jogos podem ser aplicadas.

ESTUDO DE CASO PRÉ-TESTE - Testando o conceito de uso de jogos como instrumentos de pesquisa

Em um estudo que realizei como parte de um trabalho de pesquisa para a conferência CASRO Las Vegas de 2010[19], eu colaborei com a empresa de amostra SSI para testar a "prontidão" do uso de jogos como instrumentos de pesquisa entre jovens de 16 a 30 anos no Reino Unido. Os resultados foram animadores:

- Quando perguntado: "Você está jogando um game no seu (*insira o dispositivo do participante*). Imagine que, enquanto você o jogasse, dados sobre como você joga e o que faz no próprio jogo fossem coletados. Vamos chamar este tipo de game de 'jogo-pesquisa'. Você ficaria feliz em jogar este tipo de jogo em que os dados fossem coletados e utilizados para fins de pesquisa genuínos?", 78 por cento dos participantes responderam: "Sim, isso seria bom para mim."
- Quando perguntado: "Você consideraria jogar um game de graça se tivesse que dar a sua opinião sobre uma marca, produto, serviço ou anúncio?", 73 por cento responderam: "Sim, gostaria de jogar um game de graça e dar a minha opinião sobre estas coisas."
- 84 por cento disseram que recomendariam um ResearchGame para seus amigos ou familiares se fossem divertidos e/ou educativos. Como os ResearchGames podem incluir quatro tipos diferentes de valor (como valor de autodescoberta, transcendência e assim por diante), foi importante entender que esse valor pode ser divertido e educacional, e, ao compartilhar pesquisas públicas, isso pode ajudar a aumentar as taxas de resposta para estudos públicos, como pesquisas de opinião ou censos.
- 68 por cento disseram que esperariam uma recompensa ou incentivo para jogar um ResearchGame, que foi menor do que eu havia previsto, uma vez que muitas pessoas na comunidade de pesquisa de mercado atribuem o baixo engajamento dos participantes a baixos incentivos e tentam aumentá-los.

Este estudo me deu confiança para começar a explorar a abordagem de pesquisa baseada em jogos.

ESTUDO DE CASO 1 - Desenvolvimento de produto por meio de teste de preferência e ideação de um novo produto alimentício no mercado

Comprador da pesquisa: marca alimentícia da Fortune 500

Público: "Millennial" (classificado como 18 a 24 anos) e mais velho (25 a 34 anos), baseado nos Estados Unidos.

Título do ResearchGame: *Mission: Marketing. Journey into Product Development* [Missão: Jornada de Marketing para Desenvolvimento de Produto]

Objetivo da pesquisa: Obter insights sobre o nome preferido, embalagem e sabores de um novo produto alimentício e obter novas ideias do público.

Necessidade de negócios: Os públicos-alvo não estavam tão engajados com a marca quanto os públicos mais estabelecidos dela. A empresa queria engajar "a próxima geração" de amantes de sopa, jovens que pudessem "comprar" e permanecer leais por muitos anos. Um novo produto alimentício era uma forma de engajá-los.

Conceito do ResearchGame

A RTG criou dois ResearchGames em paralelo com dados implícitos coletados nos tempos de reação. Ambos eram idênticos, exceto que um usou um temporizador na tela, que deu aos participantes uma janela de trinta segundos para responderem a perguntas específicas. Se os trinta segundos se esgotassem, um novo conjunto de trinta segundos entraria em ação. O outro jogo-pesquisa permitiu que os participantes demorassem o tempo que precisassem para responder. Os tempos de resposta foram registrados em ambos.

O elemento do temporizador foi incluído para estimular respostas mais instintivas e desestimular a deliberação. Ao ter duas versões do ResearchGame, isso replicaria como diferentes grupos de pessoas fazem escolhas sobre um novo produto alimentício. Algumas pessoas demorariam algum tempo deliberando, enquanto para outras a decisão é instintiva.

Entendendo que as decisões instintivas podem ser tomadas em apenas um terço de segundo[20], implementamos este elemento para entender se este novo produto poderia ser atraente em uma base instintiva, ou se ele precisava de uma abordagem de marketing específica para fornecer mais informações.

Como parte do processo inicial de integração e motivação, os participantes puderam fazer um avatar de si mesmos no começo, o que também nos informou sobre a idade e sexo deles. Os avatares foram então colocados em um ambiente de cozinha de "estilo padrão", que poderia facilmente ter sido uma cozinha doméstica ou uma copa de escritório, para ajudar a colocar os participantes no mindset dos temas relacionados com a alimentação, tais como a preparação e cozimento dos alimentos (ver Figura 11.1).

Como o estudo estava relacionado ao desenvolvimento de produtos e o marketing de um novo produto alimentício, os participantes foram colocados no papel de Estagiários de Marketing e, por meio de suas decisões, puderam subir de nível até Presidente de Marketing. Uma razão simples foi dada: o chefe de Marketing tinha se aposentado.

Ao atribuir um sentido de responsabilidade e colaboração sobre o desenvolvimento do produto aos participantes, conseguimos criar um interesse adquirido. Aplicamos elementos de autodescoberta, narrativa e transcendência ao ver como a história de sua jornada como funcionário de marketing evoluiu e ao dizer-lhes que o produto que ajudaram a desenvolver "poderia até chegar às lojas". No seu papel, poderiam "aprovar" e "reprovar" ideias de "personagens" do jogo que apresentassem opções para nomes de produtos, como uma forma alternativa de classificar preferências.

Figura 11.1: Nível 1 do ResearchGame. Os nomes reais dos produtos foram substituídos por "Nome do produto x".

Fonte: © Research Through Gaming Ltd

Como recurso bônus, os participantes podiam jogar um game de "quebrar ovos" no final, que foi especificamente desenvolvido para este estudo, uma vez que o produto alimentício em questão estava (potencialmente) relacionado com a adição de um ovo para fazê-lo.

No final de cada nível, os participantes eram parabenizados por completá-lo e recebiam um reconhecimento na tela para destacar sua "promoção" para a próxima função. No fim da pesquisa, os participantes podiam ver um resumo de seus prêmios e quanto tempo demoraram para tomar decisões em cada nível, e ver quanto tempo demoraram para completar o ResearchGame em geral. Se eles optaram por jogar o game de esmagar ovos, também seria possível ver um resumo dos pontos que ganharam.

O ResearchGame foi dividido em três níveis para que cada um pudesse permitir que os participantes se concentrassem em um elemento específico do produto (ver Figura 11.2).

O ResearchGame perguntava aos participantes se eles estavam com fome "agora mesmo" para ver se os sentimentos de fome contribuiriam mais ou menos para a probabilidade de compra autodeclarada. Também utilizamos técnicas projetivas "leves", perguntando aos participantes o que pensavam que outras pessoas da sua idade gostariam (em termos de embalagem e nome do produto).

Resultados

- Conseguimos mais pesquisas completas do que o cliente precisava, e em metade do tempo alocado. O estudo foi concluído precocemente, restando uma semana em campo. O cliente pediu seiscentas entrevistas. A empresa de painel terceirizada que foi contratada para fornecer a amostra previu duas semanas para conseguir a quantidade desejada de pesquisas completas neste grupo etário. Quando chegamos a 631 entrevistas em uma semana, o estudo foi interrompido mais cedo, pois tínhamos mais ResearchGames completos do que o necessário.

Figura 11.2: Os objetivos da pesquisa foram reformulados em três níveis distintos para que o participante pudesse se concentrar em cada elemento.

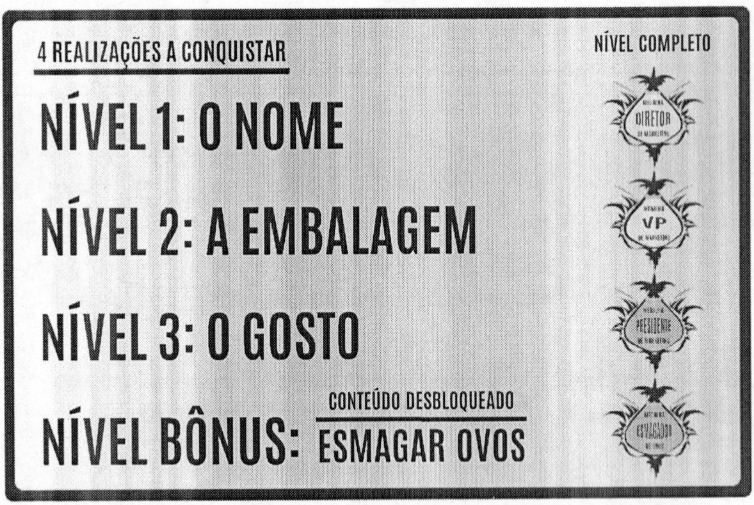

Fonte: © Research Through Gaming Ltd.

- Isso poupou tempo e custos tanto para a RTG como para o comprador da pesquisa.
- Conseguimos passar para a fase do Relatório de Insights uma semana antes.
- Entendemos as preferências do público em todos os objetivos principais: nome do produto, embalagem e sabores.
- Compreendemos as razões por trás das preferências por meio de explicações dos participantes.
- Os participantes compartilharam ideias inovadoras para nomes de produtos, design de embalagens e sabores. Um exemplo: "talvez incluir no avental (usado no modelo da embalagem) uma aba da qual saiam as instruções de cozimento."
- O feedback dos participantes foi um pouco mais de noventa por cento positivo.
- 74 por cento dos participantes disseram que estavam com fome no momento e 77 por cento disseram que sim, gostariam de comprar o produto que tinham desenvolvido se ele chegasse às lojas.
- O insight impulsionou o desenvolvimento de produtos menos de um ano após a conclusão do estudo. Foi lançada uma gama de produtos destinada ao público-alvo com seis sabores diferentes. O produto ainda está disponível e é vendido em lojas nos Estados Unidos e on-line.
- A marca do produto continua a ganhar engajamento nas suas redes sociais.
- O produto, que tem um aspecto diferente da maioria dos produtos alimentícios do portfólio da marca, tem um site próprio.
- O produto impulsionou ainda mais o marketing: desde a degustação de "mesas redondas" com o seu público-alvo[21] até comunicações específicas nas redes sociais, lançamento de jogos de aplicativo por patrocinadores, publicidade no Spotify e desenvolvimento de conteúdos compartilháveis no *BuzzFeed*.
- A empresa declarou que essa gama de produtos alimentícios "representa a próxima geração de produtos" da empresa.

- Do ResearchGame invisivelmente cronometrado, 93 por cento disseram "sim" à pergunta "Você gostaria de jogar um ResearchGame no futuro?" e 92 por cento disseram "sim" ao jogar o ResearchGame visivelmente cronometrado.

Respostas dos participantes

O feedback voluntário dos participantes foi positivo, com eles relatando terem apreciado a experiência, agradecendo-nos por um jogo divertido e pedindo mais pesquisas deste tipo no futuro.

Além disso, um participante que, por acaso, era autor do blog *Game Skinny*, voluntariamente (sem o meu conhecimento na época) escreveu sobre a experiência do ResearchGame em um blog intitulado: *Video Games! Science! Research! Having Fun (Officially) Makes Things Better*[22]. O autor escreveu: "Não podia estar mais entusiasmado com a ideia de encontrar oportunidades semelhantes de pesquisa baseada em jogos na minha caixa de entrada no futuro" e "Posso dizer com toda a certeza que investi muito mais neste processo do que em **qualquer outra** pesquisa de mercado de que participei."

ESTUDO DE CASO 2 - Um estudo sobre confiança e preferências na publicidade

Comprador da pesquisa: editora britânica de revistas infantis
Público: crianças de sete a dez anos do Reino Unido
Título do ResearchGame: *Magazine Question Hunt* [Caça-perguntas da Revista]

Figura 11.3: As fontes usadas neste ResearchGame eram tipicamente maiores do que eu criaria para grupos mais velhos, e estruturas de frases muito mais básicas foram usadas.

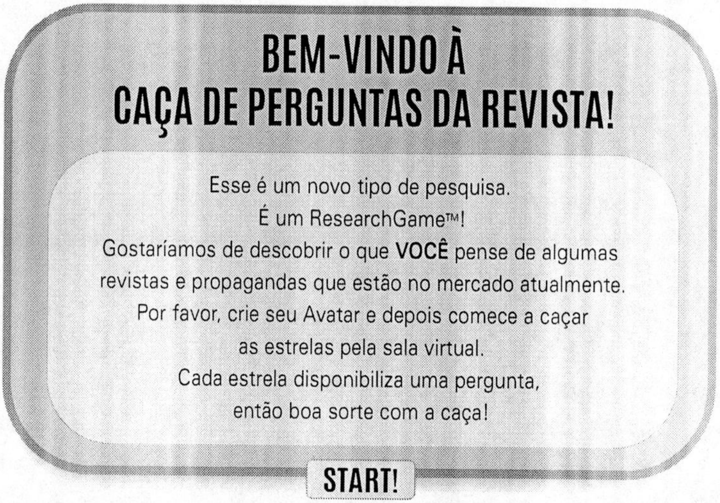

Fonte: © Research Through Gaming Ltd.

Figura 11.4: No Nível 1, era fácil encontrar as estrelas na sala, e elas foram se escondendo progressivamente para adicionar uma camada de desafio.

Fonte: © Research Through Gaming Ltd.

Objetivo da pesquisa:

- Compreender se as crianças de sete a dez anos de idade eram mais receptivas aos anúncios impressos interativos (usando quizzes, labirintos ou similares) do que as inserções promocionais ou anúncios tradicionais de revistas.
- Compreender se a publicidade era considerada confiável pelas crianças.
- Compreender quais eram, se existentes, as preferências do público em relação aos anúncios impressos interativos.
- Compreender se os anúncios eram óbvios como ferramentas promocionais e como isso pode ter afetado a confiança da marca.
- Compreender quais celebridades eram as mais reconhecidas pelo público.

Necessidade de negócios:

- Aumentar as vendas por meio da disponibilidade de mais espaço publicitário e, potencialmente, aconselhar o comprador de anúncios da revista sobre publicidades impressas interativas eficazes e envolventes.
- Aumentar as vendas ao entender quais celebridades colocar na capa de suas publicações.

Conceito do ResearchGame

Eu não tinha realizado pesquisas entre crianças com a RTG ou em nenhuma de minhas funções anteriores como pesquisadora naquela época. No entanto, ao ler a pesquisa que fui encarregada de transformar em um jogo-pesquisa, soube instintivamente que o vocabulário usado e algumas das estruturas de frases complexas não seriam adequados para o público jovem, particularmente porque era importante neste estudo que as crianças participassem sem a ajuda de seus pais ou responsáveis (mesmo que fossem obtidos permissão e consentimento dos pais e responsáveis).

Para testar a hipótese, e como parte do meu processo IICS (Intuição Inteligente e Criatividade Significativa, sobre o qual você vai ler mais a respeito no Capítulo 16), eu conduzi dois grupos focais entre crianças de sete a dez anos para compreender melhor como me comunicar com elas. Descobri diferenças significativas nas habilidades de leitura e escrita neste grupo etário. Então entendi que o ResearchGame precisava ser desafiador o suficiente para atrair a atenção de crianças de dez anos, mas não muito infantil nem muito difícil para crianças de sete anos. Além disso, era claro que a redação precisava ser atualizada a partir da pesquisa original. Por exemplo, uma das perguntas originais era: "Você confia na publicidade?", que foi adaptada para "Quando você vê anúncios, você acredita no que eles dizem?"

As crianças criavam um avatar de si mesmas no início para personalizar a experiência e, ao mesmo tempo, ajudar no engajamento no processo de integração. Na construção dos seus avatares, os participantes compartilharam sua idade e sexo. Isso foi importante para entender se eles eram elegíveis para participar e fornecer-lhes perguntas específicas sobre títulos específicos de revistas relevantes ao seu gênero. Observação: embora distribuir revistas por gênero possa parecer uma prática antiga, esta é uma forma utilizada por muitas editoras, mesmo que seja comum que os meninos leiam revistas "femininas" e vice-versa.

Se o participante fosse do sexo masculino, ele entraria em um "quarto virtual de meninos", com cartazes na parede, uma TV, uma prateleira com livros, um armário e outras coisas típicas que podem ser encontradas no quarto de uma criança britânica média. Se a participante fosse do sexo feminino, ela também entraria em um "quarto virtual de meninas" com os mesmos itens, embora fossem usadas paletas de cores diferentes. A partir daí, os participantes eram desafiados à caça ao tesouro de estrelas escondidas pelo ambiente. Cada vez que uma estrela era encontrada, ela se abria para uma pergunta ou atividade. Esta jogabilidade de caça às estrelas foi criada para se adequar a alguns dos anúncios que estavam sendo testados, que eram, sobretudo, games publicitários do gênero plataforma, em que a coleta de moedas e estrelas é comum — o tema era relevante. Além disso, essa jogabilidade não seria muito difícil para os diferentes espectros das capacidades de aprendizagem. Quando o ResearchGame começava, as estrelas eram óbvias no quarto virtual. À medida que ele avançava, as estrelas ficavam cada vez mais escondidas, em gavetas virtuais ou atrás de outros itens do quarto, usando o elemento de jogos "Aumentos de dificuldade".

Uma mistura de tipos de perguntas foi usada. O foco principal foi digitalizar e disponibilizar os questionários impressos para interagir na tela, para que pudéssemos fazer perguntas sobre o prazer dos participantes e a percepção e confiança da marca.

Também incluímos uma atividade de Jogo de Adivinhação de Celebridades para que os participantes pudessem nos dizer se reconheciam ou não a respectiva celebridade. Isso não só ajudou o cliente a entender quais celebridades eram as mais reconhecidas, mas também quanto tempo levava para os participantes as reconhecerem. Isso é importante quando consideramos a janela limitada de tempo que as revistas em uma prateleira podem atrair o público e dar-lhes o impulso de compra. O Jogo de Adivinhação de Celebridades também nos permitiu saber quem mais estava em voga quando as crianças não adivinhavam corretamente o nome proposto. Em um exemplo, a celebridade britânica Dappy foi usada, no entanto, ele é normalmente visto usando casaco com capuz e chapéu de lã. No material de estímulo, ele estava vestido com um terno e óculos escuros, o que levou os participantes a se perguntarem se ele era outra celebridade. Isso permite que o cliente saiba não apenas quais celebridades eram reconhecíveis e quanto tempo o reconhecimento levou, mas como a celebridade deve ser retratada para ser reconhecida (por exemplo, usando roupas que estão tipicamente ligadas ao "visual" geral da pessoa).

Resultados

- O comprador da pesquisa recebeu informações que respondiam aos objetivos da pesquisa.
- O cliente solicitou duas semanas para conseguir quinhentas pesquisas completas. Esta foi considerada uma janela muito curta pela organização do painel que foi contratada para fornecer aos participantes. Eles recomendaram de três a quatro semanas em campo, após avaliarem a duração da pesquisa e considerarem que queríamos que as crianças participassem sem a influência de um dos pais ou tutor. No entanto, devido às limitações de tempo

do comprador da pesquisa, o tempo alocado foi de duas semanas em campo. Obtivemos setecentas pesquisas completas em pouco menos de sete dias de um grupo etário ligeiramente mais amplo (os registros de dados de seis a 16 anos de idade foram incluídos nos dados brutos). Quando os registros de dados não relevantes foram removidos, tivemos 565 pesquisas completas do público-alvo, mostrando que poderíamos ganhar mais pesquisas completas do que o cliente havia exigido em pouco menos de metade do tempo que nos foi dado, e de um terço a um quarto do tempo previsto pelo gestor do painel.

- 86 por cento dos participantes forneceram feedback positivo voluntário.
- A taxa de resposta foi considerada "um milagre" pelo então gestor do painel, segundo ele, "especialmente porque o jogo era normalmente mais longo do que o que normalmente damos a este grupo etário". Isso reforça o fato de que a metodologia de ResearchGame pode manter o engajamento por mais tempo.
- O ResearchGame forneceu insights inexplorados que não podiam ser obtidos a partir dos métodos tradicionais de pesquisa on-line: isso é especialmente visto na atividade Jogo de Adivinhação de Celebridades.
- O cliente e a empresa do painel observaram que "nunca tinham visto crianças se envolverem em uma pesquisa desta forma antes".
- Muitos participantes jogaram novamente o ResearchGame, duas ou mesmo três vezes em alguns casos, apesar de não haver mais nenhum incentivo oferecido.

Alguns feedbacks de participantes que são reflexo do sentimento geral:

- "TÃO DIVERTIDO"
- "Adorei!"
- "Boa diversão!"
- "Isso foi realmente muito agradável!"
- "Gostei muito disso, obrigado!"

ESTUDO DE CASO 3 - Teste de preferências e estudo de ideação sobre identidade e autenticação

Comprador da pesquisa: *IMPRINTS Futures* — um projeto de pesquisa multidisciplinar, financiado pelo Conselho de Pesquisa em Engenharia e Ciências Físicas (ESPRC) que durou três anos

Público: de 18 a maiores de 65 anos de idade no Reino Unido

Títulos dos ResearchGames: *TESSA Undercover Agents* (abreviado para *TESSA)* e *Dubious*

Objetivos da pesquisa:

- Testar formas atuais e futuras de ferramentas de identificação e autenticação para entender preferências, desejos, desgostos e tabus em torno de determinados projetos.
- Compreender em que contextos determinadas formas de identificação são utilizadas.
- Ajudar a conceber formas de identificação e ferramentas de autenticação que possam ser utilizadas pelo público do Reino Unido no futuro.

Conceitos do ResearchGame

As imagens do ResearchGame podem ser vistas on-line em: **www.koganpage.com/gamesandgamification** utilizando o código de acesso DUBTES2 quando solicitado.

Para responder aos objetivos da pesquisa, dois ResearchGames foram desenvolvidos para que os participantes pudessem se concentrar no "presente" e no "futuro" separadamente.

O primeiro ResearchGame, *TESSA*, foi baseado nos dias de hoje. Os participantes foram colocados no papel de agente secreto e desafiados a superar um hacker inimigo ao longo de quatro missões. A interpretação do papel de agente secreto foi utilizada porque trata de temas de identidade, que se relacionam com os temas do estudo.

O segundo ResearchGame, *Dubious*, foi baseado no futuro, em 2030. Os participantes foram informados de que haviam viajado até 2030, mas sua máquina do tempo havia quebrado em três lugares, então não podiam voltar para casa. Os participantes poderiam obter ajuda de três pessoas para consertar sua máquina do tempo, mas elas só ajudariam a consertá-la se realmente acreditassem que o participante era do futuro, caso contrário elas te achariam "dúbio". Como poderia o participante convencer as pessoas disso? Respondendo às suas perguntas sobre o futuro. As três pessoas representaram diferentes aspectos do conteúdo da pesquisa:

- Um médico representou perguntas sobre dados médicos e armazenamento de informações;
- Um amigo representou perguntas sobre pensamentos em relação à futura privacidade de dados e armazenamento de dados em lugares como contas de redes sociais;
- A escolha de um professor ou colega de trabalho representou questões relacionadas com a educação e o trabalho.

Em *Dubious*, eu evoluí o design da nossa Ferramenta de Criação de Avatar básica usando o material de estímulo exigido pelo cliente, como modos futuristas de identidade, autenticação e outros gadgets, como calçados com GPS e óculos de realidade aumentada.

Ambos os ResearchGames utilizaram uma variedade de perguntas, incluindo perguntas ao estilo de nota de diário digital e "conversas simuladas" com outras pessoas em lugares como a sala de espera de um consultório médico. Incluímos, assim como em outros ResearchGames, imagens 2D de ambientes 3D para simular cenários, como entrar em um "esconderijo" e estar em uma máquina do tempo com um amigo. Também usamos perguntas "básicas", como perguntas verbais abertas, escalas Likert, perguntas de resposta única e múltipla escolha — mas estas também podem ser altamente dinâmicas, como "remover itens de um cofre", o que personalizou a classificação de preferências.

Resultados

- O projeto *IMPRINTS Futures* como um todo, incluindo o nosso estudo utilizando os ResearchGames, foi selecionado como uma *Grande Ideia para o Futuro* pelos conselhos de pesquisa e pelas universidades do Reino Unido, pela expectativa que a pesquisa "tenha um efeito profundo no futuro do Reino Unido".
- Segundo o relatório do júri do Novay Digital Identity Award (2013): "IMPRINTS é uma abordagem de pesquisa única e muito centrada no usuário sobre a forma como as pessoas percebem os sistemas de identidade, que permitirá desenvolver melhores soluções, com uma maior aceitação pública."
- Obtivemos uma amostra mais representativa no nível nacional em comparação com a experiência anterior do nosso cliente com pesquisas tradicionais, com o participante mais velho com 89 anos de idade — os resultados são analisados pelo cliente.
- 19 por cento participaram da atividade voluntária do Diário.
- 27 por cento dos participantes que jogaram *TESSA* deixaram comentários voluntários (N=376) e 13 por cento deixaram comentários após jogarem *Dubious*. Uma hipótese é que menos pessoas deixaram feedback após jogar *Dubious* por já terem deixado um comentário depois de jogarem *TESSA*, justificando a menor percentagem de feedback após o segundo ResearchGame.
- As palavras mais comumente usadas para descrever *Dubious* foram (novamente, das mais para as menos frequentes) "divertido", "bom", "interessante", "incrível", "agradável", "diferente", "prazeroso" e "brilhante".
- 91 por cento do feedback voluntário foi categorizado como positivo, relatando ter gostado da experiência.
- 91 por cento dos participantes responderam "sim" à pergunta "Você estaria interessado em jogar um ResearchGame como este novamente?" depois de jogar *TESSA*. Ver uma taxa de continuidade de 81 por cento foi animador.

- Os adjetivos mais utilizados para descrever o *TESSA*, dos mais aos menos frequentes, foram "divertido", "interessante", "diferente", "prazeroso", "incrível", "bom", "agradável", "inusitado" e "inovador".
- 19 por cento dos participantes preencheram as seções manhã/tarde e noite de um diário digital não obrigatório e 21 por cento preencheram apenas a seção "manhã/tarde". As respostas foram frequentemente detalhadas e extensas.
- Das 115 declarações de feedback dos participantes, 19 por cento fizeram referência ao ResearchGame *TESSA* (que foi jogado por eles quatro meses antes). Alguns participantes recordaram informações específicas. No feedback voluntário sobre *Dubious*, um participante agradeceu-nos por incluirmos um botão de mute (referindo-se à falta desse detalhe no *TESSA*).
- Alguns comentários foram negativos sobre a música de fundo em *TESSA Undercover Agents* — em retrospecto, um botão de mute neste ResearchGame teria sido útil, por isso ele foi incluído em *Dubious*.
- A taxa de continuidade entre *TESSA* e *Dubious* situou-se em 81 por cento, ou seja, onze pontos percentuais acima da taxa de continuidade estimada de setenta por cento. Essa taxa foi fornecida pelas empresas terceirizadas de painel que foram utilizadas para fornecer os respondentes. Fomos avisados também que a taxa de continuidade seria significativamente mais baixa quanto maior fosse o tempo entre a conclusão do estudo *TESSA* e o lançamento do estudo *Dubious*. Com uma diferença de quatro meses entre os dois ResearchGames, ficamos surpresos ao ver uma taxa de conclusão superior à estimada.
- Doze por cento dos participantes pediram (no seu feedback verbal voluntário) para jogar mais ResearchGames.
- Um participante me enviou um e-mail diretamente para agradecer a experiência do ResearchGame, enquanto fazia críticas construtivas sobre itens como o tempo de carregamento das páginas. Este esforço voluntário adicional é um sinal de engajamento.

- O cliente afirmou: "Toda a equipe e eu não podíamos estar mais felizes. Os nossos respondentes claramente adoraram este formato de pesquisa, que é fantástico."

Algumas respostas dos participantes

- "provavelmente uma das melhores e mais inventivas pesquisas que fiz, se ao menos mais pesquisas fossem assim. Interessante e agradável de participar. participaria delas novamente."
- "Surpreendente maneira de realizar uma pesquisa, Muito interessante e divertida de fazer. Quem me dera que todas as pesquisas fossem assim. Parece que estou jogando um game. Tiro o chapéu para quem teve esta ideia incrível."
- "Ótima ideia — mais pesquisas deveriam ser assim!"
- "maneira muito agradável de fazer uma pesquisa parabéns a quem quer que tenha pensado nisso obrigado realmente gostei"
- "foi muito divertido e se vocês tiverem mais no futuro por favor não hesitem em me enviar um pedido para participar eu realmente gostei muito desta pesquisa"
- "realmente gostei desta pesquisa provavelmente uma das melhores que eu participei já que tão incomum e muito mais interativa do que a maioria"
- "Gostei muito deste divertido jogo e espero que a informação obtida seja benéfica para tornar as IDs de todos mais seguras."
- "gostei muito de fazer esta pesquisa como se fosse um jogo foi diferente"
- "que divertido! eu gostaria que todas as pesquisas fossem assim. que grande mudança em relação às caixas de seleção, obrigado!"
- "foi um conceito muito interessante. eu não tinha certeza se eu estava mesmo fazendo uma pesquisa ou jogando um jogo!"
- "Definitivamente diferente!!! E menos tempo perdido também."
- "Muito obrigado, esta pesquisa era nova e diferente e me manteve atento!! não me pareceu uma pesquisa que é muitas vezes entediante, muito boa forma de me manter em alerta!! obrigado!"

- "experiência realmente boa, tornou a pesquisa mais real e envolvente"
- "Essa foi a melhor pesquisa que já fiz. Realmente imaginativa e envolvente. muito divertida e uma maneira agradável de fazer uma pesquisa, pois algumas podem ser bastante sérias ou mesmo francamente chatas, gostaria que mais fossem como esta!!"
- "foi muito legal e interessante também muito emocionante e eu adoraria preencher uma outra pesquisa como essa. imagine também se todas as pesquisas fossem como essa ou mesmo a maioria delas eu estaria fazendo pesquisas com mais frequência do que eu faço agora."
- "Eu realmente gostei desse tipo de pesquisa obrigado por me convidar EXCELENTE"

Um participante escreveu: "Gostei muito de jogar este jogo. Não sou um jogador e também não utilizo aplicativos de smartphones ou celulares, mas também aprendi com esta experiência." O que é interessante é que essa pessoa, de 72 anos na época, não usou o termo "pesquisa", e, apesar de não ter conhecimento técnico, foi capaz de usar o ResearchGame, indicando que, quando bem-criados, os ResearchGames também podem ajudar a integrar públicos mais velhos com maior facilidade e interesse do que as pesquisas tradicionais. Este é talvez um dos elementos que contribuíram para uma amostra mais representativa em nível nacional.

ESTUDO DE CASO 4 - Desenvolvimento de produtos de vestuário e testes de preferência

Comprador da pesquisa: grupo de moda ranqueado na *Fortune 500* para uma de suas marcas de roupas esportivas baseada nos EUA
Público: mulheres de 20 a 45 anos ou mais vivendo nos Estados Unidos
Título do ResearchGame: *Designer for a Day* [Designer por um Dia]
Objetivos da pesquisa: saber mais sobre as atividades de lazer que as consumidoras e não consumidoras da marca do cliente, todas do mesmo

grupo demográfico, praticam; saber mais sobre as preferências e desejos das clientes por peças para a parte inferior do corpo ideais para atividades físicas.

Necessidade de negócios: Usar o insight para ajudar a informar as próximas coleções de calças e shorts para atividade física vendidas pela marca do cliente.

Conceito do ResearchGame

Foi desenvolvido um ResearchGame de três níveis, colocando as participantes no papel de "designer" por um dia. Ao longo de três etapas, elas eram promovidas em seu status de designer como uma recompensa por concluir as atividades, trabalhando para criar suas calças de ginástica ideais. No nível final, as participantes podiam personalizar o próprio certificado recebido por alcançar o status de "Super Designer". À medida que o ResearchGame ia avançando, as escolhas de design tornaram-se mais desafiadoras. Por exemplo, no Nível 1, as participantes foram encarregadas de escolher as "fundações" básicas de suas calças para atividades físicas, como o estilo, a altura e o comprimento. No Nível 2, elas podiam fazer escolhas mais complexas em relação à quantidade de bolsos, design do logotipo, cor, estampa, textura do tecido e outros elementos. No nível final, as participantes usaram uma calculadora embutida para fazer outras escolhas que impactariam o preço. No fim, elas viam um resumo de todas as suas escolhas (ver Figura 11.5).

Resultados

- 81 por cento de taxa de conclusão.
- Mais compreensão sobre as atividades preferidas dos consumidores de roupas de ginástica.
- Aprendizado sobre as preferências de estilo, cor, estampa e textura.
- Aprendizado sobre quais combinações de design eram mais populares.

Figura 11.5: Os participantes puderam ver todas as suas escolhas e o preço final de suas calças de ginástica criadas.

Fonte: © Research Through Gaming Ltd.

- Compreensão do que os clientes desejavam e estariam dispostos a pagar por "upgrades" de design.
- Entendimento sobre a vontade de pagar pelo design final.
- Das 161 mulheres que deixaram o feedback voluntário, 99 por cento de seus comentários podem ser categorizados como positivos, sendo as palavras mais frequentemente usadas: "divertido", "incrível" e "legal".
- 82 por cento disseram que gostariam de jogar um ResearchGame novamente.

Feedback do comprador da pesquisa

- "Mais agradável para os clientes preencherem (é divertido e envolvente de uma forma que a maioria das pesquisas não é)."

- "Motiva os clientes internos a se envolverem mais no processo de pesquisa."
- "Serve como uma ótima plataforma para a cocriação em comparação a simplesmente avaliar/validar o nosso próprio pensamento."
- "Eles (a equipe, incluindo os chefes de design e de marketing) ficaram extremamente gratos pela visão e acharam-na altamente acionável para o futuro desenvolvimento de produtos e, na verdade, já estão pondo muito do que aprenderam em uso em novos designs de produtos."

Curiosamente, o cliente acrescentou que era a primeira vez que o diretor de marketing e o diretor de design estavam tão envolvidos no processo de pesquisa que foram à reunião do relatório de insights, e não apenas pelos doces grátis!

Respostas dos participantes

- "Ótimo, primeira vez que experimentei esta forma inovadora de obter feedback!"
- "Gostei porque foi interativo. Não são as mesmas perguntas repetidas várias vezes que você vê em muitos questionários de pesquisa."
- "Achei divertido e diferente! tornou a participação em uma pesquisa muito mais agradável e gostaria que mais pesquisas como esta seguissem esse modelo!"
- "ESTA É UMA EXCELENTE IDEIA, ADOREI! VOCÊS SÃO INCRÍVEIS, VOCÊS SÃO PESSOAS QUE SE PREOCUPAM CONOSCO"
- "Gostei por ser interativo. Era um tema que eu adoro e fiquei feliz em ajudar."
- "Eu realmente gostei muito deste jogo-pesquisa. Ter a capacidade de ajudar as marcas a criar um produto que nós, os consumidores, queremos, sempre vale a pena. A única coisa que eu gostaria de ter visto são os bolsos aparecendo no desenho. Reparei que não conseguia ver o design com os bolsos, o que tornava a decisão um pouco mais difícil. No entanto, achei que esta é uma ótima maneira da marca atingir o seu público-alvo."

- "Esta foi a melhor pesquisa que fiz em algum tempo. O envolvimento no tempo foi bom e curto."
- "Adorei! Eu definitivamente faria isso de novo se tivesse a oportunidade!"
- "Foi divertido e original. Em vez de fazer perguntas sem fim, vocês criaram um jogo, tornando tudo muito mais divertido e podemos mostrar o que queremos ou não, muito mais fácil desta forma."
- "Foi tão divertido que gostaria de poder fazer outra vez! Obrigada"
- "Esta foi a melhor pesquisa em que participei, foi muito divertida e criativa!"
- "Foi uma atividade divertida — não como a pesquisa típica... Eu gostei!"
- "O jogo-pesquisa foi divertido e fácil"
- "Eu realmente gosto desta pesquisa. Foi divertida e não invasiva."
- "Achei que esta pesquisa foi extremamente criativa, adorei fazer as minhas próprias calças de ginástica. Obrigada."
- "Foi superdivertido! Eu realmente gostei de fazer as leggings, só queria que houvesse mais para escolher! :) Eu me diverti muito, obrigada!"
- "Isso foi fantástico."

ESTUDO DE CASO 5 - Pesquisa de segmentação para uma universidade do Reino Unido

Comprador da pesquisa: Universidade de Surrey
Público: potenciais estudantes universitários dentro e fora do Reino Unido
Título do ResearchGame: *What kind of student are you?* [Que tipo de estudante você é?
Objetivo(s) da pesquisa: O comprador da pesquisa tinha criado uma segmentação de seis tipos diferentes de estudantes em um estudo anterior e queria usar o algoritmo de segmentação desenvolvido a partir desse estudo para descobrir os diferentes tipos de possíveis alunos que estavam

se envolvendo com a universidade. Especificamente, os objetivos eram os seguintes:

- Coletar informações sobre os possíveis alunos e testar o modelo de segmentação;
- Permitir à universidade segmentar os estudantes em eventos presenciais e virtuais por meio de seu site;
- Comunicar por que a universidade seria um bom lugar para estudar (específico para o seu segmento).

Necessidade de negócios: usar a percepção coletada sobre a segmentação do estudante para ajudar a desenvolver futuros esforços de marketing, o que engajaria os estudantes em potencial.

Conceito do ResearchGame

Os participantes responderiam inicialmente às perguntas demográficas antes de responderem às "17 perguntas de ouro". As respostas a estas "perguntas de ouro" determinariam o resultado do perfil dos participantes. Havia seis resultados de perfil, cada um relacionado a um tipo de "personalidade" do aluno. O design foi propositadamente desenvolvido de forma semelhante a um quiz, uma vez que a nossa pesquisa mostrou que este grupo etário gostava de quizzes on-line, como os que circulam frequentemente em sites de redes sociais. Uma vez que os participantes obtiveram os resultados do seu perfil, eles podiam ver uma descrição baseada em texto desse resultado com uma imagem de perfil e uma descrição de como a Universidade de Surrey se ajustaria ao seu tipo de perfil. Os alunos também podiam clicar em links relevantes para encomendar um catálogo, organizar uma visita à universidade, baixar seu aplicativo e consultar os outros cinco tipos de perfis. Queríamos criar uma moeda social para esse público, por isso permitimos que eles compartilhassem o resultado da pesquisa nas mídias sociais, ou baixassem e compartilhassem qualquer um dos seis tipos de perfil com amigos para recomendar que eles participassem da pesquisa.

Resultados

- Os participantes relataram gostar da experiência, com 95 por cento do feedback voluntário categorizado como positivo.
- A taxa de conclusão entre os potenciais alunos foi de 83 por cento, e os não potenciais alunos de 69 por cento.
- 72 por cento dos participantes que pressionaram a tecla "*começar*" na Tela 1 do ResearchGame obtiveram o resultado do seu perfil. Isso variou entre estudantes em potencial ou não.
- Em uma versão inicial do design do ResearchGame, 97 por cento dos participantes que tinham iniciado as "perguntas de ouro" seguiram em frente e receberam um resultado de perfil. Em uma versão posterior do design, a porcentagem caiu ligeiramente para 91 por cento.
- 28 por cento responderam a perguntas não obrigatórias em torno de seus interesses e valores de vida universitária.
- O estudo foi nomeado para um prêmio na University Insights Conference, no Reino Unido, em que a universidade recebeu um certificado de "altamente recomendada".
- O cliente e eu fomos convidados a fazer uma apresentação baseada neste estudo de caso na conferência IIeX, de fevereiro de 2018, intitulada *Game design: engaging students to evolve university marketing.* [Design de jogo: engajando estudantes para desenvolver o marketing universitário]
- Os participantes relataram olhar a universidade favoravelmente, elogiando a instituição por reconhecer que existem diferentes tipos de estudantes e aplaudindo a abordagem inovadora.
- O próprio ResearchGame tornou-se uma ferramenta de marketing, tendo sido usado para engajar potenciais estudantes nos estandes da universidade em feiras universitárias e outros eventos de recrutamento de estudantes.
- No momento em que escrevo, o ResearchGame está sendo reformulado para se tornar uma ferramenta de captura de leads, tornando-se, assim, uma ferramenta de insight, marketing e engajamento do aluno.

- O estudo, que, no momento em que escrevo, está em andamento há quase um ano, continua a ganhar altos níveis de engajamento onde quer que seja divulgado — por meio das páginas de mídia social da universidade, newsletters e na página inicial do site.

Respostas dos participantes

- "Foi muito interessante, quase exato e eu me diverti fazendo isso!"
- "Gostei do quiz e das informações que recebi no final. Obrigado"
- "Isso foi muito divertido! Não só isso, mas ele também foi bem preciso. É bom ver que vocês reconhecem os alunos e têm uma maneira de lidar com cada tipo."
- "legal! incrível! Façam mais!"
- "Uau, adorei o teste e os resultados. Parabéns"
- "foi realmente incrível, não pensei que pudesse ser tão preciso, adorei"
- "foi muito útil, obrigado"
- "Acredito (que a universidade) escuta cada aluno com muito cuidado. E eu acho que a pesquisa me ajuda a entender mais sobre mim mesmo porque eu quero me inscrever (na universidade). Obrigado!"
- "Parece interessante e um bom esforço da equipe de gestão da universidade"
- "Foi um bom teste. Ter que responder a tais perguntas que eu tenho evitado na minha cabeça me esclareceu sobre o que exatamente eu quero. Eu me sinto mais confiante. Acrescentar mais algumas perguntas pode melhorar ainda mais."

Esses estudos de caso ilustram o prazer e o engajamento dos participantes, e eu recebi um feedback positivo consistente de nossos clientes sobre o valor da metodologia ResearchGame.

Antes de utilizar métodos de pesquisa baseada em jogos, há cinco coisas importantes a considerar. Vamos explorá-las no próximo capítulo.

Notas

1 Adamou, B. *Fashion Design and Sustainability through ResearchGames.* Atas da MRS Annual Conference, 15 mar. 2017, Londres.

2 Adamou, B.; Birks, D. ResearchGames as a methodology: The impact of online ResearchGames upon participant engagement and future ResearchGame participation. Atas da Association of Survey Computing Conference, University of Winchester, UK, 2013 [On-line]. Disponível em: <www.academia.edu/9487108/ResearchGames_as_a_Methodology_The_Impact_of_Online_ResearchGames_Upon_Participant_Engagement_and_Future_ResearchGame_Participation>. Acesso em: 25 mai. 2018.

3 Adamou, B.; Gray, M. *Game design: Engaging students to evolve university marketing.* Atas da conferência IIeX, 20 fev. 2018, Amsterdã.

4 Bailey, P.; Kernohan, H.; Pritchard, G. The role of gamification in better accessing reality and hence increasing data validity. Atas da Association of Survey Computing Conference, University of Winchester, UK, 2013 [On-line].

5 Bailey, P.; Pritchard, G.; Kernohan, H. *Gamification in market research: Increasing enjoyment, participant engagement and richness of data, but what of data validity?* 2015 [On-line].

6 Cape, P. *Gamification: The challenge of rules.* Atas da NewMR webinar conference, 21 jun. 2017 [On-line]. Disponível em: <newmr.org/presentations/831a398c>. Acesso em: 25 maio 2018.

7 Harrison, P. *The researchification of games.* Atas da conferência ESOMAR 3D Digital Dimensions, Miami, 2011 [On-line]. Disponível em: <www.esomar.org/uploads/public/library/news/ESOMAR-3D-2011_Conference-Papers.pdf>. (p. 28) Acesso em: 25 mai. 2018.

8 Koenig-Lewis, N.; Marquet, M.; Palmer, A. *The effects of gamification on market research engagement and response*. 2013 [On-line].

9 Malinoff, B.; Puleston, J. *How far is too far?* Atas da conferência ESOMAR 3D Digital Dimensions, Miami, 2011 [On-line]. Disponível em: <www.esomar.org/uploads/public/library/news/ESOMAR-3D-2011_Conference-Papers.pdf>. (p. 41) Acesso em: 25 mai. 2018.

10 Mavletova, A. Web surveys among children and adolescents: is there a gamification effect? *Social Science Computer Review*, 2014 [On-line]. DOI: 10.1177/089443931454531.

11 Puleston, J. *Rewarding the truth*. Atas da conferência da Association of Survey Computing, University of Winchester, UK, 2013 [On-line].

12 Puleston, J.; Sleep, D. *The game experiments*. 2011 [On-line]. Disponível em: <www.esomar.org/uploads/public/publications-store/papers/The-game-experiments_Puleston-Sleep.pdf>. Acesso em: 25 de mai. de 2018.

13 Puleston, J.; Rintool, D. *Can survey gaming techniques cross continents? Examining cross cultural reactions to creative questioning techniques*. 2012 [On-line].

14 Van Leare, S. *Using gamification to increase participant engagement and data quality in On-line Research Communities*. Atas da conferência da Association of Survey Computing, University of Winchester, UK, 2013 [On-line].

15 Van Zoonen, L.; Turner, G.; Adamou, B. Research through gaming: Public perceptions of (the future of) identity management. *SAGE Book of Methods*, 2013 [On-line]. Disponível em: <www.academia.edu/9407773/Research_through_Gaming_Public_Perceptions_of_the_Future_of_Identity_Management>. Acesso em: 31 mai. 2021.

16 Van Zoonen, L.; Turner, G. Taboos and desires of the UK public for identity management in the future: Findings from two survey games. Atas do workshop 2013 da ACM sobre gerenciamento de identidade digital, 2013 [On-line]. Disponível em: <dl.acm.org/citation.cfm?id=2517887>. Acesso em: 25 mai. 2018.

17 Warnock, S.; Gantz, J. Gaming for respondents: A test of the impact of gamification on completion rates. *International Journal of Market Research*, v. 59, n. 1, 2017 [On-line]. Disponível em: <journals.sagepub.com/doi/pdf/10.2501/IJMR-2017-005>. Acesso em: 25 mai. 2018.

18 Yagi, F.; de Siqueira, L.; Rodrigues, L. *Let's go game!: Borders of advantages and gains for gamification compared to in-depth-interviews.* 2013 [On-line]. Disponível em: <www.warc.com/content/article/lets_go_game_borders_of_advantages_and_gains_for_gamification_compared_to_indepthinterviews/100592>. Acesso em 25 mai. 2018.

19 Adamou, B. *The future of research through gaming*. Atas da conferência CASRO On-line, Las Vegas, 3 mar. 2011 [On-line]. Disponível em: <www.academia.edu/9487174/The_Future_of_Research_Through_Gaming>. Acesso em: 25 mai. 2018.

20 Milosavljevic; Koch; Rangel. Consumers can make decisions in as little as a third of a second. *Judgment and Decision Making*, v. 6, n. 6, ago. 2011, p. 520–530 [On-line]. Disponível em: <journal.sjdm.org/11/10420a/jdm10420a.pdf>. Acesso em: 25 mai. 2018.

21 Campbell Soup Company. Campbell's Go™ sets the table for millennials with communal table events in New York City and Chicago. *Press release*, 2012 [On-line]. Disponível em: <www.campbellsoupcompany.com/newsroom/press-releases/campbells-go-sets-the-table-for-millennials-with-communal-table-events-in-new-york-city-and-chicago/>. Acesso em: 31 mai. 2021.

22 Billings, H. C. Video games! Science! Research! Having fun (officially) makes things better. [Blog] *GameSkinny*, 12 fev. 2013 [On-line]. Disponível em: <www.gameskinny.com/8987d/video-games-science-researchhaving-fun-officially-makes-things-better>. Acesso em: 25 mai. 2018.

CINCO COISAS A CONSIDERAR ANTES DE USAR JOGOS E GAMIFICAÇÃO PARA PESQUISA DE MERCADO

12

Para compreender se é necessário ou não aplicar metodologias de pesquisa baseada em jogos para um estudo, devemos seguir a mesma pesquisa e reflexão rigorosas que aplicaríamos a qualquer outra metodologia de pesquisa, com o mesmo nível de senso de verificação de tempo e orçamento que temos, e os objetivos para os resultados dos dados. Portanto, decidir usar a pesquisa on-line baseada em jogos, seja ela aplicada como um jogo-pesquisa ou questionário gamificado, requer seu próprio processo de consideração.

Este capítulo explora cinco coisas a considerar antes de elaborar uma pesquisa on-line baseada em jogos:

1. Os pontos fortes e as limitações do software de pesquisa existente.
2. Vale a pena o seu tempo e esforço?
3. Com que projeto eu começo?

4. Sua abordagem para o design será completamente diferente da de outra pessoa.
5. Quão criativo eu posso ser?

Os pontos fortes e as limitações do software de pesquisa existente

Na indústria de pesquisa de mercado, é comum que os fornecedores que administram pesquisas utilizem o software de pesquisa licenciado por outra organização, assim como é comum que cada agência tenha desenvolvido e implantado seu próprio software de pesquisa. Portanto, qualquer agência de pesquisa de mercado que deseje "atualizar" a aparência das pesquisas está à mercê das limitações e pontos fortes do software que está sendo usado.

Você pode, por exemplo, simplesmente querer mudar a cor de fundo de um questionário de branco para azul; pode querer garantir que o botão "próximo" esteja à direita, e não ao lado esquerdo da tela. Mas como fazer isso? Os pesquisadores de mercado que desejam fazer mudanças simples como estas muitas vezes precisam procurar a ajuda de um colega com o conhecimento técnico do software que está sendo usado, ou ir até a fonte: obter ajuda da própria empresa responsável pelo programa. Pode ser que você saiba como fazer mudanças tão simples, mas e se quiser fazer uma revisão completa do design? Por onde deve começar?

O software de pesquisa já evoluiu muito. Os pesquisadores agora podem produzir pesquisas com aparência mais moderna e com elementos personalizáveis. Mas, mesmo com a evolução do software de pesquisa, os designers que querem implementar um design baseado em jogos vão encontrar um entrave.

Digamos que você gostaria de implementar um design simples de "gamificação diluída". Você quer dividir sua pesquisa em três níveis. Você tem 21 perguntas na sua pesquisa e, portanto, com três níveis, você pode ter sete perguntas por fase (ou cinco perguntas no Nível

1, sete no Nível 2 e nove no Nível 3 — como você deseja dividi-las). Vamos imaginar que você queira atribuir pontos para cada pergunta respondida, e que eles possam ser somados a diferentes recompensas e conquistas para desbloquear no final da pesquisa. Pode ser que queira uma tela que apareça no final de cada fase mostrando aos participantes quantos pontos eles ganharam até agora e quantos pontos estão disponíveis para o(s) nível(eis) restante(s). Mesmo para essa abordagem rudimentar de pesquisas gamificadas, a implementação pode ser complexa se o software da pesquisa não permitir esse tipo de personalização. Você pode falar com seus fornecedores de software de pesquisa e pedir que seus próprios desenvolvedores implementem isso para você, mas isso pode demandar tempo e dinheiro.

Para muitos pesquisadores, isso torna a gamificação de uma pesquisa quase impossível; seu orçamento não se estende às opções de personalização e você não tem tempo para colocar essas ideias de gamificação em prática para a sua pesquisa. Portanto, é importante que você fale com o maior número possível de fornecedores de pesquisa baseada em jogos para avaliar quais as capacidades de cada empresa que melhor se adéquam às suas necessidades, e se elas têm mesmo essas capacidades. Caso contrário, você talvez deva considerar procurar por fornecedores especializados em pesquisas baseadas em jogos ou até mesmo construir seu próprio "mecanismo de pesquisa baseada em jogos".

Vale a pena o seu tempo e esforço?

Projetar e, em seguida, produzir um questionário gamificado ou jogo-pesquisa, sem surpresa, demorará mais do que projetar e implementar uma pesquisa on-line tradicional. No Capítulo 18, veremos que gerar uma ideia e um design para a sua pesquisa baseada em jogos pode levar apenas vinte minutos. Mas desenhar graficamente cada elemento do design, colocar esses gráficos na programação e então testar o jogo pode levar dias, até mesmo semanas ou meses.

Embora os GbRM possam e tenham sido usados para estudos ad-hoc, você precisa considerar se as recompensas comerciais para este processo valem o seu tempo. Se você é um comprador de pesquisa, é possível que queira considerar a aplicação da pesquisa baseada em jogos a um estudo em andamento, beneficiando-se assim de uma economia em escala, bem como saber que o seu investimento inicial vai ser muito longo.

Com que projeto eu começo?

A pesquisa baseada em jogos é uma ferramenta para resolver baixos níveis de engajamento dos participantes e para obter os benefícios que vemos dos seis estados vitais, bem como as técnicas de engajamento intrínseco e do ato de jogar, maior produtividade, foco, criatividade, resolução de problemas e muito mais. Você *não* precisa usar os GbRM se tem um insight útil que está gerando sucesso para o comprador da pesquisa. Resumindo, em time que está ganhando não se mexe.

Mas, se houver um estudo que precise de ajuda, então comece com um em pequena escala e, de preferência, com um projeto existente que já tenha ganhado "vida" por meio de um método tradicional de pesquisa on-line para fornecer pontos de comparação. Começar pequeno significa usar um projeto que se destina a um pequeno grupo de participantes, em apenas um país, em uma língua e cuja entrevista leve no máximo vinte minutos (o tempo usado pelo participante para completar a pesquisa baseada em jogos). Se a análise de dados mostrar que a pesquisa baseada em jogos que você criou foi eficaz, use as aprendizagens para embarcar no uso dos GbRM em outros estudos. Sempre que possível, continue a fazer comparações entre os resultados da pesquisa tradicional e a equivalente baseada em jogos.

Sua abordagem de design será completamente diferente da de outra pessoa

As pesquisas baseadas em jogos são um meio criativo. Mesmo que dois pesquisadores tenham os mesmos objetivos de pesquisa, perguntas, perfis de participantes, cotas e assim por diante, é provável que eles projetem suas pesquisas baseadas em jogos de forma diferente.

Projetar e produzir uma pesquisa on-line baseada em jogos é como projetar e produzir qualquer outra mídia. Outras mídias têm suas regras e formas a serem seguidas, mas é a criatividade que faz a diferença. Veja os filmes, por exemplo, eles têm uma forma com começo, meio e fim. Os personagens têm conflitos. Há obstáculos a superar na história. Mas a maneira como Kathryn Bigelow (*Guerra ao Terror*) e David Lynch (*Eraserhead*) usam a forma de filme é completamente diferente, mesmo quando os mesmos processos e regras se aplicam.

Por causa das diferenças criativas, o design da pesquisa baseada em jogos é quase incomparável, pois há muitas variáveis que são mutáveis, desde o uso da música até ambientes virtuais, narrativas e outros elementos. Isso é algo a considerar ao usar design da pesquisa baseada em jogos.

Quão criativo eu posso ser?

Talvez você pergunte "Quão criativo eu sou?" ou "Quão criativo eu preciso ser?" como um designer de pesquisa baseada em jogos. Porém, mais cedo ou mais tarde, você vai ter de perguntar "O quão criativo eu sou autorizado a ser?".

Você precisará testar suas ideias com o comprador da pesquisa em termos do que é aceitável. Para quase todos os compradores de pesquisa, é a primeira vez que eles vão embarcar no uso de gamificação e jogos para pesquisa. É aqui que os jogos-pesquisa e os questionários gamificados diferem ainda mais de jogos digitais: enquanto os designers de jogos tendem a trabalhar coletivamente a partir de um briefing criativo sobre um jogo como produto para ser vendido a jogadores, o designer da pesquisa baseada em jogos apresentará a ideia ao cliente e aos colegas para feedback, muitas vezes com muitas opiniões diferentes para levar em conta.

Pode ser que um cliente diga algo como "Eu não quero nada muito 'fora da caixinha'" ou "Podemos ter uma abordagem de jogo 'suave'?". Em última análise, ao mesmo tempo que você precisa levar em conta os requisitos do seu cliente, você deve criar o que vai ser a pesquisa baseada em jogos mais eficaz. É preciso encontrar um equilíbrio. Como exploraremos no próximo capítulo, você deve mostrar ao seu cliente exemplos de diferentes tipos de jogos digitais que são semelhantes ao design que você tem em mente, ou, melhor ainda, mostrar ao cliente uma versão de *storyboard* da sua ideia para testar a receptividade do design antes de entrar em modo de construção.

Se você considerou esses cinco itens, vá até a Parte Dois: Mundo do Design.

PARTE DOIS
MUNDO DO DESIGN — VISÃO GERAL

O design da sua pesquisa baseada em jogos é a chave que vai desbloquear o potencial do seu estudo em termos de engajamento e imersão emocional e empírica do participante. Embora possa parecer que o processo de design não seja tarefa de um pesquisador de mercado, eles são as melhores pessoas para estarem envolvidas ou mesmo criarem o design, pois vão entender e, por isso, podem criar um design coerente que impulsione os objetivos dos compradores da pesquisa e as necessidades do negócio.

Mas o processo do design não está livre de suas armadilhas; é uma arte, haverá tentativa e erro, e há princípios éticos a cumprir. Em vez de tornar isso uma preocupação, aproveite o processo de dominar as novas habilidades de design de jogo-pesquisa e questionário gamificado. Neste mundo, você vai aprender os passos que devem ser seguidos para o desenvolvimento de designs envolventes, e até mesmo começar a criar sua própria pesquisa baseada em jogos. Você também vai dar uma olhada no meu próprio trabalho de design, aprendendo com alguns dos erros que cometi ao dissecar minhas próprias pesquisas baseadas em jogos, com dicas sobre como construir bases sólidas de design.

Em palestras e workshops que realizei, assisti a pessoas desenvolverem, do zero, seus próprios jogos-pesquisa em um briefing de projetos com resultados impressionantes. Eram pessoas que não se consideravam necessariamente criativas, mas que, com o espaço e as orientações certas, eram capazes de produzir designs muito mais envolventes e eficazes do que as técnicas tradicionais de pesquisa. Deixe que isso sirva de inspiração ao embarcar na Parte Dois: Mundo do Design.

QUINZE DIRETRIZES ÉTICAS PARA O DESENVOLVIMENTO E A PRODUÇÃO DE PESQUISAS BASEADAS EM JOGOS

13

"O grande princípio ético deveria ser que 'só porque você pode fazer algo não significa que você deve', e em geral o design ético é o mesmo que bom design, e bons negócios também."

— Jane Frost, CBE, CEO da Market Research Society (MRS)

O manifesto a seguir é um conjunto de diretrizes éticas e de design baseadas na minha prática e experiência em campo. Estas orientações devem ser utilizadas como um sistema de autocontrole para os designers de pesquisas baseadas em jogos, a fim de promover uma relação de transparência e confiança entre si e seus stakeholders. Embora estas orientações sejam certamente aplicáveis hoje em dia, continuarão a ser apropriadas e igualmente importantes quando a pesquisa baseada em jogos evoluir com tecnologias como a realidade aumentada e a realidade virtual. Muitas destas orientações também se aplicarão também a outras metodologias de pesquisa.

As escolhas no seu design terão *impacto direto* na forma como as pessoas interagem com a pesquisa baseada em jogos e com seus resultados. Portanto, o designer é responsável por lidar com todas as escolhas estéticas com grande cuidado e considerando o público, sejam elas a definição de música e efeitos sonoros (se necessário), ou as narrativas criadas. Como escreve Gordon Calleja, célebre designer de jogos e pesquisador: "O ciclo de feedback cognitivo, emocional e cinético formado entre o processo do jogo e o jogador faz com que os jogos sejam meios particularmente poderosos de afetar o humor e os estados emocionais dos jogadores."[1] Os participantes *vão* se envolver emocionalmente, de forma leve ou pesada, com sua pesquisa baseada em jogos, portanto, estar atento é crucial.

As diretrizes devem ajudá-lo a desenvolver essas abordagens éticas como hábito e auxiliá-lo a proporcionar aos participantes melhores experiências de pesquisa.

1 Use classificações transparentes: nunca "disfarce" seu jogo-pesquisa ou questionário gamificado de qualquer outra coisa que não seja pesquisa

Jogos e gamificação são ferramentas para inspirar participação e engajamento, não um meio para enganar participantes. O fato de alguns profissionais do mercado serem tentados a renomear "pesquisas" como "quizzes" para promover a participação é claramente um sinal de que as pesquisas precisam ser mais envolventes, caso contrário, não seríamos tentados a enganar os participantes. Se você leu algo que encoraje a disfarçar pesquisas como quizzes, isso deve ser desconsiderado. Nunca, *nunca* mesmo, será legal disfarçar a sua pesquisa baseada em jogos como algo diferente do que ela é. Este ponto é muito importante, é o fundamento de uma boa ética, da pesquisa e dos negócios.

Você pode — e é estimulado a — usar classificações que combinem termos que permitam ao participante saber que a experiência de pesquisa será um jogo, ou uma diversão, ou uma gamificação, ou um quiz, *mas ainda faz parte de uma pesquisa* da qual os dados serão coletados. Termos como "pesquisa estilo quiz", "pesquisa estilo jogo", "jogo-pesquisa" ou "pesquisa-quiz" podem ser úteis em termos de clareza e consentimento.

Também ajudará a gerenciar as expectativas dos participantes e a colocá-los em um estado de espírito de jogo. Como designers de jogos e pesquisadores, Espen Aarseth e Gordon Calleja apontam em seu artigo *The Word Game: The ontology of an indefinable object* (2015) [A palavra jogo: Antologia de um objeto indefinível]: "para que o objeto ou sistema se torne um jogo, o jogador precisa pensar nele como tal. Isto é, ele precisa interpretar ativamente a atividade como um jogo para que ela assim seja considerada."[2] Isso é conhecido como uma "atitude lusória", que é a atitude psicológica exigida de um jogador ao participar de um jogo[3]. Adotar uma atitude lusória é aceitar as regras arbitrárias de um game, a fim de facilitar a experiência dele resultante[4].

Também precisamos de uma classificação transparente para que as pesquisas baseadas em jogos não sejam confundidas com quizzes on-line não relacionados à pesquisa de mercado, como os frequentemente vistos nas redes sociais, por exemplo: "Qual é o seu animal espiritual?" ou "Qual super-herói você é?". Embora as pesquisas baseadas em jogos e os quizzes das redes sociais tenham valor por si só, eles são diferentes, e essa diferença precisa ser refletida na sua classificação.

2 *Obtenha os fundamentos básicos da pesquisa corretamente — crie uma base sólida*

Como exploramos neste Mundo do Design, é importante obter os conceitos básicos do seu design de pesquisa antes de pensar em aplicar a gamificação ou desenvolver a pesquisa como um jogo completo. Estabelecer uma base sólida de design significa fazer coisas como garantir que a pesquisa se adapte a todos os dispositivos e que a linguagem da pergunta seja simples e clara. Aparentemente, detalhes como tamanho e estilo da fonte também podem impactar o engajamento, então não se esqueça de conhecer esses conceitos básicos antes de embarcar no resto. O Capítulo 15 fornece dez dicas sobre como fazer o projeto de acordo com as limitações e pontos fortes do seu público.

3 Prepare o participante para a experiência

Se a sua abordagem for enviar aos participantes um link para a sua pesquisa por e-mail ou se a pesquisa está disponível em uma página inicial do site de uma empresa, os pesquisadores devem preparar os participantes para o que esperar na fase inicial de interação, especialmente se a aparência e a sensação da pesquisa baseada em jogos forem radicalmente diferentes das pesquisas "tradicionais" com as quais os participantes estão familiarizados.

A gestão das expectativas dos participantes ajudará os pesquisadores a construir relações de confiança e transparência, e os participantes podem fazer uma escolha informada sobre participar ou não. Algumas pessoas com necessidades particulares podem achar a mudança de formato estressante ou confusa, portanto, ao gerenciar as expectativas *antes* da participação, você também ajudará as pessoas com necessidades especiais a se sentirem mais confortáveis e respeitadas.

Gerenciar as expectativas dos participantes é simples. Um texto que diga "você está prestes a participar de uma pesquisa concebida mais como um jogo/quiz para melhorar sua experiência de pesquisa" ou algo do tipo é útil, talvez incluindo algumas capturas de tela do questionário gamificado ou jogo-pesquisa. Ao fazer isso, você está reforçando que é um estudo de pesquisa enquanto articula a razão e o valor para a diferença no design.

Nos ResearchGames da RTG, incluímos uma seção que descreve o que é um ResearchGame e o motivo pelo qual ele tem uma aparência e sensação diferentes em comparação com algumas pesquisas típicas. Embora os nossos dados nos digam que poucos participantes olham para essa informação, é importante que essas pessoas tenham essa informação disponível.

4 Esteja em conformidade com as diretrizes do RGPD — articular os tipos de dados que serão coletados por meio da pesquisa baseada em jogos e para que eles servem

Você coletará paradados e/ou metadados dos participantes que participarem de sua pesquisa baseada em jogos? E os dados de identificação pessoal? Serão recolhidos dados sobre as ações dos participantes no jogo-pesquisa e quanto tempo demoram para realizar essas ações? Se a resposta for "sim" a qualquer uma destas perguntas, é importante que os participantes saibam. Você pode fornecer essas informações no convite inicial por e-mail, ou por meio de uma seção "Uso e privacidade de dados" que seja facilmente acessível na própria pesquisa baseada em jogos. Ao descrever os tipos de dados que serão coletados, é importante usar uma linguagem clara e livre de jargões, e dar exemplos. Se você disser algo como "Vamos coletar paradados", elabore com exemplos como: "o que inclui dados como a hora do dia em que você participar da pesquisa e o tempo que levará para concluí-la". Mais uma vez, esta transparência aproxima os pesquisadores ao construir relações de confiança mais fortes *e* constitui um requisito legal para a aplicação das orientações do Regulamento Geral sobre a Proteção de Dados (RGPD) da União Europeia. Mais informações sobre o regulamento podem ser encontradas no link: gdpr.eu/.

A forma como você escolhe articular esta informação depende de você — é possível até mesmo gamificá-la, se preferir, ou usar texto e vídeo. Na verdade, os profissionais do RGPD encorajam a tornar este tipo de texto de privacidade de dados envolvente porque, quanto mais envolvidos os participantes estiverem, melhor eles entenderão as consequências do seu consentimento e participação.

5 Dê aos participantes a opção de abandonarem a pesquisa baseada em jogos sempre que desejarem, e dê-lhes opções simples para o fazerem

Alguns participantes podem se sentir apreensivos com a ideia de abandonar a pesquisa baseada em jogos, portanto, forneça clareza sobre o que acontecerá com seus dados e/ou incentivo (se você estiver oferecendo algum) se eles saírem da pesquisa mais cedo. Por exemplo, eles ainda serão convidados a participar de estudos futuros? Receberão o incentivo mesmo assim? Os dados já fornecidos serão utilizados ou eliminados? Essas informações podem ser disponibilizadas por meio de uma seção FAQ no site de uma empresa relevante, ou em uma seção "Sobre" da própria pesquisa, ou descrita no convite para participar.

Idealmente, a sua pesquisa baseada em jogos é tão envolvente que os participantes vão querer completá-la, mas pode haver muitas causas para o abandono antecipado, portanto, as garantias, assim como a orientação sobre o que os participantes podem fazer (como simplesmente fechar a janela do navegador ou pressionar um botão "sair"), ajudarão a tornar as coisas mais claras.

6 Dê a opção de fornecer feedback não obrigatório sobre a experiência

No final da experiência de pesquisa, sempre vale a pena fazer algumas perguntas sobre o que os participantes acharam da plataforma. Pergunte coisas como o que funcionou bem e o que poderia ter sido melhor. E se eles gostariam de participar de um formato semelhante de pesquisa no futuro. Adicione um campo de resposta aberto para que os participantes possam "dizer o que gostam". O feedback aberto é de longe o mais útil na minha experiência, porque me deu confiança como designer quando era positivo, e ele me fez tomar consciência de quaisquer erros que eu tivesse cometido, por exemplo, se houver feedback como "houve um erro de digitação no Nível X". Permitir feedback também lhe ajudará a ver se você tem públicos específicos que não gostam desse tipo de pesquisa.

Tenha em mente que, se você tiver um público que diga que não achou a pesquisa baseada em jogos envolvente, é preciso avaliar seu design *primeiro* e tentar uma versão melhorada ou diferente *antes* de dizer a si mesmo que eles eram velhos, jovens ou distraídos demais para se engajarem e "entenderem" a experiência. O seu trabalho como designer de pesquisa baseada em jogos é criar *para* o seu público, então se parecer que não funcionou para um grupo de participantes em particular, provavelmente isso tem a ver com o design e não com eles. Afinal, há games jogados por pessoas de três a 75 anos — e por quê? Porque o design acertou em cheio.

Dar oportunidades de feedback é a única maneira de você entender *por que* um design não funcionou para que você possa trabalhar em uma solução.

7 Se estiver usando música e/ou efeitos sonoros, diga isso no início

Usar áudio em uma pesquisa baseada em jogos pode ter muitos benefícios, e, se você decidiu usar música de fundo e/ou efeitos sonoros, deixe isso claro no convite da pesquisa *e* na primeira tela da pesquisa. Certifique-se de incluir um botão de "mute" (não se baseie apenas na capacidade dos participantes de controlar o volume do seu dispositivo) e informe-os que eles terão a opção de desligar ou diminuir o áudio, com um guia rápido sobre como fazer isso.

Se o som for crucial para a experiência da pesquisa, encoraje educadamente os participantes a usar fones de ouvido. Desta forma, se estiverem em uma sala em plano aberto e queiram ouvir o som, eles terão a opção de ir a um lugar menos público.

Você também deve considerar os efeitos emocionais do uso do áudio. Muitas evidências mostram que a música e os efeitos sonoros têm a capacidade de mudar a emoção humana e até mesmo as velocidades com que reagimos a diferentes estímulos. Em suma, o áudio é uma ferramenta poderosa: pesquise como diferentes públicos podem reagir primeiro.

8 Ofereça um lembrete do realismo na fantasia

Se você espera que os participantes se envolvam em uma narrativa de pesquisa baseada em jogos em que eles desempenham um papel, por exemplo, um agente secreto ou um designer de moda — lembre ao público que ele ainda precisará responder a perguntas e/ou reagir a cenários com suas opiniões e crenças verdadeiras. O objetivo da interpretação de papéis é dar aos participantes a oportunidade de compartilharem ideias e opiniões sobre coisas que normalmente não fariam na vida cotidiana. Mesmo que "os humanos sejam construídos com pesos e contrapesos psicológicos que nos ajudam a reconhecer as diferenças entre realidade e fantasia"[5], você sempre pode fornecer um pequeno lembrete se achar que os participantes podem se deixar levar; lembre-os que o estudo é sobre o que *eles* pensam e sobre o que eles fariam se tivessem a chance, não sobre o que imaginam que *outra pessoa* provavelmente pensaria/faria/quereria. Um simples pop-up explicando isso, ou algumas linhas de texto em uma seção "Sobre" deve ser suficiente.

9 Pratique design consciente — crie com cuidado, cortesia e empatia

Se você está criando uma pesquisa baseada em jogos para crianças ou idosos, considere suas habilidades de leitura, de escrita e cognitivas. Não produza, por exemplo, uma pesquisa baseada em jogos com desafios difíceis e complicados, usando vocabulário complexo e estruturas de frases longas para um público de crianças com sete anos de idade. Apesar de estar consciente o suficiente para não tornar a sua pesquisa baseada em jogos muito complexa, você deve encontrar o equilíbrio certo para que uma pesquisa baseada em jogos que seja "fácil demais" não pareça infantil, enfadonha ou condescendente.

Encontrar o equilíbrio certo entre simplicidade e desafio para engajar os participantes pode levar tempo, especialmente se você tiver uma única pesquisa baseada em jogos que requeira a participação de uma ampla gama de pessoas. Mas com uma boa investigação inicial sobre o público, uma única pesquisa baseada em jogos pode engajar todos que você precisa. De fato, na indústria de jogos digitais, alguns games têm um público muito vasto. Não é incomum para mim ver uma criança jogar um jogo como *Monument Valley* (ustwo games), mas também ver o mesmo game sendo jogado no metrô de Londres por pessoas em seus cinquenta anos.

Não são apenas os desafios que precisam do equilíbrio certo, mas também as recompensas e a pontuação utilizadas. Por exemplo, um público de engenheiros de inteligência artificial (IA) provavelmente achará um pouco tolo se pontos de exclamação forem usados em quase todas as frases de uma pesquisa e estrelas douradas forem concedidas ao responder perguntas básicas. Este tipo de coisas contribui também para um tom "superanimado", que pode não estar em conformidade com certos tipos de pesquisa, como em estudos de cuidados de saúde delicados.

Você também deve considerar o quão rápido ou lento deve ser o ritmo do jogo. Por exemplo, seria apropriado ter uma "rodada de perguntas rápidas" de trinta segundos para públicos com mais de 85 anos de idade que possam precisar de mais tempo para ler e compreender perguntas do que os jovens? Do mesmo modo, um ritmo muito lento pode tornar-se incômodo. Mais uma vez, trata-se de encontrar o equilíbrio certo para os seus participantes.

Você também deve considerar que alguns participantes têm experiências com conteúdo digital de diferentes maneiras. Por exemplo, a organização Colour Blind Awareness[6] afirma que o daltonismo afeta aproximadamente um em doze homens (oito por cento) e uma em duzentas mulheres no mundo. Só na Grã-Bretanha, isso significa que existem aproximadamente 2,7 milhões de pessoas daltônicas (cerca de 4,5 por cento de toda a população), a maioria das quais são do sexo masculino. Você pode (e deve) pesquisar por sites como o Vischeck para ver como uma pessoa daltônica enxerga sua pesquisa baseada em jogos.

Considere também que alguns participantes podem ter dificuldade de visão ou de audição. O meu pai era surdo de um ouvido e cego de um olho, e coisas como aparelhos auditivos e sinalização para deficientes visuais em lojas claramente facilitavam a sua vida. Mas como é que esse tipo de apoio no mundo real acontece no espaço digital da sua pesquisa?

Suporte digital como narração e reconhecimento de voz para vários tipos de pesquisas é absolutamente possível. Uma melhor acessibilidade, para todos os participantes, os ajudará a se sentirem valorizados e poderá aumentar o engajamento. Uma situação em que todos saem ganhando.

Ao criar com cuidado, cortesia e empatia, você não vai alienar seu público usando jogos, você vai *melhorar* a experiência de pesquisa. Para mais informações sobre como melhorar as experiências digitais, consulte as Diretrizes de Acessibilidade para o Conteúdo da Web (WCAG), que podem ser consultadas em: www.gov.uk/service-manual/helping-people-to-use-your-service/understanding-wcag-20.

10 *Playtest* — *Teste o jogo*

É crucial testar qualquer pesquisa, especialmente pesquisas baseadas em jogos, por duas razões:

Para garantir que a pesquisa baseada em jogos funciona em um nível técnico

Teste elementos como áudio, acessibilidade por meio de diferentes navegadores e dispositivos, direcionamento de questões e assim por diante. Os testes ajudam a eliminar os bugs e outros problemas técnicos. É um procedimento com o qual você vai se familiarizando à medida que se tornar um designer de pesquisas baseadas em jogos. Para os que não estão familiarizados com o termo *playtest*, ele se refere a quando alguém experimenta seu jogo-pesquisa ou questionário gamificado repetidamente do início ao fim, ou, em alguns casos, joga a mesma seção repetidamente para solucionar bugs (erros no código), que podem ser causados por erro humano e, às vezes, por causa de aplicativos web que estão fazendo algo que não deveriam.

Os *playtests* devem ser realizados utilizando múltiplos dispositivos, navegadores e versões de navegadores. O processo também deve envolver testes de carregamento para avaliar se a sua pesquisa pode lidar com grandes quantidades de participantes a qualquer momento.

A realização de testes em uma pesquisa baseada em jogos, assim como com as pesquisas tradicionais, também garante que os dados sejam recebidos à medida que são necessários (assim, por exemplo, você não vê dados de múltipla escolha para o que deve ser uma única pergunta de resposta). Trata-se de um passo fundamental no processo de desenvolvimento e deve, com toda certeza, ser programado com antecedência. Dependendo da duração da pesquisa, e quantos erros forem encontrados, o teste pode levar de alguns dias a algumas semanas. Um bom desenvolvedor lhe dirá antecipadamente quanto tempo será o ideal para testes uma vez que ele tenha visto o seu design e entenda as capacidades/fluxo de usuários e assim por diante.

Para garantir que a pesquisa baseada em jogos seja tão envolvente/efetiva/acessível/fácil de seguir quanto você esperava que ela fosse para o seu público-alvo

No mundo do desenvolvimento de aplicativos e outros conteúdos digitais, um grupo central de testadores iniciais que abrangem o público-alvo são convidados a participar e fazer coisas como gerar conteúdo e dar feedback. Isso não é um *playtest*, mas uma oportunidade para um grupo principal dar sua perspectiva sobre o produto.

Pesquisadores que usam pesquisas baseadas em jogos podem fazer algo semelhante. Se o acordo de confidencialidade entre você e o seu comprador da pesquisa o permitir, peça a pessoas que você conhece, e que sejam semelhantes ao seu verdadeiro público-alvo, que participem da pesquisa baseada em jogos. Este é um tipo diferente de *playtest*; não se trata necessariamente de encontrar bugs ou outros erros, trata-se mais de entender se o seu público vai se engajar com a sua pesquisa baseada em jogos tanto quanto você planejou. Quanto mais próximo o testador estiver do seu público-alvo em termos de idade, região, estágio de vida, atitudes, emprego etc., melhor.

Por exemplo, se os seus participantes-alvo são diretores de empresas, antes do lançamento, por que não ver se há um alto executivo que você conheça que pode participar e dar opiniões? Se puder, observe-os participando da sua pesquisa baseada em jogos em tempo real e avalie o quão fácil ou difícil ele ou ela acha. Pergunte quais foram os elementos que geraram mais engajamento. Eles sentiram que a pesquisa foi condescendente ou se sentiram estimulados por esse esforço no design? Foi fácil acessar e interagir com a pesquisa?

Melhore o design para refletir o feedback que você coletou e continue com os comentários e as iterações de melhorias, desde que seu cronograma e orçamento permitam.

Para mais informações sobre *playtests*, consulte a Parte Três: Mundo da Criação.

11 *Esteja em conformidade com os códigos de conduta de pesquisa de mercado relevantes para a sua região, a do comprador da pesquisa e a(s) dos participantes*

A utilização da pesquisa baseada em jogos não isenta os pesquisadores do cumprimento dos códigos de conduta nacionais. O compliance na forma como os pesquisadores recolhem os dados (utilizando qualquer metodologia) não é apenas a lei, mas boas práticas. Cada órgão profissional de pesquisa de mercado, como o ESOMAR (www.esomar.org) e a Marketing Research Society (MRS — www.mrs.org.uk), tem amplo conteúdo para ajudar na coleta de dados. Se você estiver inseguro sobre o corpo profissional que atende a sua região, confira este site prático do MR Web: www.mrweb.com/guide/guide-assocs2.htm.

12 Não inclua nenhum elemento visual, narrativa ou outro conteúdo em sua pesquisa baseada em jogos que seja de natureza violenta, não inclusiva ou perturbadora

Parte do meu trabalho como designer de ResearchGames é ensinar outras pessoas a projetarem ResearchGames, e eu ouvi algumas sugestões como "você pode atirar na resposta!" ou "você precisa libertar uma pessoa que é mantida refém!" ou "você tem que desarmar a bomba!". E quem pode culpar quem quer que seja por gerar tais enredos? Estas são narrativas familiares na TV, filmes e jogos. Mas, ainda que vejamos narrativas violentas em outros lugares, isso não significa que elas sejam apropriadas para a pesquisa baseada em jogos.

Sempre que possível, evite outros conteúdos que possam ser sensíveis e/ou tabu: assuntos como política, sexo e religião. Se você estiver criando uma pesquisa baseada em jogos que requer informações sobre como as pessoas se sentem em relação à política, sexo ou religião, então veja a nona diretriz: faça-o com cuidado, cortesia, empatia, assim como respeito e sensibilidade.

13 Segurança e justiça

Quando as crianças brincam juntas, há regras não ditas, porém cruciais, que elas (geralmente) precisam obedecer. Coisas como "não ferir uns aos outros" e "não roubar brinquedos" são mandamentos do livro de regras invisível do jogo. Traduzidas como algo mais sofisticado, estas regras não ditas dizem respeito, antes de tudo, à segurança e à justiça.

A sensação de segurança e justiça que valorizamos nas brincadeiras de crianças ainda está presente em todos nós, adultos. Assim sendo, proporcionar um ambiente seguro e justo para os participantes serem eles mesmos em uma pesquisa baseada em jogos é algo fundamental, mesmo que sejam usadas narrativas metafóricas ou cenários aparentemente rebuscados. Uma forma de incentivar a segurança e a imparcialidade é fornecer garantias de confidencialidade e garantir que todos os participantes sejam tratados de forma igual.

14 Não use a propriedade intelectual de outras pessoas

Eu vi uma apresentação em uma conferência europeia que mostrava os resultados de um questionário gamificado, e todos os personagens de avatares eram propriedade intelectual de uma das maiores empresas de mídia do mundo. Assisti à apresentação em parte fascinada pelo nível de trabalho e pelos resultados positivos, em parte encolhida com o pensamento de que isso foi, por mais inocentemente que tenha sido, uma violação de PI [sigla para Propriedade Intelectual] (O estudo de pesquisa em si não foi realizado em nome da empresa de mídia em questão, nem de nenhuma de suas afiliadas). Isso não só era preocupante do ponto de vista jurídico, como também os personagens de propriedade da empresa de mídia tinham pouca, se alguma, relevância para o conteúdo da pesquisa.

No entanto, a tentação de usar os personagens, ou enredos, do trabalho de outras pessoas é compreensível; já existe um engajamento inerente. Mas, embora se inspirar em algo seja ótimo (e, se você está desprovido de ideias, por favor, procure inspiração para todos os diferentes tipos de fontes de informação mencionadas no Capítulo

14), você não deve copiar a PI de ninguém mais. É uma violação da criatividade de outras pessoas e amortece a *sua* própria criatividade. Esteja certo de que você é sim capaz de produzir algo muito mais eficaz para sua pesquisa baseada em jogos.

15 Design não viciante

Use seus grandes poderes de design para o BEM. Os efeitos significativos das pesquisas baseadas em jogos e dos questionários gamificados ainda não foram totalmente compreendidos. Na verdade, há mais expansão por vir e lacunas no conhecimento para preencher. Pode ser tentador brincar com a ideia de tornar a pesquisa baseada em jogos tão viciante quanto alguns games. Na verdade, no meu trabalho, ouvi outros murmurarem silenciosamente: "mas e se... e se a participação na pesquisa se tornasse viciante?"

Há uma ética entre design intrinsecamente envolvente e design viciante. Você é o designer ético. Conhecer a diferença entre fazer algo envolvente e fazer algo viciante requer uma habilidade de design intuitiva e uma bússola moral.

Notas

1 Calleja, G. Emotional involvement in digital games. *International Journal of Arts and Technology*, v. 4, n. 1, 2011.

2 Aarseth, E.; Calleja, G. The Word Game: The ontology of an indefinable object. FDG, 2015 [On-line]. Disponível em: <tinyurl.com/yb5zceep>. Acesso em: 27 maio 2018.

3 Salen, K.; Zimmerman, E. Regras do Jogo: Fundamentos do Design de Jogos. São Paulo: Blucher, 2012.

4 Suits, B. *The Grasshopper: Games, life and utopia*. Broadview Press: 2005. p. 54-55.

5 Jenkins, D. The world is not enough: Or can movies save the world. *Little White Lies*, v. 75, Londres, maio/jun./jul. 2018, p. 6.

6 Colour Blind Awareness. What is Colour Blindness? [On-line] (sem data). Disponível em: <www.colourblindawareness.org/colour-blindness/>. Acesso em: 27 maio 2018.

14 UM VOCABULÁRIO DE JOGO PARA PESQUISA BASEADA EM JOGOS

Terminologias de jogos e inspiração

Este capítulo cobre:

- Terminologias de jogos para a sua pesquisa baseada em jogos;
- Como desenvolver o seu vocabulário de jogos e inspirar outros aspectos do design de pesquisa baseada em jogos.

A linguística e o tom usados na pesquisa baseada em jogos são cruciais para engajar os participantes e ajudá-los a compreender o conteúdo da pesquisa. As palavras são a ferramenta mais poderosa que você tem como designer de jogos-pesquisa ou questionário gamificado. De fato, a semiótica dos auxílios visuais altera-se quando as palavras estão envolvidas — isso é tão relevante no design de pesquisas baseadas em jogos quanto em qualquer outra mídia. Por isso, a linguística deve ser cuidadosamente elaborada. Faça tudo certo e você terá aumentado suas chances de engajamento dos participantes. Se fizer errado, eles ficarão desinteressados. E, para que os participantes percebam a sua pesquisa como um game, ela deve parecer um game, e isso pode envolver o uso de uma linguagem mais parecida com a dos jogos. A transição do vocabulário e do tom das pesquisas on-line tradicionais para um "vocabulário de jogos" pode demorar, enquanto você pesquisa e descobre terminologias que são mais adequadas para um game ou experiência gamificada. Por exemplo, em uma pesquisa baseada em jogos, talvez você não queira usar uma palavra como "tarefa" ou "atividade", mas "busca" ou "missão", para que o vocabulário esteja de acordo com o tom pretendido. Este vocabulário de jogos é um guia de atalhos para termos semelhantes aos usados em jogos.

Além de aproveitar este minidicionário de terminologias, você também deve passar tempo jogando e olhando para outros meios de comunicação para construir um vocabulário de jogos e de design para atender às suas necessidades de pesquisa. Há notas sobre inspiração e onde encontrá-la após o vocabulário de jogos.

Terminologia

Vocabulário geral

- Play, Start ou Go (Quando você quer que os participantes comecem a participar, palavras como "play", "start" ou "go" em vez das palavras usuais encontradas em pesquisas internacionais como "iniciar" podem ser úteis.)
- Competição
- Pistas
- Escondido (itens escondidos em uma pesquisa baseada em jogos podem ser coisas como pistas para resolver um quebra-cabeça ou alcançar o objetivo, prêmios ou pontos.)
- Secreto (semelhante a uma palavra como "escondido", como níveis, pontos e oportunidades secretas para subir de nível)
- Lançar (lançar um feitiço ou causar uma condição, poderiam ser termos usados em vez de "fazer" ou "criar")

- Nível do boss ou do chefão
- Estratégia
- Personagem (na interpretação de papéis, você pode descrever outras "pessoas" na pesquisa baseada em jogos como "personagens" ou explorar as características de uma marca ou produto.)
- Combos (combos, ou combinações, são muitas vezes referidos nos jogos como vários movimentos, que, quando combinados, podem fazer o jogador avançar de alguma forma. Também podem ser usados em itens como estudos conjuntos para descrever a combinação de elementos para desenhar a embalagem ideal de um produto, por exemplo.)
- Game over!
- Vida ou vidas (para dar oportunidades de repetir o mesmo evento. Ao oferecer "vidas", você pode incluir um estado ilusório de vitória/derrota na pesquisa baseada em jogos.)
- Status (o status dos jogadores à medida que progridem em um jogo pode ser visto em algum tipo de tabela de classificação. Na pesquisa baseada em jogos, em que um participante só pode jogar contra o tempo, a narrativa ou um personagem fictício, você ainda pode incluir uma tabela de classificação para dar feedback sobre o status dos participantes ao longo do estudo.)
- Você venceu!
- Contagem regressiva/countdown (os temporizadores podem ser usados para desestimular deliberações e estimular respostas espontâneas. Quando relevante, você pode vincular uma atividade de "tempo limitado" com a narrativa para criar um senso de urgência.)
- Invisível ou disfarçado

- Compartilhamento (pontos e realizações compartilhados, compartilhamento em redes sociais)

Ganhando alguma coisa

Estes termos podem ser qualquer coisa, desde ganhar certificados para download, progredir por meio de uma narrativa, ganhar pontos etc.

- Vida extra (também conhecido como "1-up", é um bônus encontrado em jogos, muitas vezes referido como o bônus de uma vida extra. Um 1-up em uma pesquisa baseada em jogos pode oferecer uma vida extra por meio da participação em uma atividade adicional ou em perguntas adicionais.)
- Conquistas
- Acumular — recolher, armazenar, estocar, juntar, salvar, guardar
- Bônus (podem ser questões bônus, atividades bônus, recompensas bônus etc.)
- Easter egg (um recurso bônus inesperado na pesquisa baseada em jogos — easter eggs também podem estar escondidos ou ser secretos)
- Subir de nível
- Coletar/colher/minerar/descobrir (como coletar ou colher informações, minerar insights, descobrir questões etc.)
- Missão concluída! (ou "Desafio concluído" ou "Operação bem-sucedida" etc. — frequentemente encontrada em games e pode ser usada em pesquisas baseadas em jogos para deixar claro que o participante terminou uma tarefa ou atividade)
- Recompensa
- Prêmio

- Power-up (há algo que você possa oferecer aos participantes que consiga ajudá-los por meio da narrativa de alguma forma, ou ajudá-los a participar de atividades? Um power-up é muitas vezes usado em jogos para fazer qualquer coisa, desde tornar o personagem mais poderoso ou mover-se por um jogo mais rapidamente.)
- Desbloquear (é um termo frequentemente usado em jogos, como "desbloquear uma conquista" ou "desbloquear um nível secreto". Em uma pesquisa baseada em jogos, os participantes podem desbloquear perguntas, atividades, até mesmo outras pesquisas, bem como recompensas.)
- XP (abreviatura de *experience points* — pontos de experiência. Os participantes podem ganhar XP ao responder perguntas, ou ser recompensados com taxas mais altas de XP por certos tipos de perguntas.)

Fazendo algo

Tais palavras poderiam ser usadas em vez de palavras como "tarefa" ou "atividade".

- Aventura
- Desafio
- Expedição (significado semelhante — viagem, trekking, peregrinação)
- Experiência
- Caçar ou Investigar (podem ser usados em vez de "procurar" — tais termos são frequentemente usados em jogos de caça ao tesouro)
- Jornada

- Missão
- Operação ("Operação: Melhorar o sabor do produto X!")
- Perseguição
- Quebra-cabeça
- Busca

Para descrever "seções" ou "áreas" da sua pesquisa baseada em jogos

- Níveis
- Zonas
- Setores
- Episódios
- Mundos

Evoluindo o seu vocabulário de jogos

Um vocabulário de jogos não se limita apenas às palavras, mas ao glossário visual que você constrói após jogar muitos tipos diferentes de games em que é possível observar, por exemplo, como os avatares são usados e projetados em diferentes jogos, como a interpretação de papéis é construída, como a emoção é desenvolvida e assim por diante. Você deve se tornar fluente nas muitas linguagens de jogo para estimular a inspiração ao embarcar no design de pesquisa baseada em jogos. É por isso que é importante se envolver com conteúdos diferentes, com os quais você normalmente não se envolveria, uma vez que eles podem desbloquear novas ideias. (Reparou que eu usei o termo "desbloquear"?)

A inspiração já apareceu para mim de alguns dos lugares mais estranhos e aparentemente irrelevantes; pegar um folheto de um festival de música estimulou a exploração de diferentes estéticas para os gráficos do ResearchGame, e jogar um game de aplicativo voltado para adolescentes me deu inspiração para um ResearchGame voltado para altos executivos. Se você quer ser um designer, você precisa ter um banco de inspirações e conhecimentos sobre design — de jogos e além.

Ter lugares para se inspirar quando as ideias não vierem imediatamente é crucial. Esta lista é um bom começo.

Jogue para se inspirar

Embora seja óbvio que uma pessoa que desenvolve pesquisas baseadas em jogos deve jogar, posso dizer por experiência própria que estar ocupado significa que nem sempre você terá a oportunidade de fazer isso. Até mesmo os designers de jogos experientes confessam que podem ficar sem contato com jogos por estarem muito ocupados com o seu trabalho, famílias e outras coisas. Mas, sendo um designer, é fundamental jogar, porque isso fornece oportunidades para entender os avanços tecnológicos, uma chance de se inspirar e ver as tendências na arte/criatividade. Também é uma maneira de analisar os mecanismos e interações que podem muito bem ser relevantes para o seu próprio projeto de pesquisa baseada em jogos. Jogue muitos tipos diferentes de games: jogos de tabuleiro, de aplicativos, infantis, para saúde e bem-estar, de realidade virtual. Não deixe também de participar de uma série de atividades gamificadas — quanto maior for a gama de jogos, melhor.

Participe de qualquer coisa "experiencial"

Como mencionado no Capítulo 10, procure experiências imersivas de cinema, escolha experiências gastronômicas empíricas e até enigmáticas. Confira todas as campanhas de marketing baseadas em experiência. Veja também as narrativas experienciais de *Hunt a Killer* (www.huntakiller.com) e *The Mysterious Package Company* (www.mysteriouspackage.com). Envolva-se; faça anotações; inspire-se. Você nunca sabe como as abordagens conceituais e lúdicas de outra pessoa poderão inspirar seus designs de pesquisa baseada em jogos.

Leia revistas que normalmente não leria

Estas são boas fontes de inspiração para conteúdo, layout e ideias estéticas. A revista *Little White Lies* é sobre cinema e, embora eu não seja necessariamente uma cinéfila, sua estética forte e seus padrões arrojados me parecem completamente diferentes do estilo de outras revistas, o que eu acho inspirador. Revistas como *New Scientist*, *Wired* e *Edge* me mantêm informada dos desenvolvimentos tecnológicos, mas também de novas pesquisas sobre o comportamento humano que se revelam úteis no desenvolvimento de técnicas de coleta de dados. Consuma mídia fora de seus hábitos cotidianos para abrir sua mente para ideias!

Leia graphic novels

Graphic novels, ou quadrinhos, em que a narrativa encontra a arte e a interação humana, são ótimos lugares para ideias de narrativa, inspiração estética e desenvolvimento de personagens. Alguns dos meus próprios ResearchGames podem ser descritos como histórias em quadrinhos digitais — em que cada tela guia a narrativa em um espaço 2D. As graphic novels são agora mais variadas do que nunca, então encontrar várias delas para lhe inspirar deve ser fácil.

Explore sites estranhos e maravilhosos

Jennifer Dewalt, fundadora da plataforma de gerenciamento de projetos Zube, criou 180 sites em 180 dias. Eles não são aqueles sites convencionais que conhecemos — são peculiares e ilustram maneiras um pouco diferentes de utilizar as webpages para engajar usuários. No site *Hello World* de Dewalt![1], descobrimos que clicar em um gráfico de um pedaço de corda e simultaneamente ver uma chuva de bacon nunca foi tão divertido. Também vemos como Jennifer torna as palavras envolventes ao fazer com que os usuários rolem a página para revelar o texto completo no site *Secret Message*[2]. Outros sites, como *Patatap*, do programador de computadores Jono Brandel, oferecem uma experiência interativa visual e sonora, tornando o ato de tocar em suas teclas viciante e divertido. Estes sites "excêntricos" o encorajarão pensar de forma diferente e a fazer fluir os sumos criativos.

ATIVIDADES

- **Que palavras/termos/frases você usa com mais frequência ao escrever uma pesquisa?** Qualquer uma destas palavras pode ser trocada por uma "palavra de jogos", como os exemplos deste vocabulário de jogos? Termos como "participar" ou até frases como "por favor, diga" ou "por favor, indique" poderiam ser substituídos por termos como "una-se à missão" ou "crie a combinação certa para desbloquear..."? Mais importante ainda, estas palavras de jogos são inteiramente apropriadas ou você precisa criar um vocabulário alternativo mais adequado ao seu conteúdo de pesquisa e participantes?
- **Faça uma lista de cinco novos jogos, revistas, livros e experiências lúdicas** com as quais você possa se engajar nas próximas semanas. Este conteúdo deve estar fora de seu consumo habitual de mídia, ou seja, conteúdo com o qual você normalmente não se engajaria.
- **Pense em como as novas experiências moldaram seu pensamento** — elas lhe introduziram a novos conceitos, ideias de interação e técnicas de engajamento que você

não teria conhecido de outra forma? Que novas mídias recém-descobertas são mais inspiradoras do que outras?

- **Salve o conteúdo:** nos próximos capítulos, você verá como os painéis-conceito são uma parte fundamental do processo de design de pesquisa baseada em jogos. Encontre maneiras de salvar conteúdos de inspiração que funcionem melhor para você. Tente colocar tudo em um lugar para que seja fácil de acessar quando você estiver desenvolvendo uma pesquisa baseada em jogos.

Notas

1 Site *Hello World!*: <jenniferdewalt.com/node/hello_world>.

2 Site *Secret Message*: <jenniferdewalt.com/secret_message.html>.

DESIGN DE PESQUISA BASEADA EM JOGOS 15

Dez dicas para construir as bases certas

Antes de começar com o design de pesquisa baseada em jogos, há importantes princípios de design a explorar. Neste capítulo, visitamos os conceitos e processos de design em um nível introdutório que ajudará a construir como os participantes "percebem" seu jogo-pesquisa ou questionário gamificado. Como tal, recomenda-se um estudo mais aprofundado (consulte "Leitura recomendada" no final deste capítulo) para compreender melhor vários princípios de design.

O design de pesquisa baseada em jogos é uma arte. O processo combina todas as complexidades e desafios de criar um jogo, um questionário, uma experiência digital envolvente e uma plataforma para coleta de dados, e em que esses dados precisam gerar insights com os quais as empresas podem tomar decisões. O processo combina o conhecimento de várias áreas, incluindo, mas não se limitando a: semiótica, design de experiência do usuário, economia comportamental, linguística e jogos. É desnecessário dizer que há muito em que pensar a respeito.

Talvez por ser um processo peculiar, algumas coisas que descrevo nesta seção sejam um pouco mais conceituais e não possam, necessariamente, ser explicadas em um nível acadêmico. No entanto, espero ter compartilhado o suficiente das diretrizes e processos (que eu pessoalmente uso) para dar estrutura ao que pode ser um processo abstrato.

O direcionamento neste capítulo não só ajudará com a criação de pesquisas baseadas em jogos, mas também com pesquisas em geral e até mesmo com o design de comunidades on-line.

Dez dicas de senso comum para um bom design de pesquisa baseada em jogos

1 Nunca subestime o design porque ele impacta os dados

A maneira como você desenvolve sua pesquisa baseada em jogos impactará diretamente os dados e as percepções coletadas. E um design melhor — mesmo aprimorando as opções de resposta de formas básicas por meio do design dinâmico — leva a participantes engajados e melhor qualidade de dados.[1]

Que este seja o seu mantra: O DESIGN IMPACTA OS DADOS. Tatue isso em si mesmo!

2 Assegure um design de pesquisa baseada em jogos claro e conciso

- Evite enredos complicados.
- Evite muitos personagens no jogo.
- Mantenha o mínimo de texto na tela, não por causa das preocupações com o engajamento, mas porque todas as pesquisas devem ser concisas.
- Mantenha a linguagem simples.
- Mantenha as fontes simples.
- Se você estiver em um ambiente cara a cara, dê instruções breves e de fácil entendimento.

Você já entendeu a ideia.

3 Não use mais de três fontes diferentes

As fontes que você usa devem ter fácil leitura (mesmo que sejam fontes mais elegantes e com floreados) e precisam se harmonizar com seu conteúdo de pesquisa, enredo (se você estiver usando um) e estrutura de jogo. Você também deve evitar usar muitos estilos de fontes diferentes. Minha regra geral é usar um tipo de fonte "inusitado" (algo que se destaca um pouco mais, que tenha um pouco mais de charme se necessário) e dois tipos padrão. Você também deve testar se as fontes escolhidas podem ser visualizadas nos navegadores mais populares. O site Google Fonts permite que as pessoas façam download de fontes gratuitamente, além de mostrar a popularidade de diferentes tipos: fonts.google.com.

4 Verifique a composição e se o design está adaptado a todos os dispositivos

Certifique-se de oferecer espaço suficiente para que todo o texto e/ou imagens tenham fácil leitura, e teste em vários dispositivos (Sua pesquisa baseada em jogos não precisa estar publicada e totalmente programada para testar isso, você pode ver como estão os gráficos do jogo antes do processo de desenvolvimento abrindo os arquivos deles em dispositivos diferentes.) Seria frustrante ver o seu jogo-pesquisa ou questionário gamificado parecer perfeito na tela de um notebook, mas ter texto e imagens cortadas, ou sobrepostas, em dispositivos menores. Mesmo os jogos digitais feitos para entretenimento, com seus acessórios e enfeites, podem falhar miseravelmente se não forem totalmente responsivos. Se a sua pesquisa baseada em jogos *não estiver* disponível em vários dispositivos diferentes, deixe claro para os participantes; informe-os se seria melhor visualizá-la em um notebook, tablet etc.

5 *Tenha cuidado com o* rag

Relacionado à dica sobre boa composição, o *rag* (um termo amplamente usado nos EUA para tipografia e composição tipográfica) descreve como e onde as palavras são dispostas. O *rag* de um texto pode facilitar ou complicar a leitura. Por exemplo, alguém pode escrever:

Olá a todos! Bem-vindos a
esta pesquisa gamificada em que vocês serão solicitados a incen-
tivar um grupo de cientistas na descoberta das mais recentes ino-
vações na medicina.
Por
favor, tentem participar de todas as
atividades.

Um melhor *rag* seria:

Olá a todos! Bem-vindos a esta pesquisa gamificada em que vocês
serão solicitados a incentivar um grupo de cientistas na descoberta
das mais recentes inovações na medicina.
Por favor, tentem participar de todas as atividades.

Fique de olho no *rag* quando criar e testar sua pesquisa baseada em jogos com vários dispositivos.

6 Dê um incentivo e antecipe a jornada dos participantes

Um bom design não só ajudará um usuário a "fluir" por um site, aplicativo ou pesquisa, mas também a antecipar para onde o olho "quer" ir em seguida. Por exemplo, em um site, antecipamos que as informações de contato estarão no canto superior direito da tela, então procuraremos lá para encontrar um botão. Para ir para a próxima questão em uma pesquisa, os usuários podem olhar para o canto inferior direito. Você pode usar o design da pesquisa baseada em jogos para manipular a jornada dos participantes para que eles possam se concentrar em informações-chave.

Crie sua pesquisa baseada em jogos de forma a dar suporte aos usuários — não faça com que eles tenham que procurar coisas básicas para progredir em sua experiência. Naturalmente, se uma atividade pedir especificamente aos participantes para procurar/coletar itens, como em um jogo de caça ao tesouro, então é claro que esta abordagem é diferente, mas as instruções e as informações logísticas sobre a atividade devem ser facilmente acessíveis.

7 Crie um tom apropriado

A semiótica nos diz que tudo tem significado, com alguns signos/símbolos/outros sinais visuais mais arraigados do que outros na evocação de sentido. Estilos e tamanhos de fontes e até mesmo como usamos a pontuação podem afetar o modo como as pessoas consomem qualquer texto, o que certamente afeta o modo como as pesquisas tradicionais e as baseadas em jogos são consumidas. Como as pesquisas baseadas em jogos podem ser muito mais visuais do que as tradicionais, o designer deve ter mais cuidado mesmo com as escolhas básicas de design e como elas desenvolvem o texto. Com pontos de exclamação em excesso, o tom torna-se excessivamente exagerado!!!!! **Muitas palavras em negrito e sublinhadas dão uma grande ênfase a tudo.**

Alguns miniexperimentos foram feitos para mostrar diferenças de tom. Veja estes exemplos do mesmo texto em fontes diferentes.

De que gênero de história é a Figura 15.1 comparada com a Figura 15.2?

Figura 15.1

E assim,
nossa história tem
um começo, um meio
e um fim

Figura 15.2

E ASSIM,
NOSSA HISTÓRIA TEM
UM COMEÇO, UM MEIO
E UM FIM

Em diversos workshops, os participantes disseram que a Figura 15.1 parece ser de uma história medieval ou de um conto de fadas, enquanto a Figura 15.2 parece ser de uma história de terror. Os gêneros associados afetam como a "mídia" é consumida e o tom.

E se dermos um rosto às palavras? Uma personalidade?

Figura 15.3

"E assim,
nossa história
tem um começo,
um meio
e um fim"

Fonte: Fotografia cortesia de Christian Newman em Unplash.com

Figura 15.4

"E assim,
nossa história
tem um começo,
um meio
e um fim"

Fonte: Fotografia cortesia de Tyler Nix em Unplash.com

Como você leu as palavras nestas figuras? O ritmo era mais lento para a Figura 15.3 comparado com a Figura 15.4 pois a senhora na fotografia é mais velha? O tom da sua voz interior foi mais baixo ou mais alto para a Figura 15.3 ou Figura 15.4?

E se trocássemos as fotos por fotos de Morgan Freeman, o aclamado ator, e uma foto de sir David Attenborough, o narrador de documentários sobre ciência e natureza? Ambos têm vozes muito distintas. Se o consumidor da mídia sabe como fala, o timbre de suas vozes, o consumidor pode imitar seu tom em sua própria voz interior.

A forma como usamos recursos visuais, especialmente aqueles com rostos humanos expressando emoções, pode impactar significativamente a forma como consumimos significado no texto que a acompanha. O contrário também acontece: a forma como usamos o texto pode ter impacto no significado dos auxílios visuais. Pense em uma foto mostrando um lindo dia ensolarado em um parque com pessoas fazendo piqueniques, cercadas por flores e árvores. O texto que a acompanha é o seguinte: "e um deles tinha acabado de fugir da prisão." De repente, a nossa agradável imagem assume um tom sinistro.

Vamos agora experimentar o estilo e o tamanho da fonte.

Figura 15.5

barulho

Figura 15.6

BARULHO

Você sussurrou a palavra na Figura 15.5, ou a leu como um grunhido? Você leu a Figura 15.6 mais alto?

Esses miniexperimentos mostram que há uma miríade de possibilidades no impacto do tom e do consumo da sua pesquisa baseada em jogos a depender de como os recursos visuais são usados, mas, quanto mais você souber sobre seus clientes, os objetivos da pesquisa, os negócios e o público-alvo deles, mais rápido você tomará decisões de design e mais reduzidas serão essas escolhas de design.

Por exemplo, ao criar um ResearchGame para um público muito jovem, é altamente improvável que eu use fontes como Times New Roman. Da mesma forma, se um ResearchGame for destinado a um público global, mas apenas em inglês, eu evitaria usar fontes cursivas de difícil leitura (fontes que estão tipicamente em um estilo de caligrafia cursiva). Assim, ao compreender até mesmo apenas fatos básicos sobre o público-alvo, eu elimino aspectos específicos de design e me deixo aberta para tomar decisões de design que sejam mais eficazes para engajar os participantes.

8 Tenha consistência

Você já assistiu a um filme ou programa de TV em que um aspecto do que você vê na tela é completamente inacreditável? Mesmo que o mundo esteja repleto de dragões, magia ou ambientado em um planeta alienígena, achamos inacreditável se até mesmo a menor coisa parecer irreal, apesar do fato de estarmos olhando para um mundo irreal. É quando a nossa "suspensão da descrença" é rompida e isso pode desestimular as audiências.

A unidade narrativa é importante em filmes e TV, em jogos e em pesquisas baseadas em jogos. Como Dan Calvert, diretor de arte de personagem da Guerilla Games, descreveu em uma apresentação durante uma conferência, o mundo do jogo que você desenvolve precisa de "consistência interna — nada que prejudique as narrativas funcionais"[2]. Por isso, a narrativa que escolher (se houver) deve relacionar-se e harmonizar-se com o conteúdo da pesquisa, e quaisquer recompensas que você fornecer devem ser relevantes para a narrativa e pesquisa.

9 "Não deixe que o ótimo atrapalhe o bom." Não!

Dizer que eu realmente detesto essa frase é um eufemismo. Se todos seguissem esse conselho, estaríamos vivendo em um mundo diferente. Que alegria há em qualquer ofício se você não almeja chegar a um alto nível de refinamento? Comece com o mindset de que você realmente vai engajar seus participantes da melhor maneira e com o melhor design possível. Faça concessões apenas se estiver pressionado por tempo/orçamento. Há muitas pesquisas "apenas boas o bastante" que não são boas o suficiente. Você estará em outro patamar de designer.

10 O design baseado em jogos precisa seguir o branding de seu cliente?

Seu jogo-pesquisa ou questionário gamificado certamente não precisa ser visualmente pesado ou ter muitos detalhes gráficos, mas, se esse for o seu objetivo de design, será necessário verificar com seu cliente (ou com quem está encomendando o estudo) se a pesquisa precisa ser desenvolvida com a identidade visual deles. E é preciso fazer isso *antes* de desenvolvê-la.

Uma empresa de tecnologia e consultoria da *Fortune 500* para a qual eu criei um ResearchGame o via como uma extensão de sua marca e tinha diretrizes de branding muito específicas; estendia-se aos tipos e cores de fontes que eu poderia usar, se podia ou não usar itálico, e uma paleta de cores muito precisa com códigos HEX (Os códigos HEX são os seis dígitos — uma mistura de números e caracteres romanos — que informam a cor digital. Por exemplo, "ffffff" é branco, "000000" é preto, e quero que você use o Photoshop para descobrir o que é "f6ff00").

Eles também queriam que o ResearchGame tivesse um tom mais autoritário para combinar com o usado pela marca. Como designer, você precisa garantir que vai verificar e trabalhar com essas informações *antes* de criar o seu jogo-pesquisa e questionário gamificado.

Essas dicas, incorporadas de aprendizados de UX, UCD, semiótica e linguística, são básicas, mas estabelecem bases sólidas para o design de pesquisa baseada em jogos. Confira a leitura recomendada para saber mais sobre os principais princípios de design.

Leitura recomendada

Livros

Não Me Faça Pensar (2006), um livro sobre usabilidade e design na web do consultor de usabilidade Steve Krug.

Principles of Gestalt Psychology [Princípios de Psicologia da Gestalt] (2014), de Kurt Koffka, psicólogo e um dos fundadores da psicologia da gestalt.

People Aren't Robots: Tips for creating questionnaires that people want to answer [Pessoas não são robôs: dicas para criar questionários que as pessoas vão querer responder], de Annie Pettit, autora e líder de pensamento na indústria de pesquisa de mercado, fornece grandes conselhos para criar melhores pesquisas — até mesmo para o pesquisador veterano. Seu webinar com o mesmo título está disponível no site NewMR.org: newmr.org/presentations/a5310250.

Conferências

UX.Live (User Experience) — realizada no Reino Unido: globalexperiencesummit.com

UCD Conference (User Centred Design) — realizada no Reino Unido: ucduk.org

AIGA Design Conference — realizada nos Estados Unidos: designconference.aiga.org

Outros

Confira o projeto Better Surveys (bettersurveys.business.uq.edu.au/) para obter orientação sobre um melhor design de pesquisa tradicional. O projeto Better Surveys, que durou três anos, pretendia entender como diferentes componentes de design afetam os dados da pesquisa e as taxas de resposta do participante.

Notas

1 DOLNICAR, S.; GRÜN, B.; YANAMANDRAM, V. Dynamic, interactive survey questions can increase survey data quality. *Journal of Travel & Tourism Marketing*, v. 30, n. 7, 2013. pp 690-699. DOI: 10.1080/10548408.2013.827546. Acesso em: 22 mai. 2018.

2 Dan Calvert, Diretor de Arte de Personagem na Guerilla Games falando na conferência Parallel Worlds, Outubro 2017, Victoria and Albert Museum, Londres.

APRESENTANDO A INTUIÇÃO INTELIGENTE E CRIATIVIDADE SIGNIFICATIVA (IICS) 16

Este capítulo explora:

- A combinação de instinto e evidências para o sucesso do design de pesquisa baseada em jogos, garantindo que ele se conecte ao impacto da pesquisa;
- O processo e o mindset da IICS para o design de pesquisa baseada em jogos;
- IICS em ação — como o conceito foi aplicado para o desenvolvimento de um ResearchGame;
- Como você pode aumentar a sua Intuição Inteligente;
- Como utilizar o processo IICS para preparar quatro itens importantes que você precisará para jogar "20 por 20" no Capítulo 18.

O que é IICS?

Chris Crawford, designer veterano de jogos, observa em seu livro *Chris Crawford on Game Design* (2003)[1] que o processo envolve "muita experiência, algumas regras de ouro e forte intuição". Ele tem razão.

Inteligência Intuitiva e Criatividade Significativa (IICS) é um termo que cunhei para descrever tanto um mindset quanto um processo que apoia um design de jogo-pesquisa e questionário gamificado eficaz. Intuição Inteligente e Criatividade Significativa são dois aspectos de todo um processo que funcionam juntos e em harmonia. Este processo foi criado para dar estrutura a um fluxo de trabalho abstrato com muitas partes móveis.

Embora a "intuição" possa soar mais como ilusão do que como ciência, o processo de Intuição Inteligente baseia-se no design instintivo e na pesquisa. Valerie van Mulukom, pesquisadora associada da Universidade de Coventry, no Reino Unido, observa em seu artigo *The secret to creativity — according to science* (2018) [O segredo da criatividade, segundo a ciência] que há duas fases na imaginação criativa; uma delas é o Pensamento Divergente. Esta é a capacidade de "imaginar uma grande variedade de ideias, todas de alguma forma ligadas a um problema ou tópico principal, que é rápido e automático"[2].

Como o design de pesquisa baseada em jogos requer que um pesquisador pense em muitas ideias criativas para resolver um problema em particular, mas ele não tem necessariamente muito tempo para fazê-lo, este estilo de pensamento é ideal. Afinal de contas, ter uma ideia surgindo do nosso inconsciente para um design eficaz de um jogo-pesquisa ou questionário gamificado não "acontece do nada" (infelizmente). Por mais que queiramos que o "momento eureca" venha espontaneamente, ele não virá, *a menos* que o processo IICS seja aplicado; é o que vai impulsionar a sua criatividade. Existem também provas que corroboram esta abordagem. Como jornalista científica e autora de *Override* (2017), Caroline Williams observa que você deve "construir um bom estoque de informações para que o inconsciente tenha algo com que trabalhar"[3] para entrar em um modo criativo e inspirar ideias.

Assim, embora o processo IICS possa parecer muito trabalhoso para apenas ajudar a gerar ideias, é exatamente o que vai impulsionar a criatividade funcional necessária.

Intuição Inteligente

Intuição Inteligente é uma abordagem de "pesquisar primeiro" que permite que um designer de pesquisa baseada em jogos use evidências existentes para apoiar e ajudar a criar um projeto eficaz. Para maior clareza:

1. A forma como se aborda o design de uma pesquisa baseada em jogos será orientada pelos objetivos da pesquisa. No entanto, é importante ter em mente que, mesmo com o design funcional, muitos pesquisadores estarão embarcando em território praticamente desconhecido em termos de processo de design e compreensão de como ele afeta os resultados da pesquisa. Como tal, os novos designers de pesquisas baseadas em jogos provavelmente dependerão de, e exigirão, uma forte intuição.
2. Esta abordagem não deve ser confundida com o teste de usuário; é improvável que os designers de pesquisas baseadas em jogos tenham tempo para criar várias iterações de um jogo-pesquisa ou questionário gamificado e, em seguida, testar isso nos participantes, obter resultados, fazer mudanças e colocar a pesquisa em campo mais uma vez. Os designers de pesquisas baseadas em jogos estarão trabalhando em condições únicas, pois eles têm apenas uma chance de tornar o design eficaz desde o início.

O fato é que todos os jogos-pesquisa ou questionários gamificados que as pessoas criarem em um futuro próximo serão novos — nenhuma pesquisa desse tipo será exatamente igual à outra.

Mesmo para as pesquisas baseadas em jogos "pré-fabricadas, prontas para usar", o design (e os resultados) serão sempre diferentes, porque as audiências, as necessidades dos compradores da pesquisa e o conteúdo da pesquisa serão diferentes. Existem muitas variáveis para concluir que uma abordagem de design "x ou y" será cem por cento eficaz.

Um(a) designer de pesquisa baseada em jogos estará fazendo seu trabalho em território completamente desconhecido, pegando emprestado conceitos de uma infinidade de áreas, e com a opção de usar inúmeras técnicas e tecnologias. Portanto, nossos projetos de pesquisa baseada em jogos podem ser abordados por meio do instinto e não por evidências holísticas concretas.

Mas, o que os designers podem e devem fazer é construir uma trama de evidências variadas que apoie e incite confiança em *aspectos específicos* de suas ideias de design. Os designers de pesquisa baseada em jogos (e eu me incluo nesse grupo) não têm uma forma de saber com certeza se o nosso design repercutirá com o público-alvo ou se obterá os resultados que ajudarão o comprador da pesquisa. É aqui que a *Intuição Inteligente* tem impacto real; se o seu instinto inspira uma narrativa particular, música de fundo, paleta de cores e assim por diante, você pode validar esses palpites por meio de pesquisa e evidência *primeiro*, para fornecer a você (e a seu cliente) maior confiança na abordagem do design.

No entanto, um aviso: a coleta de evidências para apoiar aspectos específicos de um design instintivo (isso se aplica a todos os tipos de design — sites, aplicativos, logotipos etc.) pode ser morosa. Em um artigo do *New York Times* sobre o trabalho de Marissa Mayer no Google, compreendemos o quão específico e árduo pode ser o processo de fazer uma escolha sobre uma faceta específica de design, tendo o artigo referido que, em um caso, foram testados 41 tons de azul e houve muitas discussões sobre a utilização das palavras "ver" e "convidar" para diferentes produtos Google.

Você precisa se perguntar: Quantos aspectos do design devem ser pesquisados para validar sua abordagem de design baseada em intuição (mas orientada pela funcionalidade)? Quanto tempo e recurso você pode, de forma realística, alocar para fazer isso?

As respostas dependem de mais duas perguntas:

Com qual "margem de erro de design" podemos arcar?

Se milhares de pessoas em todo o mundo participarem de uma pesquisa baseada em jogos, então qualquer escolha de design ineficaz será sentida mais amplamente em todo o engajamento de participantes e na qualidade dos dados. Quanto maior for a "falha de design", maiores serão as repercussões, como uma pedra maior criando ondas mais intensas em um lago. No entanto, este ainda é o caso de uma amostra menor. Considere que um estudo de vários médicos pode ser tão eficaz quanto um estudo com dez mil consumidores em vários mercados. Como tal, você deve entender o tempo e o investimento/impacto financeiro para o comprador da pesquisa. Isso ajudará a determinar o período de tempo que você investe com o objetivo de encontrar evidências para apoiar a sua abordagem de design como um todo. Se não for possível, concentre-se apenas em aspectos específicos de design.

Quão "excêntrico" é o seu design, honestamente?

O seu design é de certa maneira "sutil" — talvez usando os quatro ingredientes de jogos com apenas "texto em tela"? Ou suas intenções são desenvolver um jogo-pesquisa completo com experiências simuladas, em que os participantes podem criar um avatar e se envolver em uma narrativa baseada em interpretação de papéis? Se for a primeira alternativa, então podemos argumentar que é necessária uma pesquisa inicial menos extensa do que a segunda abordagem. Portanto, um designer que esteja criando um projeto mais inovador com muitos componentes diferentes funcionando em conjunto para fazer toda uma experiência deve pesquisar e validar esses componentes.

Criatividade Significativa

Criatividade Significativa quer dizer "design com função". Todos os aspectos de sua criatividade — seu design — devem ter significado, função. **Nunca desenvolva algo pelo desenvolvimento em si.** Como Stephen King disse ao escrever: elimine seus favoritos. Se um aspecto de design parece bonito, mas não acrescenta nada de valor — livre-se dele. Se você vai usar música e efeitos sonoros, se você vai usar uma paleta de cores pastel, se você vai escolher a fonte Impact em vez de Trebuchet, você precisa expressar como essas decisões de design apoiam o engajamento dos participantes e os objetivos da pesquisa.

Cada pixel da sua pesquisa baseada em jogos precisa ser justificado. A narrativa deve se harmonizar com o conteúdo da pesquisa; os sistemas de recompensa devem ter relevância para a narrativa geral. O design é o que unifica os "aspectos de jogos" com o conteúdo da pesquisa como um todo — a harmonia e a sincronicidade ajudarão a engajar os participantes. O oposto causará confusão: por exemplo, se você estiver encorajando os participantes a imaginarem suas experiências de compras no futuro, pode não ser coerente usar um trecho de música clássica ou country ao fundo (a menos que, é claro, esses gêneros de música sejam relevantes para a narrativa que você está utilizando). Cada aspecto do design deve ser sustentado por uma função.

É assim que a Criatividade Significativa funciona em harmonia com a Intuição Inteligente. Enquanto a Intuição Inteligente é um processo que encoraja a validação das escolhas de design, a Criatividade Significativa garante que as escolhas de design sejam funcionais.

Faço disso uma parte das minhas tarefas: produzir um "Guia Explicativo" — um documento que apresento aos clientes para mostrar as razões e pesquisas que apoiam e explicam as escolhas de design — ou seja, o porquê de o ResearchGame ter sido desenvolvido DESTA forma. Conforme exploraremos no Capítulo 19, o Guia Explicativo é ótimo não apenas como um meio de explicar seu pensamento como designer, mas uma bela maneira de incluir o cliente no processo. É durante a minha apresentação do Guia Explicativo que os clientes têm os momentos "eureca".

IICS em ação

Ao desenvolver dois ResearchGames para um estudo acadêmico, pensei que uma experiência mais personalizada para os participantes seria eficaz; especificamente, a adição de uma camada extra de engajamento com a finalidade de estimular os participantes a se sentirem à vontade o suficiente para "dizer o que pensam" quando levados a imaginar cenários futuros, falando com "personagens do jogo".

Eu me inspirei nas experiências personalizadas da época — na forma como os meus sobrinhos tinham personalizado as mensagens em vídeo do Papai Noel e na forma como os novos livros infantis incluíam o nome do leitor e os nomes dos seus amigos. Eu me perguntei se este tipo de personalização poderia ser traduzido como engajamento para os participantes de pesquisas. Apliquei a personalização de três maneiras:

1. Os participantes poderiam nomear o seu avatar.
2. Os participantes poderiam também dar nome aos outros personagens do jogo — nomeando os personagens de um médico e um amigo, construindo assim uma "relação" com eles (embora não tenhamos medido se os participantes usaram os nomes reais dos seus amigos ou médicos ou se foi desenvolvido algum tipo de ligação emocional entre o participante e estes personagens. Em retrospectiva, eu gostaria de ter medido estas coisas).
3. Os participantes poderiam vestir um personagem "amigo" com roupas futuristas para que ele pudesse acompanhá-lo até o ano de 2030.

Não apenas esses tipos de personalização poderiam gerar engajamento, mas eu pensei que os participantes, potencialmente, conseguiriam se sentir mais confortáveis respondendo a perguntas conceituais sobre o futuro se achassem que estavam "conversando com" personagens que eles próprios nomearam e com quem construíram uma relação — por mais breve ou "falsa" que fosse essa relação no ResearchGame.

O palpite motivou mais pesquisas sobre a personalização: em jogos e em outras mídias digitais e não digitais. Embora não houvesse provas que confirmassem que a abordagem de design *exata* que eu queria adotar seria eficaz, havia enormes quantidades de provas para apoiar aspectos destas escolhas de design. Por exemplo, como a personalização aumenta o engajamento em quase todas as mídias digitais, com amostras em redes sociais e em empresas como a Netflix, no design de produtos em que os nomes das pessoas são impressos em garrafas da Coca-Cola e outros produtos alimentícios[4] e como, nos jogos, os jogadores podem desenvolver relacionamentos emocionais e de confiança em ambientes virtuais compartilhados com outros usuários que não conheciam anteriormente[5] e mesmo com personagens não jogáveis (NPCs)[6] — até mesmo casando com eles[7]. Está bem documentado que esforços significativos estão sendo feitos na indústria de jogos para criar NPCs mais realistas e dinâmicos por meio da inteligência artificial, porque isso aumenta o engajamento dos jogadores.[8]

Com as evidências em mãos, o cliente deu sinal verde para o design. Isso foi Intuição Inteligente — intuição sustentada por provas. E valeu a pena — os participantes estavam engajados e deixaram respostas ricas ao imaginar o futuro[9] por meio de "conversas" com outros personagens e um estudo opcional de diário on-line. A qualidade das respostas nos levou a acreditar que os participantes se sentiram confortáveis para imaginar o futuro e dar detalhes complexos — eles idealizaram informações sensoriais: cheiros, sons, condições de vida, sabor da comida e outros aspectos. Dos comentários dos participantes, 91 por cento foi positivo em relação à plataforma ResearchGame, sendo que os termos mais frequentemente utilizados foram: "agradável", "divertido", "inovador" e "incrível". O cliente nos informou que os dados derivados dos elementos de resposta textuais (que não estavam incluídos no esboço original da pesquisa) forneceram alguns dos pontos de vista e de discussão mais interessantes entre os seus pares.

Formas de apoiar e melhorar a Intuição Inteligente

Seria impossível intuir o que seria um design de jogo-pesquisa ou de questionário gamificado eficaz sem entender o seu público. Se você pretende criar algo envolvente, para qualquer pessoa, é preciso descobrir o que vai fazê-los vibrar.

Pesquise o público participante até que você o conheça o melhor possível

Ao pesquisar o seu público de antemão, você pode criar um design de pesquisa baseada em jogos que é muito mais adequado para eles; atendendo à sua idade, estilo de vida, o que eles já pensam sobre o conteúdo da pesquisa e assim por diante. Então, o primeiro passo, mesmo antes de colocar o lápis no *storyboard*, é entender o máximo possível sobre os participantes e o conteúdo da pesquisa. A seguir estão as informações básicas que os pesquisadores devem procurar antes de embarcar em qualquer estudo:

- O que o cliente pretende fazer com os resultados da pesquisa?
- Quais são os seus objetivos de negócio?
- Como os resultados moldarão as decisões?
- Há pessoal alocado no local, ou tempo e orçamento, para aplicar os resultados da pesquisa?

- Como os participantes já se sentem em relação ao tema da pesquisa, e há tópicos semelhantes relacionados no noticiário e na cultura popular?

Passe um tempo com o seu cliente para responder a estas perguntas, e veja que informação eles já têm sobre os participantes que eles podem compartilhar sem quebrar nenhum acordo de confidencialidade ou de privacidade. Quanto mais você sabe sobre o estudo e os participantes, mais eficaz será o seu design, porque os objetivos de pesquisa e de negócios e o conhecimento sobre os participantes vão orientar o design. Eu não consigo, de forma alguma, desenvolver um ResearchGame sem essas informações — e, se há lacunas no conhecimento do cliente sobre os participantes, eu mesma vou pesquisar sobre o público.

Como pesquisar e compreender os participantes: construindo Perfis de Participantes

Ao consumir os mesmos meios de comunicação dos seus participantes, é provável que você os compreenda melhor — o que os tornará engajados, assim como quaisquer emoções/apegos/discussões que eles já possam ter que se relacionem com o assunto da pesquisa. Essa análise ajudará a criar um "perfil de participante". Novamente, é provável que muitos compradores de pesquisa já tenham tais informações, mas, se eles não tiverem uma segmentação detalhada ou informações do tipo de consumidor, então tente pesquisar e entender:

- Dados demográficos, por exemplo:
  - A(s) sua(s) idade(s);
  - País de residência e regiões;
  - Gênero(s);
  - Os tipos de empregos/carreiras que têm;

- Origem étnica;

- O(s) idioma(s) que o participante mais se sente confortável em usar;

- Fonte de renda.

- Consumo de mídia, por exemplo:

  - As revistas e jornais que leem, se houver;

  - Programas de TV ou filmes que assistem;

  - Livros que leem;

  - Os seus passatempos e interesses;

  - A música, os programas de rádio, os podcasts que ouvem;

  - As celebridades, organizações, líderes de pensamento, influenciadores que eles provavelmente seguem nas redes sociais.

Considerando que as pesquisas baseadas em jogos podem incluir narrativas, eu também costumo olhar para literatura, filmes e conteúdo on-line com os quais o público costuma se envolver.

Por que olhar para o consumo de mídia? Resposta: porque isso é trapacear

Os editores de revistas conhecem seus leitores. Eles criam conteúdo e layout para envolvê-los, incluindo tipos de fontes, paletas de cores, as pessoas que entrevistam — eles sabem o que vai repercutir com seus leitores, e é por isso que diferentes empresas anunciam com diferentes revistas. Consumir a mesma mídia que o seu público participante é uma forma de trapacear — é a maneira mais rápida de conhecê-los e de descobrir o que vai envolvê-los, o que é especialmente eficaz se você tiver restrições de tempo.

Transferência de Emoção e Empatia Designer → Participante (TEEDP)

Quando você estiver construindo os perfis dos participantes, você estará "se colocando no lugar deles" tanto de uma **perspectiva prática** (por exemplo, onde é mais provável que os participantes estejam quando jogarem o meu jogo-pesquisa? E que tipo de dispositivo posso esperar que utilizem?), quanto de uma **perspectiva emocional** (por exemplo, como é que os participantes já se sentem em relação ao conteúdo da pesquisa? Será que há uma relação emocional preexistente que possa ser útil entender?).

Assim como os atores metódicos que realmente mergulham de cabeça nos personagens, o que eu chamo de Transferência de Emoção e Empatia Designer → Participante (TEEDP) descreve como o designer da pesquisa baseada em jogos pode entender o mindset dos participantes e refletir isso no design. Como resultado, ele ou ela pode desenvolver com mais empatia. Se os participantes sentirem que são compreendidos, é mais provável que sejam honestos e transparentes. Se os jogos podem estimular a expressão criativa e a autoexpressão nos jogadores, então os designers de pesquisas baseadas em jogos podem criar contextos conceituais, ou imitar os reais, que sejam emocionalmente relevantes no design para observar como as emoções impulsionam comportamentos e escolhas. Mas, como designer, você deve entender profundamente os participantes e sua relação com o conteúdo da pesquisa, a fim de criar com altos graus de empatia.

ATIVIDADES

Prepare e leve esses quatro itens de desafio com você para o Capítulo 18. Você precisará deles para criar sua pesquisa baseada em jogos enquanto joga "20 por 20". Os itens estão em negrito.

- O **mapa de Objetivos de Pesquisa** — prepare um documento detalhando os objetivos da pesquisa do seu cliente. Nele, escreva detalhes sobre como os objetivos da pesquisa ajudam o cliente com suas necessidades/objetivos de negócios. Explore que ações o comprador da pesquisa deseja, ou está disposto a, realizar a partir dos resultados da pesquisa.
- Seu **histórico dos Temas Mais Amplos relacionados** (se houver) — tente descobrir se há alguma coisa acontecendo na política, economia, cultura pop ou em outro lugar que se relacione com o conteúdo da pesquisa que possa ajudar a informar a maneira como as perguntas e/ou simulações são formuladas. Por exemplo, se a pesquisa busca descobrir a frequência e o comportamento das visitas a uma determinada loja, poderia haver outros temas, mais amplos, para explorar, como a preocupação sobre a diminuição do varejo de rua?
- O(s) **Perfil(s) do(s) Participante(s)** — permita que as informações demográficas que você tem sobre os participantes-alvo estimulem sua pesquisa a criar um perfil de participante (ou perfis). Consuma a mesma mídia. Explore como os participantes se sentem de antemão sobre o conteúdo da pesquisa; por exemplo, se um estudo de pesquisa for destinado a rever o processo de entrevista de uma empresa, pode valer a pena procurar on-line em sites como Glassdoor.com ou Great Place to Work para investigar qual poderá ser o feedback geral. Seu perfil de participante pode ser um documento escrito ou algo mais visual — o que quer que deixe você mais confortável.
- Seu **Painel-conceito** da pesquisa de design baseada em jogos — ao consumir a mesma mídia que os participantes, e/ou procurar inspiração em outro lugar, recorte, salve e imprima qualquer coisa que seja inspiradora em termos de design/layout/cor/texto e crie um painel-conceito. Como você cria isso depende de você — pode ser digital, impresso

— mesmo que sejam apenas itens presos a uma parede (como na Figura 16.1), está tudo bem. Faça o que funcionar melhor para você, desde que seja algo facilmente acessível no local onde você provavelmente embarcará na criação do design.

Figura 16.1: De mural de inspiração a Painel-conceito: antes de desenvolver um ResearchGame, eu construo um "mural de inspiração", que mais tarde é racionalizado como um Painel-conceito. Isso ajuda a identificar ideias, temas e padrões na estética e ideias para interação. Este mural é composto de capturas de tela impressas de jogos, sites interessantes, recortes de revistas e jornais, fotos que tirei de conteúdo relacionado — qualquer coisa que inspire ideias para o Painel-conceito.

Notas

1 Crawford, C. Chris Crawford on Game Design. Indiana: New Riders Publishing, 2003.

2 Van Mulukom, V. The secret to creativity — according to science. *The Conversation*, 2018 [On-line]. Disponível em: <www.theconversation.com/the-secret-to-creativity-according-to-science-89592>. Acesso em: 27 mai. 2018.

3 Williams, C. The human brain. *New Scientist: The Collection*, v. 2, n. 1, 2015. p. 119.

4 Roderick, L. Personalisation: A short-term fad or long-term engagement strategy? *MarketingWeek*, 2015 [On-line]. Disponível em: <www.marketingweek.com/personalisation-a-short-term-fad-or-long-term-engagement-strategy/>. Acesso em: 22 mai. 2018.

5 Yee, N. The psychology of massively multi-user online role-playing games: Motivations, emotional investment, relationships and problematic usage. *In: Avatars at Work and Play: Collaboration and interaction in shared virtual environments*. Holanda: Springer, 2006. R. Schroeder e A. S. Axelsson (eds.), cap. 9.

6 NPCs são personagens em jogos, também conhecidos como "agentes sintéticos", que não são controlados por uma pessoa, mas pelo próprio jogo.

7 Meyers, C. Japanese man takes video game character as wife. *Reuters*, 2009 [On-line]. Disponível em: <www.reuters.com/article/us-japan-videogame/japanese-man-takes-video-game-character-as-wife-idUSTRE5BJ1XX20091220>. Acesso em: 22 mai. 2018.

8 Harth, J. Empathy with non-player characters? An empirical approach to the foundations of human/non-human relationships. *Journal of Virtual Worlds Research*, v. 10, n. 2, ago. 2017 [On-line]. Disponível em: <journals.tdl.org/jvwr/index.php/jvwr/article/view/7272>. Acesso em: 25 abr. 2018

9 Adamou, B.; Birks, D. ResearchGames as a methodology: The impact of on-line ResearchGames and upon participant engagement

and future ResearchGame participation. Atas da conferência "Critical reflections on methodology and technology: Gamification, text analysis and data visualization", Association of Survey Computing (ASC), University of Winchester, UK, 6–7 set. 2013 [On-line]. Disponível em: <www.academia.edu/9487108/ResearchGames_as_a_Methodology_The_Impact_of_Online_ResearchGames_Upon_Participant_Engagement_and_Future_ResearchGame_Participation>. Acesso em: 22 mai. 2018.

SUPERE ESTAS QUATRO PREOCUPAÇÕES SOBRE DESIGN DE PESQUISAS BASEADAS EM JOGOS

17

Você pode ter ressalvas ao iniciar seu próprio processo de design de pesquisa baseada em jogos. Estas são as principais preocupações que já ouvi de meus companheiros de workshops e palestras, por isso, vamos amenizá-las.

"Sou um péssimo desenhista"

Não se espera que você seja a Frida Kahlo ou o Vincent Van Gogh. Há muitos grandes designers que não são muito bons no desenho. No contexto do design de pesquisa baseada em jogos, seus desenhos (Figura 17.1) não precisam ter tanta importância, desde que suas ideias possam ser traduzidas em um conteúdo gráfico (Figura 17.2), um jogo de tabuleiro, ou qualquer outro meio que você esteja usando. Quando estiver desenvolvendo algo, tudo bem desenhar bonecos de palito.

"As ideias de design demoram a surgir"

O design de pesquisa baseada em jogos é uma arte. Quanto mais tempo você estiver envolvido nessa atividade, melhor e mais confiante você se tornará. Além disso, ao longo do tempo, você vai adquirir experiência sobre que tipos de recompensas, narrativas, simulações etc. funcionam melhor com alguns tipos de pesquisa ou alguns públicos em vez de outros. Se no início parece que leva uma eternidade para ter ideias, não se preocupe e siga em frente. Você vai achar que é cada vez mais fácil de pegar as ideias criativas que funcionarão para sustentar os objetivos de pesquisa, enquanto simultaneamente engaja o seu público.

Figura 17.1: Fotografia de um desenho conceitual feito por mim. Ele transmite o conceito que os participantes podem ver dentro do gráfico de um edifício. Não é uma obra de arte! Mas estas ideias iniciais me ajudam a racionalizar a direção geral do design e, mais tarde, posso polir as ideias para o processo gráfico.

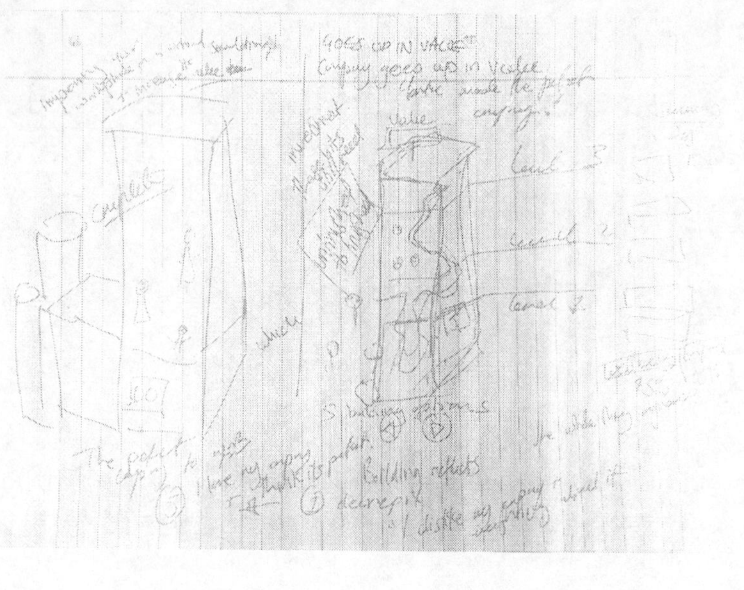

Figura 17.2: Você pode passar seus rascunhos para um designer gráfico criar um arquivo polido e utilizável para desenvolvedores e para usar em seu *storyboard*.

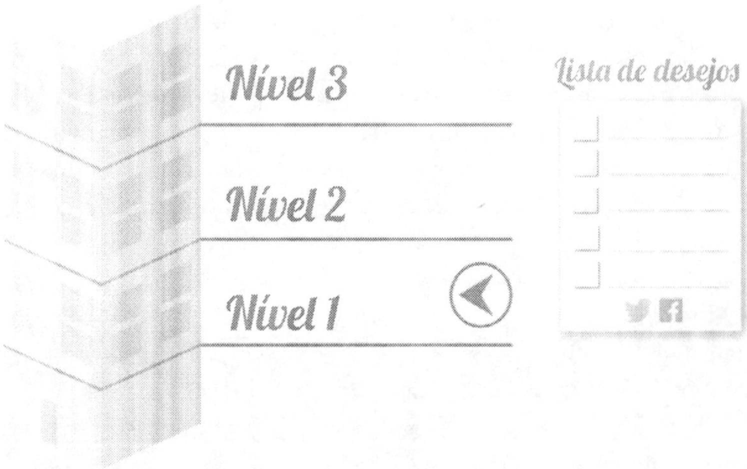

Fonte: © Research Through Gaming Ltd.

"Outra pessoa tem uma abordagem de design baseada em jogos diferente para o mesmo projeto de pesquisa"

Embora este livro apresente processos e guias sobre design de pesquisas baseadas em jogos, devemos lembrar que esse é um esforço criativo; e a maneira como uma pessoa desenvolve uma pesquisa baseada em jogos será diferente de como outra pessoa faz. É por essa razão que, de uma perspectiva acadêmica, é difícil fazer comparações entre como algumas capacidades baseadas em jogos obtêm certos resultados em comparação a outras. Não há errado ou certo no design, mas há *melhor*, ou seja, o design mais eficaz.

"Entendi errado como deveria ser o design"

Lembre-se que mesmo os designers de jogos mais bem pagos podem perder o engajamento do jogador. *Pokémon Go* (Nintendo) foi indiscutivelmente o jogo mais popular em 2016. O jogo tinha tudo a seu favor: fácil acesso pelo celular, novas tecnologias por meio do uso da realidade aumentada e uma base já estabelecida de fãs nostálgicos. Mas, poucos meses após o lançamento, *Pokémon Go* perdeu dez milhões de jogadores. Por quê? Por falta de engajamento. As principais queixas dos jogadores foram que o game se tornou repetitivo e parecia que nunca teria um ponto final[1]. Os designers de pesquisa baseada em jogos e até mesmo os criadores de pesquisas tradicionais podem aprender com isso, criando um propósito claro e evitando a repetição. Se a equipe de *Pokémon Go* pode errar, pode apostar que você também pode.

Não se pressione a achar que você vai se tornar um designer de pesquisa baseada em jogos do dia para a noite e vai conseguir acertar em tudo; em vez disso, pense em si mesmo, pelo menos por enquanto, como um designer de *diversão*, ou um designer de *experiência*, um *arquiteto de emoções*, e que as ferramentas que você utiliza são, por acaso, os jogos e a gamificação.

Respire fundo, não fique nervoso e lembre-se de que você será melhor nisso do que pensa. A criatividade é um músculo que pode ser exercitado para se tornar forte. Então, vá se exercitar.

Nota

1 BUTLER, M. Why people are giving up on Pokémon Go. *iNews*, 2016 [On-line]. Disponível em: <inews.co.uk/culture/gaming/people-giving-pokemon-go-19401>. Acesso em: 22 maio 2018.

DESENVOLVA A SUA PESQUISA BASEADA EM JOGOS

18

Jogue "20 por 20"

"Mil fatores fazem um grande jogo; é impossível avaliá-los separadamente quando todos cantam juntos em perfeita harmonia".

— Chris Crawford[1]

Neste capítulo você vai:

- Aplicar os ingredientes, componentes, elementos e os quatro valores de jogos para criar uma pesquisa eficaz baseada em games;
- Escolher o estudo de pesquisa que você gostaria de reimaginar como um jogo-pesquisa ou questionário gamificado — não importa se este é um estudo antigo ou atual, escolha um com o qual você se sinta à vontade para trabalhar;
- Usar os quatro itens de missão do Capítulo 16 para conduzir seu jogo-pesquisa ou design de pesquisa gamificada — para referência, os itens são seu **mapa de objetivos de pesquisa**, **histórico de temas mais amplos**, **perfil(s) de participante(s)** e **painel-conceito**;
- Usar o **vocabulário de jogos** do Capítulo 14 para inspirar diferentes terminologias que possam se adequar melhor à experiência de pesquisa baseada em jogos;

- Jogar um game para desenvolver uma pesquisa baseada em jogos: "20 por 20" é uma opção em que você levará vinte minutos para criar o que seria um jogo-pesquisa ou pesquisa gamificada de vinte minutos;
- Explorar as vantagens e desvantagens do seu design.

Por que jogar um game para desenvolver um jogo-pesquisa ou questionário gamificado?

Os pesquisadores devem realizar muitas tarefas e resolver problemas:

- Comunicar-se com pessoas que nunca conheceram antes;
- Assegurar que elas se sintam confortáveis para serem honestas e abertas sobre algumas questões realistas e conceituais;
- Estimular os participantes a serem criativos e a resolverem problemas;
- Pedir que eles imaginem cenários futuros, produtos e serviços que ainda não existem;
- Estimular as memórias dessas pessoas;
- Engajá-las para fazer com que completem as pesquisas até o fim.

Para incentivar estes tipos de criatividade, produtividade e resolução de problemas nos participantes, os pesquisadores precisam ser criativos, produtivos e resolver os seus próprios problemas. Jogar um jogo, como vimos no Capítulo 7, incentiva essas habilidades[2, 3, 4], e criar (qualquer coisa) *significa* resolver problemas que requerem soluções criativas. O jogo estimula a mente a fazê-lo[5].

Além disso, pesquisas mostram que as ideias mais criativas vêm quando nossa mente inconsciente tem material para trabalhar[6]. É por isso que você estará usando os quatro itens de missão do Capítulo 16 durante o jogo.

Ao jogar 20 por 20, você estará envolvido em um "jogo sério"; uma experiência de jogo com um objetivo sério, com um limite de tempo de apenas vinte minutos. Embora colocá-lo sob pressão possa parecer muita maldade, a limitação de tempo induzirá o "eustresse" — o estresse bom! O eustresse nos ajuda a superar desafios[7] e a ter uma sensação de realização[8].

Sou uma defensora da aprendizagem pela prática; ao experimentar o que significa estar engajado em uma tarefa lúdica para inspirar a criatividade e a resolução de problemas, você terá a experiência em primeira mão de como esse processo poderia ser para os participantes.

Antes de jogar 20 por 20: quatro passos

Passo 1: avalie a tecnologia

Que tecnologia você vai usar? Que tipo de design geral você está pensando em criar? O direcionamento do design também vai depender do uso ou não de realidade aumentada, realidade virtual, se está utilizando games para PC ou smartphones com gráficos hipervisuais e dinâmicos ou apenas texto em tela.

Se esta for a primeira vez que você vai criar uma pesquisa baseada em jogos, é recomendado criar uma interface 2D (plana) que será usada em PCs e dispositivos móveis. Conforme você ganha confiança, pode passar a desenvolver pesquisas baseadas em jogos para outras plataformas como RV, RA e assim por diante.

Passo 2: aplique os ingredientes, componentes, elementos e quatro valores de jogos

Ao idealizar uma pesquisa baseada em jogos, você deve criar todos os seus ingredientes de jogo primeiro e pensar nos valores de jogos; isso constrói a base do seu jogo-pesquisa ou questionário gamificado antes de adicionar qualquer componente ou elemento de jogos.

Como um pesquisador que, pela primeira vez, embarca em pesquisas baseadas em jogos, a aplicação desses aspectos pode ser assustadora: que tipo de objetivo eu devo oferecer para agregar valor ao participante? Que regras devo criar? Qual será o feedback? Como posso oferecer oportunidades de autonomia além da forma como o participante responde a perguntas ou interage em simulações?

Como designer de pesquisa baseada em jogos, seu trabalho já está meio caminho andado, pois já temos regras e oportunidades de autonomia em nossas pesquisas:

- **Exemplos de regras:** você não pode retroceder em uma pesquisa. Responda com duzentos caracteres ou menos. Você deve selecionar apenas uma opção de resposta etc.
- **Exemplos de autonomia:** os participantes podem responder às perguntas como quiserem.

Embora um designer de pesquisa baseada em jogos possa aplicar mais em termos de regras e oportunidades de autonomia, o fato de que isso é amplamente atendido pelas estruturas inerentes às pesquisas significa que você pode se concentrar nos outros dois ingredientes: os objetivos e o feedback. Quando tudo isso é aplicado, sabemos que os pesquisadores são capazes de incentivar os seis estados vitais de inspiração, motivação, engajamento intrínseco, ato de jogar, estado de flow e prazer.

Passo 3: use uma narrativa para amarrar tudo

Você vai precisar de algo que conecte todos os ingredientes e valores de jogos — é por isso que eu recomendo pensar em um enredo para ajudar a harmonizar o conteúdo da pesquisa com as técnicas de jogo. Quando você está tentando pensar na história que guiará seus participantes pelo conteúdo da pesquisa e seis estados vitais, pode levar algum tempo para chegar ao momento "eureca".

Você pode passar horas, até mesmo dias, sem fazer a conexão entre "história" e "objetivos de pesquisa", mas, quando fizer, todos os ingredientes de jogos se encaixam. Por exemplo, o objetivo da narrativa torna-se o objetivo do jogo, as regras tornam-se parte da história, os sistemas de recompensa tornam-se parte do progresso da história e, em alguns casos, essas recompensas podem até ser usadas para ajudar os participantes a avançar no enredo do jogo.

Passo 4: agrupe os conteúdos da pesquisa por níveis

Junte perguntas que se relacionem entre si para que haja um fluxo contínuo de um assunto para outro. Por exemplo, na pesquisa de desenvolvimento de produtos, você vai querer agrupar perguntas sobre embalagem, sabores e preço separadamente para que o participante possa dar foco total a cada área. Se estiver usando uma simulação em que os comportamentos são observados no contexto, você pode obter dados de todas as áreas ao mesmo tempo, mas ainda deve considerar o fluxo de usuários ao tentar obter dados de elementos separados.

Figura 18.1: Propostas para criar uma pesquisa baseada em jogos

Narrativa

Por que a pessoa deve participar? Qual é o problema a ser superado? Como o participante pode se tornar o herói ou a heroína da história? A narrativa relevante para o conteúdo da pesquisa.

Objetivos

Criar objetivos incrementais para perpetuar a motivação, levando ao objetivo final. Assegure que eles tenham consistência interna no universo do jogo ou em sua narrativa. Se utilizar um enredo, a solução na história deve ser o objetivo.

Oportunidades de autonomia

Quais são as oportunidades de liberdade e movimentação? O participante pode decidir quais categorias de perguntas responder primeiro? Ele pode explorar ou construir um ambiente segundo suas preferências? Ele pode fazer coisas como compartilhar suas próprias ideias e opiniões, mesmo quando não é necessário?

Regras

Como a autonomia do participante é limitada? Ele pode voltar para mudar respostas anteriores ou se comportar de maneira diferente nas simulações anteriores? Ele pode pular para a pergunta seguinte? Será que ele precisa completar uma pergunta, simulação, nível ou toda a experiência em um tempo limitado?

Feedback

Como o participante está se saindo na história? Você pode criar conquistas e dar feedback que se relacionem com o conteúdo da pesquisa, outros ingredientes de jogos, e ajudar o participante a alcançar objetivos? Existe um feedback de valor máximo quando o objetivo final é alcançado?

Mas e se você não tiver tempo, recursos de software ou dinheiro para criar belos jogos-pesquisa ou questionários gamificados? Muitas vezes, um fornecedor de pesquisa já está pagando uma licença de software de pesquisa e não pode se desviar disso. Por isso, todo designer de pesquisa baseada em jogos pode brincar com o texto em tela e visuais básicos (como inserir uma foto em uma pesquisa). Mas, mesmo com essas capacidades rudimentares, você ainda pode pegar emprestado algo dos jogos para aumentar as chances de conseguir engajamento intrínseco do participante. Porque, na verdade, não importa quanto tempo ou orçamento você tem, todos os designers de pesquisa baseada em jogos partem da mesma pergunta: por que alguém iria querer iniciar, e completar, a minha pesquisa baseada em jogos? Em essência, você está perguntando "que valor posso oferecer aos participantes?". É aqui que você pode começar com os quatro valores de jogos (discutidos no Capítulo 4) para o seu design de jogo-pesquisa ou questionário gamificado. Para facilitar a referência, são estes:

- **Valor de autodescoberta** — em que os participantes são capazes de participar e descobrir algo sobre si mesmos.
- **Valor de transcendência** — em que o estudo deixa claro que os participantes são parte de algo maior do que eles mesmos. Isso pode ser oferecido como parte de uma história em valor narrativo, e com os outros valores também.
- **Valor narrativo** — em que uma história orienta os participantes por meio do conteúdo da pesquisa.
- **Valor de conhecimento** — em que os participantes podem descobrir mais sobre o conteúdo da pesquisa ou informações relacionadas ao seu conteúdo.

Esses valores atuam como um objetivo *e* um sistema de feedback para os participantes. É o feedback que recebem sobre si mesmos que se torna o objetivo em "valor de autodescoberta" e é aprender sobre como uma narrativa se desenrola que se torna o objetivo em "valor narrativo".

Depois de ter pensado nos ingredientes e valores de jogos, você pode usar estas checklists para estimular ideias. Lembre-se de que esses componentes e elementos têm benefícios para a pesquisa de mercado, conforme exploramos no Capítulo 4, mas devem ser usados apenas quando necessário.

Tabela 18.1: Preencha as lacunas

Objetivo do cliente	Narrativa em resumo	Recompensa relevante para a narrativa	Objetivo geral
Uma marca de roupas esportivas deseja entender as preferências dos consumidores por calças de ginástica (preço, design, ajuste etc.), entre mulheres de 25 a 45+ anos nos EUA.	A participante é convidada a ser designer por um dia. Por meio da tomada de diferentes decisões relativas ao design, ela então sobe de nível até fazer escolhas de design mais criativas e complexas.	A usuária recebe três certificados por completar seus desafios como designer, um para cada nível completado. Os certificados são concedidos aos participantes na obtenção do status de design básico, design avançado e de super designer.	O objetivo é subir de nível até chegar ao status de super designer.
Uma universidade deseja entender como seus alunos atuais percebem a universidade, tais como suas preferências, aversões e áreas de melhoria. O cliente também deseja entender os compromissos do aluno fora da vida universitária para então compreender melhor o seu estilo de vida e outras prioridades não relacionadas à vida acadêmica.	O participante tem um amigo que também está interessado em vir para a universidade no futuro e quer um guia honesto sobre o que esperar. O amigo visita o participante "no campus" para fazer o tour (digital).		
Uma revista focada em tecnologia e inovação quer entender o quanto seus leitores estão satisfeitos com a publicação, bem como as preferências e aversões de conteúdo. Os consumidores são majoritariamente do sexo masculino, com idades compreendidas entre 30 e 50 anos e uma renda familiar anual de US$75 mil ou mais.	O leitor deve substituir o editor da revista regular e desenvolver sua versão da "edição perfeita". Ao fazê-lo, são coletados dados sobre preferências e desejos.		

Para componentes de jogos (CERAN), não se esqueça de usar:

- ❒ Colaboração;
- ❒ Estética
- ❒ Recursos extras (e novidade);
- ❒ Aumentos na dificuldade;
- ❒ Narrativa.

Para elementos de jogos (ATAIA), não se esqueça de usar:

- ❒ Avatares;
- ❒ Temporizadores;
- ❒ Áudio;
- ❒ Interpretação de papéis;
- ❒ Ambientes (virtuais ou não).

Uso este fluxo para desenvolver jogos há sete anos; nunca deu errado comigo e não vai falhar com você. A Tabela 18.1 contém alguns exemplos de objetivos de pesquisa e seus enredos para mostrar como o gráfico acima funciona em ação. Isso ilustra como é importante começar com uma narrativa *relevante*. Veja como os sistemas de recompensa se tornam relevantes para a narrativa e ajudam a criar um objetivo geral para o jogo de uma forma dinâmica.

Seu desafio, como uma maneira de "começar de leve" é **completar a Tabela 18.1.** Não há respostas certas ou erradas — apenas o que você acha que será mais eficaz.

Notou como os enredos têm um elemento de dificuldade para superar, ou o participante é estimulado a pensar "no lugar de outra pessoa"? Em *The Storytelling Animal: How stories make us human* (2013), de Jonathan Gottschall[9], ele nos diz que todas as histórias têm um elemento de dificuldade a superar. E em The *Grasshopper: Games, life and utopia*[10], o autor Bernard Suits define jogos como "a tentativa voluntária de superar obstáculos desnecessários". Assim, tanto os jogos como as histórias têm obstáculos a serem ultrapassados. Essa clara sobreposição mostra por que a narrativa é um excelente ponto de partida, já que ela permite que os ingredientes de jogos se encaixem naturalmente à medida que a "história" se desenrola.

Agora que você "começou de leve" no pensamento sobre design de pesquisa baseada em jogos, vamos jogar 20 por 20.

Como jogar 20 por 20: crie sua pesquisa baseada em jogos jogando

Visão geral

Em apenas vinte minutos, preencha a folha de atividades e comece a desenvolver um *storyboard* do seu jogo-pesquisa ou questionário gamificado. Ele deve mostrar exatamente o que seus participantes verão desde a primeira tela até o final da experiência de pesquisa. Lembre-se: está tudo bem se você só conseguir desenhar bonecos de palitinho!

Logística

Você pode ter **um ou dois jogadores**, ou pode **jogar em equipe ou em times concorrentes.** De preferência, trabalhe em duas ou mais equipes e faça uma competição — mais ideias serão criadas e podem ser integradas no final.

O que você precisa

Você vai precisar de papel e canetas para desenhar o seu *storyboard*. Certifique-se de reunir todas as ideias no papel durante o jogo — mesmo que a ideia seja a mais fugaz e sem relevância aparente, escreva ou desenhe-a.

Tenha os seus quatro itens de missão preparados:

- Mapa de Objetivos de Pesquisa;

- Histórico de Temas Mais Amplos;
- Perfil(s) de(s) Participante(s);
- Painel-conceito.

Imprima esse material e tenha-o em mãos. Isso o ajudará a permanecer focado no problema que você está resolvendo e o desencorajará a criar algo só por criar. Enquanto começa seu design, continue se perguntando: como este objetivo, feedback, narrativa, uso de avatares, ambiente etc., são relevantes para o estudo? Qualquer coisa irrelevante deve ser removida. Cada parte do seu design deve ter uma função.

Seu objetivo como designer é polivalente

É aqui que o conhecimento de todos os capítulos anteriores se reúne:

- Leve em consideração os conhecimentos trazidos desde o capítulo de ética, passando pelo vocabulário de jogos (quando relevante) até as dez dicas para construir as bases corretas do design dos Capítulos 13, 14 e 15, respectivamente.
- Pense em emoção e experiência: será necessário, ou é possível, construir um design para simular ambientes emotivos e empíricos?
- Garanta que o retorno para os participantes (a recompensa) seja reflexo dos esforços feitos por eles.
- Assegure-se de que o design permita a autoexpressão e a expressão criativa.
- Mantenha a consistência interna com a jogabilidade e a narrativa.
- Evoque os seis estados vitais — pense em como você vai inspirar os participantes, motivá-los a começar, engajá-los intrinsecamente, estimular o ato de jogar e induzir o estado

de flow, proporcionando, ao mesmo tempo, uma experiência de pesquisa agradável.

Seis regras do jogo 20 por 20

Categorize seus objetivos de pesquisa e necessidades de negócios para o desenvolvimento de níveis. Por exemplo, em um estudo sobre a criação de um novo produto, o Nível 1 pode ser focado em questões sobre preferências, o Nível 2 pode ser focado na geração de ideias e o Nível 3 em precificação e assim por diante. Categorizar as perguntas e traduzi-las como níveis ajudará seu fluxo narrativo e assegurará que os participantes possam se concentrar em uma área temática por vez. Nas pesquisas tradicionais, isso é muitas vezes conhecido como "*chunking*" [dividir em blocos]. Este processo também o ajudará a desenvolver conquistas ou recompensas que estejam relacionadas com o conteúdo do nível. Por exemplo, se o participante tiver concluído um nível relativo à geração de ideias para nomes de produtos, pode ser que você deseje criar uma conquista que reflita os esforços dele nessa área para que as recompensas sejam narrativamente relevantes para as questões da pesquisa.

- **Siga os quatro ingredientes de jogos.** Objetivos, oportunidades de autonomia, regras e feedback. Marque-os no seu checklist enquanto inclui esses ingredientes no seu design.
- **Dedique estritamente vinte minutos para o design.** Isso desestimulará o excesso de deliberação e estimulará um *design thinking* mais "cru".
- **Sem trapaças!** Se você estiver jogando este game de forma competitiva, afaste-se da outra pessoa ou equipe para nem sequer espiar seus desenhos ou ouvir falar deles. Você quer ter a certeza de que tem *mais* do que um conjunto de ideias originais, e não vale a pena jogar competitivamente se as suas ideias se desenvolverem por meio de trapaças. Ideias mais interessantes surgirão se pessoas diferentes

estiverem trabalhando no mesmo projeto separadamente e puderem combinar ideias depois.

- **A pesquisa baseada em jogos que você criar deve levar apenas vinte minutos para ser preenchida por um participante.** É por isso que o jogo é chamado de 20 por 20, porque você vai se restringir a criar em apenas vinte minutos o que seria uma pesquisa baseada em jogos com duração de vinte minutos.
- **Pense em um nome para a sua equipe se você está criando em grupo ou de forma competitiva.** Isso vai garantir que a criatividade comece a fluir.

JOGUE 20 POR 20:

DESENVOLVA EM VINTE MINUTOS SUA PESQUISA BASEADA EM JOGOS COM VINTE MINUTOS DE DURAÇÃO!

Preencha esta ficha para ajudar a estimular o seu raciocínio e o seu design. Se estiver usando uma narrativa, então comece com uma história apropriada e relevante e conecte os ingredientes de jogos com a história. Se você não estiver usando uma narrativa, ignore a caixa "história".

NOME DO JOGO: ______________________________

Narrativa	
Objetivos	**Oportunidades de autonomia**
Regras	**Feedback**

COMECE A SUA CONTAGEM DE VINTE MINUTOS AGORA.

Se você estiver com tudo pronto, comece a contagem regressiva de vinte minutos agora.

PARE O CRONÔMETRO APÓS VINTE MINUTOS
Como você se saiu?

Jogar este jogo serve para mostrar como, mesmo em tão pouco tempo (que você poderia ter antes do trabalho ou durante um intervalo para o almoço), você pode criar um design envolvente e eficaz, seguindo as diretrizes dos ingredientes, componentes e elementos de jogos e pensando sobre os quatro valores de jogos.

No entanto, não importa o quão bem desenvolvida sua pesquisa baseada em jogos possa ser, você não saberá o quão eficiente ela é até que seja construída e esteja pronta para ser aplicada. Mas, antes que esse dia chegue, há oportunidades e limitações a considerar, não apenas no design específico de uma pesquisa baseada em jogos, mas nas oportunidades e desvantagens gerais das metodologias.

Vantagens e desvantagens

Toda vez que jogo 20 por 20 em uma palestra ou workshop, vejo os rostos entusiasmados dos participantes; felizes por terem sido capazes de criar o que eles acreditam ser um design envolvente e eficaz. Mas seus rostos parecem voltar à realidade de que, talvez, seus designs nunca saiam do papel por causa de algumas das noções pré-concebidas sobre jogos e gamificação que os membros de sua equipe, ou clientes, podem ter (ao que eu digo, envie a eles uma cópia do Capítulo 3 "Desmistificando equívocos comuns"), e por causa de coisas como a quantidade de tempo que vai levar para construir, preocupações sobre custos e assim por diante.

É provável que a sua lista de prós e contras seja a mesma de todos os que jogaram este jogo. A Tabela 18.2 é uma amálgama dos comentários de algumas centenas de pessoas que jogaram 20 por 20 ao longo dos anos. Note que as desvantagens percebidas no gráfico não são as minhas, mas um acúmulo da percepção de jogadores de 20 por 20 ao longo dos anos para ilustrar que você tem as mesmas preocupações que seus pares, contudo, vamos ver como dissipar as desvantagens percebidas. As vantagens e desvantagens percebidas dos seus designs são, frequentemente, as mesmas entre os diferentes grupos com quem joguei este jogo.

Esta comparação mostra que, em última análise, os inconvenientes imediatos são a falta de tempo e de dinheiro. Mas, com os pesquisadores capazes de economizar tempo e dinheiro por meio de um maior envolvimento e taxas de conclusão aumentadas, as desvantagens de tempo e dinheiro acabarão se tornando obsoletas.

Tabela 18.2: Feedback de jogadores de 20 por 20

Vantagens	Desvantagens
O design envolvente pode levar a melhores taxas de resposta e de conclusão	Os pesquisadores podem não ter tempo para criar completamente uma pesquisa baseada em jogos (com desenvolvimento gráfico e programação etc.)
Onde as taxas de resposta e de conclusão são mais altas, isso pode economizar tempo em campo	Mais dinheiro é necessário para desenvolver o design baseado em jogos do que uma pesquisa tradicional
Poupar tempo em campo pode equivaler a poupar dinheiro e margens de lucro maiores por projeto	Seria necessário realizar um estudo-piloto para garantir que o design é eficaz e "funciona", o que pode custar tempo e dinheiro
Os participantes gostariam da experiência e provavelmente voltariam a participar no futuro	Falta de recursos humanos qualificados e/ou disponíveis para desenvolver e construir uma pesquisa baseada em jogos
Poderia também melhorar as taxas de continuidade em estudos de múltiplos pontos de contato	O design da pesquisa baseada em jogos pode induzir à parcialidade do participante
Poderia melhorar a qualidade dos dados, uma vez que os participantes estão mais engajados	A interpretação de personagens pode significar que as pessoas se "esquecem" de responder sobre si próprias e ficam muito imersas no personagem.

Poderia obter insights inexplorados por meio de abordagens observacionais e coleta passiva de dados	Se uma Ferramenta de Criação de Avatar for incluída no design, ela pode levar semanas para ser desenvolvida
Isso poderia levar a decisões de negócios sólidas e mais focadas em evidências para os clientes da pesquisa por meio de uma melhor qualidade de dados e insights inexplorados	Se for usar música, leva tempo e dinheiro para obter e editar o material para a pesquisa baseada em jogos

Sim, o investimento inicial de tempo e orçamento é algo obrigatório — mas o benefício para os clientes da obtenção de respostas de melhor qualidade e de conseguir um maior engajamento dos participantes em relações frutíferas e contínuas com ambas as partes é inestimável. Como exploraremos na Parte Três, há muitas maneiras de reutilizar o conteúdo e criar uma arquitetura de design de pesquisa baseada em jogos para aumentar seu retorno sobre o investimento, já que você pode usar novamente em estudos futuros coisas como Ferramentas de Criação de Avatar, ambientes virtuais, até mesmo algumas artes gráficas de recompensa. A criação de uma biblioteca — um "mecanismo de pesquisa baseada em jogos" (assim como os jogos digitais para entretenimento são criados usando mecanismos como Steam ou Unity) — permitirá que você desenvolva jogos-pesquisa e questionários gamificados usando o mesmo processo utilizado nos softwares de pesquisa já existentes para criar as pesquisas mais rapidamente.

Para preocupações sobre a parcialidade dos participantes, a resposta tem duas vertentes:

1. Os designers de pesquisa baseada em jogos (como eu) passam mais tempo pesquisando e tentando entender o público e sua relação existente com o conteúdo da pesquisa do que aqueles que escrevem pesquisas on-line tradicionais. Isso para que possamos garantir que estamos fazendo as perguntas certas e/ou criando os ambientes de jogo mais apropriados para

engajar os participantes e imergi-los no assunto da pesquisa, estimular sua memória, evocar as emoções relevantes e assim por diante. Como vários jogadores de 20 por 20 já notaram: "Devemos construir Perfis de Participantes e fazer com antecedência essa pesquisa inicial para *cada estudo de pesquisa*!"

2. Com respostas automáticas, pressionamento de botões sem critério e a falta de engajamento dos participantes tão comuns nas pesquisas tradicionais, a parcialidade nem sequer entra em jogo quando consideramos que algumas respostas são completamente imprecisas ou inúteis de qualquer forma. Quando um participante responde de maneira automática uma pesquisa por causa da falta de engajamento, quem está preocupado com parcialidade quando os resultados não podem sequer ser usados?

Além disso, já exploramos como os jogos podem imergir as pessoas emocionalmente em diferentes contextos, para que a parcialidade possa ser *reduzida* usando técnicas de jogos.

Em termos de pessoas que se deixam levar pela interpretação de papéis, já exploramos que os lembretes do realismo na fantasia podem ser úteis. Em suma, a forma como concebemos a pesquisa baseada em jogos pode ser fundamental para negar esta desvantagem percebida.

Por último, o que eu gostaria de perguntar é o seguinte: é sustentável *continuar* a fazer as mesmas pesquisas tradicionais on-line que estimulam um baixo engajamento? Não. Não estaria na hora de investir em mudanças reais? Sim. Portanto, temos de investir o nosso tempo, dinheiro e competências e assumir alguns riscos para que a nossa pesquisa seja preparada para o futuro por meio de jogos.

ATIVIDADES

- Jogue 20 por 20 para criar mais projetos de pesquisa baseada em jogos com diferentes projetos de pesquisa. Tente trabalhar em uma gama variada de temas e com diferentes públicos.

- Jogue 20 por 20 com outras pessoas. Compartilhe suas ideias no final e combine-as para criar novos storyboards.

Notas

1 Crawford, C. Chris Crawford on Game Design. Indiana: New Riders Publishing, 2003.

2 Kanani, R. The transformative power of play and its link to creativity. *Forbes*, 2014 [On-line].

3 Fox News. Work hard, play harder: Fun at work boosts creativity, productivity. 2012 [On-line]. Disponível em: <www.foxnews.com/health/2012/09/13/work-hard-play-harder-fun-at-work-boosts-creativity-productivity.html>. Acesso em: 25 mai. 2018.

4 Hammon, D. How to boost creativity, productivity and morale in the workplace: Let your employees play! *Huffington Post*, 2010, atualizado em 6 dez. 2017 [On-line]. Disponível em: <www.huffingtonpost.com/darellhammond/how-to-boost-creativity-p_b_523069.html>. Acesso em: 22 mai. 2018.

5 Vaughan, C.; Brown, S. *Play: How it shapes the brain, opens the imagination, and revigorates the soul.* Avery, 2010.

6 Williams, C. The human brain. *New Scientist: The Collection (revista)*, v. 2, n. 1, 05 mar. 2015. p. 119.

7 Nelson, D. L.; Simons, B. L. Eustress: An elusive construct, an engaging pursuit. *Emotional and Physiological Processes and Positive Intervention Strategies, Volume 3*, 2003 [On-line]. Disponível em: <www.emeraldinsight.com/doi/pdfplus/10.1016/S1479-3555%2803%2903007-5>. Acesso em: 27 mai. 2018.

8 O'Sullivan, G. The relationship between hope, eustress, self-efficacy, and life satisfaction among undergraduates. *Social Indicators Research*, v. 101,

2011, p. 155-172 [On-line]. Disponível em: <doi.org/10.1007/s11205-010-9662-z>. Acesso em: 22 mai. 2018.

9 Gottschall, J. *Storytelling Animal: How stories make us human*. Nova York: Mariner Books, 2013.

10 Suits, B. *The Grasshopper: Games, life and utopia*. Toronto: University of Toronto Press, 1978.

PARTE TRÊS

MUNDO DA CRIAÇÃO — VISÃO GERAL

Construir o seu design e vê-lo "ganhar vida" é uma das coisas mais recompensadoras do processo de pesquisa baseada em jogos. Mas como você vai de um design, como o que você criou no jogo 20 por 20 da Parte Dois, para uma pesquisa baseada em jogos completa e funcional?

Primeiro, você deve preparar a documentação necessária. Neste mundo, você vai explorar a documentação para se preparar para o processo de construção, de *storyboards* a "mapas de dados", para que você possa integrar não apenas o seu cliente, mas sua própria equipe. A partir daí, é preciso avaliar se a sua pesquisa baseada em jogos foi criada para um estudo pontual e ad hoc ou se ela deve ser usada a longo prazo para aumentar o ROI e a sustentabilidade. Também vamos questionar os benefícios e desvantagens de pesquisas baseadas em jogos "feitas sob medida" versus "prontas para usar", mas também o meio-termo de pesquisas baseadas em jogos "pré-fabricadas e personalizáveis".

Uma vez que você tenha escolhido o caminho que melhor se adapta às suas necessidades, é hora de construir; este é o estágio de programação e *playtest*. A Parte Três: Mundo da Criação te leva em uma jornada passo a passo de "rascunho de design" para uma pesquisa baseada em jogos publicada e em pleno funcionamento.

19 INTEGRAÇÃO DOS STAKEHOLDERS E PREPARAÇÃO PARA CONSTRUIR SEU PRÓPRIO DESIGN DE PESQUISA BASEADA EM JOGOS

Este capítulo explora:

- A evolução do seu design de pesquisa baseada em jogos a partir do game 20 por 20: sete materiais que você precisará para elaborar o seu jogo ou ideia de gamificação e engajar os principais stakeholders;
- Como usar esses sete materiais como um modelo para guiar a etapa de construção, na qual a pesquisa baseada em jogos é programada e testada. Estes materiais vão formar a sua Proposta de Design e *Storyboard* (PDS).

Preparando os materiais necessários para o modo de construção e para a integração do cliente e da equipe: sua PDS

Na Parte Dois: Mundo do Design, você criou uma pesquisa baseada em jogos com o game "20 por 20". Em seguida, você vai querer elaborar a ideia ou o design do jogo-pesquisa ou do questionário gamificado para três públicos:

- Os seus colegas;
- O comprador da pesquisa;
- A equipe de programação (que programará a pesquisa baseada em jogos a partir do seu design).

Uma Proposta de Design e *Storyboard* (PDS) descreve a coleção de documentos para ajudá-lo a comunicar a sua ideia de design para os stakeholders. A PDS também comunica coisas como saídas de dados, fluxo de usuário, lógica da pesquisa, onde dados passivos são coletados e outras informações. Um programador, tanto quanto um comprador da pesquisa, precisa desses dados.

Você vai precisar desses materiais para se preparar para os Capítulos 20 e 21, quando você estiver avaliando se deve ou não criar uma arquitetura de pesquisa baseada em jogos feita sob medida ou reutilizável, e para o "modo de construção" (programação do jogo-pesquisa ou questionário gamificado). Observação: os materiais deste capítulo não são exclusivos de métodos de pesquisa baseada em jogos. Como pesquisador, estes são os tipos de materiais que você deve usar e as ações que devem ser realizadas quando você adotar qualquer metodologia inexplorada.

Quando comecei a Research Through Gaming, não havia regras, manuais ou diretrizes de design sobre os tipos de material e documentação a preparar. Desenvolvi e evoluí esses materiais com o passar do tempo, com feedback e novas iterações, para desenvolver a coleção de materiais mais eficaz que inclui tudo o que você e seus stakeholders precisam para obter aprovação para a construção de uma pesquisa baseada em jogos.

Os documentos são anotados em ordem sequencial; por exemplo, você não conseguiria criar o *storyboard* sem os elementos gráficos, e você não conseguiria gerar o Guia Explicativo sem o briefing da pesquisa.

1 Briefing da pesquisa

Este documento deve abranger tudo o que o comprador da pesquisa descreveu como os objetivos da pesquisa e as necessidades do negócio. Para preparar este documento, há perguntas-chave a fazer para garantir que o estudo seja o mais focado possível, por exemplo:

- Por que esta pesquisa e por que neste momento?
- O que já sabemos sobre esta área de estudo/marca/público?
- Qual é o orçamento?
- Quem é o público-alvo?

Uma lista completa de perguntas relevantes a fazer ao comprador da pesquisa, a fim de preparar um Briefing de Pesquisa focado, pode ser encontrada em qualquer bom livro de pesquisa de mercado.

2 Guia Explicativo

Quando você tiver gerado a ideia para o design do jogo-pesquisa ou questionário gamificado, precisará documentar as razões por ter escolhido algumas das seguintes opções de estilos de estética, narrativas, formulação de perguntas e assim por diante. Como abordado na Parte Dois: Mundo do Design, isso é parte do processo IICS — no qual cada aspecto do design precisa ser funcional. Seu Guia

Explicativo incluirá pesquisas que evidenciam suas escolhas de design, informações que talvez você queira compartilhar com o cliente para que ele possa realmente entender as razões por trás de cada decisão tomada, e como elas servem para manter os objetivos de pesquisa e reunir informações eficazes. O Guia Explicativo ajuda o cliente a ver o design do seu ponto de vista e é uma excelente ferramenta para integrar o cliente. Você pode explicar qualquer coisa, desde o motivo pelo qual foram escolhidas fontes específicas, por que determinada música de fundo foi selecionada, até a razão pela qual determinadas recompensas foram concebidas da forma como foram.

3 Elementos gráficos

Os gráficos digitais para a sua pesquisa baseada em jogos devem ser feitos para que o comprador da pesquisa possa entender totalmente o design e ver o que o participante verá. Não importa o quão profunda uma descrição baseada em texto de sua ideia possa ser, ou mesmo o quão detalhados os desenhos manuais podem ser para mostrar o design, as nuances do design digital vão capturar melhor suas ideias para a estética e o fluxo do usuário. Quando os gráficos estiverem completos, você os usará para criar o *storyboard*.

4 Storyboard

Uma série de PSDs (arquivos de Photoshop) ou outros arquivos de imagem não vão dar ao comprador da pesquisa, sua equipe ou sua equipe de programação nenhuma ideia sobre seu design, portanto, os gráficos precisam ser exibidos na ordem do fluxo dos usuários em um *storyboard*. Você pode usar o PowerPoint, o Keynote ou outro software que achar apropriado para mostrar à sua equipe cada tela do jogo-pesquisa ou questionário gamificado em ordem sequencial, desde a primeira tela que o participante verá até a última (Figura 19.1).

5 Roteiro Tela a Tela

O *storyboard*, por si só, fornece uma visualização da pesquisa baseada em jogos, mas não terá o nível de descrição ou instrução necessário para mostrar ao comprador ou programador de pesquisa o que se espera que aconteça em cada tela, nível ou simulação. É aí que o roteiro Tela a Tela ajuda. Este documento deve ser simultaneamente descritivo e instrutivo do que está acontecendo em cada tela do *storyboard*, por exemplo: "Uma vez que o participante pressiona 'iniciar' no temporizador, uma contagem regressiva de trinta segundos começará" ou "Serão coletados dados sobre quanto tempo o participante levou para completar esta atividade" ou "Se o participante adivinhar incorretamente, ele ou ela 'perde uma vida', mas terá mais duas oportunidades para encontrar a resposta certa". Os roteiros Tela a Tela têm sido valiosos para as equipes de programação com quem trabalhei, não apenas para entender como a interação entre os participantes é esperada, mas o que deve acontecer quando interações *inesperadas* acontecem. Por exemplo, outra instrução em seu roteiro poderia ser "Se os trinta segundos se esgotarem, o participante deve ter outra oportunidade para reiniciar a atividade".

Figura 19.1: Um *Storyboard* desenhado à mão que faz parte de um Pacote de Informações Digitais

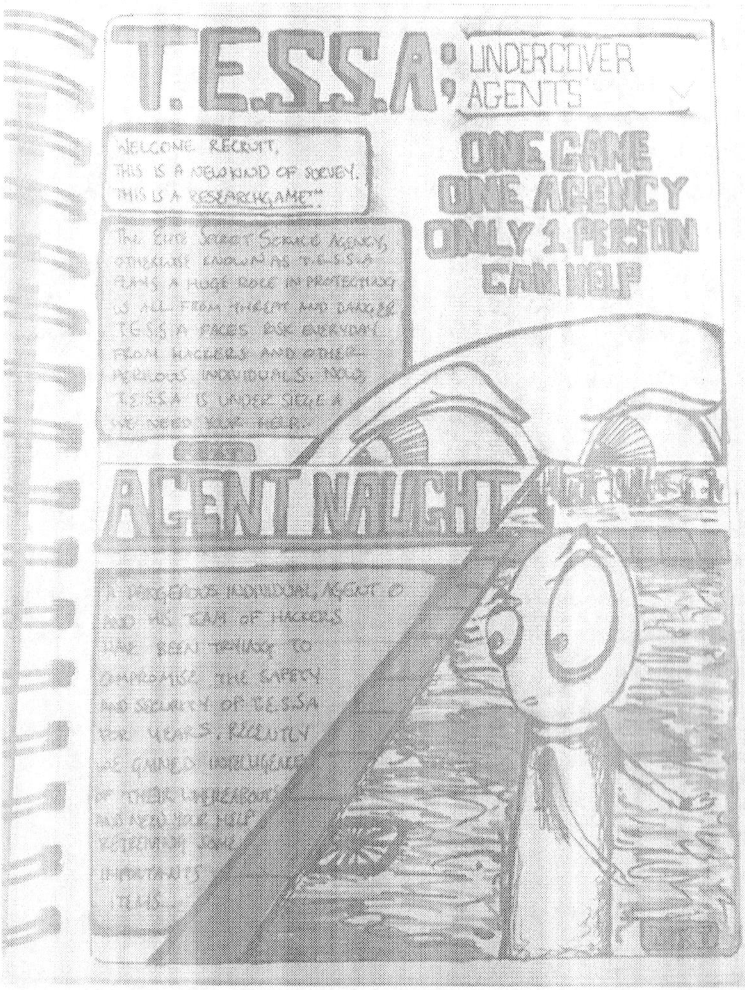

Fonte: © Research Through Gaming Ltd.

6 Mapa de dados

Como na programação de uma pesquisa on-line tradicional, precisamos saber onde estarão os redirecionamentos, quais serão as limitações de caracteres (se houver) para uma questão aberta, se uma série de opções de resposta é de resposta simples, múltipla escolha, resposta numérica ou outra. O mapa de dados é a versão "Documento do Word" da sua pesquisa baseada em jogos, delineando cada questão/atividade em ordem cronológica.

7 Proposta de preço e cronograma

Só depois de ter todos os itens anteriores em ordem é que você pode criar uma proposta de preço e cronograma na qual, como o nome sugere, você vai delinear:

- O custo interno do design e construção da pesquisa baseada em jogos;
- A taxa a cobrar ao comprador da pesquisa;
- O tempo necessário para construir a pesquisa baseada em jogos;
- Outros serviços de que o comprador da pesquisa possa necessitar, tais como análise de dados, elaboração de relatórios etc.;
- Quanto tempo levará o processo de desenvolvimento e *playtest* — vale a pena criar uma programação para ser adicionada a este documento (mais sobre *playtest* será abordado no Capítulo 21).

Outros pontos a considerar: E se o cliente decidir mudar aspectos da pesquisa baseada em jogos posteriormente, você vai cobrar a mais por isso? Em caso afirmativo, quais são suas taxas? Quanto você vai cobrar para a tradução de idiomas, para executar novamente no futuro a pesquisa, para mais questionários completos etc.? Pensando em todas as eventualidades e precificando-as interna e/ou externamente aos clientes, você pode garantir que a execução do projeto seja financeiramente viável.

Você preparou estes materiais, e agora?

Você precisará destes materiais para os Capítulos 20 e 21. Esses documentos ajudarão a entender se deve ou não criar uma arquitetura de pesquisa baseada em jogos feita sob medida ou reutilizável, e a programar o jogo-pesquisa ou questionário gamificado.

PESQUISAS BASEADAS EM JOGOS FEITAS SOB MEDIDA E PRONTAS PARA USAR

20

Diferenças, benefícios e desvantagens

Este capítulo explora:

- As diferenças, as desvantagens e os benefícios de pesquisas digitais baseadas em jogos feitas sob medida e prontas para usar;
- Modelos editáveis: criação de uma arquitetura de pesquisa baseada em jogos para reutilização em vários estudos de pesquisa.

Há prós e contras tanto para a criação de uma pesquisa baseada em jogos pronta para usar que você pode utilizar para uma variedade de assuntos de pesquisa e grupos amplos de participantes quanto para a criação de uma pesquisa baseada em jogos feita sob medida, específica para um cliente ou grupo demográfico de participantes.

Explorando a abordagem feita sob medida

Os compradores e fornecedores de pesquisas não devem se sentir desconfortáveis em relação ao tempo que se leva para desenvolver pesquisas baseadas em jogos feitas sob medida. O tempo necessário para produzir a ideia inicial, desenhar os gráficos, programá-la, testá-la e lançá-la é, na verdade, um período mais curto comparado à indústria de games digitais. Como observa o designer de jogos Chris Crawford, na indústria de games, a duração da construção é tão longa que pode acabar com a criatividade: "tal é o tempo da inspiração ao produto."[1] Se você pediu a um desenvolvedor de jogos indie para criar um game que coletasse dados específicos, desenvolvidos com as diretrizes de ética e códigos de conduta da pesquisa de mercado profissional em mente, é provável que esse processo possa levar mais de um ano. Estamos vivendo em uma era em que uma equipe de centenas de pessoas pode trabalhar durante vários anos para trazer um jogo comercial para o mercado[2]. Em contraste, o tempo mais longo que minha equipe de programação precisou para construir um ResearchGame feito sob medida foi de cerca de sete semanas para um ResearchGame de 40-45 minutos com *tudo* o que tem direito, incluindo, mas não limitado a, música, efeitos sonoros e um Criador de Avatar feito sob medida. Este é um tempo de desenvolvimento muito mais rápido em comparação com a indústria de jogos de entretenimento, mas apenas porque criei e simplifiquei os processos e construí etapas — algo que você também deve considerar.

Se estiver embarcando em uma pesquisa baseada em jogos pela primeira vez, é preciso se permitir três meses a partir das fases iniciais de design até o lançamento, para acomodar o tempo necessário para desenvolver as habilidades exigidas, adquirir os recursos humanos certos, preparar a documentação correta e outras partes do processo.

Vantagens da abordagem sob medida

É original

Criar um jogo-pesquisa ou questionário gamificado sob medida significa que ele será completamente exclusivo para o seu cliente. Você se surpreenderia com o quanto um comprador de pesquisa valorizará o fato de que ele tem uma abordagem de pesquisa que é completamente própria e diferente de qualquer coisa que um concorrente esteja usando. Este é um valor agregado que não custa nada extra, já que a percepção de alto valor e singularidade é um subproduto de algo que está sendo personalizado.

É específico

Mesmo os temas de pesquisa de sempre, como uma pesquisa sobre a frequência de utilização dos detergentes para a roupa, terão consumidores-alvo distintos e necessidades específicas de clientes diferentes. Considere, por exemplo, a pesquisa de feedback do cliente. A forma como você aborda o design da sua pesquisa baseada em jogos para uma pesquisa de feedback de pais e mães que são clientes de uma loja de brinquedos seria completamente diferente de, digamos, uma pesquisa de feedback de executivos de nível C sobre a compra de um software. Portanto, ser específico por meio da abordagem personalizada significa desenvolver a sua pesquisa baseada em jogos de tal forma que você está trabalhando para realmente engajar um grupo distinto de pessoas para um produto ou marca específica. Quanto mais aprimorado você estiver em tais elementos detalhados, mais você pode se envolver e ser relevante para um público, e, por meio disso, obter uma melhor qualidade de dados.

Custo

"Orçamentos para jogos subiram de cerca de 25 mil dólares em 1980 para vários milhões de dólares hoje, um aumento de cem vezes" observa o designer de jogos Chris Crawford (2003).[3] Um comprador de pesquisa pode esperar pagar em torno do preço de um jogo dos anos 1980 por uma pesquisa baseada em jogos hoje.

No livro *Market Research in Practice* (2016), os autores observam que um projeto de pesquisa pode custar o equivalente a um carro de médio porte.[4] Uma busca rápida na internet mostra que um carro de tamanho médio de uma marca mediana custa entre £27.845 e £33.915 no Reino Unido. Em contrapartida, uma pesquisa personalizada baseada em jogos pode ser menos dispendiosa ou, pelo menos, semelhante em termos de preço. Os autores de *Market Research in Practice* também apresentam um calendário de dez semanas desde a reunião inicial de comissionamento até a apresentação dos resultados da pesquisa. Este é um período semelhante ao tempo necessário para uma pesquisa baseada em jogos feita sob medida. Na verdade, meu tempo de desenvolvimento mais rápido tem sido menor, em oito semanas, desde o projeto inicial até o jogo-pesquisa totalmente implementado.

Desvantagens da abordagem personalizada

Problemas de escalabilidade

Imagine que você criou uma pesquisa personalizada baseada em jogos para um cliente. Você investiu semanas desde as conversas de comissionamento até o design, desenvolvimento e lançamento. Você quer aproveitar ao máximo esse investimento de tempo. Mas, como desenvolveu sua pesquisa baseada em jogos de forma tão específica para seu cliente, suas necessidades e público, você realmente não pode reutilizar o jogo-pesquisa ou a pesquisa gamificada em nenhum outro lugar. Como tal, isso representa problemas de escalabilidade e pode limitar a sua capacidade de beneficiar-se ainda mais financeiramente.

Tempo

Tal como um alfaiate que trabalha em um terno durante semanas ou meses, você pode acabar dedicando tempo a um produto apenas para receber um único pagamento por ele. Evidentemente, esta é uma situação completamente diferente daquela vivida pelos que produzem ternos em massa e que podem vendê-los por um preço mais baixo, beneficiando-se da economia da produção em escala. Embora o mesmo tempo seja necessário para a abordagem de pesquisa baseada em jogos feita sob medida e para a abordagem de pesquisa on-line tradicional, como vimos antes, mais tempo é necessário inicialmente para saber mais sobre metodologias baseadas em jogos, adquirir novas habilidades e contratar os recursos humanos certos.

Explorando a abordagem pronta para usar

Pesquisas baseadas em jogos prontas — vantagens

- As vantagens das pesquisas prontas para usar são bastante simples:
- O investimento inicial no produto significa que sua equipe pode se concentrar em vendas e sua equipe de programação pode se concentrar no desenvolvimento de outros produtos.
- O processo de aquisição dos compradores de pesquisas leva menos tempo: eles não precisam esperar para obter um produto baseado em jogos especialmente feito para eles.
- Como o ciclo de compra é mais rápido e mais simples, é possível aumentar a quantidade de venda (que tem seus próprios benefícios, naturalmente).

Pesquisas baseadas em jogos prontas para usar — desvantagens

Pesquisas baseadas em jogos prontas ainda precisariam de personalização; pode ser que o comprador de pesquisa queira alterar as perguntas e/ou cenários de jogos para atender às suas próprias necessidades, e peça itens como colocar o logotipo do cliente na pesquisa e assim por diante. No entanto, esses níveis de personalização para produtos prontos de pesquisa não costumam ir além desses tipos de mudanças simples, o que pode ser restritivo. Produtos prontos para usar de pesquisa baseada em jogos assumem um "tamanho único". Há pouco ou nenhum espaço de manobra para fazer coisas como mudar o vocabulário para atender a diferentes idades do público, ou talvez se você estiver usando áudio, mudar a música e os efeitos sonoros para harmonizar com diferentes conteúdos de pesquisa. Portanto, o produto de pesquisa baseada em jogos pré-fabricado não é tão atraente nem tão completo para o público-alvo quanto poderia ser.

Explorando o meio-termo: construindo a arquitetura reutilizável de pesquisa baseada em jogos

Entrei em uma loja de ferragens para comprar tinta e perguntei a um membro da equipe se tinham um tom turquesa específico. Ele me apontou para a seção da marca Valspar da loja, uma marca que tinha uma parede na loja com o que parecia ser um milhão de amostras de cores, cada uma delas pronta para ser preparada como tinta em menos de dez minutos, em qualquer tamanho de recipiente. Os clientes também podiam mostrar quase qualquer material que tivesse a cor que gostassem, e a tecnologia da Valspar conseguiria combinar a cor e misturar a tinta ali mesmo. O computador dizia à máquina de mistura de tintas exatamente quanto das cores primárias misturar para a quantidade de tinta que o cliente queria. O envolvimento humano era necessário para ações como colocar os recipientes de tinta pré-preparados na "máquina de mistura" (uma máquina que prendia e agitava o recipiente de tinta até que todas as cores fossem misturadas) e eles conferiam se a cor final e a consistência da tinta estavam satisfatórias para o cliente. Esta foi uma personalização automatizada e orientada por produtos. Estava tornando um produto feito sob medida em algo que podia ser produzido em massa. A arquitetura de pesquisa baseada em jogos pode ser desenvolvida como a pintura personalizada da Valspar.

Desde que você invista o tempo inicial para criar o processo e os fundamentos do produto "básico", seu jogo-pesquisa ou questionário gamificado pode ser personalizado para oferecer algo específico e único, garantindo que você se beneficie da escalabilidade e faça com que seu valioso tempo seja melhor aproveitado. Esta abordagem é, sem dúvida, mais sólida do ponto de vista comercial, uma vez que tanto o fornecedor como o comprador podem obter uma maior rentabilidade do investimento. Designers de pesquisas baseadas em jogos são estimulados a seguir este caminho quando relevante. Ainda que você queira começar com uma abordagem personalizada para ter uma ideia de que tipos de clientes estão mais interessados em pesquisa baseada em jogos, pense quais são os tipos de estudos de pesquisa que você mais realiza (por exemplo, opinião do cliente ou teste de preferência de produto) e com que grupos de participantes você é mais solicitado a falar. A partir daí, você pode pensar em desenvolver uma arquitetura de design de pesquisa baseada em jogos que se ajuste, digamos, à opinião do cliente entre as mães, mas com áreas de personalização para atender a clientes diferentes. Portanto, você obtém uma abordagem semifeita sob medida e semipronta para usar que ainda pode ser específica para um público, mas geral o suficiente para que possa ser reutilizada no futuro.

ATIVIDADE

Pense nos participantes com os quais você mais precisa se comunicar e que tipos de pesquisa você normalmente conduz. Jogue 20 por 20 novamente e desenvolva uma arquitetura de pesquisa baseada em jogos personalizável que poderia se adequar a muitos tipos diferentes de clientes para o mesmo conteúdo de pesquisa ou conteúdo similar. Desta forma, você acabará ficando com uma coleção de diferentes jogos-pesquisa ou questionários gamificados que respondem a diferentes necessidades de pesquisa.

Notas

1 Crawford, C. Chris Crawford on Game Design. Indiana: New Riders Publishing, 2003.

2 Idem.

3 Idem.

4 Hague, P.; Cupman, J.; Harrison, M.; Truman, O. *Market Research in Practice: An introduction to gaining greater market insight*. 3 ed. Londres: Kogan Page, 2016.

MODO CONSTRUÇÃO 21

Crie, teste, atualize e apresente sua pesquisa baseada em jogos

Este capítulo explora:

- Os recursos humanos necessários para criar a sua pesquisa baseada em jogos digitais;
- Opções para aprimorar habilidades — aprenda a se tornar um designer gráfico ou programador;
- *Playtest* — aspectos-chave da sua pesquisa baseada em jogos para analisar e testar;
- Como apresentar a sua pesquisa baseada em jogos — *soft launch* [pré-lançamento], análise e lançamento completo.

Você entendeu o poder e a relevância da pesquisa baseada em jogos no Mundo Um, criou um design de pesquisa baseada em jogos no Mundo Dois e agora está pronto para fazer com que sua pesquisa baseada em jogos ganhe vida. Esta é a parte mais técnica do processo. Se você não é "técnico", tudo bem, porque você provavelmente precisará contratar suporte técnico para construir sua pesquisa baseada em jogos, mas, ainda assim, é importante para entender e implementar bons procedimentos de execução e um bom *playtest*.

Estar envolvido com a criação do seu primeiro design de jogo-pesquisa ou questionário gamificado é uma enorme curva de aprendizagem e algo muito gratificante. Ver os níveis ganharem vida e poder testá-los depois de visualizar seus designs como arquivos gráficos durante semanas é empolgante, para você e para o cliente. Cada um dos meus clientes sempre teve o prazer de se envolver no processo de *playtest* porque, para eles, era também a primeira vez que viam o design ganhar vida, e eles conseguiam visualizar como seria a experiência para o participante.

O conselho mais importante é **sempre adicionar tempo extra ao seu cronograma de desenvolvimento**, especialmente quando você estiver trabalhando no seu primeiro design de pesquisa baseada em jogos. Mesmo a equipe de programação mais experiente não consegue prever a miríade de coisas que poderiam impedir o progresso, como a queda do Amazon Web Server (AWS) (que de fato aconteceu em 2017 e colapsou as operações de muitas empresas) ou um navegador com uma atualização problemática. Estes são dois exemplos extremos, mas, se você falar com pessoas que trabalham em desenvolvimento de mídias digitais, eles lhe dirão para adicionar tempo extra, então adicione, não importa o quão apertados sejam os cronogramas.

Com um bom gerenciamento de projetos e trabalhando com bons programadores e designers gráficos (e adicionando o importante tempo extra), o processo de "criação" deve ser uma experiência relativamente livre de estresse e empolgante.

Encontre um bom designer gráfico, ou torne-se um designer gráfico

Há milhares de ótimos designers gráficos. No entanto, sendo uma designer autodidata, eu não conseguiria imaginar mais ninguém criando os gráficos dos ResearchGames que eu crio. Estou ciente de que ninguém será capaz de entender o público como eu tenho feito, que ninguém entenderá as necessidades de pesquisa e negócios dos clientes como eu e, portanto, ninguém poderia criar os gráficos de um ResearchGame com as mesmas nuances que eu. Além disso, e talvez mais crucialmente, a abordagem "faça você mesmo" poupa muito tempo; quando solicito a um designer gráfico que algum texto deve ser movido para cima alguns pixels, um tom de azul precisa ser mudado, ou o contraste de uma imagem de produto precisa ser escurecido, penso que poderia tê-lo feito eu mesma.

Minha recomendação é começar com o Adobe Photoshop; este é um dos programas de design gráfico mais complexos em comparação com os programas gratuitos disponíveis, mas lhe ensinará como criar gráficos com os quais os desenvolvedores podem trabalhar. Há muitos testes de softwares gratuitos on-line e vídeos tutoriais para você começar a aprender.

Se aprender esta nova habilidade não é uma opção, você pode procurar por um designer gráfico dentro de sua própria empresa ou equipe. Você nunca sabe se a pessoa sentada a poucas mesas de distância de você é um mago do Photoshop. Se ninguém na sua rede pode ajudar, contrate um designer freelancer. Confira o portfólio dele ou dela. Bons designers tipicamente terão exemplos de trabalhos e estudos de caso em seus sites.

Encontre uma equipe de programadores, ou aprenda a programar por conta própria

A minha escolha é optar pelo primeiro, não pelo segundo. O que eu poderia aprender sobre programação em um ano de treinamento intenso não poderia corresponder aos anos de conhecimento acumulados de um programador qualificado e experiente. Seu programador ou equipe de programação deve ser capaz de produzir plataformas responsivas, aquelas que se adaptam a múltiplos dispositivos, e ter experiência em plataformas que também coletem dados. Tal como com o designer gráfico, peça para ver um portfólio do trabalho do profissional.

Você tem o time dos sonhos reunido — e agora?

Agora é hora de assumir o papel de gerenciamento do estágio de desenvolvimento do projeto, certificando-se de que os gráficos estejam corretos e arrumados para os programadores usarem, e garantir que sua equipe esteja desenvolvendo de acordo com as etapas/cronogramas que você concordou. É aqui que os materiais da Proposta de Design e *Storyboard* (PDS) do Capítulo 19 são necessários. Estes materiais vão articular o fluxo de usuários, interações, dados a serem coletados, lógica de pesquisa e outros elementos importantes.

Playtest e revisão

Com alguma sorte, seu progresso de desenvolvimento está indo bem, e agora é hora de você testar sua pesquisa baseada em jogos *antes* de ela ganhar vida. Esta versão da sua pesquisa baseada em jogos é conhecida como a versão alfa. Se você avistou algo que não se parece com o que você pretendia esteticamente, ou algo não está funcionando, crie um relatório de *playtest* detalhado:

Realce a localização exata e o tipo de erro: seja um erro de digitação ou instruções para um tamanho de fonte diferente. Onde for relevante, anote o nível, o número da tela e faça uma captura de tela. Certifique-se de que o seu relatório de *playtest* é claro sobre se o problema é técnico (por exemplo, uma das telas não está carregando) ou algo que os desenvolvedores podem chamar de "superficial". Em termos de programação, superficial significa algo baseado em estética, que é fácil de corrigir, como mudar o tamanho da fonte, o posicionamento de uma imagem e outros aspectos de "aparência e percepção". Como tal, o seu relatório de *playtest* deve ser claramente segmentado em feedback sobre questões técnicas e aspectos estéticos/superficiais. **Observe qual dispositivo, versão do dispositivo, navegador e versão do navegador você estava usando no momento do**

playtest. Isso ajudará seus programadores a replicarem o problema para identificar o que está dando errado e encontrar soluções. Por exemplo: "Estou usando meu MacBook Pro, macOS Sierra, versão 10.12 com Chrome, versão 58.0.3029.81."

Faça sugestões de soluções e seja específico. Ao relatar erros superficiais, deixe claro para a equipe de programação e/ou designers gráficos o que deve mudar. Se você quiser que um botão seja "mais azul", colabore selecionando a tonalidade você mesmo ou encontrando o código HEX da tonalidade.

Uma vez que o relatório de *playtest* esteja completo, compartilhe-o com sua equipe de programação e pergunte quanto tempo pode levar para que os problemas sejam resolvidos. Tenha em mente que pode ser que não seja possível especificar um tempo para consertar alguns erros técnicos, pois talvez um desenvolvedor precise investigar primeiro, e então descobrir como o problema foi causado para que a equipe possa implementar uma solução. Quando todos os itens estiverem resolvidos, você pode passar para o estágio beta, quando precisará testar as próximas iterações do design da pesquisa baseada em jogos. Pode ser que outros problemas sejam detectados, ou, se tudo correr bem, você pode passar para o *soft launch* da sua pesquisa baseada em jogos.

Lançando sua pesquisa baseada em jogos

Uhul! Atingir este estágio significa que seu jogo-pesquisa ou questionário gamificado está pronto e recebeu o selo de aprovação para lançamento pelo seu cliente. Mas, assim como qualquer outro projeto de pesquisa, siga as melhores práticas conduzindo um soft launch primeiro.

Um *soft launch* dá à sua equipe e ao seu cliente tempo para rever os dados que chegam. Um lançamento suave normalmente ocorre quando uma pesquisa é completada por uma porcentagem da quantidade total de objetivos concluídos — normalmente entre dois e cinco por cento. Este processo permite que você saiba se os participantes estão tendo algum problema, e, caso eles estejam, tenha certeza de que eles consigam comunicá-lo a você. Incluir um botão de "ajuda" na sua pesquisa baseada em jogos é útil, ou um endereço de e-mail para contato no convite eletrônico. Com alguma sorte, seu *playtest* extensivo significa que há zero problemas, mas mesmo os programadores mais experientes de sites, jogos e aplicativos muitas vezes enfrentam problemas apontados por usuários que eles podem nem ter previsto. Assim que eles forem resolvidos, você estará pronto para lançar totalmente a pesquisa baseada em jogos.

ATIVIDADES

- Chame sua equipe para ação: quem já possui algumas das habilidades e experiências discutidas neste capítulo que você poderia aproveitar para construir pesquisas baseadas em jogos?
- Se ninguém na sua equipe ou empresa tem essas habilidades, procure recomendações e conselhos de especialistas nas áreas relevantes.
- Você prefere desenvolver as habilidades? Confira o Capítulo 23: Construindo uma carreira em pesquisa baseada em jogos.

ANALISANDO A QUALIDADE DO DESIGN DE PESQUISAS BASEADAS EM JOGOS

22

Este capítulo explora:

- Métodos para analisar a qualidade da pesquisa baseada em jogos, incluindo a avaliação do engajamento dos participantes e a identificação de lacunas no engajamento;
- As três facetas de sucesso do design: engajamento do participante, satisfação do cliente e impacto da pesquisa;
- O design iterativo de um dos meus próprios ResearchGames como exemplo;
- Cinco maneiras principais de melhorar o design de pesquisa baseada em jogos.

Para analisar a qualidade dos designs de pesquisa baseada em jogos, é preciso considerar uma série de aspectos, incluindo, entre outros, a qualidade dos dados, as taxas de conclusão, as taxas de abandono e se o design aborda as questões de pesquisa. É essencial a realização de testes-piloto para detectar os pontos fracos do design. Como acontece com qualquer metodologia de pesquisa, a qualidade dos designs de pesquisa baseada em jogos deve ser testada não apenas antes do lançamento do estudo, mas também durante e após sua conclusão. Como as pesquisas baseadas em jogos podem incluir coisas como narrativa, música, avatares etc., isso significa que há mais partes móveis e potencialmente mais oportunidades para fraquezas de design em comparação com os questionários tradicionais.

O processo de busca de pontos fracos do design deve ser interpretado como um dom de conhecimento. Cada vez que você identificar pontos fracos e implementar soluções, você cresce como um pesquisador baseado em jogos. Ao longo do caminho, faça registros detalhados do que deu errado e por que isso aconteceu, e leve esse conhecimento para o seu próximo design. Há o que aprender tanto com o que foi ineficaz quanto com o que foi eficaz.

O que constitui os pontos fracos de design e como detectá-los?

Os pontos fracos do design são quaisquer elementos da pesquisa, por exemplo, falhas na acessibilidade ou na estética, que são ineficazes. Isso pode incluir um componente de design que gera involuntariamente confusão ou erro do usuário. Idealmente, as fragilidades devem ser detectadas antes que a pesquisa seja lançada. Existem duas abordagens para detectar os pontos fracos do projeto: solicitar feedback durante a fase de design; e medir essas três facetas do sucesso do projeto: engajamento do participante, felicidade do cliente e impacto da pesquisa.

Solicite feedback durante a fase de design

Antes de programar a pesquisa baseada em jogos, solicite feedback das partes interessadas, incluindo o cliente. Estes stakeholders são os seus "testadores de conceito" que avaliarão a ideia do jogo e o *Storyboard*. O feedback deles sobre três elementos principais é essencial. São eles:

- **Clareza de instruções:** os testadores de conceito entendem o que se espera que eles façam durante a pesquisa baseada em jogos? A legibilidade do texto e das imagens pode ser melhorada? É possível melhorar a compreensão de qualquer material audiovisual? Que aspectos das atividades são confusos?
- **Consistência do conteúdo:** o design, a narrativa e os elementos visuais combinam com o tema da pesquisa? Onde estão as desconexões? Por exemplo, os testadores de conceitos sentem que a narrativa conduz a sua imersão no conteúdo da pesquisa, ou os aspectos da narrativa e da direção parecem "forçados"?
- **Impacto da pesquisa:** mais importante ainda, está claro como os resultados responderão aos objetivos da pesquisa e apoiarão as necessidades empresariais do comprador da pesquisa?

O feedback inicial dos testadores do conceito revelará onde as melhorias de design podem ser feitas. E é mais fácil e menos demorado alterar imagens, áudio e vídeo durante a fase de criação do *storyboard* do que em um estudo ativo. Planeje solicitar feedback antes da etapa de "construção" para incorporar melhorias na próxima iteração do projeto.

Tenha em mente que algumas fragilidades do projeto não podem ser detectadas durante a fase de *storyboard*. Por exemplo, questões como acessibilidade, layouts de tela inesperados em diferentes dispositivos e tempos de carregamento lentos não serão revelados até que um estudo seja programado e testado como uma versão alfa ou beta.

Meça as três facetas de sucesso do design: engajamento dos participantes, satisfação do cliente e impacto da pesquisa

Monitore as três facetas de sucesso do design enquanto o estudo está em funcionamento, bem como após ele ser finalizado. Se uma atividade dentro do seu jogo-pesquisa ou questionário gamificado for identificada como não amigável ao usuário, ou a música de fundo for distrativa, ou a narrativa for complicada, isso influenciará o engajamento, os resultados e o impacto. Monitore as três facetas durante todo o processo para garantir que você tenha um estudo bem-sucedido.

O engajamento do participante, a satisfação do cliente e o impacto da pesquisa estão intrinsecamente ligados. Quando os participantes estão engajados, eles fornecem resultados de pesquisa de qualidade que, por sua vez, satisfazem as necessidades do cliente em termos de percepção. O contrário também é verdadeiro. É provável que os participantes que tenham apenas pressionado botões a esmo (ou que mal tenham respondido) estivessem desinteressados, não fornecendo dados de qualidade, havendo pouca oportunidade de percepção ou impacto. O processo de compreender o motivo pelo qual os participantes perdem o engajamento revelará as fraquezas do design.

Vamos olhar mais de perto para as três facetas de sucesso do design e como analisar a qualidade do projeto de pesquisa.

Faceta de sucesso nº 1: engajamento dos participantes

No Capítulo 8, exploramos os doze sinais de engajamento dos jogadores e aprendemos que usuários intrinsecamente engajados são criativos e colaborativos. Esses doze sinais são uma excelente maneira de medir o envolvimento dos participantes. Por exemplo, os participantes foram "além" da obrigação? Fizeram alguma ação voluntária? Eles tentaram participar do estudo uma segunda ou terceira vez (o efeito de repetição)?

Além disso, considere:

- Taxas de resposta: altas taxas de resposta são boas medidas de interesse no tema.
- Taxas de conclusão: altas taxas de conclusão são boas medidas de engajamento e satisfação dos participantes.

- Abandono: elevadas taxas de abandono são indícios de um problema no âmbito da pesquisa. Procure o local onde a maioria das pessoas desistem e tente fazer melhorias lá.
- Qualidade dos dados: problemas com a qualidade dos dados podem apontar para seções da pesquisa que podem ser confusas, enfadonhas ou ter uma carga cognitiva elevada.
- Para ajudá-lo a compreender melhor o engajamento dos participantes, certifique-se de também:
- Incluir um espaço para feedback dos participantes perto do final do estudo. Preste atenção às palavras-chave como "gostei", "empolgante", "divertido" e "obrigado". Se você não vê esses tipos de descrições, talvez seu design precise de mais iterações.
- Anotar se os participantes voluntariamente pedem para participar de mais pesquisas parecidas com esta no futuro.
- Abordar o projeto como um engenheiro quando você descobrir um feedback negativo do participante. Documente os problemas e implemente soluções.
- Perguntar aos participantes se gostariam de participar novamente de pesquisas baseadas em jogos no futuro. Isso o ajudará a entender se há um desejo de continuidade, que é um resultado do ato de jogar e do engajamento intrínseco.
- Registrar a duração da interação do participante do início ao fim. Isso o ajudará a compreender se a satisfação, ou a saída mais fácil, ocorreu.

Faceta de sucesso nº 2: satisfação do cliente

A satisfação do cliente com os insights resultantes é geralmente avaliada após o encerramento de um estudo. No entanto, a utilidade dos dados pode ser avaliada enquanto a pesquisa ainda está em campo. Pergunte ao seu cliente (e a si mesmo):

- O cliente sente que as perguntas da pesquisa dele serão respondidas por meio da pesquisa?
- Está claro como os resultados podem ser usados? Os resultados serão exequíveis?
- Os resultados responderão às perguntas dos objetivos originais da pesquisa?
- As respostas dos participantes são ricas e detalhadas, ou cheias de respostas em branco e sem sentido?

Se houver preocupações enquanto o estudo estiver ativo, revisite o design em torno desses pontos de dados problemáticos.

Faceta de sucesso nº 3: impacto da pesquisa

Não importa quão conceitual ou simples seja o tópico de pesquisa, todos os tipos de resultados de pesquisa podem ser quantificados e comparados com conjuntos de dados de referência para permitir algum tipo de visão "pré e pós" ou "antes e depois" de uma situação. Idealmente, o seu comprador da pesquisa tem um conjunto de benchmarks que lhe permite medir quaisquer melhorias na qualidade dos dados e no impacto dos resultados no negócio dele.

Do mesmo modo, os fornecedores de pesquisa devem também dispor de um conjunto de parâmetros de referência fundamentais.

Uma vez identificadas estas questões, é possível abordar uma série de outras questões:

- Os dados e resultados são os esperados? Ou desafiam as expectativas?
- Os dados abordam diretamente as questões da pesquisa e permitem que o comprador da pesquisa tome decisões válidas e confiáveis?

- O comprador da pesquisa pode mostrar exemplos tangíveis ligando a percepção ao impacto (por exemplo, antes e depois da informação comparativa)?
- Como a pesquisa está ajudando o negócio do cliente de outras formas?

ESTUDO DE CASO - Dissecando um ResearchGame

Título do ResearchGame: *What Kind of Student Are You?* [Que tipo de estudante você é?]
Comprador da pesquisa: Universidade de Surrey, Reino Unido
Público-alvo: Potenciais estudantes universitários de todo o mundo com idades entre 18 e 22 anos

Objetivo

Por meio de pesquisas anteriores, a Universidade de Surrey havia segmentado os estudantes em seis tipos. O objetivo da pesquisa era entender quantos estudantes potenciais se posicionavam em cada um dos seis segmentos e entender seus diferentes interesses e valores em relação à universidade e à vida universitária.

A informação derivada deste estudo ajudaria a universidade a evoluir:

- Sua compreensão do cenário em mudança dos segmentos de estudantes em potencial que estão interessados em estudar em sua universidade, e;
- Sua comunicação de marketing para engajar os diferentes segmentos.

Contexto

Com base em pesquisas anteriores, dez interesses e valores universitários acompanharam cada um dos seis segmentos estudantis. Por exemplo, o tipo de perfil de aluno "consciente da segurança" tinha a "segurança" como um dos seus interesses e valores. O tipo de perfil de estudante "socialmente motivado" tinha a "vida noturna" como um dos seus interesses e valores. Assim, em seis perfis, havia sessenta interesses e valores.

O ResearchGame passou por três iterações de design. O primeiro fluxo de usuário foi o seguinte:

- **Passo 1:** Cada aluno em potencial (participante) respondeu a quatro perguntas demográficas e dezessete perguntas "de ouro". Essas questões determinaram o resultado do segmento e do perfil do participante.
- **Passo 2:** O resultado do perfil apareceu na tela com uma descrição visual e baseada em texto que os alunos podiam baixar e compartilhar.
- **Passo 3:** Foi então apresentada aos participantes uma lista de dez interesses e valores relacionados com as suas expectativas e desejos para a universidade e para a vida universitária, e eles foram convidados a ajustar a lista e a criar uma "hashtag" para identificar outros elementos importantes do dia a dia na universidade que ainda não constavam da lista.
- **Passo 4:** O estudo foi concluído. No entanto, como forma de incentivo intrínseco, os participantes podiam então rever outros perfis, baixar seu próprio perfil, fornecer feedback sobre o ResearchGame ou visitar o perfil da universidade no Instagram.

As perguntas de "interesses e valores" e as "tags" (Figura 22.1) foram concebidas para que os alunos pudessem adicionar uma hashtag, como é comumente usado em redes sociais como o Twitter, para identificar tópicos adicionais que eram importantes para eles. Estas perguntas foram concebidas especificamente para obtermos uma visão de como os interesses e valores de cada perfil de aluno podem mudar ao longo do tempo. Os dados dessas questões apoiariam o objetivo da pesquisa: permitir a evolução da comunicação de marketing de modo que esta pudesse interagir de forma mais eficaz com os seis diferentes tipos de estudantes, não só no presente, mas também no futuro.

Problemas

Poucos participantes responderam às perguntas de "interesses e valores" e as "tags", apesar de estarem engajados nas perguntas anteriores e obterem o resultado do seu perfil. A pequena quantidade de respostas que obtivemos foi reveladora e importante (por exemplo, #FaçaNovosAmigos, #LGBT e #Excursões), mas houve muito poucas para realizar qualquer tipo de análise temática ou para identificar padrões e respostas de segmentos.

Por que tão poucos participantes responderam a estas perguntas? Foi um problema com o vocabulário, o layout das perguntas, as instruções ou outra coisa? O que eu fiz de errado?

Dois avaliadores externos foram trazidos para oferecer uma abordagem revigorada para a experiência do usuário. O feedback deles foi rápido e surpreendente. Nenhum dos jogadores percebeu que havia mais um passo depois de receberem o resultado do seu perfil. Eles simplesmente não notaram o botão "PRÓXIMO" na parte inferior da tela. Isso explicou instantaneamente por que tão poucas pessoas completaram essas perguntas, e a necessidade da primeira iteração de design foi imediatamente óbvia.

Figura 22.1: Um recorte da Versão 1 do design (original) do ResearchGame mostrando as perguntas de "interesses e valores" e as "tags". O botão PRÓXIMO, embora grande, passou despercebido facilmente.

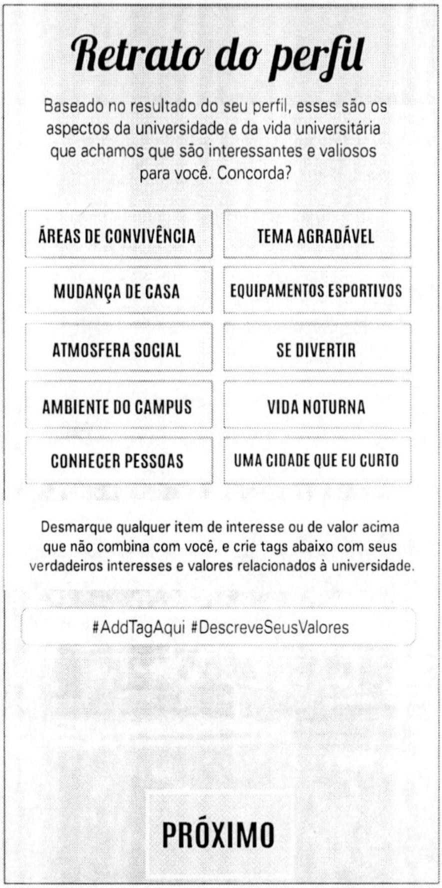

Fonte: © Research Through Gaming Ltd e Universidade de Surrey.

Mudança de design 1

Olhando em retrospectiva, foi fácil ver como o botão "PRÓXIMO" poderia passar despercebido — o botão era transparente. A segunda iteração de design empregou um "PRÓXIMO" maior e mudou a cor de transparente para verde para torná-lo mais pronunciado.

Infelizmente, isso ainda não resolveu o problema, pois as pessoas ainda não respondiam às duas perguntas, como revelou um novo teste-piloto. Desta vez, levantamos a hipótese de que talvez os participantes não estivessem motivados a responder mais perguntas porque já tinham recebido o resultado do seu perfil — eles alcançaram o seu objetivo. Uma segunda mudança de design foi necessária para testar essa hipótese.

Mudança de design 2

As dez questões de interesses e valores e as tags foram movidas para aparecer antes da tela de resultado do perfil. Além disso, o texto da pergunta foi revisto (Figura 22.2). O processo seria um pouco mais longo para os participantes agora, porque eles teriam que responder a essas duas perguntas antes que seu perfil fosse revelado, mas estávamos confiantes de que essa mudança seria eficaz. Já tínhamos visto que 97 por cento dos participantes que iniciaram as dezessete perguntas de ouro as responderam até o final e receberam seu perfil, então sabíamos que esse era um item valioso o suficiente para que os participantes considerassem responder a mais duas perguntas antes de receberem o perfil.

O resultado? A percentagem de participantes que deixaram uma tag após receberem o perfil aumentou de um para quatro por cento. Infelizmente, quadruplicar o número de respostas ainda foi insuficiente para desenvolver uma análise temática detalhada. Outra iteração de design seria necessária.

Mudança de design 3

Atividade de interesses e valores

Nesta terceira iteração, a questão foi revista de tal forma que os participantes foram convidados a selecionar os seus três principais interesses e valores da lista dos dez pontos em vez de desmarcar os itens que não lhes interessavam. A diferença no texto pode ser observada nas figuras 22.2 e 22.3. Levantamos a hipótese de que as pessoas identificavam melhor o que era mais relevante do que o que era menos relevante.

Figura 22.2: ANTES — Versão 2 do design mostrando as questões de interesses e valores e as tags

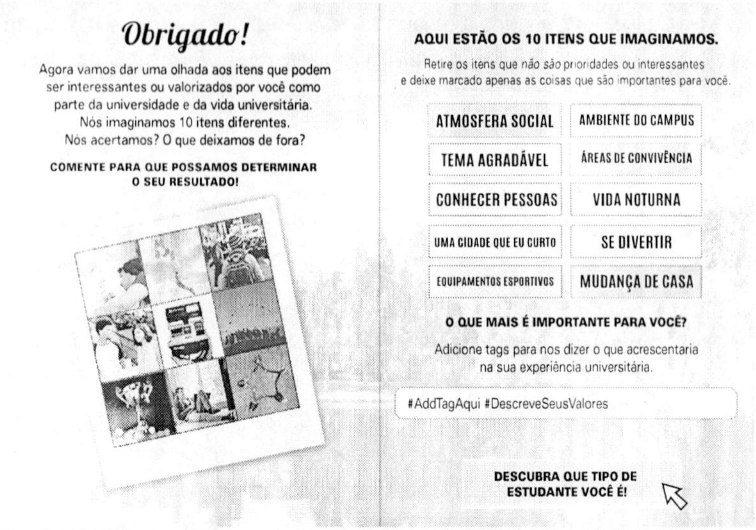

Fonte: © Research Through Gaming Ltd e Universidade de Surrey

Figura 22.3: DEPOIS — Versão 3 mostrando as questões de interesses e valores e as tags. Este foi o design final usado no ResearchGame

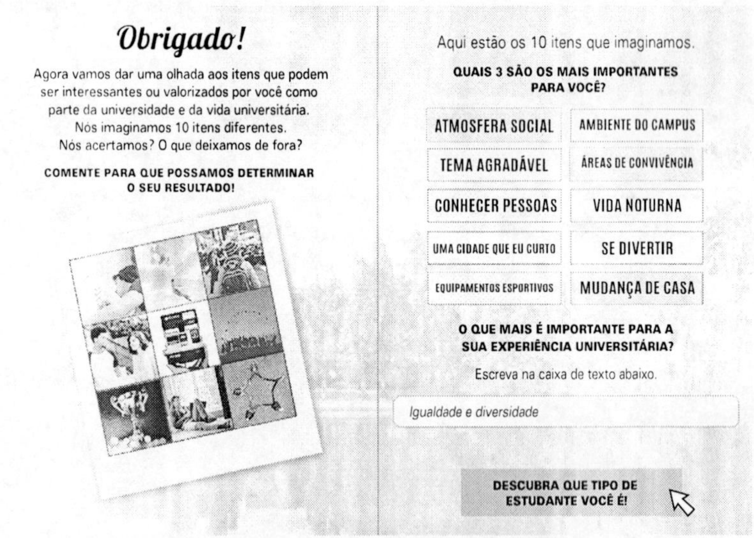

Fonte: © Research Through Gaming Ltd e Universidade de Surrey.

Atividade de tag

Como você pode ver na Figura 22.1, foi pedido aos participantes que "criassem tags" e não "criassem uma hashtag". Levantamos a hipótese de que a palavra "tag" estava sendo mal interpretada para significar nomear alguém como se fosse uma imagem de mídia social ou atualização de status usando o símbolo "@" (como quando você marca "@" um amigo em uma foto). Depois, levantamos a hipótese de que alguns participantes poderiam não saber como gerar o símbolo "#" (hashtag) em seu dispositivo.

Assim, nesta iteração final do design, o termo "tag" foi completamente removido. Em vez de estimular respostas concisas com uma hashtag, a duração da resposta foi deixada indeterminada. Foi oferecida aos participantes uma caixa de comentários mais usual para darem suas respostas.

Resultados positivos (e inesperados)!

A percentagem de participantes que completaram as perguntas de ouro e receberam um resultado de perfil diminuiu de 97 por cento para 91 por cento. No entanto, as respostas às questões de interesses, valores e tag aumentaram: nove por cento dos participantes responderam à pergunta "tag/caixa de comentários" e 28 por cento responderam à pergunta sobre interesses e valores. Agora tínhamos dados suficientes para que temas e padrões surgissem.

Os participantes ficaram engajados e gostaram da pesquisa como uma experiência de "autodescoberta"

Embora óbvio agora, na época em que desenvolvi o ResearchGame não tinha pensado nele como uma ferramenta para ajudar os alunos a avaliarem o que realmente procuravam na vida universitária. Ao incluir uma pergunta de feedback no estudo, aprendemos que os alunos achavam a pesquisa útil:

- "Foi muito útil e interessante. Este quiz me ajudou a refletir sobre mim mesmo e como é entrar para uma grande universidade. Obrigado."

- "Foi um teste muito divertido e me fez questionar coisas que eu não tinha pensado em questionar antes, uma ótima ideia para estudantes de graduação na minha opinião."
- "Muito útil e informativo."
- "Gosto do insight que me deu."
- "Eu realmente gostei do teste e acho que é algo maravilhoso para ajudar os alunos a terem mais confiança e a saberem um pouco sobre onde eles vão se inserir na universidade."

A autodescoberta pode ser uma ferramenta valiosa para engajar participantes, mesmo para pessoas que são notoriamente difíceis de se engajar em pesquisas on-line tradicionais, como os estudantes.

O ResearchGame tornou-se uma ferramenta de marketing em si

Meus clientes costumam distribuir seus ResearchGames de diferentes maneiras em comparação com as pesquisas on-line tradicionais. Eles podem colocar o ResearchGame no site da empresa ou promover o estudo nas redes sociais. Para este projeto em particular, o ResearchGame *What Kind of Student Are You?* foi compartilhado em mídias sociais, exibido na página inicial do site da universidade e promovido em uma variedade de recursos de marketing impresso e digital. Criar uma melhor experiência de pesquisa foi algo que o cliente ficou feliz em compartilhar, e os alunos ficaram felizes em ver uma universidade que se preocupa em desenvolver experiências de pesquisa melhores e mais úteis.

As mudanças iterativas de design fizeram uma diferença marcante e eventualmente resultaram na ferramenta de insight que o cliente precisava. Ao avaliar a qualidade do projeto de pesquisa por meio de iterações, o grau de interação com questões não obrigatórias melhorou.

Como passo final, as questões foram documentadas e lições para melhorias futuras foram aprendidas. As cinco aprendizagens-chave apresentadas a seguir o ajudarão a criar designs de pesquisas baseadas em jogos eficazes.

Cinco aprendizagens-chave para aprimorar os designs de pesquisas baseadas em jogos

Estar aberto a ter o design desafiado

Os testadores com perspectiva renovada desafiaram o que se pensava ser um fluxo de usuários coerente — o que não era! Seja aberto e escute ativamente as críticas construtivas.

Não se apegue ao design

Estar aberto a ter o design desafiado significa que você não pode se apegar a ele. A pesquisa deve desempenhar uma função para o comprador da pesquisa e para o participante. Se um elemento de design não for eficaz, então altere-o ou suspenda-o.

Esteja disposto a admitir que o design tem fraquezas e leve o tempo necessário para fazer melhorias

Seja transparente com os clientes sobre os pontos fracos do design e compartilhe ideias para melhorá-lo. Crie um ambiente de comunicação em que o cliente também consiga compartilhar ideias. Os clientes valorizarão a sua dedicação às melhorias de design e serão colaborativos e gratos se você for transparente. Lembre-se, as fraquezas do design são generalizadas em todos os tipos de pesquisa de marketing quantitativa e qualitativa, não apenas jogos-pesquisa e questionários gamificados. Não seja tão duro consigo mesmo, respire fundo e continue aprimorando.

Busque trazer uma perspectiva renovada

Como designer de pesquisas baseadas em jogos, você será tendencioso. Com potencialmente centenas de horas investidas no projeto de pesquisa, você não pode testá-lo com olhos descansados. Você provavelmente já o testou dezenas, se não centenas de vezes, então alguns dos componentes mais importantes do estudo podem se tornar "invisíveis" para você. É essencial que você chame testadores que tenham uma perspectiva renovada que nunca ouviram falar sobre a pesquisa para avaliá-la.

Às vezes, a falha de design não está relacionada ao design do jogo ou da gamificação

Algumas vezes, as questões de engajamento dos participantes não estão relacionadas com o design da pesquisa baseada em jogos, mas sim com a formulação da pergunta ou algo técnico. Olhando de maneira deliberada para as três facetas de sucesso do design, os problemas ligados ou não ao design (mais uma vez, como as questões técnicas imprevistas) podem ser rapidamente identificados e as melhorias/soluções implementadas.

PARTE QUATRO
UM NOVO MUNDO DA PESQUISA DE MERCADO — VISÃO GERAL

Ao explorar a pesquisa baseada em jogos, pode parecer que a perspectiva dos jogos-pesquisa e questionários gamificados é futurista, mas não é. O verdadeiro futuro está em como a pesquisa baseada em jogos evolui com tecnologias já inerentes à indústria de jogos: realidade virtual (RV), realidade aumentada (RA), automação, inteligência artificial (IA), tecnologias de detecção de movimento e muito mais.

O potencial pleno e poderoso da pesquisa baseada em jogos pode ser realizado em combinação com essas tecnologias, não apenas as usando isoladamente para pesquisa de mercado. Por exemplo, a RV já está sendo usada para pesquisa, mas não em combinação com jogos. Mas quanto tempo levará até os participantes se cansarem da pesquisa em RV? Antes que eles fiquem entediados de andar por espaços virtuais e responder a perguntas? É por isso que os jogos devem ser usados em combinação com essas tecnologias, pois a ação de jogar e o engajamento intrínseco, como já exploramos, são fundamentais para garantir o sucesso da pesquisa de mercado com maior produtividade dos participantes, resolução de problemas, foco, criatividade e colaboração, entre outros benefícios.

Embora algumas previsões do futuro neste mundo possam parecer rebuscadas, a realidade é que a tecnologia para fazer estas coisas já está acontecendo. É impossível pegar uma cópia de qualquer publicação focada em tecnologia ou negócios sem ver exemplos disso; artigos explorando combinações de teoria de jogos, Jogos Sérios, tecnologias de jogos, engajamento e coleta de dados em todas as publicações que comprei na última década. Em alguns exemplos, vemos como os jogos de RV já são usados para engajar, motivar e coletar dados para diagnosticar e melhorar a saúde mental e física[1], e como *Pokémon Go*, o jogo de RA que se tornou um dos sucessos mais comentados de 2016.

O futuro está sem dúvida aqui, mas é a nossa capacidade de imaginar o que a pesquisa baseada em jogos pode fazer que vai impulsionar a mudança de fazer o básico na pesquisa de mercado para trabalhar com métodos efetivos de engajamento dos participantes, coleta de dados e coleta de insights que são incomuns atualmente (mas que, em breve, se tornarão parte do "novo normal"). Na verdade, o futuro do nosso mundo e o papel dos jogos dentro dele, em combinação com tecnologias como RV, RA, IA, automação e tecnologia de detecção de movimento, já foram imaginados. Ficções, como *Jogador Nº1* (o livro de Ernest Cline com adaptação cinematográfica de Steven Spielberg), *Westworld*, *Black Mirror* e *Jornada nas Estrelas: A Nova Geração*, nos mostram mundos onde essas tecnologias são usadas de forma sinônima e harmoniosa com a coleta de dados.

Que escopo têm estas visões não tão irreais de pesquisa de mercado? Este mundo explora o que devemos esperar dos próximos cinco a dez anos, incluindo novas carreiras e novas competências para os pesquisadores de mercado.

Nota

1 Armstrong, S. Gaming is shaking up mental health. *Wired*, Edição britânica, maio 2018.

CONSTRUINDO UMA CARREIRA EM PESQUISA BASEADA EM JOGOS 23

Este capítulo vai explorar:

- Conselhos sobre como construir uma carreira em pesquisa baseada em jogos;
- Habilidades relevantes que o ajudarão a se tornar um excelente profissional de metodologia de pesquisa baseada em jogos;
- Carreiras futuras em pesquisa baseada em jogos.

Se você está pronto para explorar novos territórios e desafios recompensadores, então uma carreira nos GbRM é para você. Além disso, construir *uma* carreira em pesquisa baseada em jogos constrói *carreiras* em pesquisa baseada em jogos. Quanto mais pessoas envolvidas, melhor para todos. Agora é o momento perfeito para se envolver e ultrapassar limites.

Os cenários móveis de jogos, coleta de dados e insight de indústrias abre muitas vias para o crescimento profissional e de metodologias baseadas em jogos para além dos jogos-pesquisa e questionários gamificados digitais e analógicos que vemos hoje. Como exploraremos no Capítulo 24, há uma grande variedade de opções para GbRM com RV, RA, IA e mais. Aproveite estas oportunidades. Estamos em um território ainda pouco explorado, então deixar sua marca, seja ela grande ou pequena, com um pouco de trabalho duro, será uma excelente oportunidade.

Já existem promessas de jovens talentosos e brilhantes que estão ansiosos para se aprofundarem na área. Depois das minhas palestras nas universidades, as perguntas mais comuns de alunos são: Quais empresas estão usando GbRM? Como posso começar uma carreira nesta área? E mesmo se a minha empresa está contratando no momento. São alunos que (como me disseram seus professores) não mostravam muito entusiasmo pela pesquisa de mercado tradicional.

Observar cerca de quinhentos alunos desenvolverem os seus próprios jogos-pesquisa ao longo de muitos anos me dá muita confiança nas suas capacidades; seus designs sempre me fascinam. Eles entendem totalmente a ideia. Alguns estudantes já estão explorando os GbRM por vontade própria. Uma estudante da Universidade MICA na Índia fez dos jogos-pesquisa o tema de sua dissertação. Outro estudante escreveu sobre questionários gamificados como parte de um ensaio de trabalho final. Outros alunos entram em contato comigo para mostrar suas experiências com designs variados. A RTG frequentemente recebe currículos, sem ter vagas anunciadas, de graduados que querem uma carreira na área. Vários anos de observação deste tipo de energia dos estudantes indicam claramente que eles estão interessados na coleta de dados e no conhecimento, mas são os GbRM que engajarão a próxima geração de pesquisadores.

Esta energia para unir pesquisa de mercado e explorar os GbRM é contrastada pela realidade. Não só não há carreiras suficientes, se é que há alguma, disponíveis nesta área, como a indústria de pesquisa de mercado como um todo luta para recrutar e reter jovens talentos, de acordo com um artigo da Hasson Associates[1] — uma empresa de recrutamento para pesquisas de mercado. Esta situação deve mudar para que a pesquisa de mercado sobreviva e prospere, porque, quando os graduados optam por cargos em empresas como Google, Amazon e Facebook, a pesquisa de mercado acaba ficando de fora.

Mas, com mais indivíduos e empresas de pesquisa usando e progredindo nos GbRM, podemos aumentar a chance de que futuras gerações de pesquisadores queiram ingressar e permanecer. Claramente, há interesse no assunto. A pesquisa baseada em jogos pode criar mais empregos, e empregos mais interessantes, que envolvem tecnologia, design, análise e engenharia.

Para que a situação melhore, duas coisas precisam acontecer. Para atrair futuros pesquisadores, precisamos atraí-los com o ambiente certo — a pesquisa de mercado precisa estar "pronta para carreiras que usem os métodos gamificados". Para isso, precisamos de mais compradores e fornecedores de pesquisas adotando as metodologias. Então, precisamos de mais especialistas em GbRM *hoje*.

Como desenvolver uma carreira em métodos baseados em jogos — cinco dicas

1 *Comece hoje — crie e experimente*

Crie jogos-pesquisa baseados em tecnologia analógica, jogos-pesquisa baseados em RV e ferramentas de avatar, experimente com áudio em pesquisas, crie perguntas como se fossem minijogos — faça tudo errado, faça tudo certo, mas experimente, experimente, experimente. Crie *storyboards* desenhados à mão com bonecos palito e aprenda a trabalhar com softwares de design gráfico. Faça anotações de seus processos de design, quais técnicas funcionaram melhor do que outras, o feedback e os resultados dos participantes, taxas de resposta, taxas de conclusão etc. Prepare-se para errar e aprender. Se você tiver um orçamento restrito, veja se é possível colaborar com um fornecedor de software de pesquisa e/ou fornecedor de painel que possa oferecer tarifas com desconto se você se dispuser a escrever um artigo acadêmico ou apresentar os resultados da pesquisa em uma conferência, para compartilhar os resultados e destacar o envolvimento da marca dele no trabalho. Em minha pesquisa inicial sobre a aptidão dos jogos como instrumentos de pesquisa[2], um fornecedor de amostras desenvolveu as minhas perguntas e forneceu a amostra gratuita em troca de ser creditado no trabalho e na apresentação. Pode ser que nem todas as empresas de amostra queiram fazer isso, mas não faz mal perguntar.

2 Compartilhe conhecimentos

Sabemos pouco do que poderíamos saber sobre o verdadeiro escopo dos GbRM, então *todo e qualquer* conhecimento é um progresso. Embora haja muitas pessoas compartilhando atualmente o que aprenderam, isso é, muitas vezes, feito em nichos, já que qualquer resultado ou insight se torna um ativo comercial. A verdade é que precisamos unir nosso conhecimento e não apenas as histórias de sucesso, mas também quais designs de pesquisas baseadas em jogos *não* alcançaram os resultados desejados. O grupo do LinkedIn "Game-based Research Methods - GbRM" (faça a solicitação para participar, se estiver interessado) é um desses lugares onde os pesquisadores podem compartilhar informações e fazer perguntas. Veja duas ideias sobre que tipos de conteúdo compartilhar:

Todo estudo de caso de cliente é ouro — os sucessos e os "fracassos"

Como profissionais e acadêmicos, os pesquisadores estão simultaneamente vinculados à confidencialidade do cliente, tal como o estão pelo desejo de compartilhar o seu conhecimento sobre o que os estudos de caso mostraram. Mas ambas as coisas *podem* acontecer. Aproximadamente quarenta por cento dos clientes da Research Through Gaming forneceu permissão para compartilhar publicamente o nosso trabalho em vários fóruns. Mas não devemos compartilhar apenas histórias de sucesso; também há aprendizados fundamentais nos fracassos. Que táticas de design não funcionaram? Que grupos não pareciam tão engajados quanto os outros? Na minha experiência, o público é mais receptivo quando você compartilha as armadilhas e os bons resultados.

O conteúdo que ajuda você ajudará outra pessoa

Você leu um artigo sobre semiótica que pode ajudar outros profissionais com design de GbRM? Você leu um artigo de design de jogos que inspirou seu trabalho ao fazer um questionário gamificado? Você assistiu a um vídeo sobre um novo software de realidade mista promissor para a pesquisa baseada em jogos? Tente compartilhar conteúdo inspirador e útil com outros profissionais da área. Academia.edu, ResearchGate e uma variedade de outros sites sociais on-line, como o grupo do LinkedIn "Game-based Research Methods – GbRM" que eu criei (como parte do lançamento deste livro), são ótimos lugares para compartilhar tal conteúdo e se conectar com pessoas que pensam da mesma maneira.

3 Conecte-se e colabore

Ao desenvolver designs de pesquisa baseada em jogos, pode ser fácil não notar o incrível trabalho que está sendo realizado na comunidade estendida de pesquisa baseada em jogos (por mais escassa que seja atualmente) ou na indústria de jogos indie, ou mesmo em todas as outras áreas relacionadas a jogos para pesquisa, como desenvolvimentos em semiótica, heurística e muito mais. Confira quem está fazendo coisas interessantes e veja se uma troca de habilidade ou conhecimento é possível. A conquista não é nada sem colaboração.

E não tenha vergonha de se conectar com outras pessoas! Não há nada a perder. Na minha própria experiência, solicitar entrevistas com especialistas de jogos e gamificação em destaque tem: a) sido muito mais fácil do que eu pensava, especialmente considerando como o tempo dos entrevistados era apertado; e b) acelerado o meu conhecimento, fornecendo uma compreensão das nuances/argumentos das conversas estendidas sobre jogos, gamificação e coleta de dados que nenhum livro ou artigo poderia ter fornecido com os mesmos detalhes. Você provavelmente vai achar que a maioria dos "acadêmicos-práticos" estão abertos para se conectar assim como eu, mas evite "explorar" a boa vontade deles. Muitas das figuras-chave destas indústrias trabalham como consultores e vendem o conhecimento deles (ou seja, escrevem artigos, contribuem para revistas, realizam apresentações etc.), então o tempo deles é dinheiro. Por isso, explore formas de retribuir — colaborar.

4 Aprenda novas habilidades

Se estiver interessado em jogos-pesquisa digitais ou design de questionário gamificado, ou em usar jogos de tabuleiro em grupos focais, comece a identificar as habilidades de que você precisa para esses trabalhos. Habilidades como programação ou design gráfico não são apenas úteis para fazer pesquisas baseadas em jogos, mas também como habilidades transferíveis para fazer coisas como criar infográficos e melhorar apresentações de relatórios de insights. De fato, aprender mais sobre jogos e gamificação será também uma competência transferível, pois você pode pensar em como gamificar sessões de treinamento internas, como usar a gamificação na próxima conferência e até utilizar a técnica para promover o seu negócio.

As dicas a seguir são pontos de partida no desenvolvimento dessas habilidades para ajudar a dar um pontapé inicial na sua carreira como designer em GbRM. Incentivo os leitores a realizarem mais pesquisas relativas aos seus interesses e buscar cursos/workshops/webinars etc. em sua região.

Design gráfico

Se você está preso a um orçamento, aprender a usar o software de design gráfico significa que você pode fazer esse trabalho pelo custo do seu tempo, em vez de contratar designers gráficos — embora a contratação de um designer gráfico experiente seja sempre recomendada. Além disso, se você contratar um designer, sua experiência no uso do software de design gráfico (por mais breve que seja) o ajudará a comunicar melhor as ideias aos especialistas. É tudo uma questão de aprender a linguagem e as habilidades. Como designer gráfica há cerca de quinze anos, eu ainda me beneficio da colaboração com outros designers, especialmente com tantas mudanças nas tendências e atualizações de software; há sempre algo novo a aprender. Uma pesquisa on-line mostrará rapidamente guias de utilização para pacotes como Adobe Photoshop, Illustrator, Sketch e assim por diante — há muito conteúdo para ajudá-lo a começar.

O Adobe Photoshop e o Illustrator oferecem avaliações gratuitas, com uma taxa de licença para o Creative Cloud[3] a ser paga após a avaliação. Se você vai fazer um trabalho sério de design digital, use os pacotes pagos. Para aprender apenas o básico, programas gratuitos de design gráfico como Gimp e Sketch são um bom começo. Uma escola de cursos livres ou faculdade da sua cidade também podem oferecer cursos.

Programação

Aprender a programar não é apenas uma habilidade, mas também um mindset, e demanda uma enorme quantidade de paciência e de tempo. Aprender a programar corretamente pode levar anos, mas, para aqueles que querem começar, o *Codecademy*, um site de educação em programação on-line (e gamificado), é gratuito e bem avaliado. Sete linguagens de programação estão disponíveis, incluindo JavaScript, Ruby e Python (se esses nomes não significam nada para você, não se preocupe, o *Codecademy* é ótimo em introduzir os usos e aplicações destas linguagens). Como alternativa, uma escola de cursos livres ou faculdade na sua cidade podem ser uma opção. Mais uma vez, nada melhor do que contratar um programador experiente ou uma equipe de programação, mas aprender a programar, mesmo o básico, o ajudará a comunicar melhor as ideias aos profissionais.

---

3. O Creative Cloud é o conjunto de aplicativos e serviços de criação para computadores e dispositivos móveis da Adobe [N.E.]

Observação: se a sua organização já licencia um software de pesquisa, entre em contato com os provedores e pergunte se os desenvolvedores deles podem ajudá-lo a realizar seus projetos. Se tiverem essa capacidade, eles podem ser de grande valia. Este serviço pode ser pago.

Uma alternativa é usar um motor de jogo. Os motores de jogo incluem todas as ferramentas que pessoas que não são programadoras ou são iniciantes na área precisam para criar um jogo, assim como o Wordpress faz para criar sites. Motores de jogos como Unity, Game Salad e Lumberyard, da Amazon, oferecem aos não programadores a capacidade de criar jogos, usando sua arquitetura de jogos embutida. Estes são três dos muitos tipos diferentes de motores de jogo. Alguns se especializam em jogos 3D, outros em 2D, jogos VR ou todos eles. Esta lista da *Slant* recomenda os melhores motores de jogo para iniciantes: www.slant.co/topics/1907/~gamee-engines-for-beginners-and-non-programmers.

O Azure, da Microsoft, foca menos os jogos e mais a criação de aplicativos em geral. O único problema com essas plataformas são as limitações na coleta de dados e na exportação adequada desses dados para fins de pesquisa de mercado. Mas usá-las como uma estratégia para fazer você pensar sobre o design, a experiência geral do usuário, as interações dos participantes e assim por diante é um bom lugar para começar.

Design de jogos e gamificação

Embora existam vídeos fantásticos de "como fazer" sobre design de jogos e gamificação on-line, frequentar um curso vai ser mais útil, pois você terá a liberdade de experimentar, falhar e melhorar em um ambiente confortável. Você também vai conseguir entender os princípios de design de jogo e gamificação mais holisticamente, e aplicar esse conhecimento para os GbRM.

Para design de jogos, confira os melhores cursos de jogos em faculdades em sua área local, ou confira a lista de 2018 da *Princeton*

Review dos 25 melhores cursos de pós-graduação do mundo: www.princetonreview.com/college-rankings/game-design/top-25-game-design-grad. O site *Game Designing* também lista os 75 melhores cursos globalmente: www.gamedesigning.org/video-game-design-schools. (Ambas as listas são principalmente centradas nos EUA.)

Para design de gamificação, esta página da *Udemy* lista cursos on e off-line: www.udemy.com/topic/gamification.

Aprender essas habilidades demandará mais do seu tempo; cursos técnicos e/ou universitários podem durar dois ou três anos. Cursos rápidos, como este na Universidade Nottingham Trent no Reino Unido (www.ntu.ac.uk/study-and-courses/courses/courses/find-your-course/confetti/computer-games-design), levam de duas a quatro semanas e são provavelmente mais viáveis. Mais uma vez, verifique se há cursos de curta duração na sua região.

A Research Through Gaming oferece um workshop de dois dias por meio da Market Research Society especificamente sobre teoria e design da pesquisa baseada em jogos, no qual os alunos criam por conta própria um design baseado em um projeto de pesquisa real. Mais detalhes podem ser encontrados no site da MRS: www.mrs.org.uk (busque "Game-based research methods" ou "Betty Adamou").

- Para conferências nesta área, os lugares a seguir são um ótimo ponto de partida:
- Conferência Game Developers (realizada nos Estados Unidos): www.gdconf.com
- Future Games Summit (realizada no Reino Unido): www.nbmevents.uk/futuregamessummit
- Conferência GWC (uma conferência baseada no uso da gamificação para engajamento, realizada no Reino Unido): www.gwc-conference.com

5 Aprenda habilidades específicas de trabalho para que você esteja "pronto para o futuro"

De acordo com o Misk Global Forum, 65 por cento das crianças de hoje terão carreiras que ainda nem sequer existem.[3] A lista de "carreiras do futuro" abaixo mostra mais de 25 empregos em potencial que podemos esperar ver no futuro próximo nos GbRM. Para qualquer um dos cargos que chamem a sua atenção, encontre cursos, pessoas e publicações relevantes nessas áreas (por exemplo, em design de som ou ambiente virtual) e consulte as dicas anteriores — comece a experimentar nessas áreas específicas, compartilhe seu trabalho, conecte-se e colabore.

Carreiras futuras em e/ou relacionadas com métodos de pesquisa baseada em jogos

- Gerentes de experiência do participante
- Engenheiros de som
- Editores de música
- Compositores musicais
- Especialistas em efeitos especiais para jogos-pesquisa
- Artistas conceituais
- Artistas de *storyboard*
- Designers gráficos
- *Playtesters*
- Designers de ambientes de realidade virtual
- Designers de ambientes virtuais 2D e 3D
- Dubladores
- Programadores de jogos-pesquisa

- Designers de roupas de avatar
- Designers de acessórios de avatar
- Especialistas em modelagem 3D humana
- Especialistas em modelagem 3D de produtos
- Designers de recompensas
- Narratologistas e roteiristas
- Gestores de projetos especializados
- Analistas de dados especializados
- Especialistas em UX design
- Especialistas em heurística
- Videografistas e fotógrafos
- Atores de jogos-pesquisa (pessoas contratadas para interpretar personagens em jogos-pesquisa)
- Modelos de jogos-pesquisa (pessoas contratadas para posar para fotografias para que sua imagem seja usada para retratar um personagem em um jogo-pesquisa)
- Designers de pesquisa gamificada com realidade aumentada

Esta lista engloba muitos dos cargos que eu mesma assumo: arte conceitual, design de simulação, design gráfico 2D, música e edição de efeitos sonoros. Quando você começar, é possível que descubra que também é capaz de fazer muitas coisas até encontrar uma especialidade e desenvolver uma equipe com os recursos humanos apropriados.

Alguns destes cargos não são tão rebuscados quanto parecem. Na verdade, muitos desses empregos já existem na indústria de jogos tradicionais, por isso faz sentido que esses tipos de empregos, como a modelagem 3D, existam na pesquisa baseada em jogos.

Em um momento em que a indústria de pesquisa de mercado tem "gerentes de sucesso do cliente" faz sentido ter "gerentes de experiência do participante". Afinal, o engajamento de *ambos* os públicos é crucial para que a pesquisa de mercado prospere.

Atores e modelos de jogos-pesquisa também se tornarão importantes porque as fotos de bancos de imagem nem sempre retratam as expressões que você quer para os "personagens" em suas pesquisas baseadas em jogos. Na captura de tela do ResearchGame *TESSA Undercover Agents* (Figura 23.1), vemos o personagem Agent Naught, representado pelo meu amigo Carl, que foi gentil o suficiente para posar para a foto. No mesmo ResearchGame, o nosso cliente, o professor Liesbet van Zoonen, teve uma participação especial como alguém que administrava um teste de personalidade. Às vezes, criar suas próprias fotografias é melhor do que usar as de bancos de imagem, mas demorará mais. Para aqueles que têm mais restrições de tempo e precisam de fotos livres de direitos autorais e royalties, o site www.pexels.com busca em vários outros sites e é gratuito baixar a maioria das imagens, desde que o artista/fotógrafo seja creditado.

Figura 23.1: O meu amigo, Carl, desempenha o papel de Agent Naught no ResearchGame *TESSA Undercover Agents.*

Fonte: © Research Through Gaming Ltd. Imagem usada com gentil permissão.

Figura 23.2: O início de um conceito de sala de estar que minha faculdade fez com o Google Sketch.

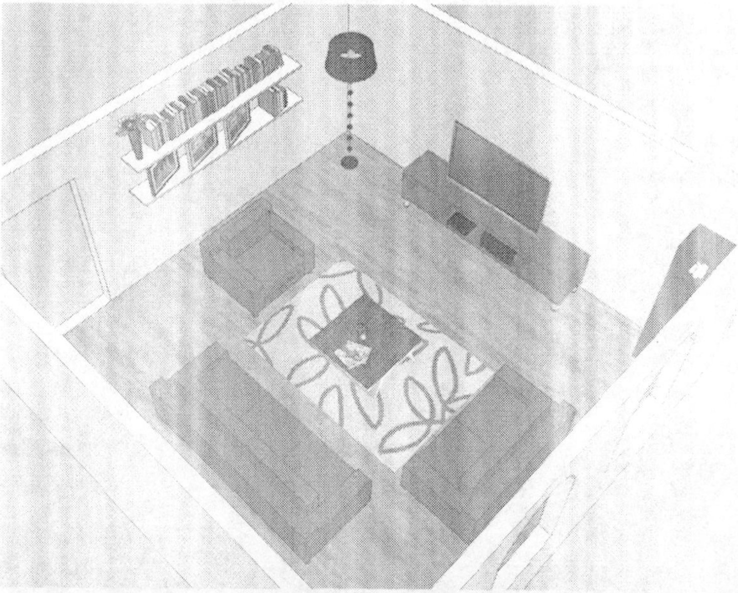

Fonte: © Research Through Gaming Ltd

Figura 23.3: O Google Sketch permite que os usuários criem ambientes virtuais e "passeiem" por eles como espaços 3D. Você pode usá-lo para criar ambientes 3D, mesmo que seu jogo-pesquisa ou questionário gamificado só requeira imagens 2D, porque é possível pegar uma captura de tela de seu ambiente virtual de qualquer ângulo para ter uma "real perspectiva", como neste ambiente de cozinha criado na minha faculdade. Isso pode ser mais rápido do que tentar desenhar imagens 2D de ambientes 3D em um programa como o Photoshop ou o Illustrator.

Fonte: © Research Through Gaming Ltd.

Figura 23.4: Edição de música para coincidir com as diferentes cenas de um dos ResearchGames da RTG: primeiro eu gravo minha tela enquanto jogo o ResearchGame, depois coloco a gravação com a música em uma suíte de edição. À medida que vou passando pela gravação, posso ver onde a música e os efeitos sonoros devem mudar para coincidir com as diferentes cenas.

Fonte: © Research Through Gaming Ltd.

Há ainda muito mais cargos previstos. Só com novas tecnologias e experimentação é que podemos começar a compreender a abrangência das novas carreiras. O tempo dirá, mas o que sabemos é que a pesquisa baseada em jogos oferece perspectivas interessantes para jovens talentos, pode oferecer novos caminhos para pesquisadores veteranos, pode mudar completamente a forma como interagimos com os participantes, e oferece novos níveis de percepção anteriormente indisponíveis por meio de técnicas tradicionais.

Resumo

- Uma carreira em GbRM pode ser rica e gratificante, e há muitas oportunidades para deixar sua marca, mas você precisará aprender novas habilidades e desenvolver uma compreensão sobre disciplinas relacionadas.

- Podemos esperar que muitos tipos de empregos em GbRM existirão no futuro — quanto mais cedo você começar a se desenvolver nessas carreiras, melhor será o seu avanço.
- Construir sua carreira e conhecimento em GbRM vai ajudar os outros, desde que você colabore, compartilhe seu trabalho e, mais importante, **experimente**!

ATIVIDADES

- Solicite sua inclusão no grupo do LinkedIn "Game-based Research Methods – GbRM" e compartilhe conteúdo. Compartilhe seus estudos de caso em forma de webinars, palestras e outras publicações. Desde que você contribua para o conhecimento coletivo dos GbRM, você fará a diferença no crescimento desta parte da indústria de pesquisa de mercado. Este é o *seu* valor de conhecimento e propósito transcendente!
- Selecione três cargos da lista de "empregos do futuro" que lhe interessam e investigue as habilidades necessárias para essas funções. Este é o seu propósito de autodescoberta!
- Conecte-se e colabore com as pessoas/organizações relevantes nas áreas relacionadas (ou seja, em RA, UX design etc.). Este é seu sistema de feedback e afinidade!

Notas

1 HASSON, S. It's time for MR to design a workplace for the future. *Hasson Associates*, 2015 [On-line]. Disponível em: <hassonassociates.com/2015/07/15/its-time-for-mr-to-design-a-workplace-for-the-future/>. Acesso em: 25 mai. 2018

2 ADAMOU, B. The future of research through gaming. Atas da conferência CASRO, Las Vegas, 3-4 mar. 2011. [On-line]. Disponível em: <www.

academia.edu/9487174/The_Future_of_Research_Through_Gaming>. Acesso em: 25 mai. 2018.

3 Misk Global Forum. Tomorrow's Job, Today. (sem data) [On-line].

O FUTURO DA PESQUISA BASEADA EM JOGOS

24

Este capítulo explora:

- Previsões de como a pesquisa de mercado, influenciada por jogos e suas tecnologias, evoluirá em cinco a dez anos com realidade virtual (RV), realidade aumentada (RA), automação, inteligência artificial (IA) e tecnologia de detecção de movimento.

A indústria de pesquisa de mercado é obcecada por inovação. Os compradores de pesquisa querem isso e os fornecedores de pesquisa querem ser o rosto disso.

Felizmente, a indústria de jogos não é apenas uma das mais inovadoras do mundo, é também uma das mais inventivas. É por causa da indústria de jogos que muitas inovações na ciência da computação se tornaram realidade. Graças a ela, podemos discutir os usos de RA e RV no campo da pesquisa de mercado. Como escreve Frank Lantz, diretor do Centro de Jogos da Universidade de Nova York, no prefácio de *Regras de Jogo: Fundamentos do design de jogos*: "existe um sentimento de potencial ilimitado... de que os jogos podem ser os sucessores dos filmes como a forma definidora da cultura popular para o novo século."[1]

Os jogos são o futuro da arte e do entretenimento. Eles ultrapassam os limites não apenas em hardware e software, mas também na compreensão humana, jogo, expressão artística, design gráfico, IA, programação, som, narração de histórias e armazenamento de dados.

Com jogos na vanguarda da inovação e sendo a mídia mais envolvente de todos os tempos (mais do que filme e música combinados)[2], é de se admirar que as casas de jovens adultos têm aparelhos como Xbox e PlayStation para jogar, acessar a internet e assistir TV? Há dez anos, alguém teria adivinhado que um console de jogos seria o centro multifuncional de sua sala de estar? Provavelmente não.

Então, se é inovação que buscamos, e os pesquisadores já estão dispostos a pegá-la emprestada da indústria de jogos (RV mais recentemente), então os jogos podem fornecer à pesquisa de mercado a inovação que ela quer. Os desenvolvedores de jogos avançam as tecnologias com as quais os pesquisadores se entusiasmam. Na verdade, muito do que os pesquisadores querem fazer com IA, automação e RV, como obter dados em tempo real, simular experiências e entender comportamentos em contexto, já foi feito na indústria de jogos. Enquanto o setor de pesquisa de mercado se recupera do atraso, os pesquisadores também precisam estar atentos ao que está no horizonte. A tecnologia e os jogos estão evoluindo em um ritmo tão rápido que, quando a comunidade de pesquisa de mercado se recuperar desse atraso, será o momento de seguir em frente de novo. Como tal, os pesquisadores precisam pensar hoje sobre as necessidades futuras dos compradores e fornecedores de pesquisa, e a pesquisa baseada em jogos precisará evoluir para satisfazer essas necessidades em constante mudança.

Os fornecedores de pesquisa apoiarão cada vez mais as empresas que querem utilizar uma abordagem baseada em provas para tomar decisões de design. Isso já está acontecendo na indústria da moda, em que um dos meus ResearchGames ajudou uma marca esportiva com uma nova linha de roupas[3]. Compradores de pesquisas continuarão a tentar entender as necessidades e desejos atuais do consumidor da melhor forma possível. Mas uma vez que eles entenderem seus consumidores até o *enésimo* grau — o que viria a seguir? **Prever o futuro.** Tornar-se observadores de tendências confiáveis. Antecipar novas tendências para estarem "prontos para a ação". Os fornecedores de pesquisa precisarão se comportar mais como oráculos — usando dados para prever o futuro.

Os pesquisadores de mercado estão começando a aproveitar o que é chamado de pensamento do "Sistema 3"[4] para estimular os participantes a imaginar situações hipotéticas. A esperança é que os pesquisadores possam usar essas técnicas para obter insights sobre os desejos dos consumidores para futuros desenvolvimentos. A SciFutures, uma empresa que usa ficção científica para ajudar marcas a desenvolver o crescimento de seus negócios, usa suas capacidades para "ensaiar o futuro"[5]. Os compradores de pesquisa querem saber tudo o que os ajude a obter uma vantagem lucrativa. As empresas que podem prestar esses serviços se tornarão mais comuns.

Com isso em mente, a definição do que constituirá a pesquisa de mercado daqui a uma década será irreconhecível. Quando jogos e outras tecnologias são combinados, os pesquisadores não apenas poderão melhorar o engajamento dos participantes, a qualidade dos dados, as técnicas ou os processos, mas também *reinventar* o significado dessas coisas.

Aqui estão 19 previsões de como os métodos de pesquisa baseada em jogos (GbRM) combinados com IA, RV, RA, automação, detecção de movimento e tecnologias de captura de movimento podem se parecer em cinco a dez anos.

Inteligência artificial e pesquisa baseada em jogos

A IA está causando entusiasmo na indústria de pesquisa de mercado. A previsão é que ela provoque uma disrupção e traga inovações para tudo, desde o design de pesquisas até o gerenciamento de campo.[6]

Como as outras tecnologias emergentes, a IA tem uma relação contínua com jogos. A IA aprende *jogando*[7]. À medida que os sistemas de IA jogam, as habilidades de resolução de problemas aumentam e o "pensamento intuitivo" cresce. Alpha Go, o sistema de IA do Google DeepMind, é agora o melhor jogador de *Go* do planeta. Mestres humanos de *Go* dizem que o jogo requer intuição, que, por sua vez, requer pensamento criativo. Se for verdade, a IA agora demonstra ter intuição humana e até mesmo uma curiosidade[8] que lhe permitiu liderar o ranking do game[9].

A IA já é predominante em jogos digitais. É usada para criar personagens não jogáveis (NPCs) inteligentes que interagem com jogadores humanos, imitando comportamentos e conversas dos humanos. Como a IA ajuda os NPCs a se tornarem mais realistas, a conexão emocional entre jogador e game cresce, ajudando a criar o que parecem ser relacionamentos genuínos em muitos ambientes de jogo. Como tal, a IA é um componente-chave na criação de games envolventes. Em uma entrevista em vídeo com Peter Molyneux, criador do Project Natal (o codinome para as primeiras versões do desenvolvimento para o Xbox Kinect), vemos como NPCs reais podem se sentir. Molyneux fala de Milo, um rapaz virtual que parece ser tão real que, quando ele joga um item para o jogador apanhar, as pessoas curvam-se para pegá-lo porque elas se sentem "muito ligadas ao mundo de Milo"[10].

Esta tecnologia de IA pode proporcionar aos pesquisadores de mercado uma variedade de benefícios, o que nos leva às nossas duas primeiras previsões.

Previsão 1:

A IA criará NPCs (personagens não *jogáveis*) inteligentes e emotivos que serão usados em jogos de pesquisa digital para encorajar "conversas" mais naturais com participantes reais; conversas que os pesquisadores podem observar no contexto.

Previsão 2:

NPCs semelhantes a humanos serão usados como moderadores de pesquisa baseada em jogos e "guias de pesquisa",

auxiliando os participantes por meio dos mundos de jogos de pesquisa baseados em RV e RA.

Quando estas previsões se concretizarem, os pesquisadores podem se concentrar mais no design, na análise de dados e no processo de coleta de insights, enquanto obtêm percepções mais precisas. Os "guias de pesquisa" e moderadores dentro do jogo ajudarão os participantes em ambientes virtuais ou de realidade mista, auxiliando-os a cometer menos erros e a se sentirem mais confortáveis com as técnicas. Isso será particularmente importante uma vez que as tecnologias RA e RV são relativamente novas.

Nos lugares onde a IA pode ser usada para criar personagens no jogo, os pesquisadores podem obter uma visão mais precisa observando as interações dos participantes com "outras pessoas". Que tipo de verdades os participantes compartilhariam com um doutor virtual inteligente que elas se envergonhariam de dividir com um médico humano, ou muito menos com um pesquisador, na vida real? O que poderíamos entender sobre as percepções de marca ao "ouvir", com consentimento, as conversas entre amigos, mesmo que um desses amigos seja virtual? O desenvolvimento de NPCs inteligentes traria enormes benefícios para a precisão dos dados e a obtenção de insights inexplorados, que de outra forma não estariam disponíveis por meio dos métodos tradicionais de pesquisa on-line. Eles trariam a pesquisa qualitativa para o espaço digital com uma visão de escala quantitativa.

Na indústria de jogos de entretenimento, a IA responderá aos hábitos e comportamentos dos jogadores ao desenvolver o jogo de acordo com o seu estilo. A *Tech Radar*, em janeiro de 2018, observou: "Se a IA fosse capaz de coletar dados sobre jogadores e entender o seu estilo de jogo preferido, poderíamos ter mundos de games que são mais reativos a jogadores individuais dentro deles."[11] Se tais capacidades se tornassem disponíveis, a IA poderia ter impacto nos GbRM de duas outras formas:

Previsão 3:

A IA será usada com pesquisa baseada em jogos para coletar dados sobre os participantes e suas preferências por produtos, serviços, marcas etc., e criar mundos de jogo-pesquisa e experiências que reagem aos participantes individuais em tempo real, no jogo. Em vez de usar um modelo único para todos os jogos-pesquisa, a IA desenvolverá a experiência de jogo-pesquisa para atender a diferentes participantes.

Previsão 4:

A IA usará dados das interações dos participantes em jogos-pesquisa para prever as tendências futuras e as necessidades dos consumidores.

Por que é importante que um mundo digital de jogos-pesquisa atenda a participantes individuais? Todos nós temos diferentes circunstâncias, personalidades, orçamentos, tempo livre e coisas que fazemos no nosso tempo de lazer. Todos nós temos diferentes expectativas em relação às roupas, alimentos, produtos e serviços que compramos. Nesse sentido, há bilhões de mundos paralelos, com cada indivíduo em seu próprio mundo. **Os jogos-pesquisa podem tornar esses mundos digitais e literais.**

Se uma plataforma de pesquisa pode entender nossos comportamentos e hábitos, e pode fornecer um "mundo" que melhor reproduza nossas próprias experiências, então a IA pode aprender (com grande detalhe) quais estímulos, incentivos, promoções e marketing afetam cada participante. Isso pode concentrar-se em coisas que consideram importantes, testar coisas que são relevantes e remover coisas que não são parte integrante da sua vida real. A IA poderia até mesmo replicar casas de consumidores no mundo digital para fins de pesquisa. **As versões digitais dos nossos mundos podem tornar-se ambientes de jogos para pesquisa de mercado.**

No início deste livro, exploramos o uso de jogos-pesquisa reutilizáveis e de longo prazo baseados em simulação que coletam dados de tendências ao longo do tempo. Os sistemas de IA podem ser incorporados nesses jogos-pesquisa para fins de modelização preditiva. Os compradores da pesquisa podem derivar dados dos participantes para executar algoritmos que determinam como os consumidores reagirão a qualquer coisa, desde mudanças na embalagem do produto até o design do logotipo, e muito mais. Além disso, este uso da IA ajudará os compradores de pesquisa a se prepararem para tendências e eventos de consumo que ainda não estão sendo considerados. Embora a previsão de IA seja atualmente rudimentar, ela é útil. O Google AI prevê tendências na moda e até mesmo produz um relatório de tendências de moda[12]. Outros sistemas de IA preveem demandas de entrega e transporte[13].

Na indústria de jogos, a IA está desenvolvendo novos games e até mesmo ideias para criar gêneros de jogos inteiramente novos.[14] Isso nos leva à nossa próxima previsão:

Previsão 5:

A IA criará e ajudará pesquisadores no desenvolvimento de jogos-pesquisa envolventes e eficazes.

A IA poderia agregar paradados e metadados em jogos-pesquisa antigos para recomendar designs ou conteúdos mais envolventes para determinados grupos de participantes. Os pesquisadores terão uma abordagem baseada em evidências e automatizada para criar novos jogos-pesquisa.

Mas e se um jogo-pesquisa for direcionado a um novo público-alvo que não tenha sido pesquisado anteriormente? A IA simplesmente agregaria informações de toda a internet para fazer recomendações de design do jogo-pesquisa para o pesquisador para ele conseguir engajar o mercado-alvo. Em suma, a IA poderia criar os perfis dos participantes, painéis-conceito e *storyboards* para jogos-pesquisa no futuro.

Além de usar sistemas de IA para criar novos jogos para entretenimento, a IA também está ajudando a criar uma variedade de produtos, desde implantes espinhais[15] até móveis residenciais[16]. A IA está se tornando criativa por meio da computação evolutiva.[17] Assim, o auxílio da IA no design de pesquisas de mercado tradicionais e até mesmo baseadas em jogos está ao nosso alcance.

Realidade virtual e pesquisa baseada em jogos

Assim como a IA, a RV tem uma história, um presente e um futuro relacionado aos jogos e essa é outra tecnologia que desperta interesse na indústria de pesquisa de mercado. Em 1983, uma empresa japonesa chamada Takara Tomy Co. Ltd criou o TomyTronic — uma pequena máquina portátil que parecia um par de binóculos. O TomyTronic incluiu jogos simples, e é provavelmente o primeiro exemplo de uma máquina RV de se colocar na cabeça específica para jogos (e certamente a primeira com a qual eu tive uma experiência quando era criança. Eu tinha o TomyTronic vermelho).

Foi só em 1987 que o termo "realidade virtual" se tornou popular como um termo que engloba o que as máquinas anteriores e os visores colocados na cabeça realmente faziam. Jaron Lanier, um dos "pais fundadores" da RV, cunhou o termo pela primeira vez. Ele trabalhou na Atari, a produtora do primeiro console de jogos, e mais tarde passou a cocriar a primeira empresa que vendia óculos e luvas RV.

Chegamos a 1991 e a RV progrediu novamente com a introdução das máquinas arcade do Grupo Virtuality, que permitiu que as pessoas jogassem jogos de RV enquanto estavam sentadas e usando um conjunto montado na cabeça. Desde então, a RV tem sido mais estreitamente associada aos jogos.

Em 1993, a SEGA lançou seus óculos de RV. Em 1995, o Nintendo Virtual Boy chegou ao mercado. Atualmente temos muitas escolhas quando se trata de jogos de RV. Podemos escolher entre PlayStation VR, HTC Vive, Oculus Rift, Google Daydream, Google Cardboard e Samsung Gear e mais estão por vir. Em 2025, prevê-se que o mercado de jogos de RV valha mais de 45 bilhões de dólares[18].

Jogos Sérios baseados em RV (Jogos Sérios é um gênero de games usados para fins sérios e/ou comerciais, tais como jogos para ajudar pessoas na área da saúde, treinamento de funcionários e outras áreas sem entretenimento) podem não ter chegado nesse patamar de valorização ainda, mas é um mercado de rápido crescimento e importância. No livro *Advanced Computational Intelligence Paradigms in Healthcare 6: Virtual reality in psychotherapy, rehabilitation, and assessment* (2011) [Paradigmas da inteligência computacional avançada para o serviço de saúde 6: realidade virtual na psicoterapia, reabilitação e avaliação][19], os autores listam múltiplos usos de Jogos Sérios de RV em saúde, incluindo ajudar pessoas com demência, outros problemas de saúde mental e desafios físicos. Na Universidade Sheffield Hallam, no Reino Unido, os jogos de RV são usados para ajudar vítimas de queimaduras, colocando-as em realidades digitais alternativas para que sintam menos dor[20]; tamanho é o poder imersivo de jogos de RV bem desenvolvidos.

No contexto da pesquisa baseada em jogos, a RV pode nos ajudar a explorar as RO: Realidades Ocultas. Que comportamentos as pessoas mostram em mundos virtuais, e no que elas focam a atenção, que os pesquisadores podem medir em RV, mas não na pesquisa tradicional? Os pesquisadores podem descobrir o que foram, anteriormente, verdades ocultas sobre o que as pessoas pensam, sentem e o que vão fazer. Mas por que parar por aí? Há tanto potencial com a RV e os GbRM quanto com as prateleiras de supermercados virtuais.

Previsão 6:

Os pesquisadores construirão casas, vilarejos, cidades e mundos completos multissensoriais de RV, prontos para a interação do consumidor a qualquer momento.

Tal capacidade permitiria aos pesquisadores compreender múltiplos níveis de contexto no que diz respeito aos comportamentos e escolhas dos participantes. Embora os mundos virtuais pré-fabricados nessa escala exigissem investimentos significativos, esses produtos podem ser reutilizados várias vezes e em uma variedade de estudos. Isso significa que:

Previsão 7:

Os pesquisadores aproveitarão o software de renderização da realidade virtual (e 3D e 4D) utilizado pela indústria de jogos.

Independentemente de as casas virtuais, cidades ou mundos serem construídos em RV ou para telas planas, isso vai significar que os pesquisadores precisarão aproveitar o software comumente usado por desenvolvedores de jogos para construir tais mundos. Estes sistemas permitem aos desenvolvedores de jogos que desenvolvam espaços 3D, 4D e de RV, e que tenham personagens interagindo com eles, como vemos em muitos videogames como *Call of Duty* (Activision) ou *Gears of War* (Epic Games)[21]. No futuro, os pesquisadores poderiam usar motores de jogos como Unity ou Unreal Engine (usados por desenvolvedores de games) ou até mesmo construir seus próprios motores de jogos-pesquisa, como a minha equipe fez.

Realidade aumentada e pesquisa baseada em jogos

A realidade aumentada, o software de realidade mista, já foi aproveitada em dezenas de campos. Formas básicas de RA permitem que revistas físicas, brilhantes e tangíveis "ganhem vida" com sobreposições digitais, como este exemplo da revista *Esquire* com a celebridade Robert Downey Jr: tinyurl.com/y7cfbyun. Mas RA com IA faz mais ainda; o aplicativo da empresa de maquiagem Rimmel London permite que os usuários vejam seu rosto maquiado com seus looks favoritos, o *IKEA Place* permite que os clientes vejam móveis virtuais em suas casas, e o aplicativo de aprendizado Mondly[22] ajuda as pessoas no aprendizado de novos idiomas em tempo real e onde quer que elas estejam. Também já vimos e nos despedimos do Google Glass. Mas a realidade aumentada na indústria de jogos está em um nível diferente.

Pokémon Go, o popular jogo de aplicativo de RA, deve ser uma fonte de inspiração para os pesquisadores de mercado. Os jogadores procuram Pokémon virtuais (personagens que têm diferentes capacidades — alguns mais raros do que outros) no mundo físico. As possibilidades que este tipo de jogo de RA tem para pesquisa de mercado são infinitas: podemos criar experiências qualitativas/quantitativas envolventes sobrepondo componentes digitais no mundo real, ajudando os participantes a fazer coisas como ver produtos em diferentes cores, formas e padrões e selecionar as suas preferências, ou responder a perguntas sobrepostas sobre as suas realidades enquanto estão em trânsito. Os participantes podem usar os jogos-pesquisa de RA para reconhecer e comentar qualquer coisa que vejam e podem até mesmo atuar na cocriação de desenvolvimento urbano. *Blippar*, um dos primeiros aplicativos de RA, não só está usando essa tecnologia com grande sucesso, como também a está fundindo com tecnologia vestível, IA e tecnologia de geolocalização[23], o que abre uma grande oportunidade para a pesquisa. Os participantes poderiam jogar jogos-pesquisa baseados em RA sem precisar responder a perguntas, mas os dados ainda poderiam ser coletados com precisão sobre os movimentos e escolhas dos participantes. Isso já está sendo possível à medida que o Google vai abrindo o Google Maps para que os criadores de jogos façam "o próximo *Pokémon Go*"[24]. Isso nos traz mais quatro previsões:

Previsão 8:
A realidade aumentada ajudará os jogos-pesquisa a se tornarem formas de expressão criativa.

Previsão 9:
Os pesquisadores usarão jogos de tabuleiro com realidade aumentada em grupos focais.

Previsão 10:
Os pesquisadores usarão RA com tecnologia vestível, sensor de movimento e mapeamento de localização.

Previsão 11:
Os pesquisadores usarão jogos de RA somente em áudio com mapeamento de localização.

No momento, a RA permite que as pessoas usem interfaces digitais para manipular coisas físicas — podemos sobrepor diferentes padronagens em louças, móveis etc. Mas, com o avanço da RA e da IA, será possível para os participantes reimaginarem e manipularem completamente o mundo ao seu redor, permitindo que jogos-pesquisa baseados em RA se tornem ferramentas para invenção e expressão criativa.

Em termos de jogos de tabuleiro com realidade aumentada para grupos de discussão, já estamos vendo como os jogos de tabuleiro evoluíram desta forma no setor do entretenimento.[25] Com jogos de tabuleiro já sendo usados em pesquisa, um componente digital pode ajudar a aumentar a experiência do grupo focal de outras formas, permitindo que os participantes imaginem o futuro e o vejam digitalmente sobreposto à realidade, sem ter que sair do local de visualização. Podemos até ter pop-ups de RA em pesquisas de papel.

Em termos de RA somente em áudio, a experiência de pesquisa pode ser usada por pessoas com deficiências visuais ou que não querem interfaces digitais sobrepostas à realidade. Imaginem participantes andando pela rua. Seus dispositivos habilitados para localização geográfica determinam que eles estão nas proximidades de um pôster da nova campanha de marketing de uma marca. Um assistente de voz de IA, desencadeado por coordenadas geográficas, pergunta aos participantes se eles notaram o anúncio e, em caso afirmativo, o que eles pensaram dele. Em vez de esperar que os participantes se lembrem de preencher uma pesquisa mais tarde, o áudio de RA pode sobrepor-se ao som da realidade para promover pensamentos e agir como um lembrete. Mas por que fazer isso? Os participantes podem simplesmente dizer um nome, como "Siri", para compartilhar suas opiniões com uma empresa de pesquisa de mercado ou uma marca quando quiserem. De fato, um gênero totalmente novo de "fones de ouvido inteligentes"[26] já está se tornando proeminente[27].

Tecnologia de detecção e captura de movimento (mocap), e IA, automação e pesquisa baseada em jogos

O Xbox Kinect tem sensor de movimento 3D, reconhecimento de rosto e de voz, e oferece muito potencial para as pesquisas.[28] A tecnologia utiliza diálogos e representa uma oportunidade para os pesquisadores utilizarem o reconhecimento de voz para captar dados dos participantes. A tecnologia também demonstra a possibilidade de as pessoas escolherem roupas virtuais em uma TV para "experimentá-las" sem precisar ir a uma loja. Isso nos leva às nossas próximas duas previsões:

Previsão 12:

Os pesquisadores usarão tecnologias semelhantes às do Kinect com reconhecimento de voz e projetores para criar experiências de jogos-pesquisa totalmente imersivos dentro da própria casa do participante.

Previsão 13:

O software de captura de movimento com reconhecimento de voz permitirá aos moderadores comandar grupos focais e outros tipos de pesquisa qualitativa a partir de diferentes localidades.

A tecnologia de detecção de movimento não está apenas disponível e em evolução, mas está também sendo combinada com projetores de imagem para converter as nossas salas em ambientes virtuais estendidos. O *RoomAlive*[29] (anteriormente chamado de *IllumiRoom*) projeta ambientes de jogos e personagens ao redor de uma sala para estender a jogabilidade da tela plana para quatro dimensões. Os pesquisadores poderiam usar essa tecnologia para trazer o exterior para o ambiente interno onde os participantes estão, independentemente do local onde eles estejam no mundo. Na verdade, eles podem trazer uma sala de qualquer lugar para a casa de um participante.

Mas como a captura de movimento e a IA podem ser usadas depois que os dados foram coletados? Isso nos leva à:

Previsão 14:

Insight interativo: usaremos a tecnologia de captura de movimento com IA e automação para construir agentes realistas de insight digital.

As marcas querem entender os consumidores, e ainda que a pesquisa qualitativa permita que os gestores das marcas observem os consumidores por trás de um espelho unidimensional, eles raramente se comunicam diretamente com os participantes. Em vez disso, o pesquisador é a "ponte", traduzindo sua própria compreensão do consumidor para os stakeholders da marca.

Mas e se você pudesse conectar todos os dados que você aproveitou sobre seus consumidores e permitir que um agente digital desempenhe o papel de consumidores diversos? Os gestores das marcas podem fazer perguntas e interagir com uma "pessoa" digital que pode responder a perguntas da mesma forma que os seus consumidores responderiam. Embora isso não substitua (e nem deve substituir) a pesquisa, é uma forma automatizada e eficiente de armazenar dados de pesquisa de mercado e "dar vida" a eles. Que melhor maneira de visualizar seus dados e insights do que se comunicar diretamente com eles?

Imaginar um agente digital pode trazer à mente chatbots rudimentares e sistemas como a Siri, e agentes digitais interativos, realistas e humanos podem se tornar realidade. O software para tornar isso possível existe nas indústrias de jogos e filmes[30] e a IA já foi usada para simular muitos comportamentos humanos complexos.

Na indústria de jogos, os sistemas de IA são usados para *playtest* de jogos, substituindo seres humanos reais. Os sistemas de IA utilizam "dados de jogadores humanos para imitar a forma de jogar deles", incluindo "imprecisões semelhantes às dos humanos, tempo de reação limitado e escolha de ações incorretas"[31]. Se a IA pode simular comportamentos humanos nestas formas complexas, então é possível criar sistemas de IA que simulem comportamentos de consumo também no estilo de um agente de insight.

Previsão 15:

Os pesquisadores usarão a tecnologia de captura de movimento com IA para permitir aos participantes construir, desenvolver e manter seus avatares.

Embora as Ferramentas de Criação de Avatar existam na pesquisa, atualmente são avatares 2D que podem ter interatividade dentro de um ambiente de pesquisa tradicional ou baseado em jogos. O nosso uso de avatares vai crescer e tornar-se mais inteligente.

A IA vai ajudar a criar personagens não jogáveis mais realistas, mas também poderá ser usada para criar um "eu digital" — um avatar — para os participantes. O software de mapeamento facial pode fazer isso, como o programa que é usado para filtros de mídia social que sobrepõem enfeites em selfies. O avatar de um participante pode ser usado em múltiplas experiências de pesquisa baseadas em jogos, em que as recompensas por participação podem ser relacionadas ao avatar. Terminou uma pequena pesquisa? Escolha um desses três smartphones para seu avatar! Terminou um estudo on-line em forma de diário? Escolha uma destas três camisas de marca para o seu avatar! Estas recompensas não só podem envolver os participantes e ajudar os seus avatares a evoluir, como também os dados coletados sobre a escolha das recompensas podem oferecer uma camada adicional de informação sobre as preferências. Por que parar por aí? Por que não permitir que os participantes criem roupas, gadgets e muito mais para seus avatares como recompensa pela conclusão de pesquisas?

Outras previsões sobre o futuro da pesquisa baseada em jogos e pesquisa de mercado em geral

Previsão 16:
Os participantes exigirão experiências de pesquisa mais envolventes.

Quanto mais os pesquisadores coletam dados dos participantes, de múltiplas fontes, maiores serão as expectativas deles. Eles vão querer que a pesquisa de mercado lhes proporcione experiências de pesquisa seguras, éticas e envolventes. À medida que nossas interações diárias com o conteúdo digital evoluem, os participantes (especialmente os mais jovens) dificilmente suportam técnicas de coleta de dados tradicionais complicadas e enfadonhas. As pessoas vão esperar que suas experiências de pesquisa sejam como suas outras experiências digitais.

Previsão 17:
As marcas terão maior influência na experiência de pesquisa do consumidor.

As marcas têm usado jogos como fontes de engajamento do consumidor e promoção da marca há décadas. Como as empresas entendem cada vez mais que seus programas de pesquisa são uma extensão de sua marca, elas vão querer que a pesquisa seja vista favoravelmente pelos consumidores — mesmo que a marca não seja revelada no processo. O estímulo por mais inovação e engajamento na pesquisa continuará a vir do comprador da pesquisa.

Previsão 18:
Nós produziremos "Jogos de Insight" para compradores de pesquisa.

Aproveitar o ato de jogar e o engajamento intrínseco que vêm com os jogos tem vários benefícios para o foco, a colaboração, a criatividade e a resolução de problemas para os participantes. Também podemos aproveitar essas vantagens para os clientes de pesquisa usando jogos para relatar insights e resultados trazidos pela pesquisa.

O que eu chamo de Jogos de Insight pode ajudar os pesquisadores a distribuir insights de maneiras imersivas para o máximo engajamento, retenção de memória e criação de empatia. Um Jogo de Insight pode fazer qualquer coisa, desde testar conhecimentos e fornecer quizzes para adivinhar corretamente sobre diferentes resultados de pesquisa, a jogos estilo "adivinha quem" para reter informações sobre a segmentação do consumidor, e para permitir que o comprador da pesquisa esteja imerso no mundo dos participantes para compreendê-los melhor. Os Jogos de Insight poderiam imergir os compradores de pesquisa em simulações envolventes, emotivas e empíricas para entender os consumidores melhor do que nunca.

Quanto mais engajados e compreensivos forem os compradores dos resultados da pesquisa, mais provável será que esses resultados se traduzam em ação. No mínimo, um Jogo de Insight seria mais agradável do que assistir a longas apresentações. **O futuro das relações com os clientes está em jogar sério.**

Estas previsões mostram como o futuro da pesquisa baseada em jogos, ou da pesquisa de mercado em geral, não está distante. Não apenas as abordagens baseadas em jogos são o futuro da pesquisa de mercado, mas a pesquisa de mercado precisa ficar muito perto da indústria de jogos se ela quiser ficar sintonizada com as tendências tecnológicas e ser inovadora.

Quando essas previsões forem realizadas, haverá mais oportunidades para a comunidade de pesquisa de mercado *inventar* sistemas de hardware e software específicos para jogos-pesquisas de mercado, experiências gamificadas e coleta de dados. A pesquisa de mercado precisará empregar designers e desenvolvedores de jogos para fazer muito desse trabalho, ou aperfeiçoar os pesquisadores existentes, que precisarão usar os sistemas de software utilizados para jogos de entretenimento para os jogos-pesquisa. Quando isso acontecer, as linhas podem muito bem começar a se confundir entre o que é jogo e o que é pesquisa.

O que nos leva à previsão final:

Previsão 19:

A indústria de pesquisa de mercado e a indústria de jogos vão se fundir.

Notas

1 Salen, K.; Zimmerman, E. Regras do Jogo: Fundamentos do Design de Jogos. São Paulo: Blucher, 2012.

2 Os jogos de dispositivos móveis representaram mais receita do que qualquer outra forma de entretenimento em 2017, gerando 40,6 bilhões de dólares em todo o mundo, de acordo com a *Statista* (www.statista.com/topics/1906/mobile-gaming/), e as pessoas gastam mais dinheiro em jogos do que em filmes e música combinados (com uma receita estimada de 92 bilhões de dólares em 2017), segundo o *Huffington Post* (www.huffingtonpost.co.uk/george-taylor/why-is-gaming-more-popular-than-music-and-film_b_10095376.html).

3 Adamou, B. Data — The new little black dress in fashion. *Research Live*, 2017 [On-line]. Disponível em: <www.research-live.com/article/opinion/data-the-new-little-black-dress-in-fashion/id/5026582>. Acesso em: 22 mai. 2018.

4 Caldwell, L. Introducing System 3: How we use our imagination to make choices. [Blog] *Knowing and Making*, 2018 [On-line]. Disponível em: <www.knowingandmaking.com/2018/04/introducing-system-3-how-we-use-our.html>. Acesso em: 22 mai. 2018.

5 Site da *SciFutures*: <www.scifutures.com>.

6 Sackman, D. Predictions 2017: Take the long view. [Blog] *GreenBook*, 2016 [On-line]. Disponível em: <greenbookblog.org/2016/12/20/predictions-2017-take-the-long-view/>. Acesso em: 22 mai. 2018.

7 Gibney, E. Game-playing software holds lessons for neuroscience. *Nature*, 25 fev. 2015 [On-line]. Disponível em: <www.nature.com/news/game--playing-software-holds-lessons-for-neuroscience-1.16979>. Acesso em: 22 mai. 2018.

8 Pavlus, J. Clever machines learn how to be curious. *Quanta Magazine*, 19 set. 2017 [On-line]. Disponível em: <www.quantamagazine.org/clever--machines-learn-how-to-be-curious-20170919/>. Acesso em: 22 mai. 2018.

9 BBC. Google's AI beats world Go champion in first of five matches. 2016 [On-line]. Disponível em: <www.bbc.co.uk/news/technology-35761246>. Acesso em: 22 mai. 2018.

10 Edwards, A. *E3 2009: Project Natal Milo demo*. [Vídeo] 2 jun. 2009 [On-line]. Disponível em: <www.youtube.com/watch?v=CPIbGnBQcJY>. Acesso em: 22 mai. 2018.

11 Boyle, E. Game on! How AI is transforming video games forever. *TechRadar*, 2018 [On-line]. Disponível em: <www.techradar.com/news/game-on-how-ai-is-transforming-video-games-forever>. Acesso em: 22 mai. 2018.

12 The Economist. Can data predict fashion trends? *The Economist*, 27 jul. 2017 [On-line]. Disponível em: <www.economist.com/news/business/21725599-technology-may-be-disrupting-peculiar-business-can-data--predict-fashion-trends>. Acesso em: 22 mai. 2018.

13 Triskele Logistics. Using Artificial Intelligence to Predict and Forecast Distribution and Transportation Demands. [Blog] 2018 [On-line]. Disponível em: <triskelogi.com/using-artificial-intelligence-to-predict-and-forecast-distribution-and-transportation-demands/>. Acesso em: 22 mai. 2018.

14 Parkin, S. AI is dreaming up new kinds of video games. *MIT Technology Review*, 29 nov. 2017 [On-line]. Disponível em: <www.technologyreview.com/s/609482/ai-is-dreaming-up-new-kinds-of-video-games/>. Acesso em: 9 mai. 2018.

15 Christian, B. Want an original design? Better ask a machine. *Wired*, Edição britânica, maio 2018.

16 Holland, O. How artificial intelligence and robots can change your living spaces. 2017 [On-line]. Disponível em: <edition.cnn.com/style/article/joris-laarman-smithsonian-digital-design/index.html>. Acesso em: 9 mai. 2018.

17 Miikkulainen, R. Evolutionary computation will drive the future of creative AI. *VentureBeat*, 2018 [On-line]. Disponível em: <venturebeat.com/2018/05/17/evolutionary-computation-will-drive-the-future-of-creative-ai/>. Acesso em: 30 mai. 2018.

18 Grand View Research. Virtual Reality (VR) in Gaming Market Size Worth $45.09 Billion by 2025 [Relatório] 2017 [On-line]. Disponível em: <www.grandviewresearch.com/press-release/global-virtual-reality-in-gaming-market>. Acesso em: 30 mai. 2018.

19 Ma, M.; Zheng, H. Virtual reality and serious games in healthcare. *In: Advanced computational intelligence paradigms in healthcare 6: Virtual reality in psychotherapy, rehabilitation, and assessment*. Springer, 2011. S. Brahnam e L. C. Jain (eds.), cap. 9 [On-line]. Disponível em: <link.springer.com/chapter/10.1007/978-3-642-17824-5_9>.

20 BBC. Virtual reality game helps ease pain for burns victims. 18 abr. 2018 [On-line]. Disponível em: <www.bbc.co.uk/news/uk-england-south-yorkshire-43744009>. Acesso em: 30 mai. 2018.

21 Jogo *Gears of War*: <gearsofwar.com/>.

22 Jogo *Mondly*: <www.mondly.com/ar>.

23 Blippar. *The power of Augmented Reality & Computer Vision – Blippar's latest tech breakthroughs* [Vídeo] 2018 [On-line]. Disponível em: <youtu.be/yWYn5xvqsQI>. Acesso em: 30 mai. 2018.

24 Webster, A. Google is opening up Maps so game developers can create the next Pokémon Go. *The Verge*, 14 mar. 2018 [On-line]. Disponível em: <www.theverge.com/2018/3/14/17114494/google-maps-location-games--jurassic-world-walking-dead>. Acesso em: 30 mai. 2018.

25 Peitz, J.; Eriksson, D.; Björk, S. Augmented Board Games — Enhancing board games with electronics. Atas da Conferência DiGRA 2005: Changing Views — World in Play 2005 [On-line]. Disponível em: <www.digra.org/wp-content/uploads/digital-library/06278.47142.pdf>. Acesso em: 30 mai. 2018.

26 Hunn, N. Hearables — the new Wearables. [Blog] 2014 [On-line]. Disponível em: <www.nickhunn.com/hearables-the-new-wearables>. Acesso em: 30 mai. 2018.

27 Robertson, A. Bose's augmented reality glasses use sound instead of sight. *The Verge*, 12 mar. 2018 [On-line]. Disponível em: <www.theverge.com/2018/3/12/17106688/bose-ar-audio-audio-augentad-reality-glasses--demo-sxsw-2018>. Acesso em: 30 mai. 2018.

28 Uma demonstração inicial da tecnologia Xbox Kinect pode ser vista aqui: <tinyurl.com/yc77bobr>.

29 Dent, S. Microsoft's RoomAlive turns your den into a video game level. *Engadget*, 10 out. 2014 [On-line]. Disponível em: <www.engadget.com/2014/10/05/microsoft-roomalive-illumiroom>. Acesso em: 30 mai. 2018.

30 Crecente, B. Watch Digital Andy Serkis Perform 'Macbeth'. And then watch him perform it as an alien. *Rolling Stone*, 21 mar. 2018 [On-line].

31 Roohi, S.; Takatalo, J.; Guckelsberger, C.; Hämäläinen, P. Review of intrinsic motivation in simulation-based game testing. Atas da CHI 2018. [On-line]. Disponível em: <tinyurl.com/yd6gm3x7>. Acesso em: 30 mai. 2018.

CONSIDERAÇÕES FINAIS

Os pesquisadores não podem se dar ao luxo de ignorar o poder dos jogos para o campo das pesquisas e continuar fazendo "o de sempre". Vimos que isso não é sustentável, e que poderia eventualmente tornar a indústria de pesquisa de mercado obsoleta. Em última análise, quanto mais nós, enquanto pesquisadores, oferecemos, mais recebemos de volta dos participantes. Quanto mais é investido na melhoria do design das pesquisas e das experiências, mais será recebido dos participantes em termos de esforço, colaboração e ideias criativas.

Aproveite os mais de cinquenta anos de pesquisa sobre os benefícios criativos, de resolução de problemas e de indução de foco do ato de jogar e engajamento intrínseco. Beneficie-se da forma como o ato de jogar promove empatia, permite que as pessoas expressem a sua individualidade, suas verdades fundamentais e até mesmo desfrutem o passar do tempo no que, de outra forma, seria a atividade superchata que é a pesquisa on-line tradicional. Use a vantagem comercial das formas como a ação de jogar e o engajamento intrínseco estimulam a colaboração e o desejo de continuidade. Aprenda como jogos já estão sendo usados para coletar dados e insights em escala global. Tire proveito da autorrealização e do crescimento pessoal que virão com o fornecimento de experiências valiosas e agradáveis para os participantes e domínio das habilidades que você vai aprender ao se tornar um designer de pesquisa baseada em jogos.

Jogos, gamificação e pesquisa lúdica são o futuro da pesquisa de mercado. É a nossa apólice de seguro, permitindo que os pesquisadores adotem e perpetuem a invenção, a inovação, a qualidade dos dados e dos insights para melhorar o mundo ao nosso redor. A pesquisa baseada em jogos vai nos ajudar a *prosperar*.

AGRADECIMENTOS

Há muitas pessoas a quem quero agradecer por ajudarem a dar vida a este livro.

Agradeço a Jenny Volich e Charlotte Owen da Kogan Page pelo apoio, entusiasmo e o incrível convite para escrever este livro.

Um enorme agradecimento aos brilhantes colegas da indústria, que tiveram tempo para rever este livro e dar feedback: Stephen Philips, KaRene Smith, Laura Fagan, Fiona Blades e Mike Cooke. Com agradecimentos especiais a mais três pessoas:

Annie Pettit, uma mentora e amiga brilhante que nunca desistiu de me fazer escrever e contribuiu com muitas horas de revisão e edição. Obrigada por tudo.

E Ray Poynter, outro mentor e amigo que também passou horas fazendo críticas fundamentais.

Agradeço a Pamela Schindler pelo seu encorajamento, suas palavras amáveis, seus excelentes conselhos e por ser essa grande inspiração.

Agradeço aos outros que tiveram tempo para rever e dar feedbacks sobre capítulos específicos: Jane Frost, da Market Research Society; David Wizsniowski; e o misterioso revisor anônimo.

Agradeço a Andrew Jeavons, que foi *a* pessoa que me fez deixar o meu emprego e começar a Research Through Gaming. Obrigada pela sua amizade, apoio e orientação.

Agradeço à equipe PhD dos sonhos: dr. David Birks, dra. Anca Yallop e dra. Martina Hutton. Apesar de termos tido a companhia uns dos outros por somente um ano, esse período foi fundamental e nunca será esquecido. Espero que este livro os faça sentir orgulhosos.

Agradeço a todos os clientes da Research Through Gaming, cuja determinação em fazer pesquisas de forma diferente tem sido incrivelmente revigorante. Obrigada pelas oportunidades de trabalhar com vocês e pelas generosas permissões para compartilhar nosso trabalho.

Agradeço a todos que participaram dos primeiros jogos de pesquisa de suas vidas com a RTG. Obrigada pela sua participação, feedback e apoio. Os estudos de caso neste livro não seriam nada sem vocês.

Agradeço a Marco Schmidt, da Nebu, a primeira pessoa com quem falei sobre "como seria legal se as pesquisas fossem jogos". As nossas ideias vão mudar o mundo.

Agradeço aos talentosos programadores que trabalharam nos nossos *ResearchGames*, tornando possível dar vida às minhas ideias: Vadim Gnadishev e Vitaliy Moskvin, do Grupo AlphaWeb; e Oscar North, Will Poynter e Arne Seib.

Agradeço à equipe da Askia pelo seu apoio e colaboração, e por me deixar ver até onde eu poderia chegar.

Agradeço aos especialistas que deram o seu tempo para dar entrevistas individuais e aos igualmente talentosos designers de jogos, cosplayers e desenvolvedores de jogos que deram permissão para usar exemplos do seu trabalho.

Agradeço aos "fãs" da RTG, incluindo meus colegas da indústria e alunos, que ao longo dos anos vêm acompanhando meu trabalho e enviando mensagens gentis e palavras de encorajamento para que eu escrevesse este livro. Suas mensagens foram sempre muito apreciadas, mais do que vocês imaginam (em especial, Anije Lambert).

Agradeço à minha mãe, por todo o seu amor, orações, azeitonas e apoio. Ao meu irmão Raphael, o maior jogador que conheço, por me ensinar tanto sobre a variedade de formas como os jogadores podem ser envolvidos nos jogos.

Agradeço à minha amiga de toda a vida, Maria Louca. Sem o seu apoio, não sei se estaria em condição física ou mental para escrever este livro. Obrigada por estar presente.

Por último, mas não menos importante, agradeço ao meu maravilhoso marido, Paul. Não poderia ter feito isso sem o seu apoio, amor e bondade, nem sem todas as xícaras de chá.

Nota da editora

Todos os esforços possíveis foram feitos para assegurar que as informações contidas neste livro sejam precisas no momento da impressão, e a editora e os autores não podem aceitar a responsabilidade por quaisquer erros ou omissões porventura causados. Nenhuma responsabilidade por perdas ou danos ocasionados a qualquer pessoa agindo, ou abstendo-se de agir, como resultado do material desta publicação pode ser aceita pelo editor, pela editora ou por qualquer um dos autores.

Não perca o site de suporte a este livro, que pode ser acessado via **www.koganpage.com/gamesandgamification** (Conteúdo em língua inglesa)